当代全球热点问题

Contemporary Hot Issues on the Global Stage

张全义 邹函奇 编著

浙江大学出版社
ZHEJIANG UNIVERSITY PRESS

图书在版编目（CIP）数据

当代全球热点问题／张全义，邹函奇编著．—杭州：浙江大学出版社，2009.11(2019.7 重印)
ISBN 978-7-308-07153-6

Ⅰ.当… Ⅱ.①张… ②邹… Ⅲ.国际问题—研究—现代 Ⅳ.D815

中国版本图书馆 CIP 数据核字（2009）第 194001 号

当代全球热点问题
张全义　邹函奇　编著

责任编辑　周卫群
封面设计　辛　悦　刘依群
出版发行　浙江大学出版社
（杭州市天目山路 148 号　邮政编码 310007）
（网址：http://www.zjupress.com）
排　　版　杭州中大图文设计有限公司
印　　刷　浙江新华数码印务有限公司
开　　本　787mm×960mm　1/16
印　　张　25.25
字　　数　427 千
版 印 次　2009 年 12 月第 1 版　2019 年 7 月第 3 次印刷
书　　号　ISBN 978-7-308-07153-6
定　　价　45.00 元

前　言

20世纪以来，世界的变化用“天翻地覆”来形容一点也不过分，因此了解世界热点问题是必需，更是责任，否则我们就不能称之为“负责任大国”的国民。我们之所以要了解热点问题，是因为国与国之间的藩篱早已被日益蓬勃发展的全球化所打破，人类生活于相互依存的世界之中，国家之间的敏感性与脆弱性已经波及我们这个星球的每一个角落，用弗里德曼的话来讲就是，世界是平的，也是热的、拥挤的，“环球同此凉热”一点不假。

远的不说，2008年，由美国次级住房抵押贷款引发的市场危机愈演愈烈，并最终升级为一场席卷全球的金融危机，各国实体经济受到严重冲击，美国、欧元区和日本经济已全部陷入衰退，新兴经济体增速也大幅放缓，可以说，世界经济正面临多年来最严峻的挑战。与全球经济不景气紧紧伴随的，是全球的政治动荡和安全挑战。在东欧，俄格战争后显示了俄罗斯强势崛起的决心。在中亚，阿富汗反恐形势持续恶化，塔利班势力取得明显进展，而美国移师南亚进行反恐将会给南亚政治局势带来新的变数。而土耳其这个昔日的奥斯曼帝国中心出于怀旧的心理对2009年7月5日发生在新疆的恐怖暴力事件熟视无睹，其总统竟然在我维护祖国领土完整，保证新疆稳定上说三道四。在东南亚，泰国政治的颜色拉锯战一度使东盟峰会搁浅，给其国内政治稳定带来挑战。在东北亚，朝鲜试爆核武导致半岛局势再次恶化，使六方会谈再次陷入僵局。在中东，巴以达成的停火协议脆弱地维持了一段时间后，双方曾一度陷入火箭弹袭击与军事报复的一片血腥中。在西欧，法国、德国令人费解地把达赖作为一张牌在手上玩来玩去，令中欧关系亮起了红灯。在非洲之角的索马里，海盗们频频在亚丁湾得手，促使中、日、韩纷纷派兵打击海盗。在美洲，一场始发于墨西哥的甲型H1N1流感迅速在全球蔓延，使遭受危机的全球经济雪上加霜。

显然，在国际政治国内化和国内政治国际化的大趋势下，对世界热点问题的了解、追踪、剖析已不再囿于学者或政治家们的兴趣，对当代世界热点问题的了解已成为每一个国民认识世界、开阔视野、充实思想、抓住机遇、迎接挑战的一门必修课。

正如胡锦涛同志在2009年2月中共中央政治局第十二次集体学习中强调的："我们一定要增强忧患意识和机遇意识，既充分认识世界经济环境急剧变化给我国经济发展提出的新问题新挑战，又充分认识我国经济发展的基本态势和长期向好趋势；既做好应对世界经济最困难最复杂局面的充分准备，又统筹国内国际两个大局，善于从国际国内条件的相互转化中用好发展机遇、创造发展条件，审时度势、科学决策、周密部署、扎实工作，继续推动经济又好又快发展。"正是基于这种思考，我们编著了《当代全球热点问题》一书。

为了使读者对热点问题有一个比较全面的了解，在此特做说明：热点不同于热点问题。热点的时效性很短，今天是热点，明天很可能就不是热点了，比如日食、火星冲日现象、2009年法航客机A330飞机坠毁事件以及美国前总统克林顿的性丑闻。就概念的外延与内涵而言，热点问题有以下几个特征：

(1)热点问题一般能引起轰动与媒体持续关注：韩国传教团在阿富汗被劫持事件、2008年全球金融危机、朝鲜试射核武器、中国与俄罗斯进行反恐军演等就是典型的热点问题，这些热点题材不仅是当下的热门话题，而且将在一段时间内对全球政治、经济带来持续影响。

(2)热点问题不会随生随灭，有的热点问题将持续发展，其结果在将来还无法预测。比如巴以冲突，从中世纪——1907年"贝尔福宣言"——1948以色列建国之后的几次中东战争——1993年的奥斯陆协议——沙龙参访圣殿山引起新一轮冲突——中东路线图——《日内瓦倡议》——以色列对哈马斯控制的加沙地带发动大规模的空袭——奥巴马对中东政策的"新政"或变革就是一个政治历程。

(3)热点问题的起因往往不是由单一因素造成的，它集合了历史、地理、种族、宗教等社会原因。比如1914年的奥皇太子在萨拉热窝被刺事件，就不仅仅是一个普通的刺杀事件(现实中几乎每一天都有凶杀事件发生)。我们可以这样推理：之所以皇太子被刺杀是因为皇太子是奥地利(当时为奥匈帝国)人，奥地利与德国是盟国，刺杀皇太子的是塞尔维亚族爱国青年普林西比，而塞尔维亚受到俄国的支持，这样刺杀皇太子事件就成了"一战"的导火索，也就成了热点问题。

(4)当然热点与热点问题在一定条件下可以互相转换，比如1988年洛克比空难造成285人重大伤亡，是突发热点，但随着美英指责该空难与利比亚当局有关，该热点就成了热点问题；2005年美国的卡特里娜飓风、2008年我国的“5·12”汶川大地震本身为自然灾害,但是由于国内外媒体反应强烈后来就演变为了热点问题。2008年北京成功举办奥运会一度成为热点问题,但随着时间的延续,它就逐步演变成一个热点。

(5)热点问题一般都带有政治性,与大国或某一有影响的国家息息相关,一般由利益因素(石油、地理位置、军事战略等)所引发,北约东扩、美国反恐移师南亚、俄格冲突、伊朗核问题就是典型的例子。

所以,《当代全球热点问题》涉及冲突与合作、战争与和平,集政治、经济、地理、历史、宗教、文化等学科与知识为一体。全面了解热点问题的来龙去脉就要有意识地善于学习和积累各方面的知识。首先是要对世界历史尤其是当代国际关系的现状和发展有一定的了解。笔者在此特别推荐已故美国历史学家斯塔夫里阿诺斯所著《全球通史》一书,这位历史学家在该书中对人类几千年的历史作了高度的概括。《全球通史》不同于一般卷帙浩繁的史书,让史料、历史事件占多数,而是用一种定论性的话语将人类历史几千年来的有关文明、朝代的更替、社会制度的变迁等问题作了一个十分简明和概括性的阐释和总结。其次要养成良好的阅读新闻、关注热点题材的习惯;扎实的英语基础对阅读、收听时政新闻,了解全球热点也十分有益。

再次,就深入剖析热点问题而言,国际关系理论对理解热点问题的实质必不可少。比如“现实主义”关于国家利益和安全的基本假设,“新自由主义”关于经济效应促进国家关系和平发展的观点,“建构主义”关于身份和国际体系无政府化的理解;而“文明冲突论”、“民主和平论”、“历史终结论”等一度流行的观点则可以反映东西方在价值或意识形态上的分野或较量;“两极论”或“霸权稳定论”则可以帮助我们认识霸权因素对于冷战前后世界政治的影响;当然马克思主义的国际关系理论以及我国学者的一些观点也十分有助于我们站在全局的角度思考问题,如何在西方理论、马克思主义、中国的视角进行平衡或许正是关注国际关系理论中国化所思考的问题。

本书的结构为:全书共分七编,内容依次为“非传统安全与国际合作”、“宗教与文明”、“地区冲突与核扩散”、“全球化与一体化”、“美国外交理念与军事战略”、“中国外交与国家安全”、“国家·国际组织·国关理论”。本书的一个特点是既在篇章安排上强调内容的集中和精练,又在单个章节或热点问题上独成一体,读者可以根据时间和使用目的自行调整。因此本书不仅可以作为大众普及读物,也可以作为教材使用。就功能性而言,编者希望本书能为那些参加研究生考试、公务员考试或高考的各类人员的成功助一臂之力,这也是出版社和几位编者共同的愿望。

本书由张全义、邹函奇共同编著而成，统稿由张全义完成。为了突出热点问题的理论或分析视角，本书中有不少章节还收录或采用了我们的部分论文、评论以及所主持课题的研究成果，但我们接受了出版社的建议取消了原文稿中繁杂的引证和参考资料；为了保证内容的全面、准确以及观点的精确，我们还在同行专家"会诊"的基础上，参阅了大量的专著、文献以及网络资源，在后记中我将一一提及致谢。最后诚望广大读者对本书提出宝贵意见，以便将来对本书做出进一步修订。

张全义
2009 年 9 月

目　录

第一编　非传统安全与国际合作

第三编　地区冲突与核扩散

第四编　全球化与一体化

第五编 美国外交理念与军事战略

第六编　中国外交与国家安全

第七编　国家·国际组织·国关理论

第 一 编

非传统安全与国际合作

第一章 恐怖主义与国际安全

第一节 “9·11”事件打开了恐怖主义的潘多拉盒子

2001年9月11日上午，美国纽约遭到了一场有史以来最严重的恐怖袭击，两架被挟持的客机先后撞上了110层、411米高，号称“纽约双子塔”的世界贸易中心双楼，另一架客机撞上美国军事中枢五角大楼。“双子塔”先后倒塌，约有3000多人失踪和死亡。这起事件也昭示着国际社会在全球范围内进入了一个恐怖威胁时代，后冷战世界相对安全的局面终于被打破，形形色色的恐怖主义取代国家之间明目张胆的军事对抗，成为影响非传统安全的一个首要变量。

恐怖分子攻击美国的原因

从恐怖分子的攻击对象（美国财富象征的世界贸易中心和美国军事象征的五角大楼）和恐怖分子使用的攻击武器（美国航空和联合航空的飞机）来看，无疑这次恐怖分子的主要袭击目标是美国。那么恐怖主义者为什么要瞄准美国呢？

其一，“9·11”恐怖事件发生的原因与美国主导的现有世界体系和国际政治经济秩序有着密切的关系。当然，美国中东政策的失败也是其中一种因素。冷战结束后，世界各国都以为人类可能迎来前所未有的和平时代，但美国总统老布什却宣布要建立新的世界秩序，即美国的单极霸权。尽管美国声称这种霸权与历史上的霸权完全不同，是一种“仁慈的霸权”和“制度霸权”，但是其他国家感受到的却是一个狂傲的单边主义的美国。美国的政策仍然是强权政治、军事同盟、势力均衡、打压别国，其结果仍然是一个传统现实主义理论所描绘的世界秩序，大国之间的冲突与对抗构成国际格局的基本特征。在不公正的国际秩序下，地域纷争与民族矛盾变得更加激烈，南北差距进一步拉大。全球化没有使绝大多数发展中国家从中受益，反而使它们成为“失败国家”,并造成了这些国家的经济动荡、民族仇杀、政治分裂、文化式微,因此这些“失败国家”认为全球化实质上是美国的一种阴谋,是美国企图用对己有利的制度、规范来实现对边缘国家的永远奴役。

其二,是美国长期偏袒以色列的后果。长期以来,美国无视巴勒斯坦问题的历史和巴勒斯坦人民受压迫的现状,无视巴勒斯坦人民的土地和政治诉求,执行的是一套过分偏袒以色列的政策。不但如此,在伊斯兰教国家人民与其他民族有冲突的地方,特别在处理以色列和巴勒斯坦问题上,美国不但没有肩负起真正的调解任务,还凭借其强权政治,出现偏袒一方的不平等现象,使地区冲突进一步加剧。“9·11”事件的本质就是以基地组织恐怖分子为代表的全世界反美势力对美国强权政治的挑战。这也是布什政府认为“9·11”恐怖事件是针对美国的战争行为的主要原因。虽然“9·11”事件后美国的国力及其霸权战略都没有受到根本性的动摇,但其单边主义已经被许多人所质疑。美国必须面对这一现实,对其内外政策进行调整。

“9·11”事件对国际关系产生重大影响

在“9·11”事件发生后,可以说从世界舆论和大国合作角度而言出现了利于美国的态势,快速地分化为两个界限分明的阵营,一方是当事国美国为首的国际社会,一方是恐怖主义者与恐怖主义组织及其支持者(包括阿富汗塔利班当局)。事后证明,美国没有珍惜这种难得的大国合作的机会,而使反恐走了弯路,因此,“9·11”事件在以下几个方面对国际关系产生了深刻的影响:

第一,“9·11”事件与反恐战争对国际政治格局产生了深远的影响。首先,冷战后,世界格局多极化进程进一步推进,但也遇到了美国单极霸权战略的阻挠。北约东扩的实施及其战略新概念的出台,美日军事同盟关系的加强,科索沃战争的胜利等,都是美国推行霸权战略的成果。美国企图借助“9·11”事件和反恐战争来推进其称霸进程。其次,反恐战争使世界大战的可能性减小。美国受冷战思维的影响,一直在不断寻找“战略对手”,并强化原有的军事同盟,从而增加了世界的不稳定因素。反恐战争至少在一段时间内转移了美国对所谓“战略对手”的注意力。而反恐战争是不对称的,国际恐怖组织的力量不足以同美国及其盟国打一场世界规模的战争,“热战”的规模将非常有限。再次,“9·11”事件和反恐战争将改变世界各国的安全观,将减弱各国把有利益冲突的国家作为安全威胁主要来源的倾向,从而突破传统国际政治中的“安全困境”,促使各国努力寻求和建立国家间的互信、互利、共处和双赢,这无疑有利于世界和平的推进与发展。此外,从国际战略的角度看,“9·11”事件将使全球化时代国际恐怖主义的巨大危害得到世界各国的广泛承认,联合国可能以此为契机,组织各国着重探索新形势下国际安全合作的新方式,进而推进新世纪维护世界和平与发展的事业。

第二,国际协调成为21世纪国际关系的主流。反恐战争促进了大国之间的合作,改变了国际关系中的主要矛盾。“冷战”后,美国囿于冷战思维,一直将阻止能够挑战其“一超”地位的大国的崛起作为其国家安全战略的核心内容。布什政府外交政策的最大特征就是奉行一意孤行的“单边主义”。诸如美国不顾欧洲盟国的反对,单方面退出《京都议定书》,不接受国际禁止生物化学武器条约的核查条款,拒绝参与有关控制轻型武器交易的国际谈判,执意单方面退出《反导条约》等等就是其主要表现。美国又加紧调整其安全战略布局,开始将主要注意力转移到东亚地区,并大有将中国作为主要战略对手的意向。在这种背景下,中美、美俄之间的战略矛盾越来越突出,并一度成为国际关系中的主要矛盾。

“9·11”事件后,美国逐渐认识到对美国安全构成最现实威胁的并不是正在崛起的大国,而是国际恐怖主义。而在反对国际恐怖主义的斗争中,美国与各大国之间存在着重要的共同利益和广阔的合作空间。“9·11”事件后,美国迫不及待地援引北约(NATO)“集体防御”条款,拉拢欧洲盟国共同对付“战争行为”;同时为了组织“反对恐怖主义的国际联盟”;美国还让日本派兵支援;更具有象征意义的是,为了获得联合国的支持,美国国会还表决通过了交付长年积欠的联合国会费的决定。可见,在国际恐怖主义的巨大威胁下,美国的孤立主义不得已暂时偃旗息鼓。

可以预见,“反恐”势必成为日后国际关系中美国维持自己统治的合法性与稳定性的借口。在反恐战争中,美国与其他国家组成联盟,建立统一战线,试图寻求最大范围内的国际合作。在国际反恐联盟中,大国之间的共同利益得到更多确认,大国关系将会向协调与合作而不是对抗与冲突的方向演进。一方面,中、美、俄已经站在了反恐怖主义的同一条战线上。可以肯定,在未来相当长一段时间内,反恐怖主义将成为国际关系发展的主轴之一,国际关系中的主要矛盾将不再是美国与中、俄之间的战略矛盾,而是世界进步力量与国际恐怖主义之间的矛盾。另一方面,针对美国图谋借助“反恐”实施单极霸权的战略,中、俄等大国利用国际组织、经济合作以及外交机制来抗衡美国,从而形成对美国的一种“软制衡”,当然“软制衡”绝不同于过去基于军事同盟的“实力均衡”。

第三,“本土安全神话”破灭,美国更改防务战略思维势在必行。

“9·11”事件是美国有史以来本土所遭受的最沉重的一次打击。独立战争以来,美国本土没有遭到过任何的袭击。美国作为当今世界唯一的超级大国拥有强大的军力,美国人一直认为“美国本土与战争无缘”。但是,“9·11”事件使得美国的“本土安全神话”彻底破灭,心理上也受到了极大的创伤。今后增加防务开支以加强美国安全的意见将变得更加强烈,将导致美国国家安全观重要而复杂的改变与新战略思想的出台。长期以来,美国的军事安全战略一直以某一确定的国家或国家集团为假想敌,强调未来的世界里对美国国家安全的主要威胁以及对美国人生命的主要威胁,是来自所谓的“无赖国家”和“潜在的挑战国”。美国军方也根据这种新的战略思想,加速研制全国导弹防御系统(NMD)。但是,从这次“9·11”事件可以看出,美国的头号敌人不是俄罗斯也不是中国,而是恐怖主义。

第四,美国对中国的战略定位将引入新的评估因素,中美关系改善的空间增大,两国关系出现新的发展契机。美国对中国的战略定位是双重的:一方面,中国被定位于能对美国未来领导地位进行挑战的唯一“潜在对手”;另一方面,中国又是可以合作的、同美国在国际关系中具有许多共同利益的重要伙伴。这一双重性定位决定了中美关系将是多变的、不确定的,因而从积极的方面说是具有“建设性”的。美国对中国接触加限制的政策与中美关系在不同时期的摇摆都充分体现了这种定位的双重性。“9·11”事件对于美国的对华政策是一个新的变数。中国领导人代表中国政府和人民在事件发生后不到两个小时就向布什总统发去了慰问电,这确定无疑地向美国人民发出了这样一个信息:“潜在的对手”实际是朋友。同时,美国从巨大的伤痛中也认识到了现实中真正的敌人在哪里,因而在反恐怖主义的斗争中表明了与中国加强合作的态度,两国战略合作的基础由此大为拓宽。不过“中国威胁论”在美国仍有一定市场,随着中国国力的增强,特别是中国成功举办奥运会以及太空行走所带来的效应,在一定时段不排除美国存有遏制中国崛起的企图。

但从长远看,随着全球化进程的加快与深入,中美两国在国际政治秩序方面将会有更大的合作空间。与此同时,在国际经济秩序方面,中国加入世界贸易组织(WTO)后已在融入国际经济体系,美国经济正处于低谷,中美经贸关系的相互依存也要求双方进一步合作。这一切都表明,在恐怖主义已成为全世界共同敌人的情况下,中美之间发展合作关系的领域很大。这必将对美国的全球战略产生重大影响,中美之间将产生更多的共同战略利益,中美关系存在着新的发展契机,作为东西方的两个大国,中美之间的协调合作不仅有利于中美两国在诸领域间的合作，更重要的是中美之间的合作将对国际机制的筹建、国际规范的普及起到决定性的作用，并从根本上有利于建构一个和平、稳定的世界。

第五，随着美国防务战略的调整和中美关系的缓和，美国放慢了在亚太地区的战略部署，其战略意义也会有一定程度的弱化。“9·11”事件之前，美国的战略重心已转向亚太地区，开始从地缘战略视角对其军事部署进行调整。美国于2000年6月在关岛空军基地部署战略巡航导弹，美国海军于2000年宣布将于2002年在关岛部署攻击型核潜艇，以及“9·11”事件前夕美国陆军部长所作的将把美国陆军储存在欧洲的作战武器和装备转移到亚洲的表态，都属此列。同时，源于浓厚的现实主义影响，如上所述，也不排除美国对其亚洲战略作出进一步调整。朝鲜、伊朗核问题以及本·拉登残余势力对美国的牵制、美国国内的保守势力都可能促使美国对其亚洲战略作出新的布局。2008年10月美国众议院不顾国内外反对，通过对印度核能技术转让的法案以及对台湾高达60亿美元的军售计划不能不说没有遏制中国崛起的企图。

“9·11”事件的发生，虽然不能立即使美国在欧亚的战略布局发生结构性变化，但确实在其中增加了一些介入因素。(1)在战略敌人的指向方面，恐怖主义组织的地位上升，中国作为假想敌的地位有一定程度的下降，美国在欧亚的军事部署不能不对现实的重大威胁作出反应；(2)在防务战略方面，不能仅仅考虑地缘政治的需要，还要考虑反恐怖主义这一全球性问题的需要；(3)中美两国领导人协调性会晤逐步形成机制，两国关系中的建设性因素增多，美国对华政策将有一定的调整，这也会影响美国在亚太地区原有的战略部署。

在此需要指出的是，美国国内历来就存在着两种分歧的意见。共和党右派认为，亚太地区还没有形成以美国为主导的多边安全机制，存在着朝鲜半岛、台湾问题和印巴冲突等热点问题，特别是中国对美国的军事威胁正在逐步增大，因此美国应当将战略重心转向亚太地区，遏制中国的发展。温和现实派则认为，美国应该跳出传统地缘政治的思维模式，把经济和其他严重威胁人类生存的全球性问题作为战略重点，加强与其他大国的合作；中国目前不构成对美国的军事威胁，不应过早将中国视为敌人，应继续与中国进行军事交往，这既能了解中国军事现代化的进程，也有助于维护亚太地区的稳定。“9·11”事件的发生，客观上支持了温和现实派的看法。可以预计，在未来一个时期，美国在亚太地区原有的战略调整可能趋缓，需要有一个对其进行重新评估和确定的过程。即使在近期内继续执行原有的某些战略部署,其战略意义也会有一定程度的下降。

第六,“9·11”事件与阿富汗战争将使中亚地缘政治格局发生重大变化。“冷战”结束后,俄罗斯一直视中亚为自己的传统势力范围。由于中亚及里海地区蕴藏着丰富的油气资源,美国也一直对这一地区觊觎不已,不断进行政治、经济、军事渗透。“9·11”事件后,中亚地区成为美国对阿富汗实施军事打击的前沿阵地。长期受到国际恐怖主义威胁的中亚各国,为维护自身安全,积极向美国和北约提供空中走廊和军事基地。俄罗斯为了彻底斩断阿富汗与车臣的联系和确保中亚“缓冲区”的稳定,同时也为了进一步改善同西方的关系,不得不默许美国和北约军事力量进入中亚。美军插足中亚必将使这一地区的传统地缘政治格局发生重大而深刻的变化。国际反恐联盟虽然使俄美关系“明显改善”,但双方的根本利益冲突依然没有消除,美国在中亚和乌克兰制造的“颜色革命”以及2008年9月持续出现的格鲁吉亚危机充分反映了美俄在这一地区的政治博弈。可以说,“9·11”事件后,美国没有从根本上改变称霸世界的战略目标。美国口头上称其“在中亚的军事存在是暂时的”,“美俄在中亚的利益并行不悖”,但实际上同俄争夺中亚主导权,控制里海油气资源及其通道的意图有增无减。俄罗斯当然不会割肉饲虎。另一方面,俄罗斯也可能是“9·11”事件后中亚地缘政治格局重组中最大的赢家。它不仅推迟了美国破坏原有美俄战略平衡的时间,而且还获得了一个精密博弈的机会,即既要美国适当介入,帮助它消除阿富汗原教旨主义的威胁,又要精心防范因美国的军事介入而产生新的心腹之患。当下,中亚地缘政治格局的变化将越来越引人注意,格鲁吉亚危机预示着美俄在这一地区开始了新一轮的较量。

相关链接

为什么把“9·11”事件称为第二次珍珠港事件?

1941年12月7日(夏威夷时间,日本东京时间为12月8日)晨,日本未经宣战,突袭美国在太平洋最大海空军基地之一的珍珠港,以28架飞机和3艘潜水艇的微小代价击沉美战列舰4艘,重创1艘,炸伤3艘,炸沉炸伤其他舰艇10余艘,击毁美机260余架,毙伤美军官兵4500多人,使美国太平洋舰队受到重创。时隔60年,美国人依旧对那次战争偷袭感到恐惧,为了让它成为永久的纪念,导演们把此次偷袭拍成了美国大片《珍珠港》。可是影院里的硝烟还未散去,炮声、飞机轰鸣声还未消逝,2001年9月11日,又一个爆炸声惊起全世界人民的关注。恐怖分子的偷袭事件刚过去，立即有人称"9·11"事件为"第二次珍珠港事件"，两者之间，也确有很多联系，很多相似之处。

首先，这两次事件虽然组织者不同，一个是日本帝国主义，一个是以本·拉登为首的恐怖分子。但他们的目的都类似。二战期间，美国经济势力强大，并虎视眈眈东南亚及太平洋领域，限制军备，严重影响了日本政府的各方面利益，因此日本政府先发制人，采取了偷袭手段；而恐怖主义者们仇视美国的霸权行径，为了维护自家信仰和利益，而报复于美国。两者之间目的虽然不相同，但有类似之处，即都针对美国，都为了自身利益，都起源于美国的霸道。

其次，两次事件都是在美国不知情的状态下采取行动的。

再次，就是两次袭击造成的损失都很大。二战时，珍珠港给美国太平洋舰队以沉重打击；"9·11"事件，对美国经济影响很大，人们惧怕出门、旅游，对进出的外国人监控也更加严了，股市低迷，人民对政府的信任度大大下降。

最后，美国反应很迅速，带来的结果也是有建设意义的。"珍珠港事件"后，美国放弃了中立原则，马上投入战斗，加入了反法西斯的斗争，加速了二战的结束进程，使日本马上因原子弹轰炸而投降，世界也再次恢复和平；在"9·11"事件后，美国政府立刻封锁全国各地的机场，追捕其余准劫机者，并对阿富汗塔利班政府进行打击，全力追捕本·拉登，反对恐怖主义也成了世界的主题。

对比相隔60年的两次袭击事件，都不是人们想看到的，包括因此带来的广岛、长崎原子弹袭击和阿富汗大追捕，受伤害最大的还是无辜群众。人们希望只是在影片中回味，而不是在现实中，更不愿再看到"第三次珍珠港事件"了。

第二节　世界头号恐怖分子——本·拉登

本·拉登其人及其恐怖组织

作为"9·11"恐怖袭击事件的主谋及策划者，本·拉登在一夜之间骤然成为世界头号恐怖主义分子，因此我们很有必要对本·拉登其人及其心路历程作出了解。

奥萨马·本·拉登1955年出生于沙特阿拉伯的吉达，父亲是沙特最富有的建筑业大亨阿瓦得·本·拉登。拉登的母亲据说是他父亲的第10房妻子。美国政府的通缉资料显示，拉登身高在193～198厘米之间，体重约73公斤，身材修长，棕眼，走路时拄着拐杖。他一把长须，笑容腼腆，不过打起仗来却是一副不怕死的样子。在西方记者眼里，拉登是一个沉默寡言，甚至有些害羞的恐怖分子，平时总爱穿一件白色的长袍，讲起话来轻言轻语，极有礼貌。在52个兄弟姐妹中他排行第17。早在其幼年时期，老拉登即率整个家庭从也门移居沙特从事建筑业，当时，本·拉登家族的财产据估计有50亿美元，属于本·拉登的约有3亿美元左右。

沙特阿拉伯富翁本·拉登所领导的恐怖组织，是全球最大的恐怖组织，他被指控在世界各地策划了多起针对美国人的恐怖爆炸行动。1979年，苏联入侵阿富汗后，拉登离开舒适的家庭，参加了阿富汗圣战组织，展开了反对苏联入侵阿富汗的斗争，从此步入所谓的"圣战"的道路。据悉，从20世纪80年代初至1986年间，美国给了这些抗苏斗士们大量的援助，其中包括专门对付直升机的"毒刺"便携式导弹等尖端武器。还有消息称，美国中央情报局当时每年拨出5亿美元的军费来武装和训练贫穷且手无寸铁的游击队员。美国高科技武器中的不少尖端产品，包括防空导弹等，都陆续进入了拉登的兵器库。

拉登走上恐怖之路的第一步便是组织了一批志愿者前往阿富汗参加所谓的"圣战"，并负责提供他们去阿富汗的路费。拉登还建设了一些供这些志愿人士训练的设施，巴基斯坦等政府则提供了场地和资源。同时，拉登还把世界各地的游击战专家、破坏和隐匿专家聚集在一起。1987年，拉登开始建立自己的基地，参加者怀着各种目的，来自世界各地，其中也有从美国等西方国家来的。1988年，本·拉登与其圣战者们建立了一个新的组织——名为"基地"的大本营，专门训练"圣战者"。因此，"基地"的目的就是推翻几乎所有的在拉登眼中看来是"腐败无能"的政府，驱逐在这些国家的西方势力。

1989年，苏联撤军后，拉登带着他的"弟兄们"重返沙特。海湾战争爆发后，由于拉登对沙特国王让美国人从沙特的土地上去打伊拉克心怀不满而再次移居阿富汗，后又转移到了苏丹，建立起合法的商业公司，以便为圣战筹集资金。他不仅靠出口物品赚钱，还建立了一个银行。同时，他开始将极端分子组织联合在一起，并开始训练自己的人员。沙特政府不能忍受他过分的要求，1994年4月，拉登的沙特国籍被取消。拉登便靠着他在建筑业中所积累下来的数十亿美元的家财，开始了他的活动。

拉登与他那个小圈子里的人整天在琢磨着如何让美国人难受，美国大使馆、军事基地以及那些在国外旅游的美国人都可能成为他们的目标。他们运用现代装备来筹备各种行动，比如使用手机、卫星通信、电子邮件等。每项行动都要事先周密安排，多则提前数年，少则也要提前几个月。

1996年，由于美国施压，苏丹不得不将拉登逐出。这算得上是美国外交上的胜利。拉登不久后便重返阿富汗，在阿富汗巩固了他的基地后，拉登很快就让他庞大的国际网络投入工作。通过高科技手段，例如电传、卫星电话和互联网，他得以同分布在世界各地的素未谋面的追随者进行联系。由拉登亲自指挥的“基地”大本营，已被狂热的圣战者们视为反对西方势力的核心。在1998年恐怖分子大聚会中，拉登宣称：美国人是全世界最大的“贼寇”，是真正的“恐怖分子”，华盛顿在中东的驻军是“十字军”。1998年8月7日，美国驻肯尼亚和坦桑尼亚大使馆被炸。10多天后，美国导弹袭击了拉登在阿富汗的营地。美国还与各国情报机构合作，在20多个国家抓获了大约100多个嫌疑人。但是，拉登的活动并没有停止。后来，美国军舰“科尔号”在也门被炸，据说同样与拉登有关。一位法国学者说，拉登最大的财富是世界各地成千上万的圣战者，他们不再视他们的行动应该受到国家或区域的限制。“政治的规则不再能约束他们，拉登不会谈判。”

“9·11”事件前，拉登在全球织起了一张巨大的恐怖活动网。根据美国中情局的最新分析，设在阿富汗的基地共训练了5000多人，他们分别在50多个国家建立了基层组织。组织利用了从埃及到菲律宾、从乌兹别克斯坦到以色列的各国国内恐怖组织，使这些原本联系很少的组织，形成了一个庞大的联盟。“9·11”事件后，美国情报机构搜集的情报表明，本·拉登一直在试图影响巴基斯坦的恐怖分子，同时还在加强同黎巴嫩真主党的接触。此外，活跃在以色列和被占领土境内的激进的巴勒斯坦组织“哈马斯”和其他圣战组织，也频频同本·拉登进行接触。

据美国中央情报局掌握的资料披露，本·拉登“基地”的组织结构可以说是“麻雀虽小，五脏俱全”。有一个由高级领导人组成的协商会议，下设职能委员会：军事委员会负责培训和武器采购；货币和商业委员会负责“基地”公司的经营管理。在拉登遍及阿富汗各地的军火库中，迫击炮、火箭、坦克甚至先进的“毒刺式”地对空导弹一应俱全。本·拉登的军力足以与一个小国相媲美。

为了保证自己一旦被捕，所谓的“圣战”事业后继有人，“9·11”事件后拉登指定他的助手阿布杜拉兹·阿布·希塔为他的接班人。美国政府负责反恐的最高官员克拉克说:“我们当然非常想抓住拉登,但要彻底摧毁这张网还要做许多事情,逮捕拉登只是其中的一步。”“9·11”事件前,以本·拉登为首的“基地”分子涉嫌的主要恐怖事件有:1992年12月,针对驻索马里的美国部队制造了也门旅馆爆炸案;1993年2月,策划美国世贸中心爆炸案,6人死亡,数百人受伤;1993年10月3日,袭击美国特种部队,18名美国人和数百名索马里人丧生;1995年11月,制造沙特阿拉伯首都利雅得爆炸案,5名美国人丧生;1995年11月,策划巴基斯坦的埃及大使馆爆炸案,17人丧生;1996年6月25日,沙特阿拉伯胡拜尔的美国军事基地发生爆炸,19名美国人死亡,386人受伤;1998年8月,美国驻肯尼亚和坦桑尼亚大使馆发生爆炸,257人死亡,5000余人受伤;2000年10月12日,也门亚丁港美国“科尔”号军舰受袭击爆炸,17名水手死亡,众多人员受伤。伊拉克战争后,他领导的“基地”组织频频对驻伊美军发动袭击,给美国造成了很大麻烦。

本·拉登与塔利班的关系

世界上最早知道“塔利班”是在1994年11月,当时他们保护一支试图打开巴基斯坦与中亚贸易的车队而一举成功,从此登上历史舞台。

“塔利班”在波斯语中是“学生”的意思,它的大部分成员是阿富汗难民营伊斯兰学校的学生,故又称伊斯兰学生军。它的领导人是穆尔维·奥马尔。最初,塔利班总共只有800人,因此许多人对其不以为然。但是这支派别高举铲除军阀、重建国家的旗帜,纪律严明、作战勇敢,并提出反对腐败、恢复商业的主张,因而深得阿富汗平民的支持和拥戴。

塔利班的实力急剧膨胀,很快发展成为一支拥有近3万人、上百辆坦克和几十架喷气式战斗机的队伍。1995年五六月间,塔利班发动了代号为“进军喀布尔”的战役,一路势如破竹,很快控制了阿富汗近40%的地区。塔利班乘胜向喀布尔发起全面攻击。9月26日,占领了电台、电视台、总统府。此时,塔利班终于如愿以偿全面控制了首都。在美国发动阿富汗反恐战争前,塔利班控制着包括首都喀布尔在内的全国90%以上的领土,而反塔利班联盟中具有与塔利班正面对抗能力的只剩下马苏德一派。

掌权后的塔利班声称要建立世界上最纯洁的伊斯兰国家。但是他们采取的极端保守的宗教原教旨主义使得世界大吃一惊。1996年他们攻入首都喀布尔后,便声称要使阿富汗恢复正统伊斯兰文化,所有女性在室外必须披上由头到脚的罩衫,男性要蓄胡子,同时关闭所有女子学校。为了表明自身的宗教纯洁性,他们竟公然炸毁了世界闻名的佛教石刻——巴米扬大佛,此举引起全世界的公愤,塔利班的国际声誉一落千丈。塔利班执政以来对国家重建也毫无建树，国内经济每况愈下，加上疾病流行，使它得到的支持逐渐削弱。

对于一个早已被战火、旱灾弄得民不聊生、千疮百孔的国家来说，阿富汗塔利班政权之所以一再不惜代价保护拉登，也有其不得已的苦衷，简言之就是为了政权存活与稳定。

其一，巩固塔利班政权在宗教上的合法性，驱逐拉登则会直接危及塔利班政权的统治理念及其宗教原则。

其二，拉登不但是阿富汗抗苏期间的英雄，还是塔利班政权的积极资助者。拉登的雄厚资金及对伊斯兰银行的感召力对于处境孤立、经济困难的塔利班政权来说弥足珍贵。

其三，拉登是一些伊斯兰青年人崇拜的偶像。塔利班主要由年轻人组成，而且许多高级军官都对拉登尊崇备至，这直接影响到塔利班政权对拉登的态度。

其四，塔利班似乎也想利用拉登摆脱外交困境。塔利班拒绝向美移交拉登的理由之一就是，塔利班没有与美签订有关引渡的协议。

然而，面对拉登的恐怖威胁，美国方面似乎有些黔驴技穷，一筹莫展。“9·11”事件已过去8年多，制造这起恐怖事件的元凶本·拉登却仍然逍遥法外，尽管美国发动了阿富汗战争，集陆、海、空军队，先进的卫星导航系统，最先进的激光武器在阿富汗、巴基斯坦苦苦搜索，但连本·拉登的踪影都难以觅见，2009年1月本·拉登还针对以色列在加沙地带对哈马斯的打击再次呼吁伊斯兰世界团结起来共同对付美国；本·拉登或许不再发挥实质性的领导作用，但作为一种象征，本·拉登事实上成了美国难以取舍的一个心头之患，这也成了奥巴马要从伊拉克撤军移师南亚的一个重要原因。

第三节　恐怖主义的特征与根源

诚然，作为一种意识形态，恐怖主义并非始于“9·11”，早在1789年的法国大革命时期，雅各宾派的领导人就用恐怖的手段来达到震慑敌方、维护统治的目的。“恐怖”一词，最早出自拉丁语TEPPOP，原为“害怕、惊恐”之意，现在则成为卑劣、残忍手段的代名词。一些犯罪团伙、民族分裂分子、极端主义势力等武装组织或政党往往把它用作“斗争”的武器，不但给无辜平民造成巨大的生命和财产损失，更在所有善良人的心灵上留下长久无法弥合的创伤。“9·11”恐怖袭击事件，再次引起国际社会对恐怖主义与反恐行动问题的高度重视。

20 世纪五六十年代非洲的一些争取独立的民族解放组织为了达到推翻殖民主义、建立国家的目的也实施过绑架、暗杀等恐怖活动；冷战期间超级大国为了争夺势力范围或截取情报也实施过各种类型的恐怖活动，但在全球范围内这些恐怖活动没有形成一种规模效应。广义地说，恐怖主义是为了改变某一政治进程和达到某些政治目标而对个人、集团采取的一种极端行动。国际恐怖主义是指国际社会中某些组织和个人主要对平民采取绑架、暗杀、爆炸、空中劫持、扣押人质等恐怖手段，企求实现政治目标或某项具体要求的主张和行动。

我国政府认定恐怖组织的标准是：以暴力恐怖为手段，从事危害国家安全，破坏社会稳定，危害人民群众生命财产安全的恐怖活动的组织（不论其总部在国内、还是国外）；具有一定的组织领导分工或分工体系；符合上述标准，并具有下列情形之一，(1)曾组织、策划、煽动、实施或参与实施恐怖活动，或正在组织、策划、煽动、实施或参与实施恐怖活动；资助、支持恐怖活动；(2)建立恐怖活动基地，或有组织地招募、训练、培训恐怖分子；(3)与其他国际恐怖组织相勾结、接受其他国际恐怖组织资助、训练、培训，或参与其活动。2003 年 12 月 15 日，中国公布的境内第一批认定的 4 个"东突"相关恐怖组织是：东突厥斯坦伊斯兰运动（简称“东伊运”）、东突厥斯坦解放组织、世界维吾尔青年代表大会、东突厥斯坦新闻信息中心。

从 20 世纪 60 年代末开始，各恐怖主义组织就倾向于在国外动员人力和物力，借以实现跨国性的扩展方向，重新组织秘密武装团伙的活动分子，发展跨国网络。另外，交通运输和大众通信设施的发展，以及各恐怖主义组织装备的先进性，都为恐怖主义形成规模提供了方便。而且，恐怖主义的跨国化，同样也使一些国家为具体的地缘战略利益而支持小型恐怖主义组织提供了方便。最后，在争取物质力量上，恐怖主义组织还与贩毒黑社会加强勾结。一方面，恐怖主义和其他严重犯罪方式的目标之间有着共同性，这促成了两者的相互勾结，尽管他们追求的最终目标似乎不同甚至相反；另一方面，麻醉品的非法交易能够轻而易举地给恐怖主义组织和它们的支持者带来巨额资金，这对继续进行暴力活动和维持秘密组织的机构是非常必要的。

“9·11”事件以来，特别是 2003 年美国发动伊拉克战争后，恐怖主义活动的形式和性质正在悄然发生重大变化。其政治目的有所淡化，掺杂了更多的种族和宗教因素；目标选择从政治对手更多地转向无辜平民及大型民用建筑、设施，手段更残忍。这类恐怖活动最难对付，也最难解决，因而成了各国进行反恐行动的一个难题。

恐怖主义的类型

恐怖主义所表现出的是对现存制度、国家和政府以及其他国家和民族的强烈不满、仇恨和反抗。恐怖主义的类型主要是根据其根源和背景来划分的。

1. 革命与恐怖主义

“恐怖主义”一词最早可以追溯到法国大革命。因此,人们在谈到恐怖主义的时候,首先将其与革命相联系。在常见的革命暴动或游击战发生之后,“恐怖主义随之产生,它要么是广泛的革命战争伴生物,要么是以内部对抗的形式出现”。恐怖主义还被认为是革命失败后的选择。极左恐怖主义组织,如意大利红色旅(Red Brigades)、德国的巴德—迈因霍夫集团(Baader-Meinhof Group 或 Red Army Faction)等,就是群众运动失败后由绝望的残余分子所组成的。这类恐怖主义有人称之为“革命恐怖主义”。

2. 民族主义与恐怖主义

抵御和反抗外来民族的统治和压迫,争取民族独立是恐怖主义的又一主要根源。根据这一特征,可划分出一种“民族恐怖主义”。据统计,目前世界恐怖主义组织中有 1/3 以恐怖主义形式作为争取民族自治、民族独立或分离的手段。“民族恐怖主义”可以分为三种:第一种是以反对殖民主义、帝国主义为特征,这在第二次世界大战后最为多见。第二种是以民族分离为特征,主要是少数民族试图与主体民族相分离。例如,英国“爱尔兰共和军(Irish Republic Army)”的目的是建立独立的北爱尔兰国家;加拿大的“魁北克解放阵线(Front for the Liberation of Quebec)”是为魁北克的独立而战斗;西班牙的“埃塔”,即“巴斯克祖国自由(Freedom for the Basque Homeland)”组织是为建立巴斯克人的国家而进行恐怖主义活动。第三种是因种族歧视和种族对抗而引发的“种族对抗型恐怖主义”,也有人称之为“种族恐怖主义”、“新法西斯恐怖主义”,或将其划分为“极右翼恐怖主义”。这类恐怖主义的特点是宣扬种族至上,视异族、异教为敌人,崇尚法西斯,崇尚暴力,极端仇外。希特勒法西斯施行的就是一种最残忍的“种族恐怖主义”。

3. 宗教与恐怖主义

在一些恐怖主义组织中,宗教性和神秘化因素是重要的特征。这些组织的成员多数是极端非理性、极端狂热的宗教信徒,他们视殉难为光荣。这类恐怖主义可称为“宗教极端型恐怖主义”。有人认为这种恐怖主义是“当代世界最为普遍与最为严重的恐怖主义活动类型”。最早期的这类恐怖主义有犹太教狂热分子反罗马人统治的恐怖主义活动，有伊斯兰极端分子对十字军基督徒的恐怖主义活动。在当今活跃的恐怖主义组织和恐怖活动中，带有宗教背景的越来越多。

4. 文明冲突与恐怖主义

“9·11”事件发生以后，少数西方政要公开表示这就是“文明冲突”，“发誓”要进行新的“十字军东征”。美国国防部最初把军事行动的代号定为“无限正义”(Infinite Justice)，即反映出这种倾向。出生于巴勒斯坦、从黎巴嫩移居到美国的已故著名学者萨伊德对“文明冲突论”以及“9·11”事件之后文明冲突论的鼓吹者提出了猛烈的批评。他认为针对整个宗教或文明夸夸其谈的那些人，“往往不是为了煽动人心就是出于彻底无知”，这样的无知才是冲突的根源。他指出7世纪的阿拉伯帝国确实一度对罗马—基督教体系构成了巨大的威胁，但是，西方也吸收了伊斯兰世界的文学、科学、哲学、社会学与历史学。“伊斯兰从一开始就深入西方世界，这一点连一向敌视先知穆罕默德的诗人但丁都不得不承认。”在当代西方世界，伊斯兰人也登堂入室，深入核心。美国政府采用“无限正义”的说法，可以看出所谓西方世界的某些精英是多么地以他们自己为世界的中心，以他们自己为正义的化身。但是，这些所谓精英的认识毫无疑问是偏见，是对其他文明无知的表现。

5. 国际、国内冲突与恐怖主义

恐怖主义也是国内、国际矛盾激化的产物。社会制度的缺点，社会关系中存在的不公平、贫富差异的现象，失业、无家可归、贫苦等，都会使人产生疏远、被遗忘和受挫折感。这些因素作为“受挫折指数”，通常被列入恐怖主义产生根源的社会条件。财产或土地分配的不公、传统社会的瓦解和全球化、城市化、文化危机及大规模移民，都曾被用来解释恐怖主义产生的背景。从全球体系和国际秩序看，南北差异、移民、贫富分化等问题日益严重，涉及领土、边界、资源方面的争端和政治、经济及意识形态领域的冲突日益增多。这些争端和冲突的激化，是产生当代国际恐怖主义的一个重要因素。反对资本主义全球体制，反对新殖民主义、霸权主义、干涉主义，是当代国际恐怖主义的重要动机。2001年美国“9·11”事件发生后，许多人在谴责恐怖主义的同时指出，这次恐怖主义袭击有着深刻的政治经济根源，其目标针对的是21世纪的资本主义的存在价值。20世纪美国的本国利益中心主义及美国采取的干预政治和“利己主义”，使它成了国际恐怖主义的目标。

目前，世界上的恐怖主义组织有1000多个，有影响的就有240多个，其中包括30多个右派恐怖组织，210多个左派恐怖组织。它们中间除了本·拉登的“基地”组织、菲律宾的“阿布沙耶夫”组织和中国的东突厥分离组织有较大影响外，英国的爱尔兰共和军，西班牙的埃塔，意大利的红色旅，美国的三K党，德国、意大利的新法西斯团体如“光头党”，斯里兰卡的泰米尔猛虎组织在历史上也比较出名。这些恐怖组织作案动机有的出于政治目的，更多的出于宗教和种族仇视。他们一般把恐怖目标选定在闹市区或重要建筑物，不计后果，不择手段，危害性极大。

第四节　俄罗斯车臣问题

车臣的历史

有关车臣的历史可以追溯到7世纪初以前。车臣人素以英勇善战著称，民族意识极强。在19世纪上半叶，沙俄经过40多年的高加索战争，才于1859年把车臣并入沙俄帝国版图。在苏联时代，车臣自治区于1922年11月30日成立，属俄罗斯联邦。1934年1月15日，车臣与其西邻的印古什自治区合并成立车臣—印古什自治区，1936年12月5日成为加入俄罗斯联邦的自治共和国。1944年，苏联政府以车臣人同德国侵略者合作为由，把他们强行迁出家园，直到1957年车臣才恢复民族自治。可以说，斯大林当年所奉行的错误民族政策为后来车臣问题的出现埋下了伏笔，而苏联的解体和车臣分离主义势力的崛起，则是导致这一问题爆发的直接原因。

1991年，曾任苏联空军重型轰炸机师少将师长的杜达耶夫趁“8·19”事件爆发之机，将原车臣—印古什领导人赶下台，并在同年的总统大选中当选为车臣第一任总统。上台后不久，杜达耶夫便急不可待地宣布车臣脱离俄联邦独立，这使得刚刚目睹了苏联解体过程的俄当局自己也面临着国家分裂的现实危险。为了遏制杜达耶夫的分离倾向，俄当局最初对车臣采取了“以压促变”的策略：在宣布杜达耶夫政权“非法”的同时，在财政上冻结对其预算补贴，在政治上则致力于扶植车臣反对派。

俄罗斯对车臣的战争

第一次车臣战争（1994—1996年）

1994年，俄罗斯政局趋向稳定，为了顺应国内“重振大国雄风”的呼声，并为参加1996年的总统大选积累资本，叶利钦总统开始把解决车臣问题提上日程。从1994年12月开始，俄罗斯联邦当局对车臣采取军事行动，这场残酷的战争断断续续打了两年时间。

然而出乎俄当局预料的是，俄军在车臣遭到了分离主义分子的顽强抵抗，损失惨重。在进攻首府格罗兹尼的战役中，车臣武装分子对行驶在大街小巷中的俄军装甲坦克纵队组织了有效的抗击。俄军某旅进城的26辆坦克22辆被摧毁，116辆步兵战斗车撤出城的只有21辆。俄军出兵车臣的失败，不仅暴露出俄当局对解决车臣问题的艰巨性估计不足，同时也显示出俄军在苏联解体后实力大大下降。

1995年12月8日，俄罗斯总理切尔诺梅尔金、车臣共和国总理扎夫加耶夫和俄罗斯总统驻车臣全权代表洛博夫签署了车臣在俄联邦内特殊地位的协定。对俄罗斯来说，这实际上是个屈辱的协定。协定规定，车臣共和国有权参加国际交往和对外经济联系，并可以制定自己的宪法和法律。经过近两年的战争，车臣享有事实上的独立。俄车关系进入了一段相对平静的时期。但由于这种缓和是建立在敏感的车臣地位问题被“搁置”的脆弱基础之上的，因而决定了双方相安无事的局面难以长久。

第二次车臣战争（1999—2000年）

俄车关系并没有因为协议的签订而平安，特别是以马斯哈多夫为首的车臣当局与俄当局在车臣独立问题上“寸土必争”的同时，以巴萨耶夫为首的“不受官方控制”的非法武装则以车臣为基地不断在北高加索实施恐怖主义行动。他们连续在马哈奇卡拉、弗拉季高加索等地制造了多起爆炸血案，并绑架了大批人质。

车臣非法武装还潜入达吉斯坦策动新的分离主义行动，并于1998年8月底和9月初连续在莫斯科、布伊纳克斯克和伏尔加顿斯克制造了5起震惊世界的爆炸血案。达吉斯坦事件和莫斯科等地发生的血案再一次给俄当局敲响了警钟，同时也使俄社会各界认识到解决车臣问题的必要性和迫切性。

面对分离主义分子的恐怖主义行动，俄政权内部主张维护国家统一、坚决打击分离主义的力量占了上风，这促使俄当局不仅对以巴萨耶夫为首的车臣非法武装，而且也对包庇纵容巴萨耶夫的马斯哈多夫政权采取了空前强硬的立场。于是，1999年8月，第二次车臣战争爆发。

就在此后不久，俄罗斯总理易人，由安全部门出身的普京登上总理宝座。对于政治家来讲，如何处理重大政治事件是表现其能力的绝好机会，显然普京不会轻易放过这个天赐良机，事实证明他不仅抓住了，且做得很到位。第二次车臣战争，俄军充分吸取了第一次失利的很多经验教训：在组织指挥上，加强了各军种、各部队之间的相互协调；在作战方针上，俄军采用步步为营的方针，稳扎稳打，逐个击破；在武器使用上，第二次车臣战争打破了国内战争不使用高技术武器的惯例，大量采用激光制导炸弹进行精确打击，避免了很多正面冲突和人员伤亡；在地面战中，主要依靠目标小、机动灵活的特种部队，同车臣叛军在城市中周旋。以上调整被证实非常有效。到2000年3月，俄军完成了作战任务，给车臣叛军以毁灭性的打击。此后，车臣叛军残部转入山区同俄军周旋，他们遭受重创，难以再发动有力的反击。

普京上任后，俄政府开始对车臣实行总统直接治理。由此，车臣局势由单纯军事状态转入政权和经济建设同武装剿匪并行的新阶段。经过俄政府和卡德罗夫的共同努力，车臣问题不断取得进展，2003年3月，车臣就是否赞成新的共和国宪法草案、总统选举法草案、议会选举法草案举行车臣历史上第一次全民公决。在是年10月5日举行的全民选举中，车臣共和国行政长官卡德罗夫当选俄联邦车臣共和国总统，这是根据新选举法选出的第一位车臣总统。

此后，车臣地区依然时有爆炸事件、军事冲突发生，车臣共和国总统艾哈迈德·卡德罗夫、俄高加索联合集群司令巴拉罗夫等在危机中身亡。2007年4月，车臣新总统拉姆赞·卡德罗夫宣誓就职后，不断加强对非法武装力量的打击力度。2005年3月，车臣非法武装头目马斯哈多夫在车臣北部被击毙。2006年6月，车臣非法武装重要头目萨杜拉耶夫被车臣警方击毙。同年7月10日，车臣非法武装头目巴萨耶夫在俄罗斯印古什共和国被俄军警击毙。

从以上进展来看，普京对车臣的综合治理取得了一定的成绩，但近年来车臣局势仍未完全平息。

俄罗斯人质事件始末

2002年10月23日星期三，晚9时左右，四五十名车臣绑匪闯入莫斯科东南区一家剧院，将在那里看音乐剧的700多名观众、100多名演员和文化宫的工作人员扣为人质。非法武装劫持人质的头目巴拉耶夫要求俄罗斯军队在一周内撤出车臣，否则，他将引爆莫斯科轴承厂文化宫大楼。他们还警告：警方每打死他们1人，他们就杀死10名人质。随后，大约30人被释放，包括儿童和外国人。10月24日，俄罗斯总统普京取消了出访计划。俄罗斯解救人质工作小组同绑匪取得联系并开始谈判。之后，又有包括1名英国人在内的9名人质被释放。

当日下午2时，普京首次发表声明说，这次人质危机是“外国恐怖组织精心策划的”。他命令特种部队“准备解救人质，同时最大限度地保障人质的安全”。下午6时30分，两名女人质设法从一个窗户逃出。绑匪向她们开枪和投掷手榴弹，其中1人受伤。晚上，26岁的售货员罗曼诺娃在试图进入剧院时，被绑匪射杀。绑匪说，他们认为罗曼诺娃是特工。联合国安理会一致谴责劫持人质的恐怖行为，并呼吁无条件释放人质。10月25日，早晨6时30分，7名男女人质被释放。中午12时30分，包括1名瑞士女孩在内的8名8～12岁的儿童被释放，但绑匪从原先答应释放75名所有外国人质的立场退却。同时，莫斯科发生了几起反对战争的小型示威活动。晚上8时，普京在电视上再次讲话，说谈判的大门仍然敞开，但他对车臣战争的立场不变。晚上10时35分，又有3名妇女和1名男性人质被释放，他们都是阿塞拜疆人。

午夜，俄罗斯著名的车臣战地女记者波利特科夫卡娅充当了绑匪和当局的调停人，并与绑匪会谈。她说，如果当局不给出计划从车臣撤军的证据，叛军将采取"最极端的措施"。她说，普京必须表态结束车臣战争，从车臣撤出一切军队。10月26日，2时30分，救护人员从剧院救出1男1女，他们都有枪伤。3时30分，剧院内传出枪声和爆炸声。据俄罗斯官员说，绑匪打死2名人质。之后，一些人质试图逃跑，绑匪向他们开枪。8名人质逃脱。

凌晨5时30分，特种部队开始发动袭击。他们向剧院发射了可致人昏迷的气体，并在大楼墙壁上炸开一个洞。双方爆发激烈枪战。6时30分，特种部队冲进剧院，可以听到一阵阵爆炸声和枪声。30多名绑匪在战斗中被击毙，其中包括绑匪头目巴拉耶夫。所有女性绑匪都系着爆炸腰带。至少有8名人质被打死。特种部队士兵无严重伤亡。7时，爆炸声和枪声沉静下来。7时10分，特种部队士兵将活着的绑匪押出剧院，许多被救人质也陆续离开，还有一些尸体被抬出。7时25分，国际文传通讯社报道，安全部队已经彻底控制该剧院，所有人质已经被解救。政府官员后来宣布：750名人质被救，67名人质死亡。大约有36名车臣叛军被枪毙，但是，有一些叛军已经趁乱逃走！

2002年10月31日，俄罗斯政府有关部门在外交部新闻中心举行记者招待会，认定车臣非法武装领导人马斯哈多夫和巴萨耶夫两人，直接策划和指挥了莫斯科劫持人质的恐怖事件。俄罗斯政府官员表示，俄情报机构在人质事件期间，监听到了恐怖分子头目巴拉耶夫同当时在车臣境外的车臣非法武装领导人之间的电话联系片段。通话内容显示，巴萨耶夫是这次恐怖事件的直接指挥者，而马斯哈多夫则是这起事件的策划和组织者。

分析家警告说，虽然俄罗斯总统普京派遣特种部队很快解决了这起人质危机，这个行动虽然赢了，但这场危机可能导致旷日持久的车臣冲突日益激化。2003年5月车臣恐怖分子又接连制造了几起爆炸事件并导致成百人伤亡。对俄罗斯来说，仅靠武力和清除来解决车臣问题看来是远远不够的。在打击恐怖主义的同时，还要着眼于民族和解与经济重建，并找到一个双方都可以接受的解决方法，这样才能从根本上解决车臣问题。

第五节　恐怖主义在全球蔓延

“9·11”事件在很大程度上昭示着恐怖主义在全球的蔓延，之后全球恐怖事件此起彼伏，这其中除了美国的单边主义造成的后果，而且还夹杂着更深层次的原因。无论如何，恐怖事件带给人们的是死亡与灾难。

印度连环恐怖袭击事件

2008 年 11 月 26 日晚当地时间 9 时 30 分直到 27 日凌晨，多批携带机关枪和手榴弹的恐怖分子突然出现在印度第一大城市孟买街头，并对该市 16 处地点发动袭击，这些地点大多位于南部市中心约 7 公里方圆的繁华地带，其中包括孟买最具国际知名度的泰姬玛哈酒店和奥贝罗伊饭店，以及位于市中心的贾特拉帕蒂·希瓦吉火车站、孟买市政府等著名建筑。另外，利奥波德餐厅、马哈拉施特拉邦警察局总部、孟买南部的 GT 医院、卡玛医院、西南部的乔帕蒂海滩、拉马达饭店等也遭到枪手袭击。恐怖分子公然采取了持枪上街射击与围攻重点目标的做法，在闹市区多个场所用机关枪向民众扫射并使用手榴弹实施爆炸。此次连环恐怖袭击事件，共造成188 人死亡和 313 人受伤。

恐怖分子全是些讲印第语或者乌尔都语的年轻男子，身穿黑色 T 恤和牛仔裤，右手腕上系着一根红色的“圣线”，从外表上看和普通大学生没什么两样，但他们下手却非常狠。值得注意的是，此次恐怖袭击中英美游客成为武装分子追杀的对象，当恐怖分子手持武器冲进一家餐馆后，立刻让正在吃饭的外国游客起立排队报出国籍，凡是自称英美人的旅客一律就地枪决。

27 日凌晨，一个自称“德干圣战者”的组织向印度各大媒体发出电子邮件，宣布对此事负责。该组织在邮件中批评孟买的反恐行动侵犯了穆斯林的利益，称“印度穆斯林的生活不应当遭到打扰”。然而 12 月 5 日，孟买袭击案中遭逮捕的唯一一名恐怖分子、21 岁的卡萨布告诉印度警方，他是巴基斯坦人，属于巴基斯坦恐怖团体虔诚军，11 月 26 日孟买恐怖攻击是由虔诚军策划的。至今，策划发动此次袭击案的主谋仍在调查之中。

此次孟买连环恐怖袭击事件具有以下五大特点：一是袭击地点和目标非常明确。在这些地方制造恐怖袭击事件容易锁定袭击的西方客人，并且产生更大的恐怖反响。二是袭击的时间是精心策划的。袭击时间的间隔前后不过数分钟,可以说是同时动手,这可以让孟买的反恐安全部队以及警方根本没有反应的时间。三是袭击的方案是精心策划的。这伙恐怖分子事先经过了精心的策划,甚至对印度反恐部队可能的反应都有所准备。四是恐怖袭击手段相当狠毒。恐怖分子在确定明确目标和对象后,下手非常狠毒,甚至不将美英公民扣为人质,而是直接将其杀害。五是战略时机选择有讲究。在美国大选结束,对反恐战争的胜利表示乐观,世界各国对反恐略有放松的时候,这伙恐怖分子突然出击,令印度和国际社会猝不及防,从而吃了大亏。

近年来,印度高密度频发恐怖袭击事件,国际社会开始关注印度地区的安全,印度的国际形象受到前所未有的打击。是什么引发了这次全方位的连环枪击,而印度地区为何屡发恐怖袭击事件,成为名副其实的“恐怖之地”呢?

第一,深远隐患:民族宗教矛盾长期存在。

印度是一个多民族、多种族、多宗教的国家。80%以上的居民为印度教徒,但全世界所有的主要宗教几乎都在印度,特别是占人口12%左右的穆斯林教徒在印度占有重要地位。而在孟买,印度教徒占人口总数的68%,伊斯兰教徒是占17%。在印度数千年的发展历史上,宗教教徒间的流血冲突始终伴随着印度社会的发展过程。历史上英国殖民者一手策划的印、巴分治以及后来的三次印巴战争,加剧了印度教和伊斯兰教这两大宗教之间的冲突。宗教矛盾始终是印度国内局势动荡不安的主要因素。

第二,国内矛盾:贫富两极分化严重。

由于复杂的历史和社会原因,印度的经济改革在迅速造就一批富人的同时,也让国内的贫富差距越拉越大,在孟买以北200公里的帕蒂帕达村,贫困落后举目可见。每家几乎都有一个腹部鼓胀四肢瘦弱的儿童。社会贫富差距的急剧扩大造成社会阶层之间矛盾累聚,贫富分化给印度埋下了动荡的种子。

第三,印度当局:防御系统薄弱,反恐力量不足。

“至少三枚手榴弹从空中飞过。当第二枚手榴弹爆炸时,整个酒店都在震动,碎玻璃落满一地,我被吓哭了。这时一名警察过来安慰我。但当恐怖分子再次开火时,警察也吓得哭喊起来。他告诉我说,他的步枪只能开一枪,于是赶紧离开跑了。”这是印度一名女记者向媒体描述的恐怖袭击发生时的情景。作为世界上最大经济体之一的印度,其警察装备的简单程度让人震惊。印度经历过多次的恐怖袭击,政府却到现在还没有建立起有效的防御系统来对抗恐怖势力。我们不敢想象将来是否还会有如此惨重的灾难性事件,但如果印度政府能够采取强有力的反恐措施,完善武装防御系统的建设,那么恐怖分子能得到震慑,印度人民也能从不断遭受恐怖袭击的惊恐中解脱出来。

第四,印巴冲突因素。

2009 年 1 月,印度政府发表声明指责巴基斯坦政府参与了孟买恐怖袭击案,尽管巴基斯坦政府一再否认,但印度政府坚持说此次袭击事件牵连到了巴基斯坦政府,目前两国因此屯兵边境、形成对峙,这种由恐怖袭击引起的国家冲突足以引起世界人们的警惕。

印尼巴厘岛恐怖事件

2002 年 10 月 12 日晚,印尼旅游胜地巴厘岛的夜总会连续发生了几起爆炸事件,当场造成 70 多人丧生,而且死者多数是外国人,还有 129 人严重或是轻度受伤。由于时值周末,有许多澳大利亚和其他国家的游客在巴厘岛度假,在爆炸中死伤最多的是澳大利亚人。

当时夜总会现场浓烟滚滚,直冲云霄,随后赶到的警察及救援人员将受伤者和遇难者抬离现场。据事后调查,警方认为所有的爆炸设备均为自制炸弹。

爆炸案发生近 1 个月后,“基地”组织在其网站上发表声明,承认这起导致 100 多人死亡的爆炸事件是他们干的。

2002 年 11 月 7 日,印尼警方宣布,一名被逮捕且正在接受审问的男子已经承认,他制造了那枚炸弹,袭击了旅游胜地巴厘岛的一家夜总会。印尼国家警察局长巴赫蒂亚尔称,这个名叫阿姆鲁兹的男子告诉警方,这起汽车炸弹袭击中使用的小型货车就是他的,并对使用这辆车放置炸弹供认不讳。

肯尼亚天堂宾馆爆炸事件

2002 年 11 月 28 日,在肯尼亚蒙巴萨市发生了一起由以色列人经营的饭店遭汽车炸弹袭击的事件,据事后调查所知,是由 3 个自杀性炸弹所致。爆炸共造成 11 人丧生,80 人受伤,死者中包括 3 名自杀者和 2 名以色列人,其余为肯尼亚人。

据当地警方发言人称,自杀式袭击发生在一架以色列客机降落蒙巴萨机场时遭导弹袭击的五分钟后,“3 名自杀者当场丧生,另外有 2 名以色列游客遇难,6 名在天堂饭店工作的肯尼亚职员死亡”。

利雅得爆炸事件

2003年5月12日，沙特阿拉伯首都利雅得遭到连环自杀式爆炸的袭击，造成34人死亡，近200人受伤。沙特将之称为"沙特阿拉伯的'9·11'事件"。沙特外交大臣沙特·费萨尔亲王在记者招待会上说，参加2001年"9·11"事件的沙特人是15名，参加利雅得自杀式爆炸的沙特人也是15名，这似乎是"命运的安排"。

斯里兰卡大患——猛虎组织

泰米尔伊拉姆猛虎组织是最令斯里兰卡政府头疼的反叛力量。自从"猛虎"1983年成立以来，斯里兰卡这个素有"印度洋明珠"之称的美丽南亚岛国就陷入了无休止的战乱。

20年来，"猛虎"一直在斯里兰卡北部和东部与政府军开战，试图建立一个独立的泰米尔国家，这种血腥内战已造成6万多人丧生。2001年3月，英国宣布猛虎组织为恐怖主义组织。印度和美国也早在1991年和1997年将该组织定性为恐怖组织。

斯里兰卡长期的内战，已成为该国经济的一大重负。迄今为止，斯里兰卡政府与猛虎交战的年均耗费为6.84亿美元。在猛虎组织拥兵40万之众的情况下，斯里兰卡政府欲根除这一心头之患，绝非易事。经济制裁和封锁使泰米尔猛虎组织控制的瓦尼地区人民的生活极端贫困，许多人在死亡线上挣扎。瓦尼地区面积为2000平方公里，没有电力和电话设施，约50万平民居住在那里。

在泰米尔猛虎组织中，最残忍无情的是黑虎队。这是一支不怕死的部队，专门进行自杀式袭击。他们炸政府大楼，还用"人体炸弹"杀害了印度前总理拉吉夫·甘地，原因是甘地总理于1987年下令派遣印度特种部队前往斯里兰卡参加围剿猛虎组织的行动。他们还用同样的方式袭击了斯里兰现任总统库马拉通加夫人，所幸夫人死里逃生，但她永远失去了右眼。

泰米尔游击队员对自己要求严格，他们不吸烟，不饮酒，未经允许不得结婚。通常，女性在24岁、男性在28岁以后才可以结婚。他们加入游击队没有报酬，完全是凭信仰。所有猛虎成员，即使是那些猛虎组织的上层人员，脖子上都挂着一个装有氰化物的容器，他们深知自己一旦被捕就会遭受酷刑，所以他们宁可死，也不愿意暴露组织的秘密。

相关链接

2004—2008 年世界恐怖袭击事件

2004 年全球十大恐怖袭击事件：

2004 年 2 月 6 日，俄罗斯莫斯科地铁爆炸事件。

2004 年 3 月 2 日，伊拉克清真寺连环爆炸。

2004 年 3 月 11 日，西班牙马德里火车连环爆炸案。

2004 年 5 月 9 日，俄罗斯车臣首府爆炸。

2004 年 5 月 29 日，沙特胡拜尔人质事件。

2004 年 6 月 21 日，俄罗斯印古什袭击事件。

2004 年 8 月 24 日，俄罗斯两民航客机坠毁。

2004 年 9 月 1 日，俄罗斯别斯兰人质事件。

2004 年 10 月 2 日，印度连环爆炸案。

2004 年 10 月 7 日，埃及西奈半岛爆炸案。

2005 年全球十大恐怖袭击事件：

2005 年 2 月 28 日，伊拉克汽车炸弹袭击。

2005 年 6 月 1 日，阿富汗坎大哈爆炸。

2005 年 7 月 7 日，伦敦地铁连环爆炸。

2005 年 7 月 23 日，埃及沙姆沙伊赫连环爆炸。

2005 年 8 月 17 日，孟加拉全国连环爆炸。

2005 年 9 月 14 日，伊拉克“血腥星期三”。

2005 年 10 月 1 日，印尼巴厘岛连环爆炸。

2005 年 10 月 13 日，俄罗斯纳尔奇克市遭袭。

2005 年 10 月 29 日，印度新德里连环爆炸。

2005 年 11 月 9 日，约旦首都安曼连环爆炸。

2006 年全球主要恐怖袭击事件：

2006 年 1 月 16 日，阿富汗坎大哈省连续自杀式袭击事件。

2006 年 2 月 9 日，巴基斯坦享古镇爆炸事件。

2006 年 2 月 28 日，印度赖布尔卡车被炸事件。

2006 年 3 月 7 日，印度瓦拉纳西连环爆炸事件。

2006 年 4 月 7 日，伊拉克巴格达清真寺自杀式炸弹袭击事件。

2006 年 4 月 11 日，巴基斯坦卡拉奇自杀式袭击事件。

2006 年 4 月 24 日，埃及宰海卜连续爆炸事件。

2006年7月1日，伊拉克萨德尔城汽车炸弹爆炸事件。

2006年7月11日，印度孟买连环爆炸事件。

2006年8月14日，伊拉克巴格达连环爆炸事件。

2006年10月16日，斯里兰卡海军遭自杀式袭击。

2006年11月8日，巴基斯坦德尔盖一所军营遭自杀式袭击。

2006年11月23日，伊拉克萨德尔城遭到连环汽车炸弹袭击。

2006年12月2日，伊拉克巴格达汽车炸弹爆炸事件。

2007年全球主要恐怖袭击事件：

2007年3月27日，伊拉克泰勒阿费尔镇卡车炸弹袭击事件。

2007年4月18日，伊拉克巴格达汽车炸弹爆炸事件。

2007年7月7日，伊拉克萨拉赫丁省汽车炸弹袭击事件。

2007年7月19日，阿富汗韩国人质危机事件。

2007年8月14日，伊拉克尼尼微省连环爆炸袭击。

2007年10月19日，巴基斯坦卡拉奇爆炸袭击事件。

2007年11月6日，阿富汗巴格达自杀式袭击事件。

2007年12月11日，阿尔及利亚汽车炸弹袭击事件。

2007年12月21日，巴基斯坦北边境省清真寺自杀式爆炸袭击事件。

2008年全球主要恐怖袭击事件：

印度：

7月27日，艾哈迈达巴德发生连串爆炸，导致至少49人死亡。

9月13日，新德里市区三处商业闹区发生五起连续爆炸，导致30人死亡，90人受伤。

10月21日，曼尼普尔邦首府英帕尔一处警方突击队训练营，发生强烈爆炸，导致17人死亡。

10月30日，阿萨姆省古瓦哈蒂和邻近地区多处市场，发生12起连环爆炸，导致77人死亡。

11月26日，孟买发生连环袭击案，造成188人死亡，313人受伤。

伊拉克：

2月1日，巴格达遭自杀式炸弹袭击，一宠物市场发生爆炸，造成73人死亡。

3月6日，巴格达市中心遭受两枚炸弹袭击，造成69人丧生，120多人受伤。

4月15日，3个城市发生爆炸事件，造成近70人死亡。

6月17日，一个汽车炸弹在一市集发生爆炸，导致63人死亡，78人受伤。

12月1日，伊拉克发生一系列炸弹袭击，造成30多人丧生。

巴基斯坦：

3月11日，旁遮普省首府拉合尔发生两起爆炸事件，造成24人死亡，170人受伤。

8月19日，西北边境省发生一起自杀式爆炸袭击，造成23人死亡，15人受伤。

8月21日，瓦赫军工厂外发生两起自杀炸弹袭击，造成60人死亡，数十人受伤。

9月20日，伊斯兰堡市中心万豪酒店遭自杀式炸弹袭击，造成60人死，200人伤。

10月6日，旁遮普省发生自杀式爆炸，造成17人死亡，10多人受伤。

阿富汗：

1月14日，塔利班武装袭击喀布尔豪华酒店，造成7人死亡，6人受伤。

2月17日，坎大哈一处赛狗场发生自杀性爆炸，造成80人死亡，多人受伤。

7月13日，乌鲁兹甘一集市发生自杀式爆炸，造成21人死，40多人伤。

10月10日，边境部落地区发生自杀式爆炸袭击，造成15人死，40人伤。

11月27日，美驻阿大使馆附近发生汽车炸弹袭击，造成4人死、16人伤。

斯里兰卡：

1月16日，斯里兰卡发生公共汽车遭武装分子袭击事件，造成31人死亡。

2月3日，科伦坡主要火车站疑遭自杀式炸弹袭击，造成11人死亡，100多人受伤。

8月30日，科伦坡发生一起爆炸，造成至少43人受伤，3名伤者伤势严重。

10月6日，斯里兰卡北部发生自杀式袭击，目前已造成20人死亡。

土耳其：

7月27日，伊斯坦布尔发生两起爆炸，造成15人死亡，约150人受伤。

秘鲁：

3月23日，阿亚库乔省发生武装人员袭警事件，造成12名警员伤亡。

俄罗斯：

11月6日，北奥塞梯共和国的弗拉季高加索市一小公共爆炸，造成11人死，30余人伤。

也门：

9月17日，萨那发生针对美国大使馆的恐怖袭击，造成16人死亡。

黎巴嫩：

8月13日，一公共汽车站发生爆炸，造成18人死45人伤。

小知识

贝·布托之死

2007年12月27日，巴基斯坦前总理、人民党领导人贝·布托在首都伊斯兰堡邻近的拉瓦尔品第市举行的竞选集会上遇袭身亡。

贝·布托1953年6月21日生于巴基斯坦信德省，是巴已故前总理阿里·布托的长女。贝·布托早年在卡拉奇、拉瓦尔品第等地的学校读书，16岁赴美国哈佛大学学习，获文学学士学位。毕业后，她又前往英国牛津大学深造，攻读政治学、政治经济学和哲学。

1976年学成回国后，贝·布托在巴外交部政策研究室工作。在政治上，她深受其父的影响。

1977年阿里·布托政府被推翻后，她离开外交部，并加入巴人民党。1978年9月，她当选为人民党中央执行委员会委员。在布托被捕和被判处死刑后，她先后8次被软禁和入狱，最后被迫流亡国外。1982年，她出任人民党代主席，1984年旅居英国伦敦。1986年4月回国后，她被推选为人民党两主席之一。在1988年11月举行的国民议会选举中，人民党获多数席位。12月1日，伊沙克·汗总统任命贝·布托为巴基斯坦总理。1990年8月6日，她被免去职务。1993年10月人民党在大选中获胜后，她再度出任总理。1993年12月5日，她当选为巴人民党主席。1996年11月5日，她被总统解除总理职务。1997年3月10日，她被人民党选举为终身领袖。

1997年4月27日，巴基斯坦两家法庭作出判决，冻结了她及其家族价值数亿美元的财产和银行存款。1999年4月15日，巴基斯坦拉合尔高等法院拉瓦尔品第反贪污法庭判处贝·布托5年监禁，并不得担任任何公职。

1999年，贝·布托开始长达8年的海外流亡生活。2007年10月18日，她从国外返回巴基斯坦。

贝·布托曾于1972年、1989年、1993年多次访华。1995年9月，她参加了在北京举行的第四次世界妇女大会。

贝·布托1987年7月同信德省商人阿西夫·阿里·扎尔达里结婚。他们育有二子一女。

小 结

世界反恐怖主义斗争任重道远。综观当今世界,恐怖主义活动并没有随时间的推移而消亡,反有愈演愈烈之势。特别是近几年,像艾滋病让贫国受害一样,恐怖主义也让富国难安。因而,恐怖主义在全球的蔓延之势已到了必须迅速加以遏制的程度,全球范围内的反恐怖主义任务异常艰巨。在国际间进行密切合作、利用多种非军事手段进行打击是摆在各国政府面前的一个非常紧迫的问题。

世界经济全球化与国际政治多极化已成为人类社会发展不可逆转的历史潮流,和平与发展依然是当今世界的主流。国际恐怖主义的发展也是全球化背景下的产物,并由此构成了全球性的威胁,需要以全球化的范畴作为其制定战略的基石;同时,世界各国的政治家也愈来愈需要以全球化为立足点处理国际政治和经济问题。全球化需要全球化思维。全球化不是一国化,全球化需要全球性的合作才有可能解决全球性问题。国家利益虽然仍是各国外交政策的基石,地缘政治也还在发挥作用,但是这些必须与全球化相链接。这对政治家们提出了新的挑战,需要他们以更高远的全球眼光和前所未有的人类智慧去应对新世纪的新问题,并在对未来全球战略的透视中预见可能产生的结果。只有这样,才能让所有的国家、所有的民族都能各得其所,繁荣共生,让新世纪之初的不祥之兆最终转变为人类长久和平与幸福的启明星。

思考题:

1. 产生恐怖主义的根源何在?如何在国际范围内进行反恐合作?

2. 谈谈“9·11”恐怖袭击事件对国际关系的影响。

名词解释:

本·拉登　　车臣问题

第二章 能源危机与国际合作

第一节 全球面临能源危机

全球最终可采的常规石油资源，包括已发现油田的最初探明和概算储量、储量增长以及有待被发现的石油储量，预计在3.5万亿桶。到2008年底，这些总量中只有三分之一即1.1万亿桶被开发生产。而即便只有这三分之一，按照当前的消费水平来看，仅供全世界40多年的石油消费。

目前能源供应面临的最大风险何在？不是原油价格，也不是全球资源的匮乏，而是缺乏必要且及时的投资。国际能源署发表的《世界能源展望2008》报告指出，目前世界上的石油和天然气资源并不短缺，但因为国际石油公司的大部分资金都在以高成本进行石油储量的勘探与开发，加上后继投资的相对不足，这才导致能源危机越来越明显。

能源危机来自投资不足

国际能源署表示，随着经济发展，预计全球石油需求平均每年上升1%，2007年每天石油需求量在8500万桶，但这个数字到2030年将变成惊人的1.06亿桶。不过，即便如此，地球的石油资源储量依然可用丰富来表示。那么，所谓的能源供应危机是指：光有石油储量，却没有人投入足够的资金去开发利用，到最后人类依然无法从地球的巨大石油资源中“享福”。

作为比石油资源匮乏更具风险的因素——投资不足主要表现为不断增长的石油需求大于有限增长的石油开发项目。一方面，目前全球关于石油开采的项目在不断增加，石油产量也在不断上涨；但在另一方面，在未来一段时间世界各国对石油的需求幅度远远高于石油增长的部分。“在目前所有已知新增石油项目的预计产能基础上，从现在起到2015年，全球每天必须要额外增产700万桶石油，才能避免在未来近10年间出现明显的能源供需不平衡。”

第二节　探寻解决能源危机的新办法

近年来，世界石油价格大幅上涨，尽管市场因素和人为炒作是这次油价攀升的主要原因，但开发替代能源已经是当务之急。

尽管地质勘探技术有了惊人的进步，但所探明的新的石油储量明显减少，现有石油消费量同新勘探到的石油储量的比例是 4∶1。到 2003 年，不论是发达国家还是发展中国家，最终都会面临石油危机。

据美国石油业协会估计，地球上尚未开采的原油储藏量已不足 2 万亿桶，可供人类开采时间不超过 95 年。在 2050 年到来之前，世界经济的发展将越来越多地依赖煤炭。其后在 2250 到 2500 年之间，煤炭也将消耗殆尽，矿物燃料供应枯竭。面对即将到来的能源危机，全世界认识到必须采取开源节流的战略，即一方面节约能源，另一方面开发新能源。

一是节约能源，提高能源利用率。目前世界一些工业化国家都在采取节能措施，联合热电（又称“同时发热发电”）就是比较热门的话题之一。普通发电厂的能源效率只有 35%，而多达 65%的能源都作为热能白白浪费掉了。联合热电就要将这部分热用来发电或者为工业和家庭供热，因此可使能源利用率提高到 85%以上，大大节约了初级能源。

“原煤气化发电”是领先于世界的清洁能源技术，世界上第一套大型煤炭气化发电设施已于 1994 年在荷兰投入试运行。这套设施将原煤经气化和除硫后用来发电，可使效率达到 43%～50%，而且基本上不污染环境。据专家们估计，原煤气化技术可作为火力发电厂的发展方向，目前的电厂到 2030 年几乎将全部改成煤炭气化发电，到那时可使同样数量的煤发的电量增加一倍。欧洲能源委员会已经决定设立专项基金用于这一新技术的推广。

二是开发“绿色能源”是解决能源危机的重要途径。太阳能、地热能、风能、海洋能、核能以及生物能等存在于自然界中的能源被称作“可再生能源”，由于这些能源对环境危害较少因此又叫做“绿色能源”。开发“绿色能源”是解决能源危机的重要途径。近年来，面对能源危机，许多国家都在下大力气研究和开发利用“绿色能源”的新技术新工艺，并且取得了相当可观的成就。目前“绿色能源”在全球能源结构中的比重已达到 15%～20%，今后由石油、煤炭和天然气“老三样”能源唱主角的局面将得到改善。

三是开发核能，从根本上解决能源危机。目前科学家正在研究开发的替代能源有核能、风能、太阳能、地热、生物能和水力发电等。据今年7～8月份美国《未来科学家》杂志报道，科学家预计，到2010年，风能、太阳能、地热、生物能和水力发电将占到全部能源需求的30%。目前，最有希望的新能源是核能。核能有两种：裂变核能和聚变核能。可开发的核裂变燃料资源可使用上千年，核聚变资源可使用几亿年，这能从根本上解决能源危机。

第三节　能源开发需要全球联手

"投资"对未来能源供应起着至关重要的作用，同时还表现为石油公司有必要将资本投入到成本最低的国家或地区，以合理的价格满足世界能源需求，这样才能减缓能源危机的到来。

1960年9月，为了维护石油收入，伊朗、伊拉克、科威特、沙特阿拉伯和委内瑞拉五国宣告成立石油输出国组织，简称"欧佩克"(OPEC)。此后随着成员的增加，"欧佩克"发展成为亚洲、非洲和拉丁美洲一些主要石油生产国的国际性石油组织。

世界能源署预计，未来世界石油产量的大幅增长将来自这个组织的国家，其所占比例将从2007年的44%上升到2030年的51%，但是，由于这些国家的投资受一些因素限制，包括相对保守的能源消耗政策和地缘政治，使得外来公司要么无法拥有油气资源，要么受到诸多严格限制，无法大面积、低成本地开工。

于是，现实状况中存在的一个尴尬是，国有石油公司往往控制着世界剩余的大多数石油储量，但是缺乏技术和人才；而外来的国际石油公司则有足够的管理能力和高新技术，却苦于无处可用。为此，世界能源署在报告中呼吁：加强石油公司之间的伙伴关系，这样才能互惠共赢。

能源危机对发展中的中国具有特殊的冲击作用

20世纪90年代初期，我国的能源尚可自给自足。我国有自己的煤矿、油田和丰富的水利资源，以及在农业经济中生物能源（主要是沼气）的利用，使得我国利用本国能源即可满足全国的能源需求。

在化石动力原料的需求领域中，增加供应的可能性极为有限。1999年我国石油开采量约1.6亿吨，但是消耗量已上升到1.9亿吨，到2010年预计消耗量将达到3亿吨。如果在能源危机来临之前，不做紧迫的应对，必将严重地影响我国经济的可持续发展，在2020年以后更难保持经济的高速发展，甚至会严重倒退。

中国工程院专家认为，解决好石油问题：第一，要节能，要利用技术水平，进行经济结构的调节。中国能源的消耗量是美国的两倍，日本的四倍，由于经济结构和能源利用技术本身的问题，能源效率是很低的，应大力提高能源效力；要有好的政策，把石油作为一种稀缺的能源，跟世界接轨，从市场经济的角度来节约能源。第二，要大力利用国外的油气资源，包括非常规的资源。第三，要引进资源国到中国开办炼厂，这是一个双赢的道路，也是比较容易实现的。第四，中国不仅要搞常规油，还要搞非常规油，现在已经启动的像中石油，都是比较大的常规油。第五，要加大能源技术的研发。目前中国虽然有很多能源技术，但跟世界相比还有很大差距，如海洋技术水平跟世界比差距还很大。

思考题：

1.全球能源面临哪些危机？

2.解决能源危机的途径有哪些？

第三章 信息技术与国家安全

由信息技术(IT)进步所引发的民族国家和全球事务活动方式的革命，已将人们带入了继农业时代、工业时代之后，人类历史发展的第三个时代，即信息时代。全球化和信息网络化，两者相互关联、彼此推动，成为促进 20 世纪最后 25 年世界发展的最重要动力。它们产生的作用和影响区别在于：前者是在国际分工、市场化和各国经济不断开放的基础上，从生产、贸易、金融领域中衍生出来的，而后成为推动当今世界经济和贸易发展的主导力量。后者是在科技进步、军事研究开发的基础上，从发达国家如美国发展起来的，而后通过信息技术的普遍应用和互联网络的迅速扩张推及到世界各个角落。相比而言，信息网络化产生的作用和影响比全球化更大、更为广泛。它已经触及和深入到世界大多数国家和地区的政治、经济、外交、军事、科技、思想、文化、教育等各个领域。同样，信息网络的迅猛发展也冲击着国际关系及其研究领域。

第一节 科技发展对国际关系的影响

信息时代的一个显著特征是，科学技术在非常宽阔的信息网络平台上以前所未有的速度取得巨大的发展，进一步深入到人类活动的方方面面和各个角落。有一点是无可置疑的，即信息技术和网络普及使科学研究对象和问题的发现、科学研究的信息与资源及人才流动、科学实验的运算和分析、科学成果的应用和传播、各学科之间的交叉渗透，都变得更加便捷和迅速。美国国家情报委员会的《2015 年全球趋势》报告指出，“信息技术的继续发展趋势”将使“现有学科的融合形成新学科……使创新活动大幅度增加。它对商业、公共卫生和安全将产生深刻的影响”。科学技术对于国民经济和世界经济的发展起着巨大的推动作用是众所周知的。然而值得重视的是，科学技术进步已经并且正在以前所未有的力度影响着当今的国际关系。

首先，科技实力已真正成为影响国际关系中力量对比格局变化的“关键性要素”。科技发展水平与创新能力高低是评估一个国家综合国力强弱的主要标志。可以说，谁具有科技领域的压倒优势，谁就能对世界经济、政治事务拥有决定性的发言权和主导权。当前美国政府竭力倡导高新科技发展就是为了保障其在世界科技领域中的优势和主导地位以巩固和保持其全球影响力。

其次，某些科技前沿学科的突破性发展决定着国家战略的调整和制定。核裂变和聚变技术的突破促进了原子能的广泛开发和利用，对核国家的经济发展战略产生了相当大影响。如今信息技术发展的突飞猛进，使“信息技术”、“信息产业”、“信息基础设施”已成为世界主要大国推动本国未来发展的基础。例如，美国提出了“国家信息基础设施”(NII)，即“信息高速公路”计划；日本确立了“信息技术国家战略”(e-Japan)；欧盟批准了“电子欧洲”行动计划；俄罗斯公布了“俄罗斯国家信息学说”等等。信息技术发展的水平高低正在成为国力竞争的“关键性前提和条件”，同时也改变着区域化、地区化的政治、经济面貌。

再次，科技发展对外交决策领域的影响越来越大。亨利·基辛格在《核武器与对外政策》一书中就写道，“核技术的发展，在历史上首次出现了通过另一主权领土以内的发展就能够改变势力均衡这样一种局面”，“今后制定对外政策将以这样的世界为背景”。信息化的发展对外交决策环境也产生了很大的影响，“对外事务的社会性增强了”。信息传媒对于塑造一个国家的国际形象起着举足轻重的作用。同时，信息技术与政策问题已是当前国际双边交往、合作与多边谈判的一个重要论题与内容。随着美国等西方国家所提出的“全球信息基础设施”(GII)计划已经全面展开，围绕信息网络议题的外交活动将会更显突出。以此为例，今后如生物基因工程、纳米技术、超导材料、太空技术等重大领域的新突破和推广应用，也都必将被列入国际交往、合作与谈判的重要议题。

最后，20世纪科技发展史已显示，它的最新成果总是首先被用来更新或发明武器装备及其系统，从而促发一场新的军事革命。20世纪初细菌理论提出后不久，人们就将它应用于战争。核裂变反应发现后不久，就被用于发展核武器。信息技术也不例外。一场以信息技术为核心的新军事革命在全球范围内蓬勃展开，信息战、网络战这种“新战争”形式应运而生。一旦生物基因技术、纳米技术、超导技术及其应用出现新的突破性进展，势必会被运用到军事领域，这已不是是否可能，而是何时成为现实的问题。

因此，除了经济学科领域必须重视科技因素的研究外，国际关系研究也应当对科技发展予以充分的重视。信息网络时代正在使科学技术与国际关系形成一种“跨学科”的关系，应当成为现在及今后国际关系的一个重要组成部分。同时，信息网络也不仅仅只是国际关系和国际问题研究的一种“新手段”，而且还是一个新的“研究平台”和“研究对象”。为此，必须把科技作为国际关系研究的一个重要方面加以定位，深入研讨科技发展与国际关系之间的相互关系，并且在国际关系研究中更多地引入一些定量的实证性研究方法，如数量分析、模拟分析等方法。

小知识

克　隆

克隆，原是英文 clone 的音译，意为生物体通过细胞进行的无性繁殖形成的基因型完全相同的后代个体组成的种群，简称为“无性繁殖”。

1997 年 2 月 23 日，英国苏格兰罗斯林研究所的科学家宣布，他们的研究小组利用山羊的体细胞成功地“克隆”出一只基因结构与供体完全相同的小羊“多莉”(Dolly)，世界舆论为之哗然。“多莉”的特别之处在于它的生命的诞生没有精子的参与。研究人员先将一个绵羊卵细胞中的遗传物质吸出去，使其变成空壳，然后从一只 6 岁的母羊身上取出一个乳腺细胞，将其中的遗传物质注入卵细胞空壳中。这样就得到了一个含有新的遗传物质却没有受过精的卵细胞。这一经过改造的卵细胞分裂、增殖形成胚胎，再被植入另一只母羊子宫内，随着母羊的成功分娩，“多莉”来到了世界。

“多莉”的诞生，意味着人类可以利用动物的一个组织细胞，像翻录磁带或复印文件一样，大量生产出相同的生命体，这无疑是基因工程研究领域的一大突破。

克隆是人类在生物科学领域取得的一项重大技术突破，反映了细胞核分化技术、细胞培养和控制技术的进步。值得注意的是，克隆技术在带给人类巨大利益的同时，也会给人类带来灾难和问题。但我们不能因为这项技术可能带来严重后果而阻止其发展，它的产生归根结底是利大于弊，将被广泛应用在有利于人类的方面。不过，人类胚胎干细胞和克隆人研究一直面临着科学、伦理、宗教等多种层面上的争议，禁止克隆人目前已被世界绝大多数国家认可。有关人类胚胎干细胞的研究应该以法律形式进行科学管理，需要科学家参与制定有关的科研、伦理标准，界定人类胚胎，区分“生育性克隆”与“医疗性克隆”；同时，需要建立对此类科学研究进行全过程监督的机制。只有这样,才能使胚胎干细胞和克隆技术研究得以健康发展,尽早造福人类。

相关链接

韩国克隆之父黄禹锡造假风波始末

黄禹锡,1953 年出生于韩国忠清南道一个清贫的农民家庭。1972 年至 1982 年在汉城大学(现为首尔大学)先后取得学士学位、硕士学位和博士学位。1987 年正式开始克隆方面的研究。

近二十年来,黄禹锡带领他的科研小组创造了多项第一:1999 年在世界上首次培育成体细胞克隆牛;2002 年克隆出了猪;2003 年又首次在世界上培育出“抗疯牛病牛”;2005 年他的科研小组成功培育出世界首条克隆狗“斯纳皮”。

从 2001 年起,黄禹锡的研究重点从动物转向了人类胚胎干细胞方面的研究。2004 年 2 月他在美国《科学》杂志上发表论文,宣布在世界上率先用卵子成功培育出人类胚胎干细胞;2005 年 5 月,他又在《科学》杂志上发表论文,宣布攻克了利用患者体细胞克隆胚胎干细胞的科学难题,其研究成果轰动了全世界。

连续不断推出世界性的科研成果,黄禹锡被不少韩国民众捧为领导韩国科技未来的民族英雄,鲜花、掌声、荣誉不断飞来:2005 年首尔大学国际干细胞研究中心成立,黄禹锡担任主任;韩国政府授予其“韩国最高科学家”荣誉;韩国政府向其研究小组提供数百亿韩元资金用于研究;黄禹锡不断出现在国内外各种学术会议和公开场合,成了一位韩国“国宝”级人物,甚至享受政府提供的保镖服务。受其宣称能为疑难病患者量身定做胚胎干细胞的诱惑,甚至有人成立后援会自愿为其研究提供所需卵子。

“黄禹锡神话”破灭始于 2005 年年底,有媒体披露他的研究小组接受下属女研究员卵子用于研究,并向提供卵子的妇女提供酬金,违反了伦理道德,随后他的研究小组成员、美国匹兹堡大学教授夏腾指出 2005 年论文中有造假成分,首尔大学随即成立调查委员会进行调查,结果证实其发表在《科学》杂志上的两篇论文成果均属子虚乌有。2006 年 1 月,韩国政府取消黄禹锡“韩国最高科学家”称号,并免去他担任的一切公职。1 月 12 日,黄禹锡对其论文造假一事再次向韩国国民道歉,表示对论文造假负有全部责任,但他坚持认为其干细胞研究成果被人“调包”,并要求检察机关进行调查。3 月 20 日,首尔大学惩戒委员会举行会议决定,对黄禹锡处以级别最高的处分,撤销他的首尔大学教授职务，禁止他在5年内重新担任教授等公职。会议同时决定，黄禹锡的退职金减半发放。3月22日，韩国最高科学家委员会决定，正式取消黄禹锡的“最高科学家”称号，指控他在干细胞研究中犯有欺诈罪、侵吞财产罪、违反《生命伦理法》等罪名。6月，黄禹锡计划东山再起，于7月份重新开始他的克隆研究。7月4日，黄禹锡首次在法庭上承认曾指使手下在论文中造假，并表示愿意为此承担责任。7月18日，韩国政府决定取消授予黄禹锡的“科学技术勋章”和“创造奖章”，以谴责他的论文造假行为。

“黄禹锡事件”被曝光后，韩国各界开始进行痛苦却冷静的反思，领悟到这一切似乎都来自于“在真相和国家利益中国家利益至高无上”的错误思想。黄禹锡所描绘的干细胞研究造福人类的美好前景，恰恰切中了韩国人在经历金融危机后迫切寻求经济动力的心理需求。在这种心理的推动下，很多人甚至在黄禹锡“反道德”获取卵子一事被披露后，仍主动要求捐献卵子用于研究，并对曝光“黄禹锡事件”的电视台进行攻击。一些支持黄禹锡的网民还摆出了“为了国家利益不管真的假的都支持”的理论。

“黄禹锡事件”调查结果公布后，等待黄禹锡的是首尔大学的严惩和司法当局的调查。但应看到的是，韩国在生命科学领域确已取得很多成果并有很高的研究水平。不能因为一个黄禹锡就抹杀韩国科学工作者的全部业绩，也不能因为此次论文造假丑闻而阻碍韩国生命科学研究的脚步。“亡羊补牢，为时未晚”，相信韩国科学界能以此为鉴，知耻而后勇，在人类生命科学研究的漫漫长路上继续追求、不断探索。

第二节　国家安全面临“瞬间威胁”的挑战

“国家安全”是当前各国内外政策表述中使用最为频繁的词汇和概念之一，如同“国家利益”、“国家战略”、“国家主权”一样。国家安全是指一个国家面对来自内部与外部各种具有损害和破坏性因素及影响的威胁，有效维护和保障国家利益，并使国家政策和目标得以顺利推行和实现的客观环境、目前状况、战略态势、主观评估和总体能力。它是一个具有“动态性”和“问题性”的概念，即国家安全环境和状况是一个不断变化起伏的过程，总是与一些现象、因素和问题紧密地联系在一起。

冷战后国家安全面临的现状是：既非战争又非和平。一方面，爆发核战争危险已经远去，大国间发生大规模战争冲突的可能性已逐渐减小；另一方面，世界和平却尚未降临，国家安全环境也远非如人所愿。大战的危险转化为各种威胁的突然到来，这就是信息网络时代国家安全面临的最主要的难题。而传统安全问题，诸如领土、领空、领海及军事安全仍未解决，“非传统安全问题”却不断增多，使当今国家安全环境和对国家安全与否的认识和判断变得更加复杂。

随着信息网络技术在国家各行各业中的广泛运用，信息网络的安全日益成为一个人们关注的焦点，在国家安全的层面上，信息安全已经是一个现实的挑战。

信息安全的内涵

在信息网络时代国家安全面临的挑战的性质和特点与冷战时期有很大的不同：

第一，威胁多样化。冷战时期国家安全（譬如对中国来说）面临的威胁比较单一和集中，威胁来源主要是“敌对国家”、核武器以及重大领土纠纷的问题。因此，国家安全问题的性质和特点主要表现为一个军事安全和政治安全的问题。然而，冷战的结束使国家安全环境发生了很大的改变。明确的“敌对国家”已经消失，核武器大幅削减，大国间发生大规模军事冲突的几率非常之小，领土边界纠纷等问题得到控制。随着国与国、内政与外交、国际问题与国内问题之间的互动增强，对国家安全的单一、集中性威胁逐渐演化成围绕国家战略与发展而对国家安全构成的多样性和分散性的威胁。它们包括经济领域（资源、能源、产业、市场、金融）、政治管理（国家政权、意识形态、政府体制、地方关系、少数民族）、科技发展（技术信息、创新、开发、应用与保障）、社会稳定（生活方式、群体行为、凝聚力、公共安全）、民族文化（价值观念、新闻舆论）以及军事领域等许多方面。当前人们所看到的对国家安全多样性威胁比较突出的如金融危机、环境问题、恐怖主义以及来自外部的各种非军事的干涉等等，而信息网络时代则加速了这种多样性威胁的到来。

第二，威胁的潜在性和瞬间性。冷战时期对国家安全构成威胁是有一个时间过程并且较为透明的。如敌对国家针对本国的军事力量部署的动向是可知的（除秘密战之外），可以有时间去寻求应对的办法。而冷战后由于各国更加注重发展、加大对外开放、全球信息网络迅速扩展以及国际间相互影响和渗透不断增强，使构成对国家安全与稳定威胁的潜在性因素会逐渐增多，而且由于这些威胁的多样化、分散性以及有些威胁性因素如思想文化等具有“潜移默化”的特性，使人们常常难以察觉或有所疏忽。因此，对国家安全造成“瞬间威胁”的可能性大大增加了，并且所造成的破坏性后果范围更广、更严重。东南亚和俄罗斯金融危机就是一个典型的例子，生态环境问题也是如此。此外，在冷战后新的互动环境下，无论国内国外，恐怖活动的攻击目标"变得更多"，"手段更为现成，威胁可以在瞬间实现"。随着先进的基因武器、环境武器（在人所不知的情况下损害一国民众的身体健康和改变或破坏一国的自然生态）、粒子束武器（瞬间的攻击速度）等的出现和运用，对国家安全的潜在性和瞬间性威胁将更加真实。

第三，信息安全是当前国家安全中最突出的问题。信息时代国家安全中最突出、最核心的是信息安全问题。对于信息安全的认识源自对海湾战争以来"信息战"（新的战争形态）的广泛思考，逐渐形成了对信息安全的范围界定的狭义和广义两种互补的看法。狭义的理解主要指的是信息技术领域的安全，包括网络安全。广义的理解主要指的是综合性的信息安全，包括经济、政治、科技、军事、思想文化、社会稳定等各个领域。后者是人们通常讨论的信息安全问题的主要内容。

信息安全核心

信息安全之所以成为最突出、最核心的问题在于以下几个方面：

1. 信息是最重要的"战略资源"，是国家社会发展的"核心要素"。在信息网络时代，难以想象一个国家在信息匮乏、信息流失和信息不安全的状况下能够迅速地发展。

2. 信息技术是一种战略性技术，无论在自然科学、社会科学或国际事务领域中，它的运用具有极强的关联性和渗透力。

3. 信息化战略已成为世界主要国家当今及今后整体发展的首要重点。一国各个关键性部门、产业和领域正在被网络连成一体，形成信息化国家"关键性基础设施"。它包括政府系统、电力、交通、能源、通信、航空、金融、传媒、军事等部门进行运作、计划、清算、支付、交换的信息系统。这使信息安全已从一个产业问题上升为一个事关国家政治、经济、社会、文化、军事等各个方面的核心问题。信息技术发展水平的高低和信息安全保障能力的强弱，成为重新界定国家势力、国家安全、国家主权和国际地位的实质依据。

4. 面对发达国家占据着信息优势和信息技术的垄断地位，以及当今世界各国信息技术发展"不平衡"、"不对称"的状况，美国等西方国家提出的"全球信息基础设施"计划的推进，既给其他国家的信息化发展带来了机遇，同时也给它们维护本国的信息主权与信息安全造成了巨大的压力。

5. 西方学者将目前对人类安全威胁最大的战争手段分为"ABCD"四种武器，即原子武器、生物武器、化学武器和信息武器。其中，信息武器最具危险的破坏力。其他武器的杀伤破坏范围和穿透力都比较有限，而信息武器却具有对政治、经济、军事、外交、文化、社会和意识形态极强的穿透力和攻击力，对之难以做到真正的全面防范。

6. 信息网络的发展和信息战的出现正在模糊原有的"界限"，如国内与国外、前方与后方、团体与个人、军人与平民、外交与内政、军事与非军事、局部与全局等，使得判断事件发生的性质、辨认发动攻击的来源、事先预警和防范变得较为困难。

7. 目前信息网络系统仍存在着诸多脆弱性，一旦遭受攻击将导致局部性甚至全局性的系统瘫痪。据美国国防部估计，世界上已有120多个国家具有计算机攻击的能力。另一方面，在今天的网络世界里，计算机"黑客"(Hacker)、网络"骇客"(Cracker)到处流窜进行攻击和破坏，电脑病毒、电子邮件炸弹花样翻新，层出不穷，肆虐全球，已成为司空见惯的现象。凡此种种给受害的个人、机构和国家造成了巨大的有形与无形的损失。据美国国防部统计，该部信息数据系统1996年以来每年遭受25万次黑客的攻击，每年损失约数亿美元。

信息安全保障

信息安全保障从根本上来说是一个信息安全技术与管理、发展能力与水平的问题。从国际关系的角度来看，当前信息安全问题研究最主要的问题是信息攻防战，以及意识形态和舆论领域的斗争。1998年5月，美国总统克林顿发布第63号总统行政命令，要求动员一切力量重新构建美国"关键性信息基础设施"，以使美国信息系统免遭攻击，确保国家的信息安全。为此，美国政府关键性基础设施保护委员会制定了经克林顿总统批准、于2000年12月生效、2003年全面付诸实施的保卫美国信息安全的"国家行动计划"。该计划明确强调要提高美国信息系统的整体保护能力，保护涉及美国关键性基础设施、政府部门、军事指挥和情报系统、重要产业和企业以及公民的信息安全。同时，美国也正在制定"网络进攻计划"，对具有信息攻击能力的国家采取预防，必要时发动网络攻击，摧毁敌对国家或恐怖国家和组织的信息网络系统。从1991年海湾战争、1999年科索沃战争看，信息战已经爆发。可以预料，如果今后发生大规模战争的话，那最有可能的就是信息战，它的结果将决定现实的"硬件战争"的胜负。

意识形态和舆论领域的信息安全问题，主要涉及对国际上不良意识形态和信息传播的防范、网络信息对社会思潮的影响、国内舆论导向控制、社会文化市场管理以及对外信息传播与宣传等问题。美国和西方提出的"全球信息基础设施”的计划中就明确指出:“高速发展的‘全球信息基础设施’将促进民主的原则,限制极权主义政权形式的蔓延。世界上的公民通过‘全球信息基础设施’,将有机会获得同样的信息和同样的准则,从而使世界具有更大意义上的共同性。”因而,由于信息网络的发展,冷战后国际意识形态斗争出现了新的形式和新的内容。这将是利用互联网为主要平台在全球范围内展开的一场长期的斗争,新闻传播、政治理念、文化价值观将成为这场斗争的主要内容。这场斗争的成败直接关系到国家的发展方向以及国家的安全、主权与稳定。一位西方学者认为,未来的冲突将是观念的冲突,“富裕国家将越来越坚持人权和民主”,这些观念“集中体现在政府和言论自由上”。他还写道:“前南斯拉夫所发生的争端,电视节目的控制权非常重要,可以说解决这场争端的关键在于确保向大众传播‘适当’的言论。这也是北约委员会授权北约在波黑的维和部队采取必要行动以‘中断或删节违背《代顿协议》精神的节目的原因。”他预言,今后可能引发冲突和潜在战争的导火线是,“一国反对党派要求新闻自由所引起的内战;一国要求拥有向另一国公民转播新闻的权力所引起的国际战争”。从这一预言可见,信息网络时代的意识形态舆论斗争对于确保国家安全有着十分重要的意义。

利用网络进行恐怖主义活动,是国际恐怖主义发展的新阶段,由于网络的自身特性,使得网络恐怖主义的发动更隐蔽,造成的危害更大,这是比公众或私人信息保障更危险的领域。

第三节 网络恐怖主义

对网络恐怖主义,国际上有不同定义。一般而言,网络恐怖主义指“恐怖主义与网络空间的结合”,是一种由国家或非国家行为体主使的,针对信息、计算机程序和数据以及网络系统的带有明确政治目的的攻击行为。如果与“9·11”事件那样的传统恐怖主义行为相比而言,那么它是一种由恐怖分子个人或组织以破坏一国或数国、局部或整个信息网络系统以达到某种政治目的的行为。具体来说,网络恐怖主义活动的行为主体是电脑网络黑客,以一国或数国的计算机与信息网络系统为攻击目标,其手段和方式就是使用针对计算机操作系统的“漏洞”和网络软件的“缺陷”开发出来的黑客程序软件。它通过威胁、攻击以及破坏和瘫痪某国的民用和军事基础设施以制造心理恐慌和导致物质财富损失,来达到其政治与社会目的。由于互联网的国际属性,针对一个信息系统发达国家的网络恐怖袭击,还会直接或间接地给其他国家的信息系统带来或大或小的危害,并有可能导致全球范围的灾难性后果。因此,网络恐怖主义不仅仅是一国面临的现实问题,而且是一个属于非传统安全领域的新的全球性问题。

从网络恐怖主义活动的现状看,黑客攻击中有些就是带有恐怖主义色彩的行为。某些利用网络手段来进行国际斗争的活动也不可避免地有着恐怖行为的烙印。如“9·11”事件发生后不久,美国黑客组织为发泄其愤怒,向一些中东地区及伊斯兰国家和组织的网站发起攻击,伊朗内务部的网站首页被篡改。凡是同伊斯兰(Islam)、巴基斯坦(Pakistan)、阿富汗(Afghanistan)有关的网站都成了其胡乱攻击的目标。

“9·11”事件发生后,人们普遍认为,恐怖主义大规模袭击的下一个目标,就是利用网络对美国等一些国家的基础设施,诸如电力、自来水、通信和交通网络系统以及核动力设施和政府信息系统发动攻击。因而,世界一些主要国家开始高度重视网络恐怖主义,并采取措施防范网络恐怖袭击。英国于 2002 年 2 月开始实施“反恐怖主义法案 2000”。这是英国政府为防止恐怖分子把英国当做恐怖基地而特别制定的。该法案第一次明确提出“网络恐怖主义”概念,并把黑客入侵视为“恐怖行为”。2001 年 12 月 14 日,英国议会又通过了新的紧急反恐法案,把打击网络恐怖活动列入其中。德国外交部和国防部在 2001 年底发布一份报告称,城市基础设施和全国通信网络系统可能成为恐怖袭击的目标,提出要尽快采取措施加以防范。德国政府正筹划建立一个特别安全机构和制定相关防御计划,研制更多独立的、全国性的软件和密码程序,以应对网络恐怖袭击。加拿大联邦政府也成立了“反网络恐怖特别小组”,以保障国家公共基础设施网络管理系统的安全。日本内阁“IT 战略本部”提出将过于集中在东京的因特网转换枢纽分散到地方,建立全国网络系统“备用中心”。日本防卫厅举办了对付入侵破坏计算机系统的“网络恐怖”模拟演习,以增强网络防御的有效性。日本国会也在研究制定有关打击网络恐怖的法律。韩国信息通信部将每月 15 日定为“预防网络恐怖袭击之日”,以使政府.企业、民众定时对计算机和网络系统进行自我检查,提高预防网络恐怖袭击的能力。

反对网络恐怖主义

国际社会业已着手加强合作共同对付网络恐怖威胁。2000 年 5 月,法国和日本共同主持主题为“政府机构和私营部门关于网络空间安全与信任对话”的八国集团会议。这是世界上首次以打击网络犯罪为主要议题的国际性会议。2001 年 10 月 6 日,西方七国集团财长会议制定《打击资助恐怖主义活动的行动计划》，呼吁加强反恐信息共享，切断恐怖分子的金融网络以及确保金融部门不为恐怖分子所利用。2001 年 11 月 23 日，欧洲委员会 43 个成员以及美国、日本、南非正式签署《打击网络犯罪条约》，这是第一份有关打击网络犯罪的国际公约。此外，美国网络反恐专家正在倡议制定一项国际性的网络武器控制条约(Cyber Arms Control Treaty)，以对付世界各国面临的日益猖獗的网络攻击和犯罪活动。这一切表明，网络恐怖主义已成为当前世界主要国家及国际安全面临的现实的共同威胁。

网络恐怖主义可谓是网络发展的伴随物。如同作为“双刃剑”的核技术一样，网络也具有这样的特性：既可给人类带来福祉又可能造成灾难。计算机技术与信息网络系统自身的痼疾为带有各种不同目的的恐怖活动提供了可乘之机和进行大规模破坏的途径。随着计算机与网络应用领域、范围和人口数量的不断扩大，网络恐怖攻击的可能性大大增加，网络恐怖袭击活动的空间也会越来越大。造成威胁和破坏的时间将不会再以月、日而是以小时、分秒来估算，即威胁与破坏可以“瞬间”完成，因而防范网络恐怖攻击的难度会越来越大。国际上有关人士推测，未来网络恐怖袭击最有可能的目标是目前运行最繁忙、联网最广泛且脆弱性最大的全球金融证券交易网络系统，其方式可以是通过渗透和攻击来达到捣乱、破坏、控制甚至使系统瘫痪的目的。网络恐怖攻击也有可能攻击关系到国计民生的重要信息通信、电力与交通网络系统等目标。因此，网络恐怖主义正在成为国家安全、国际政治与国际关系的一个新的突出问题，这就要求人们不能仅从技术的角度来加以重视，而应从政治与国家安全战略的高度来予以关注，从政策立法和技术措施上预防、遏制网络恐怖主义，并做好相应的应急准备，以使网络恐怖袭击所造成的损害减至最低程度。

大国加大防范网络恐怖袭击的力度

2001 年，美国是受全球病毒传播和黑客攻击的主要对象，也是国际网络恐怖主义袭击的主要目标。“9·11”事件发生和白宫同时遭黑客袭击，引起了美国及世界各大国对网络恐怖主义的高度关注。

“9·11”事件沉重打击了美国的信息产业。2001 年 9 月 14 日，美国一家独立调查公司的调查报告称，除 IT 产业人才精英损失外，这一事件对 IT 产业造成的损失约为 158 亿美元，给包括 IT 在内的高技术产业发展蒙上了阴影。人们认为，如果某一天全球范围的. com、. net 网站和全球信息基础设施遭到恐怖袭击而发生瘫痪，那无疑是“9·11”事件在网络世界的“再版”。由于美国拥有全球最先进而又敏感、脆弱的信息网络系统，并联结着世界许多国家的信息网络系统，"9·11"事件发生后，美国政府和企业非常担心国际恐怖分子采取网络袭击的方法攻击和破坏美国庞大的信息基础设施。

美国联邦调查局在"9·11"事件发生的第二天就发出恐怖分子可能发动后续性攻击行动（即网络袭击）的警告，将亚特兰大基础因特网安全系统（它控制和管理美国国家信息共享和分析中心）的运转设置在 Alertcon 3 等级之上（目前世界最高的安全警报等级为 Alertcon 4），以保护全美信息资源与系统。美国国家研究理事会计算机科学与电讯委员会在一份评估报告中称，美国的计算机系统正在日益变得脆弱，易遭网络恐怖袭击。如果网络恐怖攻击破坏美空中管制系统，那么就将造成比"9·11"事件更大的灾难。美国家基础设施保护中心在"9·11"事件后展开了对美国网络安全的广泛调查后称，计算机与网络技术是把"双刃剑"，既使反恐机构获益匪浅，也使恐怖分子"如虎添翼"。恐怖分子有可能在采取现实的恐怖攻击同时进行大规模的网络恐怖攻击，以转移视线，阻碍救援行动并引发社会动乱。美国环保局、原子能委员会、疾病控制与预防中心等政府网站纷纷删除网站信息或关闭网站，以防止网络袭击或敏感信息被恐怖分子用来发动新的恐怖袭击。

在经历了"9·11"事件以及炭疽病毒的侵袭后，人们普遍认为网络恐怖袭击带来的后果可能更为严重。为此，2001 年 10 月，在众议院举行的一次"美国计算机基础设施的安全性"问题听证会上，议员、专家和政府官员均认为，无论恐怖分子以物理形式攻击国家因特网关键部位的计算机硬件和设施，还是以网络攻击形式破坏计算机软件和网络控制程序，都会对美国安全造成重大损害。23 个联邦政府机构要求国会通过保护网络安全立法，并批准成立一个全国性的网络安全保护的专门机构。同年 11 月，美国众议院商业与消费者保护小组委员会就美网络安全面临的威胁举行听证会。据听证会材料，2000 年至"9·11"事件发生的一年里，美国遭受的网络袭击比 1999—2000 年增加了 1 倍，达到 4 万次。在这一年里美遭受了"爱虫"病毒、"红色代码"病毒和"2000 年 2 月"病毒的 3 次重大袭击，造成的直接和间接损失超过 100 亿美元。听证会的结论是，美应加强网络袭击预警，制定应对网络恐怖袭击的保护计划，在联邦一级建立"反恐怖活动特别小组"，在网络安全上主动出击而不仅仅只是反击。在 2001 年 11 月众议院政府改革委员会举行的有关政府机构电脑安全问题听证会上，该委员会就如何防范黑客、恐怖分子和其他异端行为发布一份评级报告，称美联邦政府多数部门计算机系统安全没有达标。同年 12 月上旬，美众议院科学委员会通过一项议案，要求国会在今后 5 年内增拨 8.8 亿美元用于网络安全计划。该委员会主席、共和党人谢伍德·鲍伊勒特（Sherwood

Boehlert)称，美网络安全面临的威胁是“现实的”并具有“潜在的毁灭性危险”。美国会参众两院通过的《反恐怖主义法案》将黑客攻击视为恐怖主义行为之一，并把打击网络恐怖列为其中的一项重要内容。

我国信息安全保障亟待加强

在全球性信息安全和网络恐怖活动日益严重的今天，我国信息安全的现状和前景如何，我国对此有何应对之策是我们关注的目标。

党中央十分重视我国信息化建设，强调加快信息网络建设和信息安全保障的必要性和重要性，指出信息技术和网络技术发展迅速，对世界政治、经济、军事、科技、文化、社会等领域产生了深刻的影响。在大力推进我国国民经济和社会信息化的进程中，必须高度重视信息网络的安全问题。

近年来，我国信息产业蓬勃发展，因特网用户继续呈快速增长势头，以无线上网为最新发展特点的计算机、因特网和通信工具互联也开始起步。据中国互联网络信息中心 2008 年 7 月 24 日发布的调查报告显示，截至 2008 年 6 月底，我国网民数量达到了 2.53 亿，首次大幅度超过美国，跃居世界第一位。同时，宽带网民数达到 2.14 亿人，也跃居世界第一。CNNIC 在发布会上同时宣布，截至 7 月 22 日，CN 域名注册量以 1218.8 万个全面超过德国.de 域名，成为全球第一大国家顶级域名。这三项重大突破举世瞩目，互联网大国规模初显。报告还显示，中国网民规模继续呈现持续高速发展的趋势。与去年同期相比，中国网民人数增加了 9100 万人，是历年来网民增长最多的一年，同比达到 56.2%。仅 2008 年上半年，中国网民数量净增量就达 4300 万人，并一举超越美国成为世界上网民人数最多的国家。我国信息网络的高速发展，使一些跨国企业、全球信息市场分析机构和专家普遍认为，今后 5～10 年里中国将成为全球最大的信息产品市场和因特网用户最多的国家。然而，正如前面分析，信息网络安全问题与计算机技术、网络发展呈“正比关系”。由于我国信息网络技术自主性能力不强，信息网络安全保障的立法、措施等不够完善健全。从信息网络发展的现状看，网络安全性问题不是减少而是增多了。

我国在信息网络快速发展的同时，也受到了上述全球信息安全领域动向带来的一定影响，突出表现为三个方面：一是遭受了来自国外破坏力巨大的电脑病毒的大规模侵袭，像“尼姆达”、“蓝色代码”、“红色代码”、“求职信”等病毒也先后侵入了我国的个人计算机、企业网站和系统。据有关权威机构报告称，2001 年国内 73%的计算机网络用户感染过病毒，造成用户数据全部丢失、部分丢失的比例分别为 14%和 29%。二是受到了国外黑客的攻击。

《中国互联网发展状况统计报告》显示，超过60%的国内互联网用户受到黑客的入侵攻击。第九届全国运动会举办期间，九运会官方网站开通后共遭受过87万次网络黑客的恶意攻击。尤其是，中美撞机事件后发生了“中美黑客大战”。据统计，在这场“大战”中，中美双方被“黑”掉的网站比例为1比3。在所有被攻击的网站中，商业网站占54%，政府网站占12%，教育和科研网站占19%，其他类型网站占15%。三是我国也面临着国际网络恐怖主义的威胁。由于因特网的无国界属性和极强的渗透性，使网络恐怖攻击可以直接或间接地（指通过代理服务器或借助别国网络系统）对我国的企业、政府和其他社会信息网络系统造成损害。

随着我国信息网络基础设施建设的发展和互联网用户的急剧增长，计算机信息网络系统自身的安全性问题和遭受网络恐怖攻击的可能性也随之增加，信息网络安全问题将会更加突出。为此，我们必须跟踪全球信息安全动向，努力提高我国信息技术的自主性，加快先进的网络安全技术开发，制定和完善促进网络安全保障的法律法规，加大打击信息网络犯罪的执法力度，建立预防和打击各种形式网络恐怖攻击的应对机制，加强国际交流与合作，积极参与制定有关信息网络的国际规则和条约，以强化我国信息网络安全的保障。

附：21世纪中国面临的12大挑战

- 人口的压力与挑战
- 能源及资源的压力与挑战
- 环境的压力与挑战
- 经济发展前景及社会就业的挑战
- 经济安全、金融安全和信息安全的挑战
- 基础设施建设的挑战
- 增强科技能力的挑战
- 知识经济的挑战
- 财富分配的挑战
- 人才的压力与挑战
- 国际环境的挑战
- 民主与法制建设的挑战

小知识

中国黑客事件

2007 年 8 月 26 日，德国《明镜》周刊撰文指出德国总理府等要害部门的网站受到来自由国家支持的黑客攻击，指名是中国所为。英国《金融时报》9 月 3 日引述不具名美国官员的话，再次指责“中国军方黑客入侵美国五角大楼计算机网络”。英国《卫报》9 月 5 日报道称，“中国军方黑客”光临了英国首相办公室。9 月 9 日法国国防总秘书弗朗西斯·德龙对《世界报》记者说：“几个星期以来，有明确迹象表明法国也受到中国网络黑客的袭击。”一时之间，美国、英国、法国和德国似乎都成了“中国黑客事件”的“受害者”。

在互联网大行其道的今天，对中国军事威胁的渲染已经从传统战场上转移到虚拟空间中。美国等国在被爆出五角大楼遭到“中国黑客攻击”后，竟然诬蔑是由中国军方下属的“黑客部队”实行的攻击行动。

当英国、美国、德国等媒体大肆渲染中国黑客攻击的时候，他们没有注意到，自己的黑客也正在攻击着中国。在没有国界的黑客攻击中，损失惨重的也包括互联网发展相对滞后的中国。2006 年，中国计算机网络应急技术处理协调中心接到 26476 件非扫描类网络安全事故报告，较 2005 年增长了两倍左右。

其实，“黑客部队”这种高科技作战单位最早出现在互联网诞生地美国。世界上第一支网络黑客部队——美军网络战联合功能构成司令部(简称 JFCCNW)，早在 2007 年 2 月份就正式编入了作战序列。其他如英国等西方发达国家无一不把组建网络部队作为军队建设的重要一部分。西方发达国家指责中国拥有“黑客部队”，其实，无论从技术、设备还是数量上来看，美国才是国际黑客的强国。美国网络安全企业——赛门铁克公司日前发布的报告指出，美国是全球网络黑客的大本营，其每年产生的恶意电脑攻击行为远高于其他国家，占全球网络黑客攻击行为总数的约 31%。实际上，在白宫抱怨遭受别国网络攻击的同时，它自己才是进行黑客活动的“高手”。2008 年 10 月，美国《华盛顿邮报》著名记者鲍勃·伍德沃德曾披露，布什政府一直在利用电子网络对伊拉克新政府进行秘密监控。

2008 年 11 月 7 日，英国《金融时报》援引美国白宫一名未透露姓名的高官的话说，来自中国的“黑客”曾经“多次”侵入白宫计算机网络，得到了政府官员间流通的“大量邮件”，并通过入侵奥巴马和麦凯恩竞选团队的电脑，获取未来美国总统的政治外交政策，为以后和“美国总统”打交道收集情报。

这种猜测毫无根据，因为各国黑客借美国大选发动袭击，并不是新鲜事，怎能把拳头无端打向中国？

总之，至今为止，有关“中国黑客事件”的报道虽然一直不断，西方媒体不管是捕风捉影，还是“振振有词”，但最终都没有得到证实。

思考题：

1. 如何理解网络与国际政治之间的关系？

2. 人类如何应对信息恐怖主义的挑战？

名词解释：

黑客政治　　网络主权

第四章　生态危机与可持续发展战略

第一节　人类生态面临挑战

近些年来，世界气候异常，环境灾难频繁，从肆虐数月之久的巴西亚马孙热带森林大火，到中国长江、松花江、嫩江流域的特大洪灾，欧洲大陆的狂风暴雨，直至席卷中美洲地区的“米奇”飓风，美国的卡特里娜(Katrina)以至2008年席卷美国、古巴等地的艾克(Ike)与古斯塔夫(Gustav)飓风。国际科学界和大众传媒无不惊呼，环境问题再也不能被忽视了。从一系列有关地球生态的最新统计数字看，生态问题已成为21世纪人类面临的最大威胁。

2005年8月，五级飓风“卡特里娜”来到美国，先后袭击了路易斯安那州和密西西比州沿海地带，使处于“虎口”之下的新奥尔良遭受了有史以来最大的灾害。据统计数字显示，此次灾难造成了至少1069余人遇难，经济损失数千亿美元。飓风“卡特里娜”已经成为美国历史上最严重的十大自然灾难之一。

2007年8月23日起，希腊接连发生170场山林大火，火灾面积占希腊国土一半以上。据悉，部分大火是由农民开垦荒地所致，也有民众称房产商系纵火幕后元凶。希腊检方于8月27日指控7人犯有纵火罪，另有36人被控与一系列火情有关。截至8月29日，山火已造成64人死亡，希腊政府悬赏百万欧元缉拿纵火犯。虽然大火在持续燃烧6天后强度有所下降，但是森林大火不仅给希腊带来了经济灾难，同时也使政治受到了严重考验。

2007年10月21日，美国加州热风引发十余起山火，造成至少14人死亡85人受伤，无中国公民伤亡。这场山火是加州自2003年以来经历的最为严重的火灾。从好莱坞名人聚居地马利布至美墨边界，100万人被紧急疏散，一处标志性城堡被毁，8万公顷土地变为焦土，给加州造成的损失已超过10亿美元。据调查，加州大火系一名男孩玩火柴引起，警方已将其释放。大火经过数日蔓延得以控制，但是包括众多华人华侨受灾者和百姓在大火后都明显感到物价上涨，灾区停水停电，同时由于美国的安全保险市场机制比较发达，民众投保的比例较高，因此这场灾害给保险公司带来了极大的损失。虽然加州州长施瓦辛格于10月26日即下令迅速启动灾后重建工作，要求政府机构全力帮助灾民尽快恢复正常生活，但由于消防队延迟到来引发的民众抱怨并未停息：其深层原因也导致众学者对于美国民主的再度质疑。

空气

全世界约有11亿人口生活在空气污染严重的城市。令人担忧的是，发展中国家的城市空气污染日益严重，全球空气污染最严重的20个城市，均在发展中国家。每年有1500万人因空气严重污染而难以生存。大家知道，造成地球温室效应的元凶是人类过量排放到大气中的二氧化碳和甲烷等温室气体。以此为例，1973年人类排放的二氧化碳气体总量为162亿吨，到1995年这一数字猛增到221亿吨。1973年时，经合组织所属发达国家二氧化碳的排放量占世界总量的61.7%，其余为发展中国家和公海运输的排放量。1995年，前者的排放量下降了10%强，发展中国家则增加了18%强。

水

半个多世纪以来，随着人口与农业的不断扩展，全世界的用水量增加了4倍。与此同时，由于工业、城市、农药及化肥的污染，水资源正在日益短缺。过度开采也是使水资源枯竭的重要原因。如今阿尔及利亚、以色列、科威特等20多个国家已经处于长期缺水状态。如果目前的情况延续下去，预计50年后，世界人口的13%～20%将遭遇悲惨的水荒。

土地

目前地球上的生物，包括植物和动物，总共约1.8万亿吨。人类每年消耗其中的2.96%用于食物，1.3%用于取暖，0.8%用于其他材料。然而，过度放牧、过度垦殖、过度施用化肥和农药，已经使许多地区的沃土贫瘠化。全球已有900万公顷农田寸草不生，12亿公顷绿地遭到中等程度毁坏。2000种动物物种濒临灭绝，沙漠地区不断扩展，热带雨林以每年14.2万平方公里的速度在消失。形象地说，相当于每秒钟消失一个足球场大小的森林。每年有300多万人遭受农药的毒害。

生活垃圾

如果说发达国家的生活垃圾的处理通过循环净化等措施，正在日益完善，那么，发展中国家大城市的垃圾处理仍是一个严重的问题。生活垃圾污染水源，引发传染病的蔓延，发展中国家41.5%的死亡率与此有关。1992年

6月，在巴西里约热内卢召开的联合国环境与发展大会已经过去多年，根据这次大会通过的《21世纪议程》而建立的“可持续发展委员会”也已运转多年，世界环境问题的现状仍难尽如人意。为了人类长远、可持续地发展，人们对地球环境问题再也不能等闲视之了。

生物多样性

一个地区的生物多样性是指该地区繁荣的动物和植物物种的数量和范围。地球是以百万计的各种不同物种的家园。然而有几千种正面临着灭绝的危机，它们将永远从地球上消失。目前地球上约有200万个物种已经被科学家们确认，不过地球上的全部物种可能会有1400～1500万之多。尽管在地球的整个历史当中，有的物种已经进化，有的物种已经灭绝，研究表明，人类对地球的影响已经产生了一种毁灭性的效应。由于污染，水土流失和气候的变化造成的栖息地的消失，生物多样性遭到最严重的威胁。

植物和动物几乎没有孤立生存的。它们生活在自己的自然家园或者栖息地中，作为各种不同的却又不得不相互依存的生物群落的部分而存在着。世界上大的总的栖息地叫做生物地理地区或者生物群落。

相关链接

“威望号”油轮事件

污染是废弃的能量或者物质(被称为污染物)进入环境产生有害影响的过程。人类对地球施加的影响已经造成多种形式的污染，包括对空气、海洋和陆地的污染。

石油是主要的污染物，通过沿海的石油加工厂，油罐的泄漏和清理油箱或者由于事故而排入水中。

2002年11月19日，一艘载有7.7万吨重质燃油的油轮在大西洋断裂成两截，并相继沉入大海，对133哩以外的西班牙加利西亚省的海岸造成严重的生态威胁。生态学家称这可能是世界上最严重的漏油事件之一。

加利西亚省官员称，这艘叫做“威望号”的巴拿马籍油轮在断裂时泄漏出了大量的燃料油，加上原来泄出的燃油，已经对加利西亚海岸的生态环境构成严重威胁，可能严重破坏该地区丰富的珊瑚、海绵与鱼类资源，造成大约上千名渔民失业，生活在这一带的海鸟裹上了一层黑装。

世界野生基金国际项目组官员表示，如果“威望号”油船所载的燃料油全部泄漏，那将是一场两倍于1998年“亚克隆·瓦尔迪兹号”油轮漏油事件的可怕灾难。1998年3月24日，“亚克隆·瓦尔迪兹号”油轮共向阿拉斯加威廉王子海峡泄出了 26.7 万桶共 1100 万加仑的油，是历史上最严重的漏油事件之一，也是美国历史上最严重的漏油事件。

第二节 传染病威胁人类

近年来世界各地出现了许多新类型的传染病，严重威胁到人类自身的发展和安全，而传统的传染病不但没有被消灭，反而变本加厉。对付传染病已经成为目前我们刻不容缓的任务。

甲型 H1N1 流感

2009 年 3 月底，一种新型病毒(墨西哥猪流感病毒，世卫命名为 A 型流感，中国称之为甲型 H1N1 流感病毒)在墨西哥暴发。墨西哥猪流感病毒症状跟普通感冒相似，且潜伏一周才暴发。目前尚未有墨西哥猪流感病毒疫苗，墨西哥猪流感正在向全球扩张。

猪流感病毒是 A 型流感病毒，携带有 H1N1 亚型猪流感病毒毒株，包含有禽流感、猪流感和人流感三种流感病毒的脱氧核糖核酸基因片断，同时拥有亚洲猪流感和非洲猪流感病毒特征。病猪发病初期突然发热，精神不振，食欲减退或废绝，常横卧在一起，不愿活动，呼吸困难，激烈咳嗽，眼鼻流出黏液。如果在发病期治疗不及时，则易并发支气管炎、肺炎和胸膜炎等，增加猪的病死率。

截至目前，这种病毒只攻击人类，并在人与人之间传播，在猪等动物身上尚未发现。而在墨西哥，一些生活在城市里的人也受到感染，他们与动物并没有直接接触，这再次说明病毒不是从动物直接传播到人身上的。

该病毒是一种混合体，它集中了猪流感病毒、人流感病毒和禽流感病毒的特征。虽然猪流感病毒在其中发挥了一定作用，但把出现的流感简单地命名为猪流感是不准确的，因此世界卫生组织已专门对这一病毒名称做了更正，称为 A 型 H1N1 流感。

疯牛病

疯牛病全称为“牛海绵状脑病”，是一种发生在牛身上的进行性中枢神经系统病变，症状表现与羊瘙痒病类似，俗称“疯牛病”。

疯牛病和羊瘙痒病都是由于感染了一种奇特的致病因子——我们称之为“疯牛病因子”所引起。截至 2000 年 7 月，英国有超过 3.4 万个牧场的 17.6 万多头牛感染了该病。最高发病时间是在 1993 年 1 月，每月至少有 1000 头牛发病。

疯牛病的发生可能是因为给牛喂养了含有患瘙痒病的羊的各种组织制成的肉骨粉而引起，而该病在世界各国的更大范围的传播，则是由于肉骨粉的大范围出口和使用造成的。疯牛病是由什么引起的，引起疯牛病和羊瘙痒病的真正原因是什么，目前尚不清楚，但最被认可的理论是该病病原由一种叫做“prion”的正常细胞蛋白发生结构变异而来。我们暂且称之为“疯牛病因子”。疯牛病因子既不是细菌、病毒，也不是寄生虫。目前能够预防和杀灭感染性细菌、病毒的所有一般性措施都不能有效地灭绝“疯牛病因子”。

目前，疯牛病被认为是通过给牛喂养动物肉骨粉传播的。这种通过喂养肉骨粉提供牲畜蛋白质的方式已经被普遍采用数十年。20 世纪 70 年代后期，动物肉骨粉的制作（炼制）过程发生了一些变化。有一种假设认为，是这种炼制过程的变化导致了羊瘙痒病因子的存活，并通过用肉骨粉饲养牛而将羊瘙痒病因子传播给了牛。

在英国，疯牛病发生数量最多，1999 年统计占总发病数的 99%。以后，在欧洲其他国家也发现了本土的疯牛病。这些国家包括爱尔兰、瑞士、法国、比利时、卢森堡、荷兰、德国、葡萄牙、丹麦、意大利、西班牙、列支敦士登等。

根据世界卫生组织综合有关研究结果认为，病牛各部位的相对危险性如下：

强传染性：脑、脊髓、脑脊液、眼球。

低传染性：小肠、背根神经节、骨髓、肺、肝、肾、脾、胎盘、淋巴结。

无传染性：肌肉、乳汁、血、胰脏、胸腺、心脏、脂肪。

由于难以了解流通中来自牛的产品及制品的加工方式和在加工过程中可能受到危险部位污染的程度，因此，对可能感染疯牛病因子的相关产品，如明胶、血液及血产品等的安全性也不能肯定。

我国会发生疯牛病吗？为了防止疯牛病传入，我国农业部和有关部门多次下发了通知，禁止违法进口、经营和使用反刍动物及其产品、胚胎和反刍动物源性饲料，并加强了对疯牛病的监测工作。各地对本地区所有进口牛（包括胚胎）及其后代（包括杂交后代），饲喂过进口反刍动物饲料的牛进行了全面追踪调查，到目前为止，我国未发现疯牛病病例。

目前，全世界尚没有对疯牛病因子进行直接检验的方法。要检测牲畜是否患有疯牛病，惟有将动物的脑组织通过注射方法接种给小鼠，观察小鼠是否患病或死亡。但即使试验小鼠不死或不患病，也难以说明被检验的牲畜没有患病。用这一方法获得检测结果至少需要 300 天时间，因此很不实用。

人类也会患与此相同的疾病！疯牛病属于“可传播性海绵状脑病(TSEs)”中的一种，这种可传播性海绵状脑病为进行性神经海绵状病变，患有该病者无一幸存。羊瘙痒病、貂脑病、猫海绵状脑病、鹿和麝鹿的退行性病都属于该病范围。从1921年开始，医学界就发现人也可患有被称为“可传播性海绵状脑病”的疾病，便用开始发现该病的两个人的名字Creutzfeldt和Jakob命名，称之为“克雅氏病”(Creutzfeldt-Jakob disease，简称CJD)。以往的CJD患者的年龄段在50～70岁之间，发病者罕见，全世界平均每100万人才有1人罹患此疾病。目前对该病尚无治疗办法，一旦染上此种疾病，迟早脑部会受损，痴呆症状日益严重，最终引起并发症而死亡。

口蹄疫

口蹄疫是一种常见的畜物传染病，由过滤性病毒中的小核糖核酸病毒所引起，是世界目前已发现的最小动物病毒，种类包括肠病毒、鼻病毒和口蹄病毒等。口蹄疫一般可分7种类型：A型、C型、O型、亚洲一型和南非一至三型。每一型之中又分出很多种，各种的毒性不同，例如亚洲一型有65种。各型抗原性不同，互相之间不能互相免疫，A型需要用A疫苗。此病毒只会感染有蹄类动物，如猪、牛、羊、鹿等，动物受感染后，口、咽喉和足部等部位出现水泡，日益消瘦，最后死亡。病毒很少感染鸡、鸭等家畜，也极少使人致病。

口蹄疫疫苗有预防之效。如果人感染此病毒，征状是突然发烧，全身出现斑疹，经过两三个星期才治愈康复。根据过去记录，人被感染的个案不多。

急性呼吸道综合征(SARS)

2002年11月，中国广东开始流行一种非典型肺炎，该病传染较快，并开始有人因此病死亡。2003年2月，越南也发现一种急性呼吸道传染病，可以致人死亡。随后发现与广东的疫情相关。2003年3月12日，世界卫生组织(WHO)发出全球性疫情警告，有一种未知病原的非典型肺炎，正从越南、中国香港和内地等地开始向全世界蔓延。3月15日，WHO正式将此未知病症定名为严重急性呼吸道综合征(Severe Acute Respiratory Syndrome)，简称SARS。

根据WHO公布的消息，SARS疫情的暴发最早出现在中国广东，一名患者后来进入中国香港后死亡。之后越南、中国香港等地陆续出现非典型肺炎合并呼吸道衰竭症状的病人。截至2003年4月12日，全世界已经有

21个国家或地区暴发SARS，共2960个SARS病例，而且已经造成119个人死亡。WHO同时宣布加拿大、新加坡、中国内地、中国香港、中国台湾、越南为感染区，进出这些地区须提高警觉严防SARS的感染。

SARS在我国的大面积流行给我们带来了重大的损失，据初步估计有20亿元人民币，至于对我国经济造成的隐性影响不可估量。在SARS流行期间，交通停顿，商店歇业，企业停产，出口停滞，某些卫生商品价格飞涨，严重影响到人们的日常生活。进入6月份后，疫情逐渐退去，但它对我们的心理影响是巨大的。经过科学家和卫生人员的研究，现在已经确认SARS是由一种变异的冠状病毒引起，可能是从野生的小动物身上传播到人类，具有相当强的传染性和毒性。对于SARS今后是否还会卷土重来，现在还不得而知，但全球的科学家正在极力研究其疫苗和相关医药制剂，相信今后人类一定能找到对付SARS的有效办法。

相关链接

20世纪的一些传染病

流行性感冒

1918年，一场致命的流感席卷全球，造成2000万～5000万人死亡。这个死亡人数远远高于第一次世界大战造成的死亡人数。尽管这场流感在美国被称为“西班牙大流感”，但是它似乎首先起源于美国，有可能是从家猪身上传播的。在那一年，近1/4的美国人得了流感，50多万人死亡，几乎一半的死者是健康的年轻人。“西班牙大流感”之后，1957年、1968年和1977年世界上又先后出现过“亚洲流感”、“香港流感”和“俄罗斯流感”，但死亡率已经非常低。

登革热

登革热是一种由蚊虫传播登革病毒所致的急性传染病。“登革”一词源于西班牙语，意为装腔作势，乃为描写登革热患者由于关节、肌肉疼痛而造成的行走步态。登革热是一种古老的疾病，20世纪在世界范围内流行多次，患病人数多达数百万。1998年时，登革热已成为仅次于疟疾的最重要的热带传染病。在东南亚地区呈地方性流行趋势，我国东南沿海地区及华南各省也发生过不同程度的流行。

埃博拉病

2000年10月14日，在乌干达北部的古卢地区突发埃博拉病，有51人被感染，其中31人已经死亡。这种病通过身体接触传染。感染病毒的人出现高烧，肌肉剧烈疼痛，鼻腔、口腔和肛门出血等症状，24 小时内可死亡。据报道，乌干达的邻国苏丹和刚果(金)曾先后在 20 世纪 70 年代和 1995 年流行过埃博拉病。

艾滋病

从 20 世纪 80 年代初开始，在美国、扎伊尔、乌干达、坦桑尼亚和海地等国家，医生们发现并报道了一些极端“衰弱”病人的病例。病人失去对疾病的抵抗力，一些细菌、病毒在他们的体内任意生长、繁殖。当时对这样的病人还无法用已知的医学知识来解释，医生对这些病人更是束手无策，眼睁睁地看着病人很快地痛苦死去。后来人们才知道这些病人所患的是被称作“20 世纪瘟疫”的艾滋病。

为了提高公众对艾滋病危害的认识，更有效地唤醒人们采取措施预防艾滋病的传播和蔓延，世界卫生组织于 1998 年 1 月确定每年的 12 月 1 日为世界艾滋病日，号召世界各国在这一天举办各种活动，宣传和普及预防艾滋病的知识。

禽流感

禽流感是禽流行性感冒的简称。是由 A 型禽流行性感冒病毒引起的一种禽类(家禽和野禽)传染病。最近国内外由 H5N1 血清型引起的禽流感称高致病性禽流感，发病率和死亡率都很高，如果 H5N1 型病毒由禽类传染给人，发病后死亡率高达 60%。禽流感病毒可通过消化道和呼吸道进入人体传染给人，人类直接接触受禽流感病毒感染的家禽及其粪便或直接接触禽流感病毒也可以被感染。通过飞沫及接触呼吸道分泌物也是传播途径。如果直接接触带有相当数量病毒的物品，如家禽的粪便、羽毛、呼吸道分泌物、血液等，也可经过眼结膜和破损皮肤引起感染。当人感染了禽流感后一般发病急，早期表现类似普通型流感，重症患者可出现肺炎、肾功能衰竭、败血症等多种并发症，眼结膜炎与持续高热是比较常见的两个症状。到目前为止，世界上大约有 60 人死于禽流感。H5N1 型禽流感病毒目前还处于由鸡鸭传染给人的阶段。然而，如果禽流感反复发作，一旦病毒基因发生变异，就有可能变成人与人之间传播的新型流感，后果不堪设想。世界卫生组织(WHO)总干事李钟郁 2005 年 10 月 25 日在一次国际会议上说，禽流感人传人现象的暴发只是时间早晚的问题，现在全球正处在危机边缘；眼下各方正在与时间赛跑，当务之急是增加抗病毒药丸供应。

世界艾滋病日历年主题

1988 年：全球共讨，征服有期

1989 年:我们的生活,我们的世界——让我们相互关照

1990 年:妇女与艾滋病

1991 年:共同迎接艾滋病的挑战

1992 年:预防艾滋病,全球的责任

1993 年:时不我待,行动起来

1994 年:艾滋病和家庭

1995 年:共享权益,同担责任

1996 年:同一世界,同一希望

1997 年:生活在有艾滋病世界中的儿童

1998 年:青少年——迎战艾滋病的生力军

1999 年:关注青少年,预防艾滋病——倾听、学习、尊重

2000 年:预防艾滋病——男人责无旁贷

2001 年:预防艾滋病,你我同参与

2002 年:相互关爱,共享生命

2003 年:全球迎来第 16 个世界艾滋病日。沿用“相互关爱,共享生命”的宣传主题

2004 年:关注妇女,抗击艾滋

2005 年:遏制艾滋,履行承诺

2006 年:遏制艾滋,履行承诺

2007 年:遏制艾滋,履行承诺

2008 年:全民动员

第三节　生化威胁对国家安全的挑战

什么是生化威胁?可以说中国人民较早就已是生化武器的直接受害者,第二次世界大战中臭名昭著的日本 731 部队在中国用活人做试验和散播病毒就是最明显的例子。为了消灭我抗日军民的有生力量,日本在一些城市散播鼠疫等传染性病毒,并造成百万军民伤亡。一些幸存者虽然幸免于难,但生化病菌给他们的余生带来了难以名状的痛苦和不幸,并波及到了受害者的后代。

就概念而言,尽管学者们对生化恐怖、生化犯罪没有一个严格的界定,但总的来说生化恐怖主义就是个人或团体使用生物菌毒的实施来达到政治、宗教、经济及意识形态的目的。首先,需要特别注意的是生化恐怖主义

多运用生物菌剂(biological agents)来实施恐怖威胁。生化剂一般是指用于防范人、动物和庄稼由有机物生成的微生物或毒素。而化学用剂、有毒物质则是指那些具有杀死或致残功能的物质。生物战制剂被称为是穷人的原子弹,国际间目前认为可能被用作生物战剂的病原,以炭疽菌(Anthrax)、肉毒杆菌(Botulism)、天花及鼠疫为主,其中又以炭疽菌最厉害,所引发的炭疽病是一种急性病,致死率高达25%至60%。一般情况下,杆菌体这类病元素会自我复制,且随着病原体的裂变,还会在人与人、人与畜之间传播。毒素是通过有机生物元素生成的,一般说来,它与杆菌体之间的区别是毒素通过化学药剂、植物提取。肉毒杆菌则是最具潜力的致死物,已有几个国家有能力将其制成生物战制剂。肉毒杆菌是一种会造成肌肉麻痹的神经毒素,食入毒素后六小时至两周内会产生复视、视觉模糊、眼睑下垂、发音模糊、吞咽困难、口干、肌肉无力、呼吸肌肉麻痹导致窒息等症状,最后则因呼吸衰竭致死。

其次,生化恐怖主义在"运用恐怖达到政治目的"上与恐怖主义虽然有类同之处,但是细究起来,两者还是有区别的,这主要表现在恐怖主义威胁的对象主要是政府或社会,生化恐怖主义虽然也不排除采用恐怖手段威吓政府或社会,但是生化恐怖主义有时也包含了对个人、团体以及特定组织的恐吓和威胁。此外,恐怖主义一般会公开标榜要使用某种威胁工具,但生化恐怖主义往往对其实施威胁的方式和武器讳莫如深,往往不像宗教激进分子那样有时重视道德或政治公正的后果。

生化恐怖主义与生化犯罪之间也有区别,尽管前者也不排除有犯罪的动机,但是生化犯罪的目的性或许不完全是为宗族、宗教或生态目的;或许报复、谋财害命、情杀都兼有。总之运用生化剂进行恐怖和犯罪的动机不外乎以下几种:谋杀、恐吓、敲诈勒索、制造干扰、防护动物、集体谋杀、报复、制造污染、传送政治主张等。一言以蔽之,生化恐怖主义具有以下4个特征:一、有意并带有威胁地运用生化剂或毒素;二、由个体或群体(国家除外)实施;三、用于破坏非军事目标(比如民用或农业目标);四、用以达到政治、意识形态或宗教目的。其动机是制造疾病、疾病恐慌或两者兼有。

各个国家在界定生化威胁的程度上标准不一。根据美国的标准,生化武器在医学上划分为五大类:菌剂(Bacterial agents),像炭疽、菌疫、布鲁氏菌、伤寒热;立克次氏体(Rickettsial agents),包括斑疹伤寒、落基山斑疹热、昆士兰热;病毒菌,包括天花、流感、黄热病、脑膜炎、登革热、裂谷热、埃博拉;病菌,包括肉类毒,像禽流感、猪链菌、疯牛病、口蹄疫等;食用菌毒(Fungal)等五大类。此外,根据病毒造成的危害幅度又可分为A、B、C三个等级。A级主要是指对国家层面可能造成的潜在风险,因为大范围内的病毒传播会造成重大的人员伤亡;B级的威胁度稍次,但造成的危害程度和幅度都属中度;C级主要是指正在研发或潜在的病毒风险。

诚然,20世纪以来,虽然生化武器没有对任何国家造成大范围的威胁,但是这并非意味着生化威胁没有对人类造成伤害,根据美国的一项调查,自20世纪以来有19个国家被怀疑使用过生化武器,其中有文献证明的就有11个国家;被疑为生化恐怖威胁的事件51起,其中24起造成规模性效应,5起被确认使用了生化武器,这还不包括77起用生化武器实施犯罪的案例报道,(其中49起被确认);此外还有99起无法定性。

根据美国中央情报局统计,在美国,1996年有37起关于使用化学与生化武器的案件;而1997年增加到74起,其中22起与使用生化剂有关;1998年猛增加到181起,而112起与生化有关;1999年(截至5月)就有123起,其中100起与使用生化物有关。试验表明,生化武器所造成的威胁远比化学武器要大,一毫克的炭疽孢含有一百万可传染病菌,它们可通过各种方式传播,且目前尚无可信的疫苗加以防护,难怪"9·11"事件后美国的炭疽邮包事件造成美国朝野恐慌万分。为说明生化威胁度,特借用世界卫生组织的一个模型假设进行说明:

表4.1 对100万人城市生化袭击造成的危害

病原体	易感染人数	死亡数	感染数
炭疽	180,000	95,000	30,000
马耳他热	100,000	400	79,600
传染伤寒	100,000	15,000	50,000
鼠疫	100,000	44,000	36,000
Q热	180,000	150	124,850
兔热病	180,000	30,000	95,000
委内瑞拉马脑炎	60,000	200	19,800

这个假设模型的背景被设置在一个发达国家居住100万人口的城市,一般情况下生物剂多由飞机在空中投放,但模型中并未对采用的投放工具做出说明。比如委内瑞拉马脑炎生化剂本身的存活时间为5到7分钟,如将它

散发在1公里内，6万人可能处于生物剂的覆盖之中，2万人可能被感染，200人可能会死去。相比之下，炭疽病毒要存活在两个小时以上，且可以散发在20公里以上。所以至少18万人有可能接触到它，3万人将受到感染，9万5千人可能由此死亡。

在弄清了生化武器的威胁后，我们有必要探讨恐怖分子将采取何种方式获取和实施生化恐怖袭击。实际上，这个问题正是国家安全机关多次提及的关于人身安全及公共资源的防护。科学技术的发展与化学知识的普及却使生化剂的获取变得越来越容易，一般说来，它也不外乎通过合法与非法渠道获得，具体说来，通过政府或机构授权、偷窃、私下加工或甚至通过天然资源获取。

而散播生化菌毒的方式也并非一种模式。它包括由飞行器在空中散发、导弹发射；污染水源；食品污染、直接投放以及通过自然风、喷雾器、昆虫、害虫等载体散发。空中散发可以在广博的范围内实施并可以造成大量的人群受到侵袭，比如，美国有专家估计，100公斤的炭疽粉在合适的环境下可以造成100万到300万人的死亡，它的杀伤力远比一枚100万吨级的核弹头造成的威力大。水源和食物污染虽然不多发生，但如果被恐怖分子利用其造成的后果将不堪设想，而直接投毒或注射可能是最直接、最简便的一种方法，但其造成的伤亡数则远远有限；通过昆虫或其他虫类实施袭击已受到道德的谴责，但也不能完全掉以轻心。1995年日本奥姆真理教在东京地铁制造的沙林毒气事件造成12人死亡、上千人感染，“9·11”事件后轰动美国的炭疽邮件造成5人死亡，22人感染。遑论生化恐怖和生化犯罪，生化病菌使主权国家防不胜防，非典、禽流感、猪链菌、口蹄疫给我国政治生活、经济运行造成的威胁和破坏应该给我们很深的教训，这些传染病原如果被生化恐怖分子所利用，给国家安全及人民生命财产造成的威胁是不可估量的。

就现实而言，虽然高尖端的生化武器的生产和传播受到限制，但是借助生化知识的普及特别是借助网络技术，一般性生化武器的制作从某种程度而言不再是高深莫测，从而使生化武器从制造到传播变得更加方便，不难想象，这正是国际社会感到头疼并付出大量精力来解决的一个问题。就紧迫性而言，生化威胁是非传统安全中必须考虑的一个要素。以我国为例，在很长一段时间内国家安全仍将面临分裂主义者、分离主义者、极端民族主义者、恐怖主义者的破坏与捣乱，这其中还不包括一些对社会主义仇视者、邪教与敌对势力、社会报复者。可以想象，为了达到他们的目的，他们不排除采用生化武器对我国的安全与稳定进行威胁。因此防范生化恐怖威胁将是主权国家长期面临的一个任务。为了防患于未然，在两个层面制定措施来防范生化恐怖主义的威胁是不可缺少的。

一是国际层面，国际社会的努力与协调必不可少。世界之所以没有发生大规模性的生化武器战争，同国际社会坚持不懈的努力是分不开的，自1899年海牙会议、1925年的日内瓦议定书签订以来，国际社会逐步加大了限制生化武器使用的级别，1972年《生化及有毒武器公约》(Biological and Toxin Weapons Convention)进一步就生化武器的制造、使用、技术转让以及储存实施了更加明细的标准，这样才有了后来彻底销毁生化武器的国际公约。在防范生化威胁方面，主权国家的角色不可取代，毕竟，主权国家仍是现代世界政治运行的主要载体。联合国1540号决议号召国家："对非国家行为体在企图发展、获取、生产、运输、转让、使用核武器或生化武器以及它们散播的方式上不能提供任何形式的支持"，可以说国家在这方面的责任和义务任重而道远。疾病疫情的传播是不分国界的，因此要充分利用联合国机制的协调作用，比如世界卫生组织对世界疾病疫情的监控、防范。

此外，在防范生化恐怖威胁方面，各国要取长补短，互相学习、相互交流。他国尤其是美国的经验必不可少，美国及西方在政策法规、技术等方面积累了丰富的经验。布什政府还为此制定了《21世纪生化威胁防御指南》(Biodefense for the 21st Century)，该指南从威胁认知、预防与保护、监督与侦察以及反应与恢复方面作出了明细规定，而这对于其他国家都有着借鉴的意义。诚然，一国的硬实力可以对恐怖分子在生化武器的使用上起到一定的威慑作用，但从根本上来说，还需要从制度层面解决具体问题，因此防范生化威胁不能仅凭军事、技术。

二是国内层面，主要是加强公共政策的指导能力。国家要在法律、资金、技术、人员、战略上作出具体规划，并在管理层面对药品、化学剂、生物剂的生产、传播和使用作出严格规定；有意识地防范对水源、超市、大规模集会、机场、地铁、火车等公共场所可能发生的生化威胁并在一定层面普及防范生化威胁的知识；建立一支科学的防范队伍，使军队、公安、武警在遇到生化威胁时能及时扑灭疫情，防止疫菌散发。此外，还要注意行政的干预与危机的化解能力，将生化威胁或犯罪控制在萌芽中，从这个角度讲，2005年安徽的大头娃娃奶粉事件以及2008年的三鹿毒奶粉致死人并造成数千儿童中毒事件足以引起我们对公共食品安全重要性的认识。总之，主权国家必须认识到，恐怖分子或犯罪分子为了达到其目的会不择手段，因此防范大规模性的生化威胁并非危言耸听，政界和学界人士对此要有清醒的认识。

小知识

人的生命极限是多少年?

传说中彭祖活了900多岁。在现代社会中,虽然物质生活及医疗保健水平都提高了,活过70岁不算什么,但活过100岁的仍很罕见。从世界各地的新闻中,人们不断听说有人能活一百五六十岁。那么,作为一个普通人,能有多少"天赋"年限呢?中国古代医家们认为,人的寿限是"天年",即自然赋予的寿命,应该在百岁以上;掌握了养生之道的人,百岁仍有生育能力,寿命可达120岁以上。科学家根据对人类近亲动物寿命的研究、人类基因研究方面的结果,提出人的寿命极限应该在120～160岁。

从生物学上看,人的生命极限为其成熟年龄的5～7倍。已知人的成熟年龄为20岁,所以人的生命极限为100～140岁。在国外,日本最老的老人为114岁,波兰为115岁,美国为117岁,2008年马来西亚发现一位141岁的老人,马有关当局已向《吉尼斯世界纪录大全》提出申请,将他列为世界上最老的人。

人类在改变世界的同时,也改变着自己。20世纪,从脱氧核糖核酸双螺旋结构的发现到人类基因组序列"工作框架图"的绘制,生命科学领域取得了重大成就。21世纪,人类通过对基因的深入研究,将揭示出人体衰老的机理并能够延缓衰老,到那时,人的平均寿命将超过100岁,生命极限将超过120岁向200岁挺进。

第四节 温室效应

温室效应导致全球气候变暖,进而引起海平面上升的科学结论,已逐渐为人们所认同。

温室效应亦称"花房效应"。原指在植物栽培中,用易透射阳光的玻璃,后来改用塑料薄膜封闭种植空间,使与外界断绝热交换,从而保持种植空间的温度,促进植物生长的一种现象。这个效应后被引用来研究气候。因为地球周围被一层大气包围着,太阳辐射到地球上的热量,因大气中含有温室气体(二氧化碳等),而不能全部散发出去,形成了所谓的温室效应,使地球温度升高。大气中的温室气体越多,温室效应就越强。

近百年来,随着现代工业的发展,煤、石油等矿物燃料在燃烧过程中释放出来的二氧化碳、甲烷等温室气体越来越多。目前,全世界工业生产释放的二氧化碳已达上百亿吨，并以每年1%的速率增长，预计今后100年内大气中的二氧化碳含量还会增加一倍左右。到2100年，全球气温因温室效应将升高1.5～4.5摄氏度，超过人类有史以来的最大幅度。鉴于温室效应对全球气候变暖的作用，联合国和有关国家已积极行动起来，采取措施，以防止温室效应的加重。1992年，联合国在环境与发展会议上，达成了气候变化框架公约，要求所有工业化国家，在2000年前将二氧化碳排放量降低到1990年的水平，以保证大气中的二氧化碳密度稳定在目前的排放量水平。

目前很多国家正采取措施，利用现有技术来提高能源效率，改变能源配比，削减工业用煤，限制砍伐热带雨林，加速绿化等等，以减少向大气排放温室气体。有的国家正在试验将二氧化碳压缩后注入海底岩层中。有的科学家提出在海洋中增加海藻的生长，因为海藻能大量吸收二氧化碳以进行自身的光合作用。美国海洋生物学家约翰·马丁经实验研究后，大胆提出了控制全球气候的设想。他认为，既然在一瓶海水中加入少量铁可使浮游植物蔚然生长，也许人类可以使那些海洋中的不毛之地变得郁郁葱葱，成为海洋中的雨林，丰盛的植物群会从大气中吸收大量的二氧化碳，这样就可以使地球的温室效应减弱。

但是也有一些科学家对温室效应增温的结论存在着不同看法。他们认为，近年来温室效应纵然已使两极区的外围浮冰和积雪范围缩小，在冰冠融化时，必然要从大气中吸收热量。同时，从冰盖上分离出的冰山，漂浮在海面上，使海面的返照率大大加强，这样又会降低大气气温。近年来还发现在中高纬度地区，冰川不仅没有退缩，有的还在发展产生新的冰川，这说明在这些地区，并未完全证实气候变暖之说。

有的科学家指出，石化燃料的使用，在产生大量二氧化碳的同时，也产生了大量的尘埃，这样也就加强了对太阳辐射的散射和反射，使到达地表的太阳辐射减弱，导致地表降温；大量的水汽和尘埃的存在，使大气中的云量会增多，增强了太阳辐射的反射作用和降水频率，利于高纬度地区冰川扩展。此外，全球大中型水库的蓄水能力逐年增加，大大减少了入海径流。

由此可见，大气温室效应增温，牵涉多方面的因素，准确预测今后全球气温上升的幅度是非常困难的。我们应该保护好地球的环境，减少污染。只有这样图瓦卢的悲剧才不会再发生。

小知识

世界上哪个岛国将被海水淹没?

南太平洋上众多珊瑚礁组成的群岛中有一个弹丸小国——图瓦卢,人口1万多,面积只有26平方公里。可是,就是这么一点可怜国土的存亡居然也要受制于温室效应。原来,受这几年温室效应的影响,海平面一直呈上升趋势,如今这个国家地势最高的地方也只剩5米了,所以人们越来越担心,温室效应再发展下去,用不了多久全国都将沉入海面以下,图瓦卢就从地图上永远消失了。

图瓦卢陆地面积26平方公里,水域面积约130万平方公里,位于中太平洋南部,在国际日期变更线西侧。它由9个环形小珊瑚岛群组成,其中8个有人居住,垂直高度不超过海平面5米,富纳富提为主岛。海岸线长15英里,无河流,属热带海洋性气候,年平均气温29摄氏度,年平均降水量3000毫米。

1880年以来的100多年时间内,海平面已上升了8厘米。全世界有1/3的人口生活在沿海岸线60千米的范围内,大部分经济发达区和著名大城市均处在沿海地区。这些地区经济发达,城市密集,人口稠密。据美国环保局发表的研究报告说,如果温室气体继续按目前的水平继续排放,估计到2025年海平面将升高10～40厘米,到2100年将升高60～200厘米。尽管各国估计的数字有些差异,但一个共同的看法就是未来海平面上升的趋势是明显的。主要理由是随着全球气温上升,海水也会相应变暖,从而产生热膨胀;部分山地冰川会融化;极地冰盖会变薄。那么,全球30%～80%的河口地区、沿海低地和较低的岛屿将被海水淹没或海水倒灌,使港口受损,使地下水盐度增大而无法饮用,使沿海土地盐碱化,还会遭受风暴潮的袭击,并影响沿海养殖业。美国和荷兰科学家认为:到2050年,世界上一些著名大城市,例如纽约、上海、雅加达、东京、大阪、悉尼、威尼斯、曼谷、台北等,都将面临被海水淹没的危机,从而使沿海地区的大量人群不得不向内陆地区迁移,同时会带来许多其他问题。

第五节　酸　雨

过去,我们在雨中尽情地奔跑和戏耍是一种快乐的享受,现今却是在思索着如何躲避它、逃离它。是的,现在的雨水不知何时悄悄地变了质,变得越来越酸,不仅花草树木不喜欢它,甚至人类也开始诅咒这讨厌的酸雨。

那么,雨水是从什么时候开始变质的呢？什么样的雨才叫作酸雨呢？它又是如何变的呢？首先,“酸雨”一词的首创者是英国化学家安加思·史密斯。他于1872年在《空气和降雨:化学气候学的开端》一书中首次提出了“酸雨”这一术语,并指出酸雨对植物和材料是有害的,但一直未受到重视。直到20世纪60年代,瑞典土壤学家史邦泰·奥丹在欧洲发现了大范围的酸雨现象,并且证明降水酸度越来越大,主要是发生在中欧和英国的工业区,从此酸雨现象才得以受到世人的关注。目前酸雨已成为国际社会共同关注的全球性重要环境问题之一。酸雨一般泛指pH值小于5.6的雨、雪或其他形式的大气降水,是大气受到污染的一种表现。那么一般正常降水的pH值为多少呢？纯净的雨或雪降落时,由于空气中二氧化碳的溶入,一般呈弱酸性,pH值达5.6左右。为此,人们把pH值小于5.6的降水称之为酸雨。

到底是什么原因使被人们赞美为甘露的雨水一下子变成了人人讨厌的酸雨？形成酸雨的基本原因主要与煤炭和石油燃烧以及工业生产等释放到大气中的二氧化硫和氮氧化物污染物有关。因为二氧化硫和氮氧化物污染物在大气中通过化学反应分别转化成硫酸和硝酸,混入雨水或雪水中,使其酸度增加。同时酸雨的形成还与大气中其他许多碱性物质有关,如飞灰中的氧化钙、土壤中的碳酸钙等。酸雨的酸度实际上是大气中阴阳离子酸碱反应的综合结果,涉及复杂的大气化学和物理过程。有关酸雨的成因迄今研究得还很不透彻。目前国内外许多学者都在作进一步的深入探讨。

我们千万不能忽视酸雨的危害性。首先,酸雨对生态系统影响很大,最为突出的是湖泊的酸化问题。湖泊酸化对水生生态的影响主要是导致鱼类死亡,因为酸性湖水或河水会降低水中含钙量,损坏鱼的脊椎和骨骼,使鱼畸形,成驼背或缩短。此外,酸性水还会使河底沉积物释放出有毒物质,如铅、镉、镍等。当湖水或河水的pH值小于5.5时,大部分鱼类很难生存。当pH值小于4.5时,各种鱼类、两栖动物和大部分昆虫将消失,水草将死亡。其次,酸雨对植物的影响主要表现在影响植物的产量和质量上。酸雨对森林也会造成严重危害,除了使树叶受损外,还通过土壤酸化影响树木生长;使土壤中有关元素减少,造成土壤贫瘠,致使树木生长受害,产果量降低,并可能对树木和其他植物起致死作用。还有,酸雨加速了建筑结构、桥梁、工业装备、地下储罐、动力和通信电缆等材料的腐蚀;对文物古迹、历史建筑、雕刻等重要文化设施造成严重损害。酸雨对人体健康产生直接和潜在的影响。由于酸雨对水系、植物、土壤等都有影响,干扰了自然生态环境,从而也波及野生动物。在受酸雨危害的地区,野生动物被迫吃了污染的草和昆虫等，饮用了受污染的水，长期积累势必会对其生长产生有害影响。

当然，在遭遇酸雨的侵害之下，各个国家也都采取了一系列措施，联合国也作了很大的努力，通过了一些协议。但是面对历史与现实，我们需要沉思与反省。因为毕竟我们都不是偷猎者，也不是匆匆过往的旅人，在享受了灿烂的阳光，沐浴了清风之后，没必要去感受毁灭的苍凉，也没理由给蓝天"浓抹添彩"。

第六节　《京都议定书》

为了人类免受气候变暖的威胁，1997 年 12 月，《联合国气候变化框架公约》第 3 次缔约方大会在日本京都召开。149 个国家和地区的代表通过了旨在限制发达国家温室气体排放量以抑制全球变暖的《京都议定书》。《京都议定书》规定，到 2010 年，所有发达国家二氧化碳等 6 种温室气体的排放量，要比 1990 年减少 5.2%。具体说，各发达国家从 2008 年到 2012 年必须完成的削减目标是：与 1990 年相比，欧盟削减 8%、美国削减 7%、日本削减 6%、加拿大削减 6%、东欧各国削减 5%至 8%。新西兰、俄罗斯和乌克兰可将排放量稳定在 1990 年水平上。议定书同时允许爱尔兰、澳大利亚和挪威的排放量比 1990 年分别增加 10%、8%和 1%。

《京都议定书》建立了旨在减排温室气体的三个灵活合作机制——国际排放贸易机制、联合履行机制和清洁发展机制。以清洁发展机制为例，它允许工业化国家的投资者从其在发展中国家实施的并有利于发展中国家可持续发展的减排项目中获取"经证明的减少排放量"。中国现在已成为实现《京都议定书》清洁发展机制减排量最多国家。

2005 年 2 月 16 日，《京都议定书》正式生效。这是人类历史上首次以法规的形式限制温室气体排放。为了促进各国完成温室气体减排目标，议定书允许采取以下四种减排方式：(一)两个发达国家之间可以进行排放额度买卖的"排放权交易"，即难以完成削减任务的国家，可以花钱从超额完成任务的国家买进超出的额度；(二)以"净排放量"计算温室气体排放量，即从本国实际排放量中扣除森林所吸收的二氧化碳的数量；(三)可以采用绿色开发机制，促使发达国家和发展中国家共同减排温室气体；(四)可以采用"集团方式"，即欧盟内部的许多国家可视为一个整体，采取有的国家削减、有的国家增加的方法，在总体上完成减排任务。

《京都议定书》需要占 1990 年全球温室气体排放量 55%以上的至少 55

个国家和地区批准之后，才能成为具有法律约束力的国际公约。中国于1998年5月签署并于2002年8月核准了该议定书。欧盟及其成员国于2002年5月31日正式批准了《京都议定书》。目前已有170多个国家签订了该协定。2007年12月，澳大利亚签署《京都议定书》，至此世界主要工业发达国家中只有美国没有签署《京都议定书》。

截至2004年，主要工业发达国家的温室气体排放量在1990年的基础上平均减少了3.3%，但世界上最大的温室气体排放国美国的排放量比1990年上升了15.8%。2001年，美国总统布什刚开始第一任期就宣布美国退出《京都议定书》，理由是议定书对美国经济发展带来过重负担。2007年3月，欧盟各成员国领导人一致同意，单方面承诺到2020年将欧盟温室气体排放量在1990年基础上至少减少20%。2008年7月8日，八国集团领导人在八国集团首脑会议上就温室气体长期减排目标达成一致。八国集团领导人在一份声明中说，八国寻求与《联合国气候变化框架公约》其他缔约国共同实现到2050年将全球温室气体排放量减少至少一半的长期目标，并在公约相关谈判中与这些国家讨论并通过这一目标。

中国与《京都议定书》

中国是世界温室气体排放大国，面临着与日俱增的要求减缓温室气体排放的国际压力。美国2001年3月退出《京都议定书》，其理由之一就是中国、印度等发展中大国没有积极参与承诺。从国内情况来看，中国具有13亿庞大人口，在经济快速增长的起飞阶段，尚有3000万人口没有脱贫。长期以国内煤炭资源为主要能源结构的现状，使中国控制温室气体排放的前景不容乐观。虽然人们对中国反对作出具体的承诺给予了广泛的理解，因为中国多数地区仍处于贫困之中，理应允许发展那里的经济和改善人们现有的较低生活水平。但从长期来看，如果中国经济增长得以持续，其作为贫困的发展中国家的地位将有可能改变。中国作为WTO的成员国以及中国在全球经济中地位的提高，也意味着人们将期望中国承诺对国际社会的义务。

在这种情况下，中国必须明确自己的长期气候战略。中国政府的立场是“在2050年达到中等发达国家水平之前，不会承诺减排义务。在达到中等发达国家水平之后，中国会认真考虑这一问题”。这里需要指出的是，不承诺减排不等于不承担义务，不承诺减排不等于对减缓全球气候变化没有贡献，不承诺减排也不等于行动上的无限推延。中国完全可以也应该在可持续发展战略的框架和目标下，采取“无悔政策”措施，利用气候变化带来的国际合作机遇，推进中国的可持续发展进程。

总之,中国在国际气候谈判中,首先是从中国的国家利益和世界各国的共同利益出发,根据问题本身的实际情况,独立自主地决定自己的立场和政策。在南北关系上,反对单边主义,维护发展中国家的生存权和发展权,致力于推动建立公正合理的国际政治经济新秩序。强调发达国家是造成当代全球环境问题的主要责任者,要求发达国家一方面率先承诺减少温室气体排放,另一方面向发展中国家提供必要的资金补偿和技术转让,以加强发展中国家应对气候变化的能力。中国是一个负责任的大国,对已批准的国际合作协议必将履行自己的义务,也希望其他国家顾全大局,履行各自的承诺。中国已向时任联合国秘书长安南交存了中国政府核准《〈联合国气候变化框架公约〉京都议定书》的核准书。中国政府认为,《联合国气候变化框架公约》及其《京都议定书》为国际合作应对气候变化确立了基本原则,提供了有效框架和规则,应当得到普遍遵守。欧盟各成员国及日本已批准了议定书。中国希望其他发达国家尽快批准或核准议定书,使其能够生效。中国作为最大的发展中国家,是国际环境合作中的一支重要力量,我们深知自己肩上的责任。中国的事情办好了,就是对世界可持续发展做出了贡献。我们将坚持不懈地作出努力,义无反顾地承担起责任,用行动来实践诺言,坚定不移地走可持续发展之路。

美国政府气候政策及其遭遇的挑战

一直以来,美国对《京都议定书》持不积极态度。2001 年布什就任总统以来明确表示反对《京都议定书》,他认为不能确定“全球变暖到底有多大部分是由人类造成的”。2002 年,布什政府提出美国温室气体“自愿减排”计划,宣布对那些自愿减排的企业予以税收激励。2005 年 7 月 6 日,布什赴欧洲参加八国集团峰会时首次对外承认,“人类活动导致的温室气体排放增加引起全球变暖”。2007 年 1 月 23 日,布什首次在国情咨文中提及全球变暖问题,认为解决这个问题依赖于技术进步及使用乙醇等可再生能源。

作为世界上最大的温室气体排放国,美国一直以损害本国经济为由拒绝批准旨在限制温室气体排放的《京都议定书》。布什政府的不负责任的态度不仅遭到国际社会的严厉批评,而且在本国也面临越来越多的挑战。

美国参议院环境保护和公共工程委员会下属的一个小组委员会 2007 年 11 月 1 日以 4 比 3 的表决结果,通过了一项旨在限制温室气体排放的法案。这项法案要求为二氧化碳等温室气体的排放设定限额,超标排放的企业必须从排放量低于额度的企业购买相应排放额度。

分析人士认为,该法案的基本精神与美国政府的立场相左,因为美国政府自小布什起就一直坚持温室气体自愿减排的方针，世界正关注奥巴马是否对这一政策进行“变革”。

聚焦“巴厘岛路线图”

联合国气候变化大会在经过两个星期的艰苦谈判后，最终于2007年12月15日推出备受瞩目的“巴厘岛路线图”，它为人类下一步应对气候变化指引了前进方向。“巴厘岛路线图”的主要内容包括：大幅度减少全球温室气体排放量，未来的谈判应考虑为所有发达国家（包括美国）设定具体的温室气体减排目标；发展中国家应努力控制温室气体排放增长，但不设定具体目标；为了更有效地应对全球变暖，发达国家有义务在技术开发和转让、资金支持等方面，向发展中国家提供帮助；在2009年年底之前，达成接替《京都议定书》的旨在减缓全球变暖的新协议。

此次气候大会的主要目的，是为2009年年底之前的应对全球变暖谈判确立明确的议题和时间表。1997年的《京都议定书》规定，到2010年，发达国家的温室气体排放量要比1990年减少5.2%。由于《京都议定书》即将于2012年到期，全球急需尽快达成一项减缓全球变暖的新协议。但与会各方分歧严重，相关谈判几近破裂。

欧盟、澳大利亚和南非等要求在大会决议中明确规定发达国家在2020年前将温室气体排放量比1990年减少25%至40%，广大的发展中国家支持这一立场。而作为唯一未加入《京都议定书》的发达国家，美国强烈反对设定具体的减排目标，同时要求发展中国家承诺减排，日本和加拿大等国支持美国的立场。在欧盟强硬表示可能会抵制美国计划在2008年1月召开的主要经济体气候变化会议，并做出一定妥协的背景下，美国在大会的最后一刻接受了“巴厘岛路线图”。

“巴厘岛路线图”来之不易。它的绘就具有里程碑意义。它首次将美国纳入到旨在减缓全球变暖的未来新协议的谈判进程之中，要求所有发达国家都必须履行可测量、可报告、可核实的温室气体减排责任，这是一个可喜的进步。占全球温室气体排放总量1/4以上的美国如果不被纳入未来的谈判，控制全球变暖的努力将无法取得理想的效果。

另外，“巴厘岛路线图”还强调必须重视适应气候变化、技术开发和转让、资金三大问题。这三个问题在以往的全球气候变化谈判中一直未能得到足够的重视。而对于大多数发展中国家而言，这些问题都是它们有效应对全球变暖和减排的关键所在。尤其在被视为发展中国家的“软肋”的技术转让和资金问题上，没有发达国家的帮助，发展中国家在很大程度上只能被动地承受全球变暖所带来的干旱、洪涝、海平面上升等灾难性后果。而这三个问题与减缓气候变化问题被提到同等重要的位置后，就如同给减缓全球变暖的未来谈判“装上了四个轮子”，使未来的谈判能够前进得更快。

作为最大的发展中国家，中国在助推“巴厘岛路线图”进程中的贡献，得到了国际社会的认可。中国在此次大会上提出的三项建议，包括最晚于2009年年底前谈判确定发达国家2012年后的减排指标，切实将《联合国气候变化框架公约》、《京都议定书》中向发展中国家提供资金和技术转让的规定落到实处等，得到了与会各方的认可，并最终被采纳到该路线图之中。此外，中国也为减缓全球变暖做出了实质性贡献。中国制定并公布了《中国应对气候变化国家方案》，成立了国家应对气候变化领导小组，并提出在未来5年内实现节能20%的目标等。美国《基督教科学箴言报》评价说，这些努力已取得比较理想的温室气体减排效果，并且使中国成为发展中国家的表率。

当然，正如联合国秘书长潘基文所言，“巴厘岛路线图”只是达成减缓全球变暖新协议的开始。希望这一“路线图”能指引未来谈判，为人类有效应对气候变化的挑战创造更为有利的条件。

小知识

绿色和平组织

绿色和平组织也称为国际环保组织，其宗旨是寻求方法阻止污染，保护自然生物多样性及大气层，以及追求一个无核的世界。

绿色和平组织起源于1971年。当时一群加拿大人及美国人组成一支抗议队伍，乘一艘渔船，试图亲自阻止美国在阿拉斯加进行的核试验。他们希望亲自见证这些被破坏的环境，并告之于世人。自此以后，亲自到达破坏环境的现场成为绿色和平组织及支持者抗议破坏环境行为的重要方式，由此广泛唤起世人对环境问题的警觉。

绿色和平组织通常通过下列方式表达对环境问题的关心与抗议：使用非暴力直接行动；与有关当局和国际公约组织进行谈判；借助研究结果提供关于环境问题的解决方法和选择；广泛推动环境技术与产品的发展。

绿色和平组织在世界环境保护方面已经贡献良多。在其中一些环节更是扮演关键角色。如禁止输出有毒物质到发展中国家；阻止商业性捕鲸；制定一项联合国公约，为世界渔业发展提供更好的环境；在太平洋建立一个禁止捕鲸区；50年内禁止在南极洲开采矿物；禁止向海洋倾倒放射性物质、工业废物和废弃的采油设备；停止使用大型拖网捕鱼；全面禁止核武器实验。

绿色和平组织中国分部建立于1997年2月,活动空间覆盖内地、香港、台湾和澳门。现在全国范围内展开监测环境问题的工作。同绿色和平组织在其他国家一样,绿色和平组织中国分部独立于任何政府、组织和个人的影响之外,并且严格不接受政府和公司的资助。绿色和平组织将继续坚持在不侵犯个人和破坏产物的原则下,和平而非暴力地推动环保及促进社会在这方面的改变。

第七节 可持续发展战略

可持续发展是20世纪80年代提出的一个新概念。1987年世界环境与发展委员会在《我们共同的未来》报告中第一次阐述了可持续发展的概念,在国际社会达成了广泛共识。

可持续发展是指既满足现代人的需求又不损害后代人满足需求的能力。换句话说,就是指经济、社会、资源和环境保护协调发展,它们是一个密不可分的系统,既要达到发展经济的目的,又要保护好人类赖以生存的大气、淡水、海洋、土地和森林等资源和环境,使子孙后代能够永续发展和安居乐业。环境保护是可持续发展的重要方面。可持续发展的核心是发展,但要求在严格控制人口、提高人口素质、保护环境和资源永续利用的前提下进行经济和社会的发展。

可持续发展概念的提出

1987年,世界环境与发展委员会(WCED)发表了著名的学术报告《我们共同的未来》,首次提出了"可持续发展"的概念。作为一个主题,可持续发展的思想贯穿了报告的始终。也正是因为这份报告,可持续发展日益成为国际社会关注的话题。两年后,在荷兰阿姆斯特丹市举行的"21世纪国际人口论坛"上,联合国发表了题为《为子孙后代的生活更美好》的宣言。宣言指出,人口、资源和环境是相互关联的,并且强调要在人口数量、资源、环境和发展之间建立一种可持续的关系。1992年,联合国环境与发展国际大会制定并通过了全球《21世纪议程》,明确提出了人类社会要"可持续发展"的战略口号,认为世界各国应联合起来,共同解决人口、资源和环境问题。这是20世纪人类社会的一个重大转折,它说明人类对自身和资源与环境之间的关系的认识进入了一个新的阶段。1992年,在印度尼西亚巴厘岛召开的第四届亚太人口会议发表了关于"人口与可持续发展"的巴厘宣言,主题为"人口与可持续发展:走向21世纪的目标和战略",将可持续发展确定为21世纪的发展目标。1994年，开罗国际人口与发展大会将主题确定为“人口、发展与可持续发展”，使“可持续发展”成了各国目前所面临的问题的集中反映，也成了包括中国在内的许多国家在制定社会经济发展战略时所必须考虑的问题。中国政府于1994年3月公布了《中国21世纪议程:中国21世纪人口、环境与发展白皮书》，作为各级政府制定国民经济和社会发展计划的指导性文件。该文件本身就是遵循可持续发展战略思想的产物。

对于可持续(Sustainability)或可持续发展(Sustainable Development)概念的讨论始于20世纪80年代后期。自然科学家从自然属性、经济学家从经济属性、社会学家从社会属性分别对可持续发展的概念进行了界定。由于各学科领域之间缺乏沟通，使可持续发展的概念一直没能有一个统一的说法。1987年4月，《我们共同的未来》一书系统地阐述了人口、资源、环境和发展之间的关系，概括地提出了“可持续发展”的概念:“在不牺牲子孙后代需要的情况下，满足我们这代人的需要。”这一概念由于其超学科的概括和总结，得到了各界的认可，并被广泛应用。可持续发展主要包括两个方面的内容，即可持续发展的模式应具有“二维性”:一是发展的时间性或发展的纵向性;二是发展的空间性或发展的横向性。发展的时间性或发展的纵向性主要是指，在发展过程中既要考虑现有人口的需要，又要照顾子孙后代的需要;既要利用现有环境资源发展社会经济，又要考虑未来环境资源的可获程度。发展的空间性或发展的横向性主要是指，发展过程中要考虑现有人口群体间的贫富状态、不同区域间的发展水平、局部和整体的利益关系。根据可持续发展的“二维性”理论，“可持续发展”应当包括两个层次的含义:首先是发展，发展的问题是目前世界上大多数国家最为关注的根本性问题。一个国家或地区通过社会、经济整体实力的增强，不断提高本国人民的生活水平和生活质量，这是发展的基本含义。其次是发展的可持续性，即人类目前为发展所进行的种种努力不应危及子孙后代的生存和发展，对于现有环境资源的开发利用程度不应造成不可逆的破坏。同时，在发展过程中，应照顾到不同人口群体间的利益和不同区域间的发展水平。

可持续发展的概念，包含了三个不同层次的内容。从最高层次上讲，可持续发展就是要保持人与自然的共同协调进化，达到人与自然的共同繁荣。这里的自然包括天然自然、人工自然和人化自然，从空间范围上，包括区域、地区直至宇宙。所以，最高层次的理解着眼于人类与整个大自然界，是“天一人”之间的关系。从中层次上讲，可持续发展是既满足当代人需要又不危害后代人的需求，既符合局部人口利益又符合全球人口利益的发展。

中层次着眼于地球和地球上的人类，是“人—地(球)”的关系。该定义包含着人类在时间和空间维上的公平性，满足广义的高效率性、生态持续发展和全球共同性原则。从低层次上讲，可持续发展是资源、环境、经济和社会的协调发展，是在资源和环境得到合理的持续利用、保护条件下，取得最大的经济效益、科教效益和社会效益。低层次的可持续发展是着眼于区域的，重点在于“人—人”之间的关系。这个层次上的概念具有可操作性。区域可持续发展的目标是达到人与人、人与地的协调统一，人与地的共同繁荣。

可持续发展世界首脑会议

20世纪下半叶，在国家、区域或世界范围内召开了众多有关环境与发展的会议，相关的双边、多边条约或国际公约陆续产生。其中最具有里程碑意义的是1992年在巴西里约热内卢召开的环境与发展大会，会议通过了《里约宣言》和《21世纪议程》等重要文件，确定了相关环境责任原则，可持续发展的观念也逐渐形成。

但是由于国际环境发展领域中的矛盾错综复杂，以全球可持续发展为目标的《21世纪议程》等重要文件的执行情况并不良好。一方面，发展中国家实现经济发展和环境保护的目标由于自身经济不发达而困难重重；另一方面，发达国家并没有履行公约中向发展中国家提供技术资金支持的义务。因而，大多数国家认为召开新的国际会议，讨论里约会议建立的全球伙伴关系所面临的新问题有着极大的必要性。

联合国可持续发展世界首脑大会于2002年8月26日至9月4日在南非约翰内斯堡举行。此次大会是21世纪初规模最大的国际峰会，也是在非洲召开的最具重要意义的国际会议。在大会上，可持续发展的概念已经成为被广泛接受的共识，通过了《可持续发展世界首脑会议执行计划》、《约翰内斯堡宣言》等文件。

2008年10月24日至25日，16个亚洲国家和27个欧盟国家的国家元首和政府首脑以及欧盟委员会主席和东盟秘书长在中国北京举行的第七届亚欧首脑会议上发表了《可持续发展北京宣言》。宣言强调，实现可持续发展是全人类共同面临的严峻挑战和重大紧迫任务；认识到经济发展、社会进步和环境保护是可持续发展的三大支柱；重申必须全面实施联合国环境与发展大会通过的《里约宣言》和《21世纪议程》、国际发展筹资大会确定的《蒙特雷共识》、《联合国气候变化框架公约》第十三届缔约方大会通过的“巴厘岛路线图”以及可持续发展首脑会议通过的《约翰内斯堡实施计划》等一系列文件中确定的目标、原则和行动规划。

相关链接

地球又热又平又挤

美国著名专栏作家和记者托马斯·弗里德曼继《世界是平的》一书之后又一引起世界轰动效应的新著——《世界又热又平又挤》。在新著中，弗里德曼提出当今世界发展的五大趋势：(1)能源与资源的供需失衡；(2)石油生产国的垄断性经营；(3)(碳排放增量导致)地球气候变暖；(4)能源日益匮乏(石油、煤炭不可再生)；(5)(人口爆炸性增长、无节制开发和环境污染导致)生物多样性消失。作者以及世界各国的许多科学家、环保主义者对五大发展趋势可能对未来地球及生命造成危害甚至毁灭的前景感到深刻的担忧。呼吁对石油、煤炭等造成严重环境污染和气候变暖的能源——作者称之为地狱能源——减少和限制使用，大力开发和使用清洁能源，如太阳能、风能、潮汐等——作者称之为天堂能源。作者认为必须跳出传统国家发展模式的臼巢，以创新的观念和方法求发展，在全球掀起一场新的“绿色能源革命”，以价格杠杆和政府干预行为全力推广绿色能源的研发和普及使用，才是正确的可持续发展道路和人类与地球长久存续的保障。“绿色能源”是每个国家发展的未来机遇和制高点，前景广阔，财富无限，将“拥有无往不利的力量”

思考题：

1. 你如何理解可持续发展战略？
2. 如何防范生化恐怖主义？

名词解释：

京都议定书　　绿色和平组织

第五章　海盗问题与海上安全

第一节　世界海盗分布

海盗活动范围通常是在公海、近海、海峡、港口锚地，甚至深入港口码头泊位，直接从停靠在码头旁边的船舶舷梯登船对始料不及的船员发动进攻，劫持船舶和船员，抢劫杀人、变卖船舶及其所载货物是当前海盗活动的重大发展方向。全球海盗事件 2005 年 276 起；2006 年 239 起；2007 年 263 起，2008 年达到 293 起，与 2007 年相比增幅超过 11%，达到了创纪录水平。

目前全世界 90%的贸易是通过海运进行的，东南亚海域具有世界海运大枢纽的地位，这也是吸引海盗在此聚集的原因之一。该地区著名的马六甲海峡连接安达曼海与南海，沟通太平洋和印度洋，是仅次于英吉利海峡的全球第二条最繁忙海道，也是欧、亚、大洋洲和非洲之间重要的海运通道。这里每天都有上千艘船只通过，更成为欧洲和中东油轮通往东亚的必经之路。但此地民族众多，三大宗教并存，政府孱弱，导致海盗问题多发。这块黄金地段由于海盗横行，每年国际贸易遭受的损失高达 160 亿美元。

非洲列为继东南亚之后海盗横行的高风险区，由于世界近一半的原油产自中东地区，再加上附近的苏伊士运河，扼守红海咽喉的“非洲之角”——索马里一直就是咽喉要冲。在索马里沿海，2007 年发生海盗攻击商船和劫持船员事件达到 13 起，相当于 2006 年的 3 倍，索马里沿海成为全球最危险水域。

非洲是 2007 年海盗多发区域，从 2006 年的 61 起增加到 2007 年的 120 起，近乎翻番增长，相当于全球 2007 年海盗发生案件总量的 45%。非洲海盗重灾区尼日利亚海盗案件 2006 年发生 12 起，2007 年 42 起，其次是索马里 2006 年海盗案件发生 10 起，2007 年增加到 31 起。令人感到幸运的是，东南亚地区海盗发生总数从 2006 年的 88 起减少到了 2007 年的 80 起。值得指出的是，从2003年以来东南亚海盗发生率一直处于下降趋势，尤其是印度尼西亚海域2006年海盗案件发生50起，2007年为43起，下降幅度明显。

贫穷落后是祸根

综观全球五大海盗活动多发区——索马里、几内亚湾、孟加拉湾、马六甲、亚丁湾，居民生活贫困，治安不好是其最根本的原因。

自20世纪90年代，特别是亚洲金融风暴以后，印尼、菲律宾等东南亚国家的经济受到很大的冲击，贫困人口和失业率陡增。印尼首都雅加达的有关专家认为，在印尼水域发生如此多的海盗事件，一是装备较为落后的印尼海军管辖如此辽阔的水域，显得力不从心；二是印尼海军和水警经常为管辖地段发生矛盾，给海盗造成可乘之机。长此以往，海盗行为日益成为东南亚人一个“快钱”收入的重要来源。在印尼和马来西亚沿海的个别贫穷落后村落，人们竟以海盗为业发家富裕起来。

在索马里内陆搞了多年战乱的武装匪徒开始将视线转向大海，从事起抢掠和劫持船只的勾当，过往船只被警告与该国海岸线保持50海里以上的距离。据国际海事组织2007年7月24日发表的一份公报说：“船只在索马里沿岸遇到海盗已经从有可能变成必然。任何船只如果在索马里沿岸附近减速或者停泊，必定会被匪徒上船来抢劫，因为他们已经一再尝到劫持船只和船员，然后向船主勒索大笔钱财的甜头。”国际海事局组织还发现虽然有联合国的禁运令，但武器和军需品仍然自由在这里出入。

海盗形成现代化托拉斯

今时今日，海盗自然不可能像古代那样，打着骷髅旗，明火执仗地公然行抢。他们行踪更诡秘，设备更先进，作案手法“更高明”、更残酷。

2001年在马六甲海峡发生的海盗对商船进行抢劫事件，每宗抢劫案的过程都不超过一个小时。但是海盗作案的手法总不外乎两种，一是劫走船上的财物，二是干脆连船也抢走，改头换面后待价而沽。一些海盗还走上了集团化、组织化、国际化的道路。

东南亚的海盗活动基本操纵在五大犯罪集团手中。他们已经组成现代化的海盗托拉斯，下设分支机构，在各个地区都有雇员，活跃于马六甲海峡和印尼沿岸狭窄水道上。他们或者伪装成地方政府执法船只，以例行检查为名强行登船，或者驾驶快艇在货轮后高速追赶。有些海盗船联合行动，看起来更像是海上舰队。

除了海上远程船只，一些停泊在港口内、近岸处的货船也会成为海盗洗劫的目标。海盗们除非常熟悉船只的航行时间和船上的货物构成外，还利用雷达确定轮船的位置，通过无线电台和内部人员获取信息，然后使用摩托快艇和自动武器攻击目标，得手后，混入数百艘小船中逃跑。此外，也不排除某些国家的水上执法人员与海盗相勾结的可能。

国际海事局官员介绍说，95%的海盗拥有武器，并且在逃跑时会毫不犹豫地使用武器。海盗是否运用暴力与抢劫所得的财物价值没有必然联系，他们如何处置船员也随心情而定，稍不顺心便会滥杀无辜。而船员即使不被海盗杀害，也往往被遗弃在汪洋中的小船或孤岛上，只能随波逐流，听天由命。

海盗问题列入联合国议程

海盗案的再度上升已经引起国际社会的关注，国际海事组织是打击海盗行为的重要力量。

据总部设在伦敦的国际海事组织认为，阻吓海盗的一个办法是增加警力，调拨更多的船只和飞机，加强海岸巡逻。印尼等国家至少要增加一倍的警力，才能有效监控该国海域的安全。有关专家也呼吁，东南亚各国应通力合作，在马六甲海峡采取联合保安措施，既可对抗海盗的威胁，也有利于经济的发展。

国际海事组织还呼吁船主在船上安装卫星跟踪系统。据悉，国际海事组织已经批准生产了一种称为“船只定位器”的装置。这种装置只有鞋盒大小，因此不难把它放在船上的一个隐秘地方。一旦船只被劫或者遭到攻击，该装置可以提供重要信息，帮助找到被劫船只或货物。

此外，海盗问题也已列入联合国大会的讨论议程。

国际海事组织正在研究现行的国际船员值班、训练和发证标准国际公约，立法要求加强海员警戒及有关发生海盗罪行及时反应的训练。该组织建议加强地区合作，建立互相信任及协助的关系，促进和协调开展反海盗活动。

第二节　索马里海盗

2008 年以来，海盗们制造的劫持事件比往年增加了两倍，据国际海事组织海盗监控中心提供的数据，自 1 月以来，索马里附近海域有 95 艘船只遇抢，40 艘被劫，600 多名船员遭绑架，现至少还有 18 艘船只和 200 多名船员掌控在海盗手中。

在金融危机蔓延之际，索马里的匪患成为一根让全球化的世界痛上加痛的盲肠，当各种行业都在大萧条中艰辛度日时，这个饱受战乱和干旱的东非国家的“海盗产业”却逆势上扬，成为部落生意。海盗人数也从2005年的大约100人上升到现在的1000多人。

目前，国际社会正在积极寻求打击海盗活动、实现索马里和平与稳定的整体措施。分析人士认为，在采取海上军事行动的同时，促进索马里和平进程和国家经济发展、消除贫困和不安全因素是打击海盗活动的根本途径。

索马里海盗活动猖獗的亚丁湾位于印度洋和红海之间，是连接亚、非、欧三大洲和太平洋、印度洋、大西洋三大洋的海上咽喉，被称作世界航运的生命线。每年约有100个国家和地区的近两万艘船只经过这里，世界14%的海运贸易和30%的石油运输要过往此地。而如今，由于索马里海盗的存在，这条“黄金航线”成为各类船只的“百慕大”。

2008年，在海盗活动的海域，不论是货船、客轮还是油轮，甚至军火船，都面临威胁，其中包括9月25日遭劫的乌克兰军火船“费那号”，11月15日被劫、价值超过1亿美元的超级油轮“天狼星”号以及11月14日被劫的中国渔船“天裕8号”。2008年11月30日，他们第一次盯上大型客轮，向一艘载客1000人的美国邮轮连开8枪。

海盗横行的原因与动向

海盗是如何滋生的，这是一个沉重的话题。海盗的猖獗与索马里政治局势有着直接的关系，自1991年1月西亚德政权被推翻后，索马里就陷入军阀割据状态，内战不断，整个国家处于无政府状态。1994年联合国从索撤走维和部队。近20年的内战导致索马里成千上万人死亡。如今，反政府武装控制着索马里大部分地区，而2004年在联合国支援下成立的索马里过渡政府，只控制首都摩加迪沙以及拜多阿等几个重要城镇。常年的战乱导致民不聊生，约1/3索马里人需要人道主义援助。可以说，索马里海盗的猖獗，反映的正是常年战乱带来的一种普遍的绝望心态。

在数年前，索马里海盗劫持船只的赎金数额还在1万至10万美元之间，到了2008年，已经在50万至200万之间，甚至更高。9月25日，载有33辆T—72型主战坦克和大量弹药的乌克兰货轮遭劫持后，海盗开出的价码高达3500万美元。联合国秘书长索马里问题特别代表艾哈迈杜·乌尔德·阿卜杜拉在2008年底表示，索马里海盗2008年的收入可能达到创纪录的1.2亿美元，这几乎相当于一些小国家一年的GDP。

如今猖獗的索马里海盗已让世界各大航运公司战栗。因为如果要避开索马里，运送原油的轮船公司不得不绕过好望角，把航线拉长到非洲大陆南端，这将使运输费用提高数百万英镑。

一个令人担忧的动向是，索马里海盗正在把手伸向更遥远的海域。2007年，索马里海盗活动的区域还仅仅是该国南部的一小片海岸线附近，但如今，红海、亚丁湾甚至都成了海盗们为非作歹的地盘。

如今，海盗们的行动已成为一个精良的运作系统，他们通常以改装过的普通民用船作为“母船”，航行到距离较远的外海并找到目标后再放下快艇对目标船只实施包围，迅速靠近并登船，必要时开枪甚至动用火箭弹阻止目标船只逃跑。掌握海上情况的前渔民被认为是劫船行动策划者，那些在多年的内战中学会使用武器的前武装分子是执行者。据说，海盗还要招募年轻的计算机专家，这些人知道如何操作用于跟踪目标、协调攻击、进行赎金谈判的GPS全球定位系统和卫星电话等通信装备。

美国造就索马里困局

面对今天混乱的亚丁湾，没有人会相信，两年前，这里是世界上最安全的航道之一。2006年，索马里大部分地区被教派武装控制，他们制定了严格的法律，海盗这个职业是绝对不允许的。如有违反，必定受到法规的惩罚。国际海事局官员指出，这种法规很有效，“2006年的整个夏季几乎没有海盗袭船事件发生”。

美国的“反恐大业”绵延至非洲，布什政府怀疑当时的索马里政权为国际恐怖分子提供支持和庇护，全力阻止教派武装组织掌控索马里政权。2006年10月，美国政府暗中支持埃塞俄比亚出兵“入侵”索马里，推翻了当时的索马里政权。在埃塞俄比亚军队的帮助下，索马里组建了由美国支持的过渡政府。但是，过渡政府仅能控制首都摩加迪沙，全国大部分地区再次陷入无政府状态，局势一片混乱。此前索马里政权制定的法律虽然比较苛刻，但尚有助于维持一个相对稳定的局势。该政权垮台后，索马里出现了几十支武装力量。一些海盗组织甚至得到了与临时政府有密切关系的军阀的支持，使得他们能成为“乱世枭雄”。

国际合作共同打击海盗

索马里海盗的频繁挑衅激怒了国际社会，各国都已意识到独木难支，必须联合起来共同打击海盗，才能维护海上航运安全。目前，美军第五舰队十多艘巡洋舰、驱逐舰，再加上隶属北约的军舰，组成了打击海盗的“联合特遣队”。

与此同时，欧盟、法国、印度、俄罗斯、韩国、西班牙等也已经向索马里以北的亚丁湾派出或者宣布准备派出军舰，加强在这一海域的巡逻，形成对海盗的威慑。目前，聚集在这片海域的外国战舰已达20余艘。应当说，这些舰艇的到来对于打击海盗活动发挥了一定的作用，各国军舰已多次挫败海盗的劫船企图，并击毙和抓获了一些海盗。

联合国安理会2008年12月16日一致通过第1851号决议，呼吁国际社会积极参与打击索马里沿岸的海盗和海上武装抢劫行为。这是安理会自2008年6月以来通过的第四份有关打击索马里海盗的决议。

中国军舰护航索马里海域

2008年12月26日下午，中国人民解放军海军舰艇编队从海南三亚起航，赴亚丁湾、索马里海域执行护航任务。护航编队由"武汉"号和"海口"号导弹驱逐舰、"微山湖"号综合补给舰、两架舰载直升机和部分特战队员组成，共800余名官兵。他们的任务是保护中国航经亚丁湾、索马里海域的船舶和人员安全，保护世界粮食计划署等国际组织运送人道主义物资船舶的安全。这是我国首次使用军事力量赴海外维护国家战略利益，是我军首次组织海上作战力量赴海外履行国际人道主义义务，也是我海军首次在远海保护重要运输线安全。

中国作出海军编队护航的决定，经过了一番深思熟虑，有着充分理由。第一，索马里海盗已是一大国际公害，对不少国家造成了严重损失。第二，索马里海盗对中国船舶和人员造成严重威胁。2008年1月至11月，中国每天有3～4艘船只驶经该海域，运送大量石油、矿物资源以及为国际粮食组织转运的人道主义援助物资，其中20％的船只都曾遭遇海盗袭击。第三，安理会于2007年年末通过第1846号决议，决定延长各国打击索马里海盗的授权，呼吁各国和国际组织为索马里及邻近沿海国家提供援助，帮助其提高打击海盗的能力。第四，当事国索马里政府发出邀请。第五，中国行使国际公约的正当权利。中国是1982年《联合国海洋法条约》的签署国和批准国，又参加了1988年《制止危及海上安全行为公约》，有权阻止公海和任何国家管辖范围以外的任何地方的海盗。因此，中国派出护航编队远赴重洋，是维护地区安全与世界和平的大义之举。

中国此举意义深远，主要表现在以下几方面：第一，中国在力所能及的范围内勇于承担负责任大国和安理会常任理事国应承担的军事使命，积极维护世界和平。第二，中国敢于维护自身的核心、重要利益，并把国际利益和中国利益紧密结合在一起。第三，中国此次远涉重洋，不受任何国家指挥，不进入索马里陆地（尽管已获授权），显示了中国独立自主的外交政策和对索马里的尊重。第四，中国此次护航行动是多国联手行动的一个重要组成部分，显示了用多边手段解决国际难题的坚定信念。第五，中国对任何国家提出护航请求一律予以考虑，对中国香港、澳门和台湾地区提出护航要求一律予以接受，体现了中国在现有能力和条件下承担国际、国内义务所具备的气概和坦诚。因此，此次护航行动是中国参与维和的一个重要转折。这是中国对国际形势作出与时俱进的正确判断后必然作出的政策选择。

思考题：

1. 导致世界范围海盗横行的主要原因有哪些？其根源是什么？
2. 解决海盗问题的途径有哪些？

第 二 编

宗教与文明

第六章　国际关系领域的宗教回归

宗教在国际政治研究领域及外交政策的制定过程中并非学者和政治家们所欢迎或熟悉的主题，这主要是历史与学术传统所致。威斯特伐里亚体系的一个主要特征就是将宗教逐出国际政治领域，至少阻止了宗教再次成为战争的诱因。这一理念在18世纪的民主化革命中得到加强，并进而形成了对个人宗教自由理念的新的理解，即只有尽量远离公共政策领域而回归个人信仰的私人空间，个体才能获得真正的宗教自由。政治与宗教相交似乎已没有了支持的力量，被政治民主化和宗教自由化的双方领域所共同排斥。根据历史经验，宗教无论是在国内社会还是国家之间都存在着其固有的联合与分裂的双向动力。一方面宗教信仰可以帮助个体或宗教团体超越他们的私人关注，视整个人类社会为一个大家庭，对他人有一种强烈的责任感和博爱之心；而另一方面，宗教信仰又与民族、种族和国家命题相连，在强调信仰理念或世俗化问题的同时往往会造成社会内部的分裂，造成国家间的紧张关系甚至引发战争。宗教既可能是和平的缔造者，又可能是冲突的肇始者。面对宗教信仰这柄双刃剑，学者、政治家及外交家们往往选择的是封住它的负面影响，仅彰显其宗教领域的联合功能。

然而冷战结束后，尤其是“9·11”事件以后，宗教问题一度在国际领域升温，涉及全球与地区安全事件的背后似乎都有宗教影子的存在，宗教因素以新的姿态与方式回归到国际政治的舞台。

第一节　宗教的全球复兴

冷战后，宗教在全球复兴的突出表现之一就是信徒数量的增长，各宗教信徒的平均增长速度为1.39％，超过了世界人口的增长速度。

表 6.1 全世界宗教情况简表(2000 年)

宗　教	占总人口比率%	信徒总数(亿)	年增长率%
基督教	32.54	19.73	+1.43
伊斯兰教	21.09	12.79	+2.17
无宗教信仰	15.46	9.38	+0.97
印度教	13.52	8.20	+1.44
佛教	6.60	4.00	+1.21
中国民间宗教	6.31	3.83	−1.28
传统民族性宗教	2.90	1.76	+1.72
锡克教	0.34	0.21	+1.70
犹太教	0.24	0.14	+0.63
其他宗教	1.00	0.61	+1.53
总计	100	60.65	+1.39

* Welliver, Dotsey & Northcutt, Minnette eds., 2004. Mission Handbook 2004—2006: U.S. and Canadian Protestant Ministries Overseas. Wheaton: EMIS, 2.

另一方面,冷战的结束使原先被压制的宗教负面倾向得以释放,宗教矛盾成为国际社会的主要矛盾之一;且宗教矛盾又常常与国家矛盾、民族矛盾、种族矛盾等相交叉,宗教极端主义所造成的教派之争、恐怖袭击等成为新的严重人权问题。针对20世纪60年代风靡一时的"上帝已死"神学,法国学者吉勒斯·凯普(Gilles Kepel)称之为"上帝的报复",宗教势力的增长在许多地区造成新的政教冲突,按照哈佛大学国际政治学家塞缪尔·亨廷顿(Samuel P. Huntington)的说法,政教冲突是宗教势力扩大的代价。1998年1月,在由美国种族与公共政策研究中心发起的在华盛顿举行的一次会议上,亨廷顿发表演讲指出:"遍及世界的宗教复兴使得宗教迫害和宗教信仰自由成为重要的问题……宗教已经成为民众生活和国家政治的一个潜在因素。"

第二节　全球公民社会的兴起

全球公民社会(Global Civil Society)的概念是在冷战后才发展成熟的,随着全球化的深入发展,尽管国家仍然是国际社会的主要行为体,但是由非政府组织、宗教团体、工会、土著民族组织、慈善机构、社区团体和私人基金会构成的公民社会部门已经成为国际发展领域中的一支重要力量。宗教非政府组织由于具有共同的信仰基础、严密的组织体系以及相同的目标，更容易在国际关系中扮演重要的角色。他们在反战与和平、生态与环保、社会慈善、人道援助、扶持发展、文化沟通及关注国际贸易等诸多领域发挥着建设性的作用。

随着全球公民社会的发展，传统宗教团体与组织呈现出世俗化与原教旨化两种倾向。无论是通过关心信徒的世俗需要，更深入地介入到社会事务之中，还是强化其宗教传统的原教旨化倾向，都加强了宗教在国际社会中的地位。同时，宗教非政府组织还积极地介入到政治与外交事务之中，这种影响既不是部分的卷入也不是极其罕见，而是有组织、有计划的像其他类型的利益集团一样，运用游说、宣传等多种策略对一国政府的政策制定与执行产生影响。此外，宗教非政府组织的跨民族化、全球网络化、道德主导化等特性也使得宗教介入外交领域具有了更加独特和广泛的国际基础。

全球公民社会的兴起提升了宗教在国际关系中的地位。

第三节　美国外交中的宗教因素

冷战时期，传统地缘政治是世界各国制定外交政策的主导，美国的各项外交政策都以联合抗苏为单向化考虑。在此背景下，宗教问题也必然服从美国遏制苏联的全球战略大局，在国际舞台上仅处于陪衬的边缘化地位，对于不同意识形态和不同阵营的国家采取宗教自由评判的双重标准便充分证实了宗教在国际关系领域的微弱地位。对冷战的对手，美国还把宗教作为意识形态和冷战的工具，基督教成为"美国反对无神论共产主义的重要立足点"及"在共产主义的无神论性质和美国性的宗教基础之间"划界的工具。随着冷战格局的解体，长期被压抑和掩盖的民族主义意识和狭隘宗教意识得以复活，民族和宗教矛盾越来越成为影响全球及地区和平稳定的一个重要隐患和变量。"9・11"就是后冷战时期超越传统地缘政治领域多个非传统安全因素集合导致的代表性事件，宗教在其中又占有了重要的分量，宗教在国际地位上的提升是显而易见的。此外，冷战的结束只代表了公开的、激烈的国际意识形态斗争的结束，并不代表美国对无神论共产主义根深蒂固的疑虑与敌视也随之消失。

另一方面，冷战时期为了防止苏联及其同盟者在一个国家或地区势力的增长，美国宁愿扶持那些反共产主义的对美国友好的右翼军事独裁政权，而不问这些国家的政府在侵犯宗教人权方面多么臭名昭著。然而，自上世纪80年代以来，与美国战略利益相关的许多军事独裁国家都在向民主制转变，如韩国、菲律宾、南非，以及大多数位于美国“后院”的拉丁美洲国家，如萨尔瓦多、尼加拉瓜、阿根廷和秘鲁等。走上民主化的这些国家的宗教自由状况有了很大改善，这为美国在评价全球各国宗教自由情况时采取双重标准减少了因“护短”而遭受的道义谴责，同时也给予了美国政府从宗教自由方面考虑作出外交决策以更自由广阔的空间。

思考题：

1. 宗教全球复兴的原因何在？

2. 公民社会的实质是什么？

第七章 "文明冲突论"新论

非传统安全特别是恐怖主义引发了人们对"文明冲突论"的重新审视，尽管我们不赞同这种观点，但作为国际关系理论上的一种重要思潮，我们有必要对这一种理论进行了解。

第一节 "文明冲突论"的主要观点

美国哈佛大学政治学教授塞缪尔·亨廷顿1993年在《外交》杂志先后发表《文明的冲突》、《后冷战世界的各种范式——假若不是文明还会是什么》两文。1996年又出版了专著《文明的冲突与世界秩序的重建》，提出以文明间的冲突作为世界政治的思维框架，由此形成颇具影响力的"文明冲突论"。

亨廷顿认为，在冷战期间，人们对世界政治的理解在很大程度上是根据政治意识形态和经济意识形态来界定的。随着冷战的结束，意识形态不再重要，各国开始发展新的对抗和协调模式。为此人们需要一个新的框架来理解世界政治，而"'文明的冲突'这一模式强调文化在塑造全球政治中的主要作用，它唤起了人们对文化因素的注意"。针对冷战后那种认为"历史终结"、"西方价值观成为世界唯一的意识形态"的盲目乐观思潮，亨廷顿提出了一个论点，"在未来的岁月里，世界上将不会出现一个单一的普世文化，而是将有许多不同的文化和文明并存。那些最大的文明拥有世界上的主要权力。它们的领导国家——美国、欧洲联盟、中国、俄罗斯、日本和印度，将来可能还有巴西和南非，或许再加上某个伊斯兰国家，将是世界舞台的主要活动者。在人类历史上，全球政治首次成了多极的和多文明的"。亨廷顿认为，后冷战时代的世界是一个包含了七个或八个文明的世界；文化的共性和差异影响国家间的对抗和联合；世界上最重要的国家绝大多数来自不同的文明；最可能升级为更大规模战争的地区冲突是那些来自不同文明的集团和国家之间的冲突。

他还认为，文明间的冲突有两种形式：在地区或微观层面上，冲突发生在分别属于不同文明的邻近国家之间，这种冲突在穆斯林和非穆斯林国家或集团之间特别普遍；在全球或宏观层面上，核心国家的冲突发生在不同文明的主要国家之间，这些冲突是国际政治的典型问题。在相互竞争中，各核心国家会团结本文明的同伴，争取属于第三种文明的国家的支持，促进对立文明的国家的分裂和背叛，利用各种综合手段达到目的。

亨廷顿从“文明冲突”引申出五个主要推论：

第一，历史上，全球政治第一次成为多极的和多文明的；现代化有别于西方化，它既未产生任何有意义的普世文明，也未使非西方社会西方化。

第二，文明之间的均势正在发生变化：西方的影响在相对下降；亚洲文明正在扩张其经济、军事和政治权力；伊斯兰世界正在出现人口爆炸，这造成穆斯林国家及其邻国的不稳定；非西方文明正在重新肯定自己的文化价值。

第三，以文明为基础的世界秩序正在出现：文化类同的社会彼此合作；从一个文明转变为另一个文明的努力没有获得成功；各国围绕着其文明的领导国家或核心国家来划分自己的归属。

第四，西方国家的普世主义日益把它引向同其他文明的冲突，最严重的是同伊斯兰和中国的冲突。在区域层面上的战争，很大程度上则是穆斯林同非穆斯林的战争，并产生了更广泛的逐步升级的威胁。

第五，西方的生存有赖于西方人把自己的文明看作独特的而不是普遍的，并且团结起来更新和保护自己的文化，使它免受来自非西方社会的挑战。避免全球的文明战争要依靠世界领导人维持全球政治多文明特征的意愿，并为此进行合作。

第二节 “文明冲突论”的评价

“文明冲突论”不得不承认：冷战后的世界并非西方的一统天下，西方价值观将不可避免地遇到抵制和挑战。但它的出发点和终极目的，并不是为了说明这样一个现实，而是为西方建立新的世界秩序出谋划策。其主旨是以文明冲突消解国际政治的真实意义，其实践结果必然是推动西方“核心国家”联合同类文明以打击、遏制异类文明。

我们认为，文明间的差异固然可以成为导致冲突的一个因素，但它绝不是冲突的根本原因，甚至也算不上是主要原因。综观人类历史，文明的冲突虽然存在,但从未成为国家或民族关系中的主要因素,并且文明的冲突更多是纵向的,即新旧文明之间的冲突,而不是横向的,即各文明之间的冲突。从冷战后的世界现实来看,国际间冲突的主要原因是在经济利益和权力平衡关系方面。就国际政治的本质而言,国家间的经济利益不平等、权力关系不平衡,以及相关国家的政治结构(如帝国主义)、民族特性(如好战)、急剧的社会变革所引发的思想危机等等,都可构成冲突的重要根源,但其中最为重要的始终是经济利益和权力平衡关系。

很显然,“文明冲突论”是以“西方文明优势论”的心态,且又隐含着“文明末日论”的观点,来图解活生生的国际现实。这不仅在理论上站不住脚,在实践中也违逆了世界人民寻求和平与发展的当代潮流。

对亨廷顿观点的批判

西方学术界对亨廷顿“文明冲突论”的批判主要有三点:

第一,亨氏低估了民族国家的生命力和影响力。他认为,在21世纪,文化将取代意识形态成为国际纷争的焦点。随着全球化的进程,民族文化也趋于弱化,代之而起的超民族国家的文化集团各自代表独特的世界观和价值体系。这些文化集团对内趋于协调、联合,对外则倾向竞争、对抗,成为冷战之后国际政治中的主要冲突源。这些跨国文化集团便是亨氏所谓的“文明”。不言而喻,这一趋势在西方的确很明显,例如冷战期间建立的北大西洋公约组织、欧洲共同体和现在的欧洲联盟等,都是西方文明内部整合的具体表现。然而,类似北约和欧盟这样的多边合作组织在非西方地区却凤毛麟角,唯一比较成型的东南亚国家联盟(东盟)也仅限于经济、社会和文化方面的合作。而阿拉伯国家联盟、伊斯兰会议组织等根本不具备整合其他成员国的性质。也就是说,至少在非西方的广大地区,文明集团的出现和巩固有待观察。目前看来,民族国家仍是国际舞台上的主角,即使在高度一体化的西方,民族国家也远没有消亡。备受国际社会谴责的“美国单边主义”就是国家利益至上的集中表现,当前欧美在对伊拉克动武问题上的明显分歧也证明了这一点。况且,当今世界上,多数的冲突都发生在亨氏所说的文明之内,而不是文明之间。如20世纪80年代的两伊战争,90年代初伊拉克对科威特的武装占领,非洲国家如索马里、卢旺达的部族冲突,台海两岸之间的统独之争和朝鲜半岛的持续紧张局势,等等。

第二,亨氏的“文明”概念模糊,似乎是个文化、宗教以至种族和地域的混合体。如何区分不同文明,亨氏没有给出清楚的界定。他列出的八大文明包括西方基督教、伊斯兰、印度、斯拉夫—东正教、拉丁美洲、儒家—中国、日本和可能存在的非洲文明。其中西方文明、伊斯兰文明和印度文明基本上是以宗教信仰划分的。然而,拉丁美洲以天主教为主,东正教也是基督教的一支,却因文化差别被划在西方基督教文明之外。此外,中国和日本同属儒家文化,却分属两个不同的文明,何以如此,没有明确的解释。

第三,亨氏强调文明之间的隔阂与潜在的冲突,却低估了不同文化之间通过接触、对话达到相互学习、相互合作甚至相互融合的可能性。近代日本就是一个典型。作为一个闭关自守,具有很强东方文化传统的民族,日本于1868年开始明治维新,全面西化,"脱亚入欧",战后又在美国的扶持下,迅速恢复经济,建立民主政体,加入西方七国集团,俨然一个"西方国家"。此外,土耳其也从20世纪20年代开始,通过大胆改革,逐渐脱离伊斯兰教传统,靠拢西方,二战后成为北约唯一的伊斯兰教成员国。可见,文明之间互通的可能性或许比亨氏预期的要大。况且,过分强调冲突的危险性,也会加剧不同文化之间的猜疑和防范心理,从而增大发生冲突的可能性。

第三节 "9·11"事件与"文明冲突论"

"9·11"事件使人们再次想起亨廷顿。10年前亨廷顿就已经向世人指出了"文明的冲突"所可能造成的危险。文明之间为什么会有"冲突"?亨廷顿的理论,是建立在这样一个逻辑前提上:人类世界有着多样化的文化和文明系统,这些不同的文化和文明系统之间,虽然存在着共同性,但总体说来,它们是不可统一的。也就是说,每一种文化相对于人类生活来说,都只是特殊而不是一般。这当然与近现代以来西方文化对于世界和历史的认识是相抵牾的。西方文化或者说西方人更倾向于认为,历史发展乃直线前进不断进步的过程,而非循环往复无统一的价值与标准,而能够给世界带来进步与统一的,又非西方文化莫属。于是,由西方文化来征服、同化全人类的各种文化系统,并推广、普及至全世界,成了历史正当性的体现。然而亨廷顿却对西方人的这种文化自信进行了彻底的否定。他说,正是西方文化的普世主义,造就了今天我们所见到的文明冲突。

在一个多样化人类文化和文明格局中,任何一种文化的普世主义情结,实际上都是一个误会,是一个对人类历史和真实世界的误会。而这个误会之所以在冷战结束后的今天变得越来突出,越来越鲜明,缘于20世纪下半叶以来全球化的迅速发展,人类之间经济、文化、政治交往的急剧增多,大大激发了非西方世界的国家民族观念,唤醒了非西方世界对于自身权力利益的自觉。在反对西方的权力优势，维护和争取与西方世界的平等权力的争斗中，非西方世界的文化本土化思潮，实际上也是在权力劣势的情况下为凝聚人心捍卫自身利益的一个工具。或者说，文化和文明的自觉，不仅仅是一种审美的下意识维护，本身已经成为一种利益。在文化、文明与权力、利益和审美的相互纠葛中，如果强行推行文化普世主义，会遭遇什么样的问题和结果呢？亨廷顿认为它会带来三个方面的疑难：其一，它是错误的。文化和文明的多样性并不像西方的诠释者所诠释的那样，只是一个特殊的历史现象。事实上它具有历史的恒定性，身处在每一种文化系统中的人，都会基于审美或者现实利益的考量，自然而然地倾向于维护自身的文化系统，而对外来文化系统的强行同化予以抵抗。其二，它是不道德的。因为文化的普世需要政治和军事权力的扩张作为后盾，普世主义的必然逻辑结果，只能是帝国主义。今天的西方已不再具备将自己的意志强加于其他社会所需的经济动力或者人口动力。其三，它是危险的。因为它可能导致核心国家之间的重大文明战争，即使对西方来说也是危险的，因为它可能导致西方的失败。

基于文化普世主义的不可信、不可行，亨廷顿警告西方人应该意识到西方文明的特殊性。提出西方文明的未来任务，不再是对外扩张而是要维护自身的内部团结。“对于西方来说，明智之举不是试图制止权力的转移，而是学会在浅水中航行，忍受痛苦、减少冒险和捍卫自己的文化。”因为，世界的灾难可能就来自于西方人过度的文化自信，所以，作为西方人，应该“认识到西方对其他文明事务的干预，可能是造成多文明世界中的不稳定和潜在全球冲突的唯一最危险的因素”。然而，西方世界听从亨廷顿的忠告了吗？撞向世贸大厦和五角大楼的 3 架飞机，已经对此作出了说明。毋庸置疑，这正是强势文化试图同化弱势文化、施加于弱势文化的压力过大，而使弱势文化超越容忍底线的结果。我们在此也看到了生活方式全球化的同时，精神生活本土化的一个真实而惨烈的活生生现实场景。

从上面的困境中，我们同时也能发现正向性的启示。第一种经验提醒人们：人类的和平与安宁，很大成分上取决于人类间的文明共性，为寻求文明共性，以一种文明兼并其他文明的做法虽不可取，但这并不意味着寻求文明共性此一努力本身有什么不对。第二种经验提醒人们：面对文明间的差异无所作为，停止文明间的交流与对话，任文明间鸿沟拉大，也不是可取之道。基于文明间相处的两种困境及由此产生的这两种推理，事情的着重点，是否实际上已经明朗为这样一个问题了呢：如何在保持和尊重文明差异的基础上，发掘文明间的共性，增大文明间的同质面，这是人类世界共同面临的挑战。

思考题：

1. 战争和地区冲突必然来自不同文明的集团和国家之间吗？

2. 谈谈你对普世文明的理解。

第八章　伊斯兰文明

第一节　阿拉伯国家及伊斯兰教

亚洲西南部的阿拉伯半岛，是世界上最大的半岛。早在公元前2000多年，阿拉伯人就在这里生活了。他们骑着马，放牧着一群群骆驼，到处漂泊。他们吃驼肉、喝驼乳，用骆驼的皮、毛做衣服，用驼粪生火取暖。骆驼成了阿拉伯人的宝贝，这些游牧人自称是“驼民”。公元7世纪初，一个叫穆罕默德的阿拉伯人创立了伊斯兰教，并且以麦地那城为据点，建立了奴隶制国家。到公元8世纪中叶，形成了一个横跨欧、亚、非三洲的阿拉伯帝国。我国历史上把它叫做“大食国”。

随着阿拉伯帝国的建立，成批的阿拉伯人移居到西亚和北非，和当地的居民逐渐融合起来。伊斯兰教成为他们共同信奉的宗教，阿拉伯语成为他们通用的语言。这样，统一的阿拉伯民族就在西亚、北非出现了。

阿拉伯民族创造了自己的文化，在医学、数学、历法、建筑等方面都有重大的成就，并且对东方和西方的文化交流起了很大作用。中国的造纸术、指南针、印刷术、火药等都是由阿拉伯人传入西方的。古印度人创造的包括0在内的10个数字符号和十进位法，由阿拉伯人传入欧洲，被欧洲人称为“阿拉伯数字”。

后来，阿拉伯帝国一天天衰落，最后灭亡了。19世纪起，阿拉伯民族又受到英、法帝国主义的侵略和压迫。直到第二次世界大战后，才在西亚、北非分别建立了独立国家。现在，人们把这些以阿拉伯民族为主的国家称为阿拉伯国家，包括埃及、叙利亚、黎巴嫩、伊拉克、约旦、沙特阿拉伯、苏丹、利比亚、突尼斯、摩洛哥、阿尔及利亚、科威特、巴林、阿曼、阿拉伯联合酋长国、卡塔尔、也门、毛里塔尼亚、索马里、吉布提等国。阿拉伯国家的总面积(不包括巴勒斯坦)近2000万平方公里，人口大约2.4亿(1996年)。阿拉伯国家讲阿拉伯语，分为众多方言。绝大部分人信仰伊斯兰教。

1945年3月，阿拉伯国家在埃及首都开罗举行会议，成立了阿拉伯国家联盟。这个联盟共有22个成员国，包括所有的阿拉伯国家和巴勒斯坦。1979年3月，埃及由于和以色列签订了和约，被暂停了阿盟成员国的资格，阿盟总部也从开罗迁到了突尼斯。

阿拉伯国家政体不一：有的是共和制，有的是君主制和酋长制，有的是独特的"民众制"。阿拉伯国家社会结构也大不相同：有的已统一成一个整体，建立了高度集中的中央政权；有的部落势力仍很强大，实为王室、酋长乃至总统的统治支柱。阿拉伯国家经济发展不平衡：有世界上最穷的国家，如苏丹、也门、索马里；有世界上较富的国家，如科威特；还有小康国家。

第二节　伊斯兰教与武力崇尚

伊斯兰教产生于公元7世纪初期的阿拉伯半岛。当地的居民，也就是阿拉伯人的祖先之一贝都因人，是逐水草而居的游牧民族，他们粗犷豪放，行侠仗义，英勇善战。伊斯兰教承袭了他们社会生活和性格的特点，鼓励穆斯林为宗教社团的利益而英勇战斗。所以，古朴简洁的早期伊斯兰教的特点之一就是勇敢善战者深受尊敬。尤其是在以后伊斯兰教的扩张运动中，强大的穆斯林军队使横跨亚洲、非洲的广袤地区都成为阿拉伯—伊斯兰帝国的组成部分。阿拉伯人对周围民族的征服并非完全通过武力完成，但武力的确在征服运动中起着至关重要的作用。但这只是伊斯兰教的一个方面。而且，随着穆斯林与周围先进文化的接触，崇尚武力的思想也在逐渐淡化，甚至经常被人忽略。同时，伊斯兰教教义中主张和平的内容却逐渐凸显出来。在阿拉伯语中，"伊斯兰"就是"和平"、"顺从"之意。按照伊斯兰教教义，人人都要顺从真主，才能带来和平，伊斯兰教的理想目标之一就是和平的生活。伊斯兰教还教导人们善待朋友、热情好客、虚心向别人学习。穆罕默德说"学问虽远在中国亦当求之"，这与中国儒家的"有朋自远方来不亦乐乎"有异曲同工之妙。所以，伊斯兰教具有崇尚武力的一方面，但它的伟大之处在于倡导和平，武力只是实现和平的一种方式，而不是伊斯兰教的目的。

第三节　斋月与斋月政治

斋月是中国穆斯林的叫法，阿拉伯称斋月为"拉玛丹"。斋月是伊斯兰教历的9月。据说，斋月系以先知穆罕默德由麦加迁徙到麦地那的第二年

(即公元623年)作为履行斋戒功课的月份。圣训中有"见新月而封斋,见新月而开斋"之语。伊斯兰教法规定:斋月期间所有的穆斯林都要斋戒。封斋从黎明至日落,戒饮食,戒房事,戒绝丑行和秽语等。当然,儿童、病人、孕妇可免除斋戒,特殊情况下,如战争中的士兵,可以不封斋。

对穆斯林而言,斋月具有非常重大的意义。在穆斯林眼中,斋月不仅仅是为了完成宗教功课而设的,它还意味着圣洁、高贵、和平和吉祥,因而成为穆斯林的重大节日。每当斋月来临,人们欢欣鼓舞。在一些伊斯兰国家,人们聚集在清真寺,通宵达旦切磋教义,进行各种形式的社交活动。斋月期间,除了完成斋戒功课外,穆斯林还注重施舍和晚上的副功拜,诵读《古兰经》等。通过斋戒,穆斯林"陶冶情操,克服私欲,体会穷人饥饿之苦,萌发恻隐之心,以质济贫,行善事"。

一般情况下,穆斯林能在一个和平安宁的环境下度过斋月,顺利完成宗教功课。每当斋月临近,穆斯林总是尽力解决或暂时搁置内部或者与外部的矛盾与冲突,争取平安过斋月。而能为穆斯林安度斋月创造良好条件的行为,则被看作是对伊斯兰教和穆斯林的尊重,这样的人受全体穆斯林的爱戴和拥护。反之,如果故意破坏穆斯林斋月期间的活动,比如在斋月对穆斯林发动战争,则被看作是对伊斯兰教的侮辱和亵渎,理应受到穆斯林的惩罚。但是,这并不意味着为了斋月的和平,穆斯林必须放弃所有必要的斗争。事实上,早在伊斯兰教初创时期,穆斯林就在斋月期间进行过重要的战役,并取得巨大的胜利。

上升到国际关系领域,这种思想支配下的与穆斯林国家有关的政治活动,就构成了所谓的"斋月政治"。即穆斯林国家之间,或者穆斯林国家与非穆斯林国家之间,在斋月期间,借穆斯林向往和平的心理,依照各自的需要,采取不同的政治策略和行动。事实上,一些穆斯林国家在国际战争中需要"斋月"这张牌,所以"斋月政治"也就经常出现在国际关系中。

伊斯兰国家运作"斋月政治"的最佳范例当属1973年的"斋月战争"。阿以冲突以来,在双方的前三次战争中,阿拉伯国家损失惨重,尤其是在1967年的"六·五"战争中,阿方失去了大片国土,以后双方一直维持着"不战不和"的局面。1973年,阿拉伯国家决心打破这种僵局,他们把开战时间选在10月6日,这一年的10月是伊斯兰教历的斋月,而10月6日这一天又是犹太教的"赎罪日",以色列做梦也没有想到阿拉伯国家会在斋月期间发起进攻,因此几乎未做任何准备。埃及、叙利亚、约旦等9个阿拉伯国家集中兵力,将以色列打得措手不及,突破了"不战不和"的局面,并对未来中东战局和阿以冲突产生了重大的影响。此外，在20世纪80年代的两伊战争中，伊朗和伊拉克也都曾多次向对方发起“斋月行动”。阿富汗战争也发生在斋月。

小知识

阿拉伯人为什么喜欢穿大袍?

阿拉伯人喜穿大袍。大袍有黑色和白色之分。一般来讲，男人穿白色大袍，有时外加一件有颜色的罩袍;而女人则多穿黑色大袍。沙漠中的阿拉伯人，不分冬夏，尤其是在赤日炎炎的盛夏酷暑也爱穿白色大袍，其中的奥秘何在呢?

20世纪80年代初期，一个英国考察组，在最热的6月，前往纳吉卜沙漠。他们在沙漠里细心地测着衣服本身的温度，衣服下面身体的温度，衣服与身体之间的温度。这几位科学家惊奇地发现，穿衬衣、短裤的人，在沙漠里烤得发慌，汗如雨注，而穿阿拉伯黑、白大袍的人体温却没有明显变化。

当时沙漠温度达58摄氏度，黑大袍的温度为47摄氏度，白大袍的温度为41摄氏度。原来穿这种大袍的人走动时，空气在人的两腿间形成对流，产生一种类似空调的作用，使人在沙漠中行走时凉快。

沙漠气候终年酷热干燥，阿拉伯大袍便成为最理想的服装了。除了维护传统的意义之外，阿拉伯大袍是最适合当地环境的服饰。大袍本身就是真主赐给阿拉伯人的一种灵感。在一般人的印象中，阿拉伯大袍上没有什么装饰。殊不知，在大袍上总有几个垂直口袋，像护照、驾驶执照、记事簿、笔等随身物品，都可以放在袋子里，较大的衣袋连报纸、饮料也可以放得下。现在阿拉伯年轻一代，在国内还可能穿大袍，一旦到了国外就改穿一般衣服。不过，较年长的阿拉伯生意人则终年习惯穿大袍。

思考题：

1.伊斯兰教与武力崇尚的关系。

2.谈谈你对阿拉伯民族的认识。

名词解释：

斋月政治

第九章　儒教文明

第一节　儒学在中国之发展

儒学之所以能成为一种国学是中国几千年来国家政治建构的产物。就儒学的内容和发展而言，它与其原始的教义相比已经取得了很大的变化。这种变化的动因除了其自身的价值效应或内化的结果之外，也与国家的建构是分不开的，没有国家的扶持和倡导，任何教义都不会走得太远。

面对西周后期国家林立、战乱不断、民德沦丧的局面，政治学家、哲学家、教育家进行了“百家争鸣”。孔子和孟子根据天人感应的原理，提出“仁、义、礼、智、信”的哲学。在孔子和孟子看来，社会之所以出现动乱、民风遗失在于“礼治”混乱，没有一个规范，所以孔子要人们遵守三纲五常，“君为臣纲，臣为民纲，父为子纲，子为妻纲”及“仁、义、礼、智、信”五端。很明显，这种经世哲学对恢复社会秩序起到了一定的作用。

然而，秦始皇在统一六国后对孔孟的儒家思想却没有扶持，反而进行打压，并采用韩非子、商鞅的法家思想，因而儒家哲学曾一度消失。秦灭亡之后，汉武帝当政时期，他一反秦始皇对儒学的压制政策，提出了“罢黜百家，独尊儒术”的政策，对儒学进行扶持，形成了儒学的繁荣局面。

到了南北朝时期，由于战乱，儒学的发展也受到了诸多挑战。这种局面一直延续到了宋朝的建立以至明清，并形成了朱、王“理学”。就儒学教义的继承性而言，孔孟儒学强调家庭、小我，强调修身养性齐家治天下，这个“天下”是“周朝”，确切而言，是西周，礼仪也是西周利益，而朱熹对孔孟哲学的发展在于他的理学特性，或称之为“形而上学”，不再像孔孟哲学那样具体化，也就是说朱熹想发展儒学的一种普世价值。除了儒学的道义符合人们当时的社会规范要求之外，统治阶级之所以扶持儒学，是因为传统儒学对政权的巩固有特殊作用，所以就有了统治阶级灭杀佛门弟子，扶植儒学作为

“国教”的历史。

20世纪初的中国再一次对“儒学”进行了革命性变革。由于西学的传入，五四运动中社会上提出了“砸烂孔家店”的口号，从此，儒学的发展进入低潮，甚至1966年开始的“文化大革命”把儒学当成了“四旧”，这种现象一直持续到1976年“文化大革命”的结束。

儒学作为一种特殊的社会规范同国家的扶持是分不开的，同时，一种特殊的社会规范之所以能延续下来，也同它的普世理念是分不开的，儒学的天下理念不仅仅可以指导国与国发展健康的关系，而且对多样化的国际社会健康运行也有着现实的意义。中华人民共和国成立后，特别是十一届三中全会后，国家对儒学研究进行多方扶持。这种现象不仅出现在儒学的发源地中国，近几年我国还成立了许多孔子学院并在全世界进行儒学普及教育，除内地外，香港、澳门、台湾等地的学人也一直在默默为儒学贡献自己的才智，在美国则有杜维明等。儒学的生命力之所以如此强大，是因为它是对秩序混乱、道德沦丧的一种思考，不仅可以称作一种妙方，也可以说是一种理念。在中国古代经典论述中，“和”指和睦、和平、和谐；“合”指结合、融合、合作。“和合”并举，意为和谐、协调与合作。

2000多年前，中国古代思想家就对“和合”思想进行了论述。儒家创始人孔子把“和”视为做人处事的重要标准，提出“礼之用，和为贵”，认为礼的作用，和睦是最重要的。他提出“君子和而不同，小人同而不和”与“己所不欲，勿施于人”的命题，深刻阐述了“和”不必一定要“同”，而“同”者也可能“不和”，以及善待自己更要善待他人的道理。在儒家看来，“同”并非“和”的先决条件，能在“不同”中求“和”才是最高的境界。孟子也说，“天时不如地利，地利不如人和”，就是说，要办成任何事情，最重要的是人与人之间的和谐与合作。

“和合”思想是中国古代先哲们对自然界、人类社会各种现象的本质的概括。它承认事物的差异性，如阴阳、天人等，但同时又把具有差异性的事物有机地结合为一体，如阴阳和合、天人合一等；它并不否认矛盾和冲突的存在，但主张防止过度的矛盾和冲突破坏不同事物相互依存、共同存在的环境基础。

秦汉以后，“和合”思想被普遍应用，渗透于各个时代各家各派的思想之中，逐渐成为中国思想文化中被普遍接受和认同的人文精神。

“和合”思想强调不同文化之间的相互交往、吸收、融合，对推进人类文明的发展起了至关重要的作用。在全球化加速发展的今天，在不同民族和地域的文化特点与差异依然存在的情况下,减少摩擦、增加共识,发扬“和为贵”、“和而不同”的思想显得更为重要。中华文化源远流长,代代相传。“和为贵”的“和合”思想正是其中最具生命力的重要组成部分,它是几千年中国社会发展的思想动力,也是今天中国提出构建“和谐世界”理念的思想源泉。

当今中国领导人的和谐世界理念正是基于儒学对树立健康的国际机制或者说合理规范的普适意义。为此,胡锦涛主席在2005年联合国成立60周年首脑会议上提出“坚持包容精神,共建和谐世界”的重要思想,向世界表明,不断发展的中国,将继承和发扬优秀传统文化的共存、共生、共赢的“和合”思想,坚持走和平发展的道路。

相关链接

儒教(家)基本教义

“天”:本体——又叫乾元、道、(无极而)太极、理、本心、良知、仁、诚、上帝

“性善论”——人人皆可为尧舜,个个心中有仲尼

“道统”:尧——舜——禹——汤——文武(以上为圣王合一期)——周公——孔子——孟子

“五常”:仁(此“仁”意义不同于本体之“仁”)、义、礼、智、信

“三纲”:君为臣纲,父为子纲,夫为妻纲

“八目”:(1)格物,(2)致知,(3)诚意,(4)正心,(5)修身,(6)齐家,(7)治国,(8)平天下。

“三达德”:智、仁、勇

“与天地合其德,与日月合其明。”

“持志养气”、“养浩然之气”(孟子)

“三希修炼”:士希贤,贤希圣,圣希天(宋·周敦颐)

“为天地立心,为生民立命,为往圣继绝学,为万世开太平。”(宋·张载)

“博学之,审问之,慎思之,明辨之,笃行之。”(《中庸》)

“立身行道,扬名于后世,以显父母,孝之终也。夫孝,始于事亲,中于事君,终于立身。”(《孝经》)

第二节 杜维明的文明对话论

“儒学最强势的方面就是对话，未来的世界应是多元的，不同文明之间进行对话才能促进世界和谐。”这是第三代新儒家代表人物、哈佛燕京学社社长杜维明教授的儒学观点。

第一，儒学为世界发展提供新思路。面对经济全球化进程中人类所面临的种种矛盾和危机，西方文明并没能很好地加以解决，儒家思想为帮助解决这些危机提供了一种新的思路。现代西方崛起的基础是启蒙思想。启蒙思想发展出的许多观念，在当今已经具有普世价值。但是，这些观念中有反自然倾向，过于强调个人中心主义和理性，导致了许多问题的产生。儒学则不同，它涉及四个层面，个人、社会、自然、天道。个人讲身心整合，注重个人和社会的健康互动，社会是广义的，从家庭、社会到国家和国际社区，乃至生命共同体以及宇宙。它也重视人类如何能够和自然保持持久的和谐，人心和天道能不能够相辅相成，比如“天人合一”。这些恰好是西方思想所缺乏的东西。从古代开始，儒家就关注与自然保持和谐，接受自然的适当限度和范围。从某种意义上说，儒学是一种“软实力”，但并非西方意义上的“软实力”。因为西方所说的软实力，还是一种影响他人、说服他人的理性工具，儒学的“软实力”则是一种人格的完善。

第二，和谐与和平是儒学的精髓。从本质上说，儒学是“为己之学”。这里说的为己，不是自私自利，而是人格的全面发展。儒家最希望人们能“利己利人”。以此为基础，从个人、群体、社会到自然，便能实现多层次的多元、互通与和谐，实现社会和自然的可持续发展。

第三，没有对话的单边主义很无知。儒学最强势的方面就是对话，对话很重要的一点是倾听，不是试图说服别人，而是通过倾听拓展自己的视野，增加自己反思的能力，反省自身的缺陷。“己所不欲，勿施于人”是对话最基本的要求。《论语》就是对话体，记录的是孔子与弟子的对话。特别需要注意的是，这不是引导式对话，而是双方的彼此倾听。从国家关系而言，没有对话的单边主义会导致无知，而无知或者未知可能造成我们对其他文化的无视，同时，无知和自大的结合会导致致命的错误。人类文明的各种文化在相互交流时，包容是最基本的条件，我们必须承认他者的存在方式和他者的信仰，要去理解他们。有了承认才有尊严，有了相互尊重才有相互学习的可能性。

杜维明并不赞成所谓未来世界美、中、欧"三足鼎立"之说。他认为:俄罗斯的发展也很快,印度不可小视,就是非洲,也不能说没有崛起的希望。未来的世界应是多元的,各个国家都可以对人类做出贡献。儒教、基督教、犹太教、伊斯兰教和佛教这些不同文明之间必须进行对话、进行参照,才能促进世界和平与和谐。

小知识

孔子学院

孔子学院(Confucius Institute)不是一般意义上的大学,而是推广汉语文化的教育和文化交流机构,是一个非营利性的社会公益机构。孔子学院最重要的一项工作就是给世界各地的汉语学习者提供规范、权威的现代汉语教材;提供最正规、最主要的汉语教学渠道。孔子学院总部设在北京,2007年4月9日挂牌。境外的孔子学院都是其分支机构,主要采用中外合作的形式开办。孔子是中国传统文化的代表人物,选择孔子作为汉语教学品牌是中国传统文化复兴的标志。为推广汉语文化,中国政府在1987年成立了"国家对外汉语教学领导小组",简称为"汉办",孔子学院就是由"汉办"承办的。截至2009年3月,中国已在81个国家建立了256所孔子学院和58个孔子课堂,中国对各个孔子学院总计投资5亿元人民币。按照既定目标,到2010年,全球孔子学院数量将达到500所。

思考题:

1. 孔子的等级观与国际社会的等级观有何不同?
2. 儒学对中国外交理念有何启示?

名词解释:

孔孟之道　　文明和谐论

第十章　发人深思的宗教、民族冲突

第一节　印度教和教派冲突

印度教简介

“印度教”(Hinduism)这个称呼是西方人给起的。原来南亚次大陆上人们的信仰并没有一个统一的名称。他们的信仰差不多,但有侧重,比如有的信仰毗湿奴,有的信奉湿婆,有的归宗黑天,有的以罗摩为世界之主。西方人把这些信仰全部“合并”到一起,统称为印度教。目前,就信徒人数而言,印度教是世界四大宗教之一(依次为基督教、伊斯兰教、印度教、佛教)。

从历史发展的角度看,“印度教”主要经历了三个阶段:

首先,是陀教阶段(公元前16世纪至公元前11世纪)。由雅利安游牧部落的信仰演化而成。

其次,是婆罗门教阶段(公元前10世纪至公元4世纪)。在这一阶段,因果业报、灵魂轮回理论已经完善。

婆罗门教有三个特点:

三大纲领——吠陀天启、婆罗门至上和祭祀万能。其中婆罗门至上是核心,也就是说婆罗门是人间的神,是人与神之间的桥梁。

种姓制度——人被分成四个种姓,即婆罗门(祭司知识阶层)、刹帝利(国王武士阶层)、吠舍(农民商贾阶层)和首陀罗(服务阶层);另有贱民,即不可接触者,有第五种姓之称,处于社会的最底层。

以三大神为中心的万神殿——创造之神梵天、护持之神毗湿奴和毁灭之神湿婆。

最后,是印度教阶段,即新婆罗门教阶段(公元4世纪至目前)。公元4世纪以后,衰弱了几个世纪的婆罗门教吸收佛教、耆那教等的教义和民间信仰进入复兴阶段,公元8世纪到9世纪后逐渐有了现代的雏形,到伊斯兰教进入印度后，双方开始有了某种冲突，但正面冲突较少。17 世纪后，印度逐渐沦为英国的殖民地。由于受到西方思想的影响，印度出现了很多大思想家。他们力图对印度教进行改革，使之跟上时代步伐(实际上是向西方学习)。印度教社会经历了非常重要的启蒙时期。19 世纪后印度教与伊斯兰教发生正面冲突，印度教徒和印度穆斯林之间几乎产生了不共戴天的仇恨。20 世纪 30 年代，印度教国家理论产生，该理论主张一个国家(印度)、一个宗教(印度教)、一个民族(信仰印度教的民族)和一种语言(印第语)等，并认为，印度是印度教的印度，生活在印度的其他教徒必须服从印度教文化，最终导致了 1947 年的印巴分治。

阿约提亚——印度教派冲突的焦点

1528 年，信奉伊斯兰教的莫卧儿帝国皇帝巴卑尔下令在印度北方的古城阿约提亚建造了一座清真寺，并命名为巴卑尔清真寺。印度教徒则根据印度史诗《罗摩衍那》的记载，认为阿约提亚(阿逾陀)是罗摩(印度教大神毗湿奴的化身)王子生长的王宫，称巴卑尔清真寺建在了罗摩庙的位置上。而穆斯林又认为，罗摩只是印度教神话传说中的人物，罗摩庙址纯粹是无稽之谈。自此印度教徒与穆斯林之间开始了持续数百年的罗摩庙址——巴卑尔清真寺之争。

1855 年，印度教徒与穆斯林在阿约提亚发生冲突，导致 75 人丧生。这次冲突的结果是在清真寺周围垒起围墙，达成两派教徒错开时间在此地朝拜的协议。

1949 年 2 月 22 日，几名印度教徒夜晚潜入巴卑尔清真寺，立起一尊罗摩神像，但此后，清真寺关闭了好多年。

1986 年 2 月 1 日，巴卑尔清真寺重新开放，从此就像打开了潘多拉的盒子。从开放之日至今，仅在北方邦就发生了 50 多起骚乱。

1990 年 6 月，印度教的教派组织“世界印度教大会”(VHP)决定于当年 10 月 30 日拆掉巴卑尔清真寺，重修罗摩庙。为了大造声势，印度人民党(BJP)领袖阿德瓦尼开始了声势浩大的“战车游行”，但途经比哈尔邦时被政府逮捕，其后印度人民党宣布取消对维·普·辛格政府的支持，导致辛格政府垮台。

1992 年 12 月 6 日，在“世界印度教大会”等印度教派组织的煽动下，数万名狂热的印度教徒手持钢钎、铁镐等，冲破警方设置的警戒线，进入巴卑尔清真寺，将这座有 400 多年历史的著名清真寺化为废墟。毁寺事件引发印度独立以来最严重的骚乱，造成 3000 多人死亡。

2002年2月27日，“世界印度教大会”在阿约提亚进行了重建罗摩庙的造势活动，并宣布于3月15日举行建庙宗教仪式，从而引起穆斯林的不满。当日，刚刚参加完阿约提亚宗教活动的数千名印度教徒乘火车返乡，途经古吉拉特邦时与当地的穆斯林发生争吵。穆斯林纵火烧了车厢，造成58人死亡。其后，愤怒的印度教徒包围了穆斯林的居住地，将他们活活烧死，甚至活埋，导致700多人丧生。

2002年3月13日，印度最高法院作出裁决：不允许任何团体在阿约提亚清真寺遗址上举行任何形式的宗教仪式，维持现状。

3月15日，在瓦杰帕伊政府的劝阻下，“世界印度教大会”领袖改变了要在清真寺遗址举行罗摩庙“奠基仪式”的计划，改在距遗址一公里远的地方举行了一个象征性的“圣柱移交仪式”。冲突暂告平息，但事情并未结束。“世界印度教大会”最近又准备在全印组织“骨灰游行”（捧着在列车被焚事件中遇难者的骨灰），以表示对死难者的敬意。

教派冲突的原因

第一是历史的根源，就是英国对印度采取分而治之政策留下的后遗症。在近代以前，两种宗教虽然有矛盾，但不像现在这样剧烈，信仰伊斯兰教的莫卧儿王朝靠高压手段压制着教派间的矛盾。英国在印度建立殖民统治后，曾经一度统治整个南亚次大陆，当年的英属印度包括了今天的印度、巴基斯坦和孟加拉国三个国家。英国殖民者一手策划的印、巴分治以及后来的三次印巴战争，加剧了印度教和穆斯林教这两大宗教之间的冲突。英国利用宗教矛盾维持殖民统治，当时穆斯林占上风，它就故意打压穆斯林，扶植印度教徒。

第二是国际大背景。20世纪70年代末全球性的伊斯兰革命客观上刺激了印度教徒教派情绪的发展。尤其是在冷战后，两大阵营的对立没有了，民族和宗教问题成了热点，如波黑、科索沃和车臣等，基本上都是民族和宗教加在一块儿。印度是一个多民族、多种族、多宗教的国家。80％以上的居民为印度教徒，但全世界所有的主要宗教几乎都在印度，特别是占人口12％左右的穆斯林教徒在印度占有重要地位。印度周围大部分是穆斯林国家，如巴基斯坦、孟加拉国和中东国家等，而且穆斯林的教义是“四海之内皆兄弟”，这使印度教徒有一种危机感，客观上刺激了印度教派情绪的增长。因此，宗教矛盾始终是印度国内局势动荡不安的主要因素。如近年来在印度不断发生的恐怖袭击事件，都与伊斯兰教派和印度教派有关。

第三是经济方面的原因。目前在印度贫富差距非常严重，在经济全球化和信息时代，印度教徒与穆斯林在就业、升迁和教育等方面的竞争也更加激烈。经济利益之争是一些冲突爆发的诱因，只不过最后以宗教的形式表现出来了。

第四是政党与教派组织关系密切，政党有意识地利用宗教。这点从印度人民党(BJP)的崛起看特别明显。印度教教派组织国民志愿服务团(RSS)与印度人民党的关系密切如母子，BJP 完全是从 RSS 中派生出来的，可以说 BJP 从一开始就带着教派主义的烙印。1992 年的毁寺事件，BJP 参与了，它和湿婆军、“世界印度教大会”(VHP)、国民志愿服务团联合组织了当时的毁寺行动。当时 BJP 还未上台，只是在北方邦执政，而阿约提亚就在北方邦。

实际上当时 BJP 是想利用罗摩庙事件扩大影响，捞取政治利益。政党为了拉选票往往不择手段，BJP 把罗摩庙当成捞选票的一个重要主题。促使 BJP 崛起的另一个因素则是国民对长期执政的国大党失望，但又没有其他的党好选，所以就把选票投给了 BJP。BJP 纯粹就是靠打教派牌上台的，瓦杰帕伊总理以前就是 RSS 成员，当然他在印度人民党中属于温和派，也有较高的个人威望，因而有西方杂志称他为“狼群里的羊”。

联合政府上台后为了改善形象和照顾其他盟党的利益，也想调整政策，淡化教派主义色彩，但是在根子上，其初衷是没有变的。瓦杰帕伊就称修建罗摩庙是一个“尚未完成的任务”，结果引发了很多批评。

因此政治因素，即政党对宗教的利用，是当前印度教派冲突最主要的原因。印度人民党提出一些口号，如“印度性”等，以此来争取群众，进行鼓动和宣传，这样自然就疏远了穆斯林。一直到现在，在印度进行一些重大的活动或仪式时，仍然采用印度教的仪式，这就必然引起穆斯林的反感。所以现在所谓的教派冲突不完全是宗教意义上的，可能导火线是宗教因素，但真正的原因在政治方面。

第五是现代媒体的发达，使教派之争更容易扩散。过去教派之争多是局部地区的，现在则是一有风吹草动，全国都知道了。

最后，印度国内的宗教冲突对印巴关系也会产生影响，每一次的教派冲突都不仅仅局限在国内，总会引起与巴基斯坦的矛盾。

第二节 非洲的宗教与民族问题

卢旺达种族大屠杀

1994 年 4 月 6 日，卢旺达的胡图族总统哈比亚利马纳因飞机失事遇难身亡，许多胡图族人认为这是图西族策划的一次谋杀行动，内战因此再度爆发，并引发为图西族与胡图族间的部族大屠杀。卢旺达种族大屠杀共造成了 800 万无辜平民死亡，其中，94%的受害者是图西族人。

这场大屠杀酿成了近代历史上最惨绝人寰的大悲剧！目前，联合国卢旺达战争罪法庭正在对那场种族灭绝的主犯进行审判。尤其令人瞩目的是，向来应以独立与尊重事实为己任的新闻界此次竟难脱干系：卢旺达的 3 名新闻巨头站到了被告席上，接受法律的正义审判。据悉，这 3 名新闻主管曾利用其控制的广播与报纸，蓄意制造种族仇视的气氛，煽动种族仇杀的狂热，对卢旺达骇人听闻的大屠杀起到了煽风点火的作用。

尼日利亚选美事件

尼日利亚因 2002 年度“世界小姐”选美比赛引发的骚乱至少导致了 200 人死亡，600 余人受伤，4500 人逃离家园。冲突发生在尼日利亚北部城市卡杜纳及其周边地区。当地居民以穆斯林居多，他们认为选美大赛本身就是一件不雅的事情，曾先后多次要求政府取消举办此次盛会。冲突在爆发前已有征兆：伊斯兰界人士一开始就把选美活动定义为“一场裸体大游行”；继而，尼日利亚当局判处一名未婚先孕的妇女石刑，招致“世界小姐”参赛国联名抗议。

在暴乱爆发的最初几天，世界小姐大赛组委会一直坚持这场暴乱与大赛没有任何关系，并称大赛将继续下去。但到了 22 日的深夜，组委会突然宣布，将决赛的举办地从阿布贾搬到伦敦，比赛的时间不变，还是定在 12 月 7 日。组织者称，这一决定是在充分考虑尼日利亚国家利益和参选佳丽的人身安全等各种因素后作出的。

第三节 苏丹达尔富尔问题

苏丹达尔富尔(Darfur)地区位于苏丹西部，与乍得接壤，面积约占全国总面积的五分之一。这里地势较高，降雨量多，自然条件仅次于苏丹南部和尼罗河沿岸，蕴藏的石油等自然资源也有待开发。约有 80 个部族生活在达尔富尔地区，错综复杂的种族和宗教矛盾导致这一地区的暴力冲突持续不断，信奉伊斯兰教的阿拉伯居民与信奉基督教和原始宗教的黑人居民经常发生武装冲突。

2006 年 8 月 31 日，联合国安理会通过第 1706 号决议，决定在得到苏丹政府同意后向达尔富尔地区派遣 1.73 万人的联合国维和部队。苏丹政府重申，为维护国家主权，坚决反对这一决议。

2006 年 11 月 16 日，苏丹原则同意在达尔富尔地区部署联合国和非盟混合维和部队的“安南三阶段方案”。随后，联合国向达尔富尔地区派遣了少量军事顾问，开始了三阶段方案的第一阶段计划，但后两个阶段的部署未能落实。2007 年 3 月 8 日，苏丹总统巴希尔表示，支持在苏丹达尔富尔地区部署联合国和非盟混合维和部队，但对混合维和行动的司令人选、混合部队的规模等一些细节问题有所保留。

2007 年 4 月 9 日，苏丹、非盟和联合国三方代表在埃塞俄比亚首都亚的斯亚贝巴举行会议，原则同意启动第二阶段计划，但苏丹仍对其中少数要点持保留意见。

4 月 11 日，中国政府特使结束对苏丹访问后，外交部相关官员在北京表示，在达尔富尔问题上，苏丹方面已原则接受安南第三阶段方案，但对混合维和行动司令人选、混合部队的规模等一些细节问题有所保留。

4 月 13 日，苏丹西部达尔富尔地区的扎嘎瓦部落和阿姆卡姆拉提部落在南达尔富尔州首府尼亚拉签署和解协议，同意终止两部落间的流血冲突。

4 月 23 日，苏丹达尔富尔地区过渡权力机构和达尔富尔重建与发展基金会总部启动仪式在苏丹首都喀土穆举行，过渡权力机构从当天起开始履行职责。

2007 年 10 月 27 日，由联合国和非洲联盟（非盟）共同主持、苏丹政府和达尔富尔 7 个反政府派别参加的达尔富尔问题和平谈判当天在利比亚海滨城市苏尔特开幕，中国政府达尔富尔问题特别代表刘贵今在开幕式上表示：“在达尔富尔问题上，中国政府一直主张维护苏丹的主权和领土完整，通过对话和平等协商推动达尔富尔问题的政治解决。通过谈判早日实现达尔富尔的和平、稳定与经济重建，是中国政府处理达尔富尔问题的基本出发点。中国为帮助妥善解决达尔富尔问题所付出的努力，与中国积极帮助非洲国家实现和平与发展的政策一脉相承。中国积极参与和推动达尔富尔政治进程。中国积极参加联合国有关达尔富尔问题的讨论，并为安理会通过有关达尔富尔维和问题的 1769 号决议发挥了重要作用。”

思考题：

谈谈你对教派冲突原因的认识。

第 三 编

地区冲突与核扩散

第十一章　巴以冲突与“中东路线图”

第一节　巴以冲突

2008年12月27日，以色列对哈马斯控制的加沙地带发动大规模的空袭，对空袭目标投射了100多吨炸弹，造成了1000多人死伤。这一事件为动荡不安的2008年画上一象征性的句点，也使得国际社会的目光重新聚焦到这片流淌着泪水与热血的伤心之地。

巴以冲突的由来

巴勒斯坦位于亚洲西部地中海沿岸，古称迦南，包括现在的以色列、加沙、约旦河西岸和约旦。历史上，犹太人和阿拉伯人都曾在此居住过。公元前20世纪前后，闪米特族的迦南人定居在巴勒斯坦的沿海和平原地区，成为巴勒斯坦最早的居民。公元前13世纪末，希伯莱各部落迁入巴勒斯坦，并曾先后建立希伯莱王国及以色列王国。此后巴勒斯坦又先后被亚述人、巴比伦人、波斯人及罗马人占领和统治。公元7世纪，阿拉伯人在战胜罗马帝国接管巴勒斯坦后不断迁入，并被当地土著人同化，逐渐形成了现代的巴勒斯坦阿拉伯人。19世纪末，犹太复国主义运动在世界各地兴起，各地的犹太人大批移入巴勒斯坦。

第一次世界大战期间，巴勒斯坦沦为英国的“委任统治地”。英国将其分为两部分：即以约旦河为界把巴勒斯坦分为东西两部分，东部称外约旦(即今约旦王国)，西部仍称巴勒斯坦(即今以色列、约旦河西岸和加沙地带)。此后，世界各地犹太人开始陆续移居巴勒斯坦地区。在犹太人纷纷涌入巴勒斯坦的过程中，犹太人与当地的巴勒斯坦阿拉伯人发生过多次流血冲突。1947年11月，联合国通过第181号巴勒斯坦分治决议。决议规定，在2.7万平方公里的巴勒斯坦领土上建立犹太国和阿拉伯国，耶路撒冷国际化。1948年5月14日，以色列国宣告成立。由于这项决议遭到巴勒斯坦人以及阿拉伯方面的强烈反对，巴勒斯坦国未能诞生。

以色列宣布建国后，阿以之间爆发了5次大规模战争。以色列通过战争占领了包括耶路撒冷在内的大量巴勒斯坦领土，数百万巴勒斯坦阿拉伯人被逐出家园，沦为难民。长期以来，以色列在被占领的阿拉伯领土上实施犹太移民政策，大量兴建犹太移民定居点，力求通过改变其占领领土上的人口结构，建立一个大以色列国。

为了恢复民族权利，重返家园，巴勒斯坦人开始了武装斗争。1964年5月，巴勒斯坦解放组织（简称“巴解组织”）成立，其目标就是要在“巴勒斯坦领土上消灭犹太复国主义”。从此，巴勒斯坦开始了反对以色列入侵的武装斗争。多年的战争使双方认识到，谁也无法消灭谁，战争解决不了问题。在国际社会的斡旋下，巴以双方开始寻找政治解决的途径。

1991年10月马德里中东和会召开，阿以间开始艰难的和平谈判。在阿以和谈中，巴以和谈是构成中东和平进程的关键。1993年9月，巴以双方签署了第一个和平协议——巴勒斯坦自治《原则宣言》以来，双方还签署了一系列协议，然而这些协议由于以历届政府的有意拖延而未能彻底执行。尽管根据有关协议，1994年5月巴勒斯坦开始自治，但关于巴勒斯坦最后阶段谈判却因双方在耶路撒冷的归属、犹太人定居点、巴勒斯坦难民回归、巴以边界划定等棘手问题上分歧太大，巴以双方至今没有达成永久性和平协议。

2000年9月，以强硬派领导人沙龙强行进入伊斯兰圣地阿克萨清真寺，引发了一场旷日持久的巴以流血冲突，特别是2001年3月沙龙政府上台以后，由于沙龙采取了一系列强硬政策，巴勒斯坦一些激进组织针对以色列人制造了一系列“恐怖活动”，致使以色列采取了强烈打击报复，巴以双方陷入报复与反报复的恶性循环。

巴以争端的主要问题

根据1993年巴以签署的《奥斯陆协议》，巴以争端中的棘手问题将在巴以最终地位谈判中解决。这些棘手问题主要包括：耶路撒冷地位、巴以边界划分、巴难民回归、犹太人定居点和水资源分配等。由于在上述问题上分歧巨大，巴以至今未能签署永久性和平协议。

1. 耶路撒冷地位问题

耶路撒冷位于巴勒斯坦地区中部，是犹太教、基督教和伊斯兰教的共同圣地。

1947年11月联合国大会通过巴勒斯坦分治决议，规定耶路撒冷为国际化城市，由联合国管理。第一次中东战争结束后，耶路撒冷被阿以双方的停火线由北向南切割为东、西两个部分，巴勒斯坦人居多数的东区被约旦(当时叫外约旦)占领，犹太人为主体的西区被以占领。1967 年以色列占领东耶路撒冷，1980 年 7 月以议会通过法案，宣布耶路撒冷是以色列永久首都。

巴勒斯坦自 20 世纪 60 年代就宣称耶路撒冷是巴领土的一部分，以必须全部放弃。1988 年 11 月，巴勒斯坦全国委员会第 19 次特别会议通过《独立宣言》，宣布建国，耶路撒冷为巴勒斯坦国首都。

2. 边界划分问题

1947 年 11 月联合国大会通过第 181 号决议，决定在 2.7 万平方公里的巴勒斯坦地区建立一个“犹太国”和一个“阿拉伯国”，其中，“犹太国”占约 1.49 万平方公里，“阿拉伯国”占约 1.15 万平方公里。1948 年 5 月 14 日，以色列国宣告成立。但“阿拉伯国”因阿拉伯人拒绝分治决议没有诞生。在随后爆发的第一次和第三次中东战争中，以色列占领了包括约旦河西岸、加沙地带和东耶路撒冷等在内全部“阿拉伯国”领土。联合国安理会先后通过第 242 号和第 338 号决议，要求以撤出所占领土。长期以来，巴方坚持并决心将在 1967 年战争爆发前的边界内建立独立的巴勒斯坦国，但以政府则坚持未来以巴边界不能回到 1967 年战争前的状态。

3. 犹太人定居点

以色列是世界上唯一以移民定居而形成的国家。1967 年第三次中东战争结束后，以开始在被占领土上修建犹太人定居点。几十年间，以先后建立了 200 多个定居点。在巴以和谈中，巴方一直要求以必须拆除所有定居点。2005 年 8 月，以实施单边行动计划，撤出位于加沙地带的全部 21 个定居点和 4 个位于约旦河西岸北部的定居点。目前，以在约旦河西岸还有 100 多个定居点，人口约 20 多万。

4. 难民回归问题

巴难民问题是历次中东战争特别是第一次和第三次中东战争的产物。战争先后导致 100 多万巴勒斯坦人流离失所。据联合国有关部门统计，截至 2005 年，登记在册的巴难民已超过 440 万，除约旦河西岸和加沙地带外，这些难民主要分布在约旦、黎巴嫩、叙利亚。根据联合国 1948 年通过的第 194 号决议，巴难民具有回归权。但难民能否回归、回归多少将涉及巴勒斯坦、以色列等中东相关国家的民族构成、人口比重和社会安全等重大利益。因此，在巴以和谈中，以方坚持巴难民就地安置，反对回归。

5. 水资源分配

巴勒斯坦地区 60%以上属于干旱和半干旱地区，包括地表水、河流和地下水等可再生水资源总量估计为20亿立方米。在数量上,以占有和消耗全部水资源的80%,巴只能享用剩余的20%。另外,巴以关于水资源分配还涉及边界划分、犹太人定居点前途等问题。因此,以反对彻底同巴进行水资源再分配,主张共同管理水资源,以保证以水资源安全不受威胁。巴则坚持收回所有加沙和约旦河西岸水利设施的所有权,拒绝接受与以共同管理水资源。

相关链接

巴以和平进程

巴勒斯坦和以色列的冲突长达半个多世纪,和平进程中屡屡点燃希望,但并未出现实质性转折。

1991年10月,在西班牙首都马德里举行的中东和会开启了试图采取“以土地换和平”的基本原则全面、公正解决中东问题的和平进程,构筑了中东和谈的双边会谈和多边会谈基本框架。

1993年9月,在美国总统克林顿的斡旋下,巴以双方在华盛顿签署了巴以互相承认、巴有限自治等内容的第一个和平协议——《奥斯陆协议》。规定巴在加沙和杰里科首先实行自治。之后以军开始撤离被占领土,巴逐步接管加沙和约旦河西岸地区。

1994年5月,巴以在埃及首都开罗签署了关于实施加沙和杰里科自治原则宣言的最后协议,结束了以对两地长达27年的军事占领。

1996年5月,巴以开始就巴最后阶段谈判进行会谈。时任以色列总理内塔尼亚胡一改“以土地换和平”的原则,提出“以安全换和平”,巴以最终地位谈判搁浅。

1999年9月,巴以签署《沙姆沙伊赫备忘录》。《备忘录》规定巴以将于2000年2月签署有关巴勒斯坦最终地位的框架协议,9月签署和平协议,巴勒斯坦建国。由于以方蓄意拖延,协议条款没有得到很好执行。

2000年7月,巴以美三方在美国戴维营举行首脑会议,仅对耶路撒冷地位、巴难民回归、边界等几个重大问题互相表明了观点,有关巴最终地位的会谈以失败告终。

2000年9月,以强硬派领导人沙龙强行进入伊斯兰圣地阿克萨清真寺,引发巴以旷日持久的大规模流血冲突。10月,中东问题多边首脑会议在埃及沙姆沙伊赫举行,虽在多方面达成协议,但大部分内容没有得到执行。

2003年4月,中东问题有关四方(联合国、欧盟、俄罗斯和美国)共同制订的中东和平“路线图”计划正式启动。但是，此后由于巴以冲突不断，以及双方在关键问题上分歧太大，巴以和平进程一直未能取得实质性进展。

2007年7月，在葡萄牙首都里斯本举行的中东问题四方会谈发表声明，重申致力于结束以巴之间的冲突，为未来巴勒斯坦国的建立奠定基础。

2007年6月，英国前首相布莱尔被任命为中东问题四方特使。7月23日首访中东，以履行其推动中东和平进程的使命。

2007年11月，中东问题国际会议在美国马里兰州首府安纳波利斯举行。巴以达成《共同谅解文件》，并表示将努力争取在2008年年底前达成内容广泛的和平协议。文件为巴以迈向和平之路提供了框架和机制，并使巴以和平有了新的时间表。

第二节 巴勒斯坦伊斯兰抵抗运动(哈马斯)

自2000年9月巴以冲突升级以来，越来越多的巴勒斯坦人响应极端组织哈马斯的号召，将自己制成“人肉炸弹”频频制造自杀性爆炸事件。他们不但夺去了无辜平民的生命，也将中东和平进程炸得奄奄一息。与此同时，哈马斯的民意支持率急剧攀升，超过了阿拉法特领导的巴解组织，就连巴勒斯坦的媒体也暗示希望由哈马斯代巴解组织掌权。随着哈马斯在中东局势中扮演的角色越来越重要，世人愈加渴望了解哈马斯这个组织以及它的所作所为，但因其“神龙见首不见尾”，哈马斯总给人以神秘之感。一千个人眼中有一千个不同的哈马斯。

在西方媒体眼中，哈马斯是暴力和恐怖的代名词，哈马斯成员几乎个个都是职业杀手；在巴勒斯坦穷苦百姓眼中，哈马斯是广施雨露的大善人，多亏哈马斯，巴勒斯坦被占领地区才建起了一座座医院和学校，穷人才能吃上救济粮；在阿拉法特领导的巴勒斯坦解放组织眼中，哈马斯既是与他们并肩作战的兄弟，又是哽在他们喉咙里的一根鱼刺；在以色列政府眼中，哈马斯既是他们的眼中钉，又是他们手中用来对付阿拉法特的一张牌。

不管众人的意见如何分歧，有一点却是谁也无法否认的：自2000年9月巴以冲突升级、中东和平陷入僵局以来，最大的获益者就是哈马斯。

“伊斯兰抵抗运动”是在巴勒斯坦被占领土上成立的激进组织，简称“哈马斯”，是由“伊斯兰”、“抵抗”、“运动”3个阿拉伯语词头字母拼写而成。1987年12月由巴勒斯坦人谢赫·艾哈迈德·亚辛创立。

哈马斯既是宗教组织，也是政治组织。从宗教上看，哈马斯崇尚伊斯兰传统思想，信仰伊斯兰教义和法则，主张扶助穷人，并且兴办一些慈善事业。政治上，它主张暴力斗争，以武力彻底解放从约旦河西岸到地中海的“全巴勒斯坦”土地，实现建立一个以耶路撒冷为首都的独立的巴勒斯坦国的目标，拒绝承认以色列生存权利。

哈马斯的领导机构由七人委员会组成，分管政治、军事、保安、组织、宣传和监狱等部门。哈马斯人员的构成分“公开”、“秘密”和“军事”三部分。公开部分包括具有合法身份的人员，秘密部分指负责组织、动员游行和斗争的领导成员，军事部分则是训练有素、专门从事暴力活动的武装分子。哈马斯正式成员约2万多人。

哈马斯成立后，曾策划了多起针对以占领军的示威和恐怖行动，制造了多起自杀性爆炸事件，还不时袭击以边防兵，绑架或暗杀犹太人定居点的居民，在以国内引起极度的恐慌和不安。1989年哈马斯被以色列当局宣布为非法组织，取缔其一切活动，并将其精神领袖亚辛逮捕入狱。

在反以斗争中，哈马斯曾一直与巴解组织并肩战斗，是巴勒斯坦反以斗争中一支最积极的力量。但是1993年奥斯陆协议签署之后，哈马斯与巴解组织发生了根本性的矛盾。哈马斯反对与以色列和谈并一直坚持以暴力斗争反对以色列。

2001年10月17日，以色列旅游部长泽维被暗杀后，哈马斯的军事组织“卡桑旅”等派别被巴勒斯坦方面宣布为非法组织。这个极端组织自成立之日起就主张破坏巴以之间举行的一切和谈。它认为，到目前为止巴以达成的所有协议都是不公平的，只能给巴勒斯坦人民带来灾难和不幸。

亚辛是一位富有传奇色彩的人物。他自16岁起便全身瘫痪，双目失明，两耳半聋，却策划了一起又一起恐怖事件，令以色列人谈之色变，在阿拉伯世界却赢得了不少支持和同情。他身体虚弱，说话声音几乎悄不可闻，但他的每次演讲都能煽动起听众狂热的情绪，特别是当他说到“发动全面战争，直到以色列人被全部赶进大海”时，听众的欢呼声几乎能将屋顶掀翻。亚辛一生中3次入狱，3次获释，每次被捕后，他的威信都急剧上升，俨然是诸多巴勒斯坦激进组织的精神领袖了。

“9·11”事件后，美国和欧盟先后宣布哈马斯为“恐怖组织”，并冻结其财产。澳大利亚随后也宣布冻结哈马斯领导人的财产。

2000年9月底巴以大规模流血冲突爆发后，哈马斯在以实施的“定点清除”中遭受重创，创始人亚辛及其接班人兰提西等先后被炸身亡。为保存实力，扩大影响，哈马斯在表示不放弃武装斗争的同时，开始逐渐调整自己的立场，以更加务实灵活的策略参政议政。

2005 年 3 月，哈马斯首次正式宣布参加巴勒斯坦立法委员会选举，并在 2006 年 1 月的巴立法委员会选举中，一举击败长期主导巴政坛的法塔赫，赢得大选。

哈马斯在组阁之初曾向法塔赫等派别提议组建联合政府遭到拒绝。哈马斯最终独自组阁并组建了一支由内政部领导的 3000 人组成的准军事力量。由于拒绝承认以色列、拒绝放弃暴力、拒绝接受巴以业已签署的协议，哈马斯政府遭到以色列和一些西方国家的抵制，并陷入财政危机。哈马斯被迫再次寻求组建联合政府。随着形势的发展，法塔赫也期望通过组建民族联合政府来为自身争取更多权力。但双方在政治纲领和关键内阁部长职位、特别是在掌控安全部队指挥权的内政部长人选上分歧严重。在国际社会的积极斡旋下，哈马斯与法塔赫于 2007 年 2 月 8 日就组建联合政府签署“麦加协议”。根据协议，双方在联合政府的财政部长、外交部长和内政部长三大关键职位的人选问题上达成一致。3 月 17 日，由哈马斯领导人哈尼亚任总理的联合政府正式成立，内政部长由独立人士卡瓦斯迈出任。

由于哈马斯领导的准军事力量经常与法塔赫领导的安全部队发生冲突，法塔赫一直要求解散这支准军事力量或将其并入安全部队，但遭到哈马斯的拒绝。5 月 13 日，两派武装人员在加沙再次爆发冲突，巴勒斯坦的安全局势恶化。因无法协调安全部队与哈马斯的准军事力量之间的矛盾，卡瓦斯迈 14 日宣布辞职。随着双方的武装冲突的不断升级，法塔赫 6 月 12 日宣布暂时退出民族联合政府，直至双方内斗结束。

2007 年 6 月 14 日，哈马斯夺取了加沙控制权。巴民族权力机构主席阿巴斯宣布解散由哈马斯主导的民族联合政府，在约旦河西岸组建了过渡政府。17 日，阿巴斯颁布主席令，宣布哈马斯下属的武装派别为非法武装。此后，双方关系一直处于紧张状态。

哈马斯全面控制加沙地带后，以色列对加沙地带实行全面封锁。面对封锁，哈马斯下属军事派别的武装人员不时向以色列发射火箭弹，从而也多次遭到以色列大规模的军事打击。

2008 年 6 月，以哈马斯为主的加沙各武装派别与以色列达成了为期 6 个月的停火协议。12 月 19 日停火协议到期后，双方没有就延续停火协议达成一致。以哈马斯为主的加沙各武装派别认为，由于以方未能遵守承诺在停火期间解除对加沙地带的封锁以及停止对加沙地带的军事打击，以方应为停火协议到期未能延续负责。此后，随着以色列数次在加沙地带采取军事行动以及巴方武装人员不断向以色列南部发射火箭弹，双方的冲突不断升级。

2008年12月26日，以色列政府警告说，绝不允许哈马斯武装从加沙向以色列发动袭击，为保护以色列国民的人身安全，以军已做好了向加沙发动全面进攻的准备。半岛电视台报道说，以色列方面表示，以军打击哈马斯并不是要重新占领加沙地区，而是要彻底摧毁哈马斯，以使以色列免遭巴勒斯坦武装分子的袭击。12月27日，以色列对哈马斯控制的加沙地带发动大规模的空袭。

以色列进攻加沙的真正目的在于哈马斯政权。2009年1月3日，随着以色列坦克和部队开进加沙，以色列对加沙的“铸铅行动”从空袭变成陆空并举。以色列出兵是要结束哈马斯对以的火箭弹袭击，但若哈马斯政权不灭，以色列军队即便胜利也只能换来短暂的无火箭弹侵扰期。

实际上，摧毁哈马斯政权的结果可能就是一片混乱。以色列对加沙地区的袭击已经造成了平民伤亡，以方并没有把打击目标限制在军事领域内，实际上清真寺、大学及政府建筑都遭到了打击，这说明了以色列进攻的方向就是全面推翻哈马斯政权。

但是，熟悉巴勒斯坦和加沙局势的人都明白，消灭哈马斯政权并不现实。哈马斯在4年前的民主选举中取胜，且拥有1.5万到2万人的武装力量。而且哈马斯将阿巴斯的法塔赫政权赶出加沙地带后更加巩固了自己的统治。

另一方面，哈马斯被推翻后没有一个可以接替的统治者。尽管加沙地区很多人都对阿巴斯的法塔赫政权很友好，但他们组织松散也没有力量成为统治者，而且以色列对加沙的袭击持续越久，法塔赫就越怕被当做通敌者，也就越不可能成为加沙新领袖。

同时国际上对以色列进攻加沙的谴责之声很大，不仅因为此次行动造成的人员伤亡，而且国际上普遍认为以色列的行动不会成功，很多评论将此次加沙行动与2006年的黎巴嫩战争相提并论。

以色列的加沙行动也许不会在短期内结束，但以方坚信可以推翻哈马斯政权，问题是：这场战争要付出多少血的代价？推翻哈马斯之后又由谁来统治加沙？

第三节　“中东路线图”

“路线图”的主要内容

“路线图”以彻底解决巴以冲突和帮助巴勒斯坦建国为最终目标。它分为三个阶段。第一阶段从2002年12月至2003年5月，要求巴勒斯坦方面采取实质性措施，打击和制止一切针对以色列的暴力与恐怖活动，实行全面的政治改革；要求以色列方面撤出2000年9月28日以来占领的巴勒斯坦领土，冻结所有定居点活动。第二阶段从2003年6月至2003年12月，开始于巴勒斯坦举行大选之后，确立巴勒斯坦民主制度，在国际社会的帮助下建立一个独立的、拥有临时边界和主权的巴勒斯坦国。第三阶段从2004年至2005年，巴以双方在联合国安理会第242号、338号和1397号决议的基础上，通过谈判处理边界、耶路撒冷、难民和定居点等最终地位问题，使巴以冲突最后得到公正、合理和现实的解决，并推动以色列与黎巴嫩、以色列与叙利亚之间遗留问题的解决。

伊拉克战争刚结束，美国就启动了令人关注的“中东和平路线图”。2003年5月10日至11日，美国国务卿鲍威尔再次走访中东，先后拜访了以色列和巴勒斯坦领导人(没有阿拉法特)。17日晚，以色列总理沙龙和刚刚担任巴勒斯坦总理的阿巴斯举行自2000年戴维营会谈后的首次正式“峰会”。但就在“峰会”结束几个小时后，以色列境内又发生自杀性爆炸事件。虽然“路线图”给巴以带来了一线和平的希望，但是人们担心，“路线图”能否将中东引向最终的和平之路。

伊拉克战争后，美国迫不及待地推出“中东路线图”，力图撇开联合国和主要大国，再次主导巴以和平进程，但是事态的发展再一次与美国的思维相左。2003年5月12日，就在美国国务卿鲍威尔抵达沙特几小时前，沙特首都美国人居住区发生自杀性爆炸事件，造成39人死亡。不几日，以色列也发生多起爆炸事件。5月17日摩洛哥又发生针对西方及犹太人的自杀性爆炸事件，造成80多人伤亡。2003年6月4日，美国总统布什、以色列总理沙龙、巴勒斯坦总理阿巴斯相聚约旦“障碍之城”亚喀巴就“中东路线图”达成共识，并发表声明，承诺将致力于推动“中东路线图”计划，实现中东地区的安全和稳定，但巴勒斯坦激进组织“哈马斯”和“伊斯兰圣战组织”却公开表示绝不放弃武力，同时以色列右翼利库德集团发生分裂，公开谴责沙龙的绥靖政策，“中东路线图”能否扫清障碍并最终得以实现仍是个未知数。

相关链接

中东问题国际会议和《共同谅解文件》

2007年11月底，美国筹备数月之久的“中东问题国际会议”在美国马里兰州首府安纳波利斯举行。美国总统布什、巴勒斯坦民族权力机构主席阿巴斯、以色列总理奥尔默特以及40多个国家、地区和主要国际组织代表出席会议。

巴以和谈在停顿7年之后得以重启，双方领导人决心结束长达数十年的流血冲突，重申“和平才是唯一选择”。同时，作为中东国际会议主要成果的《共同谅解文件》也得到了各方的重视。《共同谅解文件》确定：和谈的目标是建立巴勒斯坦国；时限是力争在2008年底之前达成广泛和平协议；谈判内容包括巴以之间所有的核心问题。

会议的成果并没有超出人们的预期，《共同谅解文件》只是双方善意的宣示，并无法律的约束力。阿拉伯方面要求会议就巴以之间的核心问题达成可操作的框架协议，包括解决问题的具体步骤、行动方案和时间表，但未能实现。会议没有、也不可能在巴以关系上取得什么突破。它只是给双方通过谈判解决争端提供了一个新的机遇。这个机遇又是非常脆弱的。

美国对中东和平进程起决定作用。布什政府长期忽视巴勒斯坦问题是巴以和谈停顿7年之久的重要原因。这次美国倡导召开“中东问题国际会议”，表明布什政府对巴勒斯坦问题有了新的认识，政策回摆。美国极力重启巴以和谈，既是对阿巴斯为首的巴主和派的支持，也是出于打击哈马斯等激进势力的需要；二是争取阿拉伯温和国家支持配合美国稳定伊拉克局势和孤立、遏制伊朗；三是为其乏善可陈的中东政策抹上一点亮色，为共和党竞选造势。

然而，布什中东政策的重点仍是稳定伊拉克局势和打压伊朗，而不是解决巴以问题。美国能为谈判达成协议作多大努力，特别是能在多大程度上压制以色列对巴勒斯坦的合理要求作出必要的让步，是巴以和谈成败重要的外因。考虑到美国一贯偏袒以色列的立场不可能根本改变，而2008年又是美国大选年，为争取国内强大的犹太集团的支持，布什政府无法对以施加强大的压力。

以色列面对影响扩大、与己为敌的伊朗，需要改善与阿拉伯世界的关系，并配合美遏制伊朗的战略。这是奥尔默特支持重启巴以和谈的主要原因。奥尔默特还想以此转移民众、反对党因以色列侵入黎巴嫩失败以及自己卷入多项腐败案而引发的不满情绪。然而,奥尔默特政府是个弱势政府,国内右派政党势力对政府决策牵制极大,这将在很大程度上限制奥尔默特兑现为巴以重启和谈作出"痛苦的让步"的承诺。

阿巴斯会前积极推动阿拉伯国家与会,会后积极评价会议成果并对和谈前景表示乐观。这是因为,阿巴斯历来主张依靠美国主导,在国际社会支持下,通过与以谈判恢复巴方应有的权益。会议召开表明国际社会再次肯定阿巴斯的主和立场,也是对哈马斯反对和谈、力主暴力抗以立场的否定。然而法塔赫与哈马斯的分裂割据,限制、削弱了巴对以的谈判地位。如何处理哈马斯,消除割据,实现巴国团结统一,都十分棘手,阿巴斯无法回避。

阿拉伯国家立场并不完全统一,对巴以和谈也将形成牵制。阿拉伯国家于 2007 年 3 月重新启动"阿拉伯和平倡议",并出席"中东问题国际会议",显示了支持巴以重启和谈的一致立场。但阿拉伯国家对在什么条件下建立巴勒斯坦国以及如何处置哈马斯等问题上,立场并不一致。

巴以冲突延续几十年,在涉及巴国领土范围、耶路撒冷地位、难民回归权、水资源分配、犹太定居点以及安全等问题上,双方分歧严重。巴以双方都有强大的反对和谈的极端势力,它们随时可能制造暴力事件,干扰和平进程。和谈很可能会出现反复。此外,中东地区热点云集,各种矛盾错综复杂,巴以和谈势必会受到其他热点问题的影响,前景尚难乐观。

第四节　以美特殊关系

无论从形式还是内容上来看,以美关系都称得上是"特殊关系",因为它已远远超过一般的盟国关系。

1973 年的第四次中东战争初期,以色列遭到埃及和叙利亚两军突袭,情势十分危急。以色列总理梅厄夫人请求美国人鼎力相助。美国人答应了,拿出了秘密武器——SR－71 型"黑鸟"式侦察机,飞到炮火连天的中东战场上空,拍完照片后又飞了回来,1.9 万公里的来回仅用了半天时间。第二天一大早,战区形势照片已摆到了以军总参谋长的桌子上,在那之后,才有以军偷渡苏伊士运河的惊人之举。新闻界把功劳全算到以军骁将沙龙头上,其实,美国充当了不值得羡慕的"幕后英雄"。

1996 年 7 月 10 日,新当选的以色列总理内塔尼亚胡到美国国会演讲(以色列每位新上台的总理总要先去美国"报到"),参众两院议员纷纷前去捧场,内氏向美国议员解释自己的政治纲领,在谈到耶路撒冷的地位问题时他提高了嗓音:"我今天在这里再次宣布,耶路撒冷永远不会被重新分割,永远不会!"此时全场沸腾了,美国议员们纷纷起立报以热烈的掌声。有位心细的记者统计了一下,在内氏30分钟演讲中美国议员为他鼓了14次掌,超过任何一位来访的外国首脑。

当然,两国之间的友好关系绝不止于此。以色列前几年的人均收入已达到1.6万美元,但美国每年仍要塞给它30亿美元,使之成为世界上接受美援最多的国家。美国还允许以色列大部分商品免税进入美国市场,这等于又给了它一笔钱,再加上其他援助和捐款,以色列每年能从美国那里得到50亿美元。在政治上,美国一再拍着胸脯保证以色列的安全,明确无误地告诉阿拉伯人,不允许他们打垮以色列人;美国在各种国际组织中都袒护着以色列,在联合国大会和安理会中几乎否决了一切对以色列不利的决议。美国警告国际社会说,要是人们一定要跟以色列过不去的话,它宁肯跟以色列一道退出联合国。

一个国家,如此大规模地向另外一个国家提供帮助,在我们这个星球上是绝无仅有的。用尼克松总统的话来说:"美国与以色列不是正式的盟友,但是,我们对它有超乎任何安全协定的道义上的义务。自从45年前我们承认以色列以来,美国已经向它提供了400多亿美元的经济和军事援助,相当于我们在马歇尔计划下提供援助总额的两倍多。"外电评论讥讽道,美国表现得像"以色列的子民",一个中东小国竟然主宰着美国的中东政策和外援数量,这可真有点神奇的味道。

以色列与美国特殊关系解密

美以关系之所以如此特殊,原因有以下几点:

第一,美国民众对以色列的普遍同情与支持,是美以结成特殊关系的根本原因。依靠选票上台的美国总统必须重视公众的这种看法,更何况在美国的垄断财团中,有许多是被犹太人把持着,他们的财富和声望往往能影响美国国家政策的走向。犹太人还在美国国会组织了强大的院外集团,为美国对以色列的支持提供了强大的政治压力。

第二,美国认为以色列的战略地位很重要。以色列位于欧亚非的陆路通道上,在未来战争中它可以监控黑海、里海、阿拉伯海、红海和地中海中的海军活动。以色列还能向美国提供良好的军用设施、战略物资储备仓库和转运站。一旦苏伊士运河交通受阻,美国可以通过以色列的海法、特拉维夫和隘拉特港,继续保持地中海到红海间的交通的畅通。

第三,美国认为以色列在政治上是一个可以信赖的国家。它认为,以色列是中东唯一的西式民主国家，从制度上保证了亲美政策的连续性和稳定性。它甚至认为：一旦美国遇到危难，世界上只有两个国家会出手相援，一个是英国，另一个是以色列。

第四，以色列在军事上是一支可以依赖的力量。以军能征善战，表现不凡，以军成员的文化素养很高，能熟练使用各种精密的美式武器，而且具有世界上最丰富的实战经验。更重要的是，以色列多次表示愿意用这个军事力量为美国利益服务。尼克松曾感激地说：“美国为在中东有像以色列这样的盟国而感到幸运。”以色列人趁势“启发”美国人说，“对美国来说，这是一笔好的投资，这样比把美国军队派到这个地区强得多”。

以色列人在坦克战和空战，特别是战斗机的空中格斗方面，具有世界首屈一指的技艺，它还发展了在沙漠地区作战的特殊战术。美国从中受益匪浅。美国前国防部长温伯格指出：“以色列不仅仅是一个财富，实际上只有以军才是中东地区最有战斗力的一支军队。”

第五，以色列能在研制和改进尖端武器方面帮助美国。以色列教育水平甚至比美国还要高，它拥有大批世界一流的工程师，在研制和改进武器方面有极高水平，美国希望分享他们的科研成果。美国对以色列的“箭式”反导弹系统、无人驾驶侦察机和导弹快艇很感兴趣。1986 年 5 月，以色列国防部长拉宾和美国国防部长温伯格签署了以色列参加星球大战计划的备忘录，这是美国对以色列政治可靠性和科技先进水平的认可。美国负责星球大战计划的詹姆斯·艾布拉姆将军在特拉维夫对以色列人说：“我们依靠你们的才能、你们的知识和你们的潜力。你们可以为我们的战略防御计划做出应有的贡献。”

第六，以色列能帮美国在不断爆发的阿以冲突中测试新式武器并提出改进意见。以色列总是最早使用美国最新武器的非北约国家，实际上以军比美军更熟悉美式武器操作和性能。而且，以色列人又为美国各种新武器做了免费广告，以军辉煌战绩烘托出美式武器的先进，每年为美国赚进数百亿美元。

第七，以色列能在情报搜集上帮美国人的忙。在情报合作方面，以色列人表现得尤为出色，西方获得的赫鲁晓夫“秘密报告”就是以色列情报人员提供的。以色列情报组织还帮美国窃取苏联在中东的最新式武器装备及有关情报。当年，苏制米格 21 战机刚投入使用不久，以色列就从伊拉克“偷到”一架带着飞行员的这种飞机。经详细研究后，以色列又把它交给美国剖析。1969 年，苏联向埃及提供了一种新式雷达，安置在靠近苏伊士运河西岸的一个小岛上。以色列人在一夜之间就奇迹般地把整座雷达站拆运到以色列，然后与美国共享这一情报。据估计，以色列提供的这类有关苏式武器的情报，使美国至少节省了几十亿美元的研制费用，并使美国军方洞悉了这种武器的性能。

美国犹太人的"两张票"

美国犹太人在这个国家扎根很早也很深。早在美国独立前的1654年，备受歧视的欧洲犹太人便开始移居此地，美国独立时整个国家大约有2500名犹太人，到美国内战时犹太移民已达15万人。目前，美国约有600万犹太人，约占全国总人口的2.4%，占全世界犹太人总数的38%，居世界首位。

美国犹太人的势力已渗透到政治、经济、文化各个领域，对美国社会的影响作用极大。在诺贝尔获奖者中，有近1/3是犹太人；把美国带入核时代的是犹太科学家爱因斯坦、泰勒、纽曼等人。到20世纪70年代末，美国犹太人控制了25%的钢铁业，90%的皮毛业，60%的食品加工业，50%的屠宰场、餐馆、酒吧和娱乐业，40%的电影业。1985年，有1/4的美国百万富翁是犹太人。此外，东部名牌大学的1/3的教授是犹太人，5个律师中就有一个是犹太人。犹太人的社会地位和叮当作响的金钱，彻底驯服了美国绝大多数政客，他们亲犹太人、亲以色列是必然的。

美国犹太人的能量主要表现在"两张票"上，一张是选票，一张是钞票。

拿选票来说，犹太人居住的特点是大分散小集中，在纽约、华盛顿和洛杉矶等大城市，他们往往住在一个选区，因此选票的集中率奇高，他们一般只占选民的5%，但这5%意向性很强的选票起决定性作用，具有"四两拨千斤"的神奇功能。因此，美国两大党——民主党和共和党，都极其重视他们的选票。

从钞票上来看，别看犹太人平时用钱很"抠"，但他们很舍得对两个党进行感情投资。1974年，他们为民主党提供了60%的竞选经费，为共和党提供了40%的竞选经费。尼克松的私人捐助者中有40%是犹太人。1994年两党在参议院的竞选上就各花了5000万美元，不讨犹太人喜欢就休想当上议员和总统。

美国犹太人竭力打进美国上层社会。据统计，在中等收入阶层中，犹太人平均要比一般白人多收入1万～1.2万美元；有3/4的犹太人是大学毕业生，比一般白人高2倍；1/4的犹太人有硕士以上的学位，比一般白人高3倍。正是由于有这样的拼搏和成功，才保证了犹太人在法律、医学和媒体行业中处于主宰者地位，从而影响了美国社会亲犹和亲以的动向。近来当上大使、主席、部长和国务卿的犹太人已很多，他们上任后毫无例外地采取偏袒以色列的政策。

为影响政府政策，美国犹太人和亲以势力组成强大的院外游说集团，对美国政策施加强大的影响。犹太院外集团还与以色列驻美国大使馆保持着密切联系，直接通过使馆了解以色列领导集团的意图，在影响美国对以政策、保护以色列利益方面扮演着重要角色。这些事实足以表明，美国犹太人和亲以势力是以色列在美国有力的代言人，是两国结成和维系特殊关系的坚韧纽带。拉宾在任驻美大使期间，遇到实在跨不过去的障碍，便找美国犹太人社团领导人帮忙。在他的记忆里，只要是找到他们，以色列就没有解决不了的问题。

小知识

犹太人为什么流散在世界各地？

犹太人在古代称为希伯来人，是生活在西亚、北非一带的一个游牧民族。公元前 13 世纪，他们在巴勒斯坦部分地区和约旦东部建立过希伯来王国。后来，这个国家分裂成以色列国和犹太国。公元前 722 年，以色列国被亚述人灭亡，居民逐渐被亚述人同化了。公元前 586 年，犹太国被巴比伦人灭亡，但居民继续存在下来，成为现代犹太人的祖先。公元前 64 年，罗马帝国侵入巴勒斯坦后，先后三次镇压犹太人，100 多万犹太人惨遭杀害，剩下的绝大部分被赶出巴勒斯坦，流散到西欧和世界其他地区。流亡到印度孟买地区的犹太人，有一些在宋朝时进入中国，定居在开封等地，明代以后，被汉族同化（俗称“蓝帽回回”）。

犹太人的活动中心，从西亚逐渐移向西欧，又从西欧移向东欧。19 世纪末，又从东欧移向美国。犹太人到处受到资本主义国家统治阶级的歧视和迫害。有的国家强迫他们居住在特定的区域——犹太人区；有的国家法律禁止犹太人占有土地、当农民、参加工会。在希特勒统治的德国，更是疯狂地仇视犹太人。在第二次世界大战期间，德国法西斯竟用各种残酷手段屠杀了约 600 万犹太人，占当时欧洲犹太人的 60％以上。

第二次世界大战以来，世界各地的犹太人源源不断地来到巴勒斯坦。1948 年以色列国在巴勒斯坦成立时，有 70 万犹太人，到 1979 年增加到 310 万。

此外，散居在世界各地的犹太人，估计还有 1000 多万。其中，美国有 600 多万，当时的苏联有 200 多万。在欧美的犹太人，多数经商。大多数犹太人已经改用所在地的语言，并且取得了定居国的国籍。但是，不少人还保持着犹太教的习惯。比如，吃牛羊肉和有鳞片的鱼，不吃猪肉和甲壳类的东西等。

犹太人中出现过不少著名人物。例如，伟大的革命导师马克思和著名的物理学家爱因斯坦都是犹太人。

思考题：

1. 巴以冲突的根源何在？
2. 谈谈你对《日内瓦倡议》的看法。

名词解释：

中东路线图　　斋月战争

第十二章　印巴冲突

第一节　印巴冲突的由来

半个多世纪以来,印巴关系时紧时缓,双方在克什米尔地区的武装冲突几乎从未中断。两国不断交恶的原因,归根到底是克什米尔问题。

克什米尔是“查谟和克什米尔”地区的简称,位于印度、巴基斯坦、中国、阿富汗之间,面积约为 19 万平方公里。克什米尔问题是“分而治之”的殖民政策造成的。

18 世纪中叶,印度次大陆开始沦为英国的殖民地。二战结束后,印度次大陆摆脱英国的殖民统治获得独立。1947 年 6 月,英国最后一任驻印度总督蒙巴顿提出了把印度分为印度和巴基斯坦两个自治领的“蒙巴顿方案”。根据“蒙巴顿方案”的规定,印度教徒居多数的地区划归印度,穆斯林占多数的地区归属巴基斯坦。但对克什米尔的归属问题却规定由各王公土邦自己决定加入印度或巴基斯坦,或保持独立。当时,克什米尔地区 77%的人口为穆斯林,他们倾向加入巴基斯坦;克什米尔土邦王是印度教徒,他先是既不想加入印度,也不愿加入巴基斯坦,但最后又倾向加入印度。因此,印巴分治时,克什米尔的归属问题未能得到解决。

印、巴分治后不久,双方为争夺克什米尔主权于 1947 年 10 月在克什米尔地区发生大规模武装冲突,即第一次印巴战争。1947 年 12 月,印度将克什米尔问题提交联合国安理会。1948 年 8 月和 1949 年 1 月,联合国印巴委员会先后通过关于克什米尔停火和公民投票的决议,印巴均表示接受。1949 年 1 月双方正式停火,7 月划定了停火线。克什米尔分为印控区和巴控区,印巴分别在各自控制区内建立了地方政府。

1953 年 8 月,印巴两国总理会谈后发表联合公报宣布,克什米尔争端应通过克什米尔公民投票来解决。然而,1965 年 6 月,印巴围绕克什米尔问题爆发第二次战争。1971年12月，在因东巴基斯坦脱离巴基斯坦而爆发的第三次印巴战争中，印度又占了巴控克什米尔地区的部分土地。

1972年7月，印巴签署了《西姆拉协定》，双方同意在克什米尔地区尊重1971年双方停火后形成的实际控制线。

为了解决克什米尔问题，印巴两国领导人和部长级官员数次举行会谈，但一直没能达成协议。1989年后，双方在克什米尔地区不断发生交火，两国均蒙受巨大损失。

2003年11月23日，巴基斯坦总理贾迈利宣布，巴军队将从穆斯林的重要节日开斋节(26日)开始，在克什米尔印巴实际控制线的巴方一侧实现单方面停火。24日，印度对这一建议表示欢迎，并于25日作出了积极回应。两国军方25日经磋商决定，自当天午夜起在克什米尔“国际边境”、“实际控制线”和“锡亚琴实际接触线”(印方称为“实际地面位置线”)一带实现停火。双方同时表示，希望停火永久持续下去。

巴印两国于2004年开始启动和平对话进程，就包括克什米尔在内的一系列双边问题举行定期会谈。2007年10月，两国完成了第四轮对话框架下包括克什米尔问题等8个议题的讨论。

2008年10月21日，巴基斯坦和印度开启克什米尔地区的贸易通道。这是自1947年巴印分治以来两国首次在有争议的克什米尔地区开启贸易通道。

克什米尔印巴冲突的原因有内因和外因。印巴冲突的主要内因是双方领土、宗教和民族争端。宗教冲突是其重要的内因。1947年印巴因宗教分歧而分治。克什米尔的大部分地区由穆斯林统治，共同信仰坚定了巴基斯坦对克什米尔领土的要求。在印控查谟和克什米尔邦，穆斯林超过60%，是印度唯一穆斯林占多数人口的邦。在印度，83%的人信仰印度教，他们抱着“大印度”观念不放，印度教民族主义热情高昂。印巴争端实质上是印度教沙文主义和伊斯兰教极端主义的争端。可以说，狭隘的宗教观念不消除，印巴克什米尔问题就难以解决。

克什米尔局势有其复杂的国际关系。美国需借巴方进行反恐，印度在美国中远期战略棋盘上意义重大，美国不希望这种平衡遭到破坏。俄罗斯传统上虽然与印度有特殊关系，但不希望因印巴危机使俄巴关系受损。中国是印巴近邻，希望有个安全、稳定、和平的周边环境，不愿看到双方关系继续恶化。世界各大国一直呼吁和劝说印巴双方保持克制，通过和平手段化解危机。

第二节 印巴关系的现状

印巴冲突使本是美丽地方的克什米尔变成杀戮、冲突的代名词，成为50多年来印巴冲突的最前沿和民族宗教问题交织的世界最大热点问题之一。近来克什米尔接连发生暴力冲突，印巴集结百万重兵，国际社会忧心忡忡。

克什米尔武装恐怖活动是使印巴冲突升级的关键。从印度独立到现在，克什米尔分裂主义势力的武装恐怖活动从未停止过。印度政府为了对付这些武装恐怖分子，动用过警察和准军事部队，调动几万陆军进行清剿。虽使恐怖活动有所遏制，但没能使克什米尔问题得以根本好转。印度在印控克什米尔地区开展反恐行动以来，据官方统计，到1996年为止，已有16898人被杀，12000多人受伤，30多万平民成为难民，80%的学校、医院和桥梁被毁。

印巴双方进行核试验是印巴冲突升级的另一关键。1998年印巴竞相实施核试验，印巴关系改善的势头戛然而止。1999年印巴关系再次峰回路转，但随后便在克什米尔兵戎相见。

从理性角度及实际利益分析，印巴仅把核战争作为威慑对方的“武器”，并不想发动核战争。理由是：其一，印巴爆发核战争，损失最为惨重的是印巴双方。如果发生核战争，印巴三次战争后几十年间的建设成就将会毁于一旦。核武器与常规武器不同，其主要功能是威慑不是实战。双方都知道，如果使用核弹可能因为距离太近而殃及本国。打核战争绝非印巴两国想打就打。其二，国际社会将极力制止这场核战争的爆发。联合国决不会容忍印巴进行核战争。其三，印巴进行核战争将危及西方大国的根本利益，是西方大国所不希望的。印巴地处南亚，与阿富汗战场近在咫尺，是美国、北约企图控制从南亚经中亚到巴尔干走廊的战略要地。

新一轮印巴冲突升级的直接导火线起于2001年12月13日发生的印度议会大厦被袭事件。这一天，6名武装分子突然袭击了印度议会大厦，造成12人死亡。印度总理瓦杰帕伊公开发表谈话，认为恐怖袭击事件是巴基斯坦支持的激进组织所为，并把矛头直接指向巴基斯坦政府。此后，双方军队在克什米尔控制分界线上用迫击炮和其他重武器交火，并不断往边境地区增兵，甚至部署了能够携带核武器的中、短程导弹，使印巴边境集结的兵力达到20年来的最大规模。双方剑拔弩张，大有一触即发之势。

2003年4月，印巴两国领导人先后表达了重新进行对话的意愿。5月，双方同意恢复两国大使级外交关系和交通往来。10月,印度提出推动印巴民间交往的12点和平倡议,多数被巴基斯坦接受。

11月23日,巴基斯坦总理肖卡特·阿齐兹访问印度,与印度总理辛格就双边关系等重大问题进行了“历史性会谈”。

2005年2月15日,印度外长纳·辛格抵达伊斯兰堡对巴基斯坦进行为期3天的访问,这是近16年以来印度外长首次正式访问巴基斯坦。

2005年4月7日,载满乘客的公交车分别从克什米尔的印控区和巴控区双向对开,这是近60年来印巴克什米尔地区之间的首次通车,开启了印巴和平进程的新篇章。

2005年4月17日至18日,巴基斯坦总统穆沙拉夫对印度进行为期两天的非正式访问,双方同意共建贸易协会促进经贸合作,克什米尔分离组织将纳入和谈进程。印巴两国发表联合声明,强调印巴和平进程“不可逆转”。访问期间穆沙拉夫还与印度总理辛格在新德里的体育馆观看了印巴两国间的一场板球赛。

2005年10月29日上午至10月30日凌晨,经过长时间的谈判,巴印双方在伊斯兰堡达成协议,同意暂时开放克什米尔实控线5个检查站,以允许两边的居民共同展开震后救援行动。根据双方10月30日达成的协议,巴基斯坦只能同意克什米尔居民,而不是巴基斯坦和印度的国民穿越检查站,而且两边的克什米尔居民必须步行经过检查站。协议也不允许卡车通过检查站。救援物资必须在协议中提到的5个检查站转交给对方的地方当局。

2007年10月,两国完成了第四轮对话框架下包括克什米尔问题等8个议题的讨论。

2008年9月,印度总理辛格和巴基斯坦总统扎尔达里在纽约举行会晤后宣布,两国将从10月21日起在双方有争议的克什米尔地区重开边境贸易。10月21日,巴基斯坦和印度开启克什米尔地区的贸易通道。这是自1947年巴印分治以来两国首次在有争议的克什米尔地区开启贸易通道。

2008年11月,印度孟买发生恐怖袭击事件,造成数百人伤亡。印度国内将矛头直指巴基斯坦,认为恐怖分子全部来自巴基斯坦,要求巴方对此负责。巴政府予以否认,并要求印方提供确凿证据。12月26日开始,巴基斯坦向印巴边境增派两万兵力,巴基斯坦外交部长库雷西警告印度不要对巴发动“外科手术式袭击”,否则巴方将被迫予以全力反击,印巴关系一度剑拔弩张。印度总理辛格2009年1月6日在新德里一个安全会议上说,孟买袭击事件是巴境内的武装分子所为,印方有足够证据证明袭击者得到了巴某些官方机构的支持。巴基斯坦外交部当天发表声明，认为印度正发动宣传攻势，促使地区局势更加紧张。巴基斯坦总理吉拉尼 7 日发表声明，驳斥印度总理辛格指控巴与孟买袭击事件有牵连，希望印度在处理这一事件时以维护南亚和平稳定大局为重。

尽管很多人担心印巴关系会遭遇严寒，但认为两国重燃战火的人为数不多。这首先是因为，印巴两国都认识到战争只能是两败俱伤，而和平谈判是解决问题的唯一途径，两国都不愿意再战；其次是因为，两国都逐渐认识到，反恐是两国的共同任务，两国都是恐怖主义的受害者，恐怖事件会使双方更加紧密地团结起来，合作反恐；最后是因为，即使印巴两国意气用事，国际社会也不会坐视不管，因为这两个拥有核武器的国家一旦擦枪走火，全世界都会跟着遭殃。孟买恐怖事件无疑为逐渐升温的印巴关系带来一股寒流，但相信在印巴双方和国际社会的努力下，印巴和平进程会向前推进。

思考题：

1. 为什么印巴两国之间冲突不断？
2. 印巴冲突对地区安全有何影响？

名词解释：

印巴分治　　克什米尔问题

第十三章　科索沃问题与格鲁吉亚危机

第一节　科索沃地位问题

科索沃是原南联盟塞尔维亚共和国的自治省，90%的居民为阿尔巴尼亚族人，其余多为塞族和黑山族人。从上世纪80年代末起，科索沃的阿族人一直在谋求科索沃独立。从1999年以来，科索沃一直在联合国的托管之下。

历史上，科索沃地区曾生活着塞尔维亚族人和阿尔巴尼亚族人的祖先，并多次因战争发生大规模的民族迁移活动。第二次世界大战后，科索沃随塞尔维亚并入南斯拉夫社会主义联邦共和国。上世纪60年代，科索沃成为拥有较多自治权的自治省，其自治地位被写进1974年修改的宪法。

1991年，阿族人曾举行了未得到国际社会承认的"全民公决"，决定成立"科索沃共和国"，并于次年5月进行了非法选举，选举了"科索沃共和国总统"以及由100名议员组成的"科索沃共和国议会"。由此，科索沃同时并存着两个政权，一个是塞尔维亚当局指派的政府，一个是阿族自己"选举"的政府。1992年，南斯拉夫社会主义联邦共和国解体，一分为五，塞尔维亚和黑山两个共和国组成南斯拉夫联盟共和国。科索沃的阿族人趁机宣布成立"科索沃共和国"，但这一"新国家"始终未得到国际社会承认，科索沃局势日趋动荡。1998年，激进的阿族非法武装"科索沃解放军"同南联盟军警的武装冲突加剧。

1999年3月，在未经联合国授权的情况下，北约打着"防止科索沃人道主义危机"的旗号，对南联盟进行了长达78天的轰炸。同年6月10日，联合国安理会通过了政治解决科索沃问题的第1244号决议，重申南联盟对科索沃地区拥有主权，要求所有联合国会员国充分尊重南联盟的主权与领土完整。根据这一决议，科索沃由联合国特派团进行管理，北约领导的国际维和部队提供安全保障。

自科索沃由联合国托管以来，南联盟及其更名后的塞尔维亚和黑山，乃至今天的塞尔维亚，都坚决主张要求遵守国际法准则，尊重国家主权和领土完整，反对科索沃成为独立国家。但科索沃的阿族人始终要求实现科索沃的完全独立。

2005 年 11 月，科索沃未来地位谈判正式启动。2006 年 2 月 20 日，塞尔维亚和科索沃当局的代表团在维也纳展开首轮会谈。2007 年 2 月，联合国科索沃最终地位谈判特使阿赫蒂萨里提出了一个解决方案，其核心内容是科索沃实行"国际监督下的独立"。塞尔维亚方面坚决不同意，并要求废除此方案。由于俄罗斯的反对，这一方案未能在安理会进行表决。

随后，联合国秘书长潘基文授权"三驾马车"，即欧盟、美国和俄罗斯，启动新一轮会谈，并在 2007 年 12 月 10 日提交相关报告。在"三驾马车"特使的主持下，从 2007 年 8 月份起，塞尔维亚和科索沃阿族就科索沃最终地位进行了多轮谈判，但由于双方立场悬殊，谈判于 2007 年 11 月底宣告失败。

科索沃未来地位谈判除与塞尔维亚和科索沃阿尔巴尼亚族直接相关外，还牵扯到美国、俄罗斯和欧盟各国的利益。目前，美国和多数欧盟国家公开表态支持科索沃独立，俄罗斯、西班牙、希腊、罗马尼亚等国对此表示反对。

相关链接

科索沃宣告独立为时尚早

2009 年 2 月 17 日单方面宣告独立，两周后，塞尔维亚拒绝承认这一省份的脱离，而住在科索沃的十二万塞族居民中很多人还在继续高喊着反对阿尔巴尼亚领导的口号。尽管美国和几个西方大国迅速对其独立表示认可，其他欧洲国家及俄罗斯则坚决拒绝。

科索沃的独立宣告最初引起了一些激烈反应，美国、欧洲大使馆均遭到塞族人围攻。但塞族政府还不准备在维护区域主权问题上使用武力。他们强烈抗议美国及其他支持科索沃独立的国家破坏国际秩序，也引起了国际法问题上的种种争议。

塞尔维亚传统同盟俄罗斯已经警告说支持科索沃独立极可能引发巴尔干地区的更多冲突，并使这个本来就战火频发的地带重燃硝烟。俄罗斯驻北约大使米特里·罗戈津上周也警告说假如北约或欧盟在科索沃问题上仍蔑视联合国，俄罗斯不排除武力介入。这个地区有史以来号称火药桶。第一次世界大战就是由一个狂热的塞尔维亚民族分子刺杀奥匈帝国皇位继承人而引发的。第二次世界大战虽未在巴尔干半岛上爆发，但轴心国与同盟国的争夺使这个地区四分五裂，好几次具有战略性关键意义的战役也发生在这里。冷战期间，由于大多数政府都在苏联的庇护之下，巴尔干局势较为稳定。美苏两超级大国的注意力全部集中在军备竞赛以及欧洲中、东和西部上，而南部相对安定。但是冷战结束后，一度休眠的种族战火再度点燃，特别是南斯拉夫，最终国家解体。由于俄罗斯无力为南斯拉夫解除危机，20世纪90年代美国及北约渐渐扩大自己在此地区的影响力。科索沃宣告独立可以说是西方国家与俄罗斯权力角逐得胜的果实。

20世纪以来全世界倡行民族自决的理念，普遍认为人们对自己国家的政治体制有着合乎道德和法律的决定权。国际联盟以及联合国均表示支持这一原则，承认各民族享有独立的自决权。二战以来这种精神也改变了世界面貌。战争末期，全世界约有50个国家，而现在超过190个。战争一结束，世界范围内就掀起了独立运动潮流，其中大多数是从前殖民者的统治脱离出来，如菲律宾、印度及朝鲜。20世纪六七十年代，亚非诸国纷纷宣告独立。而冷战末期，随着苏联解体，东欧、南欧成立了一系列新兴国家。俄罗斯本身也是在这个潮流中形成的。但无一例外的是，新主权国家的诞生都是同国际秩序的转变联系在一起的。人们为民族自决而做出的努力离不开外部力量的支持。当今一个新政权若要获得独立国家的合法地位，则必须得到联合国成员国多数票的赞成，这就是外部力量的作用。赫尔辛基协议强调自由是建立在一致意见基础之上的。而意见不一则容易导致纷争。比如，联合国常任理事国俄罗斯和中国对科索沃独立不予支持，这一事实就可能引发矛盾冲突。即使在欧洲内部，各国观点也并未统一。科索沃的独立对怎样定义主权国家及国际秩序都提出了挑战。

政治秩序是由世界各国以及国际社会共同决定的。一个民族对自决的渴望和要求并不是唯一的考虑因素。科索沃的独立威胁到众多人民的利益，很可能成为新一轮冲突战争的导火线。这一事件也可能引发连锁效应，打开潘多拉魔盒，使种族背景复杂的主权国家再度硝烟弥漫。果真如此，国际社会基本秩序及世界和平局面都面临被破坏的严重后果。上述种种原因表明，除非在世界范围内达成共识，现在科索沃独立时机尚未成熟。

第二节　格鲁吉亚危机

2008年8月8日凌晨，格鲁吉亚军方在南奥塞梯首府茨欣瓦利与当地武装力量爆发武装冲突。随即演变为格鲁吉亚与在此地维和的俄罗斯军队的冲突。此次南奥塞梯局势骤然恶化始于8月1日的武装冲突。当时，格鲁吉亚和南奥塞梯武装人员发生交火事件，造成了人员伤亡，双方互相指责对方首先开火。7日凌晨至8日，格鲁吉亚军队与南奥塞梯自治州武装人员在南奥塞梯首府茨欣瓦利市附近再次发生武装冲突。格鲁吉亚军队出动大炮、坦克和装甲运兵车，并向茨欣瓦利发动了进攻。8日晚格鲁吉亚总统萨卡什维利向国民发表电视讲话说，格军已完全控制了南奥塞梯首府茨欣瓦利。

这一天，正是全球参与并瞩目的奥运会在北京开幕的日子。"奥林匹克休战"原则在南奥塞梯被撕裂了一个口子，也让世界感受到国际政治在国家利益面前的脆弱平衡。在北京参加奥运会开幕式的俄总理普京说，南奥塞梯实际上"爆发了战争"。俄国防部说，已有10名俄维和人员在冲突中丧生，另有30人受伤。南奥塞梯首府茨欣瓦利和许多其他地区的建筑被炸毁，大批难民逃到俄罗斯境内。13日，格鲁吉亚与俄罗斯就停火条件原则上达成一致。俄格冲突基本平息。格鲁吉亚总统萨卡什维利12日宣布格已决定退出独联体，俄格关系降至历史最低点。

南奥塞梯问题的由来

从事件发生的时间看，冲突确有其偶然性，但南奥塞梯问题已经积累很长时间了，从2007年以来，小规模偶发性的冲突就时有发生，国际社会也一直担心这里会成为一个新的热点。2008年8月，冲突双方凝聚的不信任和对立气氛达到相当危险的程度，因此任意一个小动作都可能引起擦枪走火。

南奥塞梯是格鲁吉亚的一个自治州，与俄罗斯北奥塞梯共和国接壤。追溯历史，南奥塞梯早在1922年就成为格鲁吉亚苏维埃社会主义共和国的自治州，茨欣瓦利为其首府。此后南奥塞梯自治政府与格鲁吉亚之间基本上维持和平状态。但在1990年格鲁吉亚开始脱离苏联谋求独立时，南奥塞梯也宣布独立，提出要与北奥塞梯共和国合并，冲突由此爆发并不断扩大。

1992年6月，俄罗斯、格鲁吉亚和南、北奥塞梯四方就和平解决武装冲突举行会谈，达成了停火、成立维和部队和监督委员会的协议。7月，俄罗斯、格鲁吉亚和南奥塞梯三方联合组成1500人的维和部队，在南奥塞梯和格鲁吉亚边界建立了安全走廊，实际上是把南奥塞梯从格鲁吉亚分隔出来。

自此之后，由于南奥塞梯自治州和阿布哈兹共和国都倾向于"投靠"俄罗斯，俄格两国经常打嘴仗，有时甚至剑拔弩张，但并没有导致直接的武装对抗。

而考虑到多方面的因素，俄罗斯既没有承认南奥塞梯独立，也没有支持它同北奥塞梯合并，但始终保持着同南奥塞梯的密切联系。据报道，多数南奥塞梯人如今持有俄罗斯护照，卢布在当地也广泛流通。

2008 年 2 月，科索沃宣布“独立”后，俄罗斯为了回击美国承认科索沃“独立”的行为，开始调整对南奥塞梯和阿布哈兹的政策。俄国家杜马 3 月 21 日通过一项声明，建议俄总统和政府考虑承认南奥塞梯和阿布哈兹独立的问题。随后，时任俄总统普京责令向南奥塞梯和阿布哈兹的居民和旅居那里的俄公民提供物资援助，并在当地建立全方位保护俄公民权利和自由的机制。

针对这种状况，格鲁吉亚一方面坚决反对，另一方面积极寻求国际支持，特别是美国的支持。格军队还加强了建设，装备新武器，接受美国教官训练，与美国等国开展了联合军事演习。

2008 年四五月间，由于格鲁吉亚无人驾驶侦察机接连被阿布哈兹军方击落，格开始向与阿布哈兹临近的地区大量屯兵，俄罗斯则向阿布哈兹增加维和兵力，声称要严厉回击格可能发动的“侵略”。

格鲁吉亚危机的深层原因

无论是南奥塞梯还是阿布哈兹，其实还都只是双方相互争斗的“棋子”或者说“筹码”；更深的背景则是，俄罗斯和西方大国都试图取得在该地区的控制权。

格鲁吉亚面积不大，地缘地位却十分重要，西方国家把它作为从南方挤压、遏制俄罗斯战略空间的基地。格鲁吉亚在苏联解体后就逐渐向西方靠拢，接受美国的军事与经济援助。格成为美国在反恐战争中的盟友，近年来更积极要求加入北约。

为了挤压俄罗斯，北约在 1997 年和 2002 年的两轮东扩中，把中欧、巴尔干半岛北部国家以及波罗的海三国接纳进来，2008 年又开始酝酿第三轮东扩，主要对象就是格鲁吉亚和乌克兰。民调也显示超过半数格鲁吉亚民众希望加入北约。在俄方看来，如果格鲁吉亚和乌克兰加入北约，北约就把前沿阵地推进到了俄罗斯的西南和南部。已经失去了中东欧、巴尔干和波罗的海等传统势力范围的俄罗斯深感危机，认定这是“危险的信号”。

大国之争反映在格鲁吉亚内部，则是亲俄派和亲西方派之间没完没了的政治争斗。在 2003 年的所谓“颜色革命”和 2007 年大规模反政府示威游行的背后，都可以看到西方国家和俄罗斯的影子。

从地理位置看，南奥塞梯处于里海石油至西方国家不经过俄罗斯领土输出的重要能源运输路线。俄罗斯近年来凭借其庞大的能源蕴藏重新崛起，对于这条重要的能源运输路线势在必得。为防止北约东扩，俄将南奥塞梯的独立问题作为牵制格鲁吉亚加入北约进程的一张重要的牌。而最终，北约东扩，成为了南奥塞梯军事冲突的导火索。

南奥塞梯冲突引起国际社会的广泛反应。冲突各方，以及美国、欧盟等基于自身立场作出不同解读。格鲁吉亚总统萨卡什维利在格军占领了南奥塞梯首府茨欣瓦利大部分地方后使用了"解放"一词；俄罗斯总理普京抨击格鲁吉亚军队在南奥塞梯进行"种族清洗"，说俄军队反击"完全合法"，向南奥塞梯派增援部队是为了"人道主义救援"；而美国公开表态支持格鲁吉亚，布什总统表示，俄方对格鲁吉亚的武力行动"无法接受"，切尼则警告俄罗斯要停止继续向南奥塞梯"进攻"。不过无论是美国还是欧洲国家，对俄罗斯的批评都还停留在政治和外交的层面。

与此同时，北约也专门召开会议讨论南奥塞梯局势，联合国安理会从 8 月 7 日晚起多次举行紧急会议。虽然冲突已经平息，但国际舆论大都认为各方将展开的博弈还会继续，其影响也会渐渐显露出来。

思考题：

1. 科索沃战争对我国有什么启示？

2. 格鲁吉亚危机中的大国因素有哪些？

第十四章 核武器扩散问题

第一节 朝鲜核扩散与六方会谈

奥巴马就任美国总统以后，并没有像朝鲜所期望的那样采取行动改变布什政府时期对朝的强硬政策，甚至在向伊朗伸出橄榄枝的同时却对朝鲜不闻不问，这明显伤害了朝鲜的自尊心。为了引起国际社会的关注，为了把美国逼到台前来，2009 年，朝鲜主动出击，表现出了积极介入国际社会的倾向。

2009 年 4 月 5 日，朝鲜发射了两枚人造卫星，美国怀疑其发射的是导弹。随后联合国安理会 13 日就朝鲜发射问题一致通过了一份主席声明，谴责朝鲜的发射活动，称其违背安理会第 1718 号决议。4 月 14 日，朝鲜宣布退出朝核问题六方会谈，并将按原状恢复已去功能化的核设施，"谴责和反对"联合国安理会就朝鲜发射问题通过的主席声明。29 日，朝鲜要求联合国安理会道歉，威胁再进行核试验。5 月 25 日朝鲜第二次"成功地进行了地下核试验"，27 日朝鲜军方又发表声明，宣布朝鲜退出 1953 年签署的《朝鲜停战协议》。联合国安理会 6 月 12 日一致通过第 1874 号决议，对朝鲜 5 月 25 日进行核试验表示"最强烈的谴责"，并要求朝鲜今后不再进行核试验或使用弹道导弹技术进行任何发射。

2009 年朝鲜的一系列挑衅举动是其国际和国内多方因素作用的共同结果。美国奥巴马政府对朝问题不予理睬，韩国李明博政府对朝采取强硬态度；朝鲜欲发展经济却面临外界对其制裁的不良环境，为了团结国内民心急需展现朝鲜"军事"的"强大"，也有报道说发射火箭与核试验是金正日为了给接班人而铺设道路。

朝美核框架协议

冷战后核问题一直是美国与朝鲜的核心议题之一。1990 年，美国根据卫星拍摄的照片，认为朝鲜到20世纪90年代中期可能拥有核武器，朝鲜则声明纯属美国捏造。1993年初，美国就国际原子能机构（IAEA）对朝鲜核设施实行“特别检查”一事发生严重对抗，加大了对朝鲜的军事压力，朝鲜则宣布退出于1985年参加的《不扩散核武器条约》（NPT）。1993年6月，美朝代表在纽约举行了自1953年停战协议签订以来首次高级会议并达成协议：美国帮助朝鲜改造核设施，朝鲜则暂时不退出NPT。7月，在美朝日内瓦会议上，美国首次表示可以考虑帮助朝鲜将其石墨减速反应堆换成不易被用于军事目的的轻水反应堆。1994年3月，美国指责朝鲜未能给予IAEA人员充分合作，决定取消即将举行的美朝会谈并恢复与韩国的“协作精神”军事演习。朝鲜方面则宣布不再接受IAEA检查并称要重新考虑其暂不退出NPT的承诺。朝鲜半岛局势再度恶化。4月下旬，朝鲜表示可以允许IAEA人员检查其设施。但由于朝鲜在IAEA人员不在场的情况下自行更换了反应堆燃料棒，与IAEA发生激烈对抗，IAEA宣布终止对朝鲜的民用核技术援助。朝鲜宣布退出IAEA。6月15日，美国驻联合国大使奥尔布赖特向安理会提出了对朝鲜制裁方案。朝鲜也毫不退让，宣称“制裁意味着宣战”，并威胁要将汉城（现改名为首尔）变成“一片火海”。据时任美国国防部长的佩里回忆，当时美国还差一天就要向韩国大规模增兵，局势已经到了一触即发的关头。为化解危机，经克林顿总统同意，美国前总统卡特访问了平壤并同金日成进行了会晤。访朝后卡特宣布“危机已解除”。朝美两国于7月初在日内瓦重开高级会议。在这次会谈中双方代表均取得了较大的灵活性，取得了重大进展。10月21日双方签订了框架协议。

根据这一协议，朝鲜将不退出NPT，同意冻结并最终拆除其核设施，其中包括在宁边核研究中心正在运行的50兆瓦的实验型石墨减速反应堆、一处已部分完成的再处理设施、在大昌的一个正在建设中的220兆瓦的反应堆。这样，朝鲜将不可能从核原料中分离出可能被用于生产核武器的原料。作为交换，美国同意在2003年前帮助朝鲜建造两座轻水反应堆来代替石墨反应堆（总功率2000兆瓦）。在轻水反应堆建设过程中，美国每年将向朝鲜提供50万吨重油以弥补其因冻结核反应堆而遭受的能源损失。朝鲜承诺贯彻1992年签署的《北南无核化联合宣言》或不威胁使用核武器。此外，双方保证将共同致力于改善经贸及政治关系，最终实现关系正常化。

协议签订后，朝鲜半岛局势得到很大的改观，由紧张对峙变成“大缓和，小紧张”。朝鲜冻结了协议所规定的核设施。1995年1月，为实现框架协议所规定的在签约后90天内向朝鲜提供5万吨重油的目标，克林顿政府下令动用国防部550万美元应急资金用于购买重油。由美国、日本和韩国等国为主组成的朝鲜半岛能源开发组织(KEDO)于1995年3月在纽约成立,选定了一家韩国公司作为两座轻水反应堆的主承包商。1997年8月,轻水反应堆核电站正式开工,2002年8月8日,KEDO在建设工地上举行了反应堆混凝土浇灌仪式,从此工程进入一个新的实质性阶段。到目前为止工程投入已超过10亿美元。

美国经常不能按时向朝鲜提供重油,朝方对此十分不满,还强烈批评美未能采取切实措施放宽制裁,提升双方政治关系。美方则不时指责朝鲜未能在核设施核查方面进行充分合作并且违背1994年框架协议扩展大规模杀伤性武器。

症结与现状

朝鲜发展核武器有多重动机,朝鲜赋予了核弹以多重任务。朝鲜发展核武器从根本上来说是因为朝鲜感到其体制安全受到威胁。但这种威胁来自多个方面,既有外部的,也有内部的。来自外部的威胁首先是美国的"先发制人"的攻击可能性,其次是韩、日的敌对政策。来自内部的威胁则是长期经济发展缓慢和生活贫困引起的沮丧、怀疑情绪和社会凝聚力下降。在这种情况下核武器便有了新的功能:

——鼓舞民心。原子弹被认为是国家技术水平和实力地位的象征。朝鲜这样一个小国拥有了核武器,就取得了与大国平等的地位,其建设"强盛大国"目标几近实现,这对于民众来说无疑是一个巨大鼓舞,能有效地增强信心和坚定对领袖的忠诚和崇拜。

——制衡韩、日。面对敌对的韩国和日本,无论是在经济实力上还是在武器装备上朝鲜都处于劣势,而且随着南北综合实力差距的拉大,这种失衡状况将更加严重。原子弹作为一种特殊的武器具有极大的威慑作用,拥有它就将弥补差距,恢复制衡。

——阻遏美国攻击。朝鲜认为,2002年印巴冲突时,印度之所以最终从边界撤回了军队,是因为巴基斯坦拥有核武器;伊拉克萨达姆政权之所以被美英联军迅速克灭,就是因为美国人心里也明白萨达姆手中没有大规模杀伤性武器。这表明原子弹具有强大的阻遏攻击作用。

——用于交换。美国作为当今世界唯一超级大国,没有哪个国家会真的使其惧怕,他们唯一在意的就是核扩散。尤其是"9·11"事件以后,他们最担心的就是恐怖分子的汽车里有一颗原子弹。朝鲜认为只要向美国显示其核计划和核能力,美必然会坐下来同其谈判,并出一个可观的价格进行收购。

朝核六方会谈

2002年10月美国总统特使、助理国务卿凯利访问平壤后，美国宣布朝鲜“已承认”铀浓缩计划，并指控朝鲜正在开发核武器。朝鲜则表示，朝鲜“有权开发核武器和比核武器更厉害的武器”。同年12月，美国以朝鲜违反《朝美核框架协议》为由停止向朝提供重油。随后，朝鲜宣布解除核冻结，拆除国际原子能机构在其核设施上安装的监控设备，重新启动用于电力生产的核设施，并于2003年1月10日发表声明，宣布退出《不扩散核武器条约》，但同时朝鲜表示无意开发核武器。

为和平解决朝核问题，在中国政府积极斡旋下，最终促成了由中国、朝鲜、美国、韩国、俄罗斯和日本参加的朝核问题六方会谈，并确立了通过谈判和平解决朝核问题的原则。迄今，六方会谈已在北京举行了六轮。

第一轮六方会谈(2003年8月27日至29日)

各方认真、全面地阐述了各自的原则立场和方案设想，并达成重要共识，即确认朝核问题应通过对话以和平方式解决的原则。

第二轮六方会谈(2004年2月25日至28日)

朝鲜强调只有美国放弃对朝敌对政策，朝鲜才能放弃核计划。在此基础上，朝鲜提出“口头对口头”原则作为第一阶段行动措施，即朝鲜冻结核武器计划，美国相应放弃对朝敌对政策。美国重申，在关切的问题解决后，美国最终愿与朝鲜实现关系正常化。在弃核目标上，美方再次重申“全面、可核查、不可逆转地放弃核计划”概念。与会六方最终以《主席声明》的形式阐明了各方共识，这是六方会谈首次以书面文件形式确定会谈的成果。

第三轮六方会谈(2004年9月23日至26日)

朝鲜进一步明确弃核意愿，首次表示可以透明地放弃一切核武器及相关计划。美国则提出了一项包括朝鲜弃核，同时也涵盖了朝方的安全关切、能源需求以及取消封锁要求等内容的“转变性方案”。但双方在弃核的范围和方式以及关于核冻结的范围和相应措施等方面存在分歧。最终，与会各方同意“以循序渐进的方式，按照口头对口头、行动对行动”的原则寻求和平解决朝核问题的途径。

第四轮六方会谈(2005年7月26日至8月7日;9月13日至19日)

经过两个阶段艰苦谈判，各方一致同意通过了六方会谈启动以来的首份具有实质内容的共同声明(9·19共同声明)。朝方承诺放弃一切核武器及现有核计划；美方确认无意以核武器或常规武器攻击或入侵朝鲜；各方尊重朝方拥有和平利用核能的权利等。

第五轮六方会谈(2005 年 11 月 9 日至 11 日;2006 年 12 月 18 日至 22 日;2007 年 2 月 8 日至 13 日)

第一阶段会议通过的《主席声明》中重申,将根据“承诺对承诺、行动对行动”原则全面履行共同声明,早日可核查地实现朝鲜半岛无核化目标,维护朝鲜半岛及东北亚地区的持久和平与稳定。此后,会谈曾因朝鲜反对美国的金融制裁而陷入僵局。

经过一年多的反复磋商,六方会谈终于峰回路转。2007 年 2 月 13 日,第三阶段会议通过了《落实共同声明起步行动》的共同文件(2·13 共同文件),内容包括朝方关闭并封存宁边核设施,并邀请国际原子能机构人员重返朝鲜进行必要的监督和验证,以及各方同意向朝鲜提供价值相当于100 万吨重油的经济、能源及人道主义援助。

第六轮六方会谈(2007 年 3 月 19 日至 22 日;9 月 27 日至 10 月 3 日)

第一阶段会议如期举行,各方听取了五个工作组的报告,就落实起步行动和下一阶段行动计划进行了探讨。10 月 3 日,朝核问题第六轮六方会谈第二阶段会议通过了《落实共同声明第二阶段行动》的共同文件。根据文件,朝鲜将在 2007 年年底前完成宁边核设施的去功能化并全面申报核计划;美国根据朝方行动并行履行其对朝承诺。

2008 年,朝鲜核问题可谓一波三折。6 月 26 日,朝鲜在推迟近半年后宣布提交核计划申报,并于该月 27 日炸毁宁边地区核设施的冷却塔。10 月 11 日,美国宣布将朝鲜从“支持恐怖主义国家”名单中去除。11 月 12 日,朝美围绕验证的分歧公开化。12 月 11 日,朝核问题六方会谈团长会未能就验证问题达成一致,美国宣布“重新考虑”对朝政策。从目前情况看,如何解决朝鲜核计划申报验证问题依然是各方存在重大分歧的难点。

2009 年 4 月 5 日,朝鲜称其“光明星二号”发射成功,4 月 13 日,联合国安理会就朝鲜发射问题一致通过了一份主席声明,安理会对此表示“谴责”,并要求朝鲜不再进行进一步的发射活动。中方始终认为,安理会的反应应着眼于维护朝鲜半岛和东北亚地区的和平稳定大局。2009 年 10 月以来,朝核问题虽然出现了一线转机,但离真正的无核化目标还相距甚远。

第二节 伊朗核问题

伊朗核问题的来龙去脉

伊朗的核计划始于20世纪50年代后期，其核技术大部分从当时关系密切的美国及西方国家引进。1979年伊朗伊斯兰革命后，其核能项目陷于停滞状态。90年代初，伊朗开始与俄罗斯商谈恢复修建有关核电站问题，并与俄签署《和平利用核能协议》。1980年与伊朗断交的美国对伊俄核合作十分不满，曾多次指责伊朗以"和平利用核能"为掩护秘密发展核武器，并一直对其采取"遏制"政策。"9·11"事件之后，美国将伊朗视为支持恐怖主义的国家和"邪恶轴心"国家之一。

2002年9月，美国的卫星发现伊朗中部地区的纳坦兹和阿拉克有可疑建筑物，认为是浓缩铀加工厂和重水反应堆设施。为此，美国不但要求国际原子能机构加强核查，还竭力推动将该问题提交联合国安理会讨论。

2003年2月，伊朗宣布发现并提炼出铀后，其核计划立即遭到美国的"严重质疑"，并引起国际社会的极大关注。同年9月12日，国际原子能机构理事会通过决议，要求伊朗在10月底前公开核计划，以澄清其全部核活动，尽快签署《不扩散核武器条约》附加议定书，允许国际原子能机构对其进行更为严格的突击检查，终止提炼浓缩铀试验。

伊朗方面为了表明自己的诚意，主动邀请国际原子能机构总干事巴拉迪访伊，核查上述两处可疑地点，并在2003年12月正式签署了《不扩散核武器条约》附加议定书。检查的结果是，并没有发现任何"意料之外"的情况，证实伊朗是在和平利用原子能。美国对此结果不满，并极力主张把伊朗核问题提交安理会讨论，其目的是要对伊朗进行更严厉的经济制裁或对伊动武，而这是欧盟所不愿看到的。因此，法、德、英三国全力进行调解，2004年11月15日，伊朗与这三国达成协议，伊朗从11月22日起中止与铀浓缩有关的一切活动。伊朗核危机再次化险为夷。

2004年11月，法德英三国与伊朗举行了多轮会谈后在巴黎初步达成协议。由于双方存有分歧，巴黎协议未能得到落实。

2005年12月，俄罗斯提出伊俄两国在俄境内建立铀浓缩联合企业的提议，以确保伊朗核技术不会用于军事目的。但伊朗表示其铀浓缩活动必须在本国境内进行。

2006年1月3日，伊朗宣布已恢复中止两年多的核燃料研究工作，并于

10日在国际原子能机构的监督下揭掉了核燃料研究设施上的封条,正式恢复核燃料研究活动。这一举动引起了国际社会的强烈反应。国际社会积极斡旋,要求伊朗停止核燃料研究活动,但伊朗坚持有权和平利用核能。

由于伊朗拒绝执行安理会主席声明,美、俄、中、英、法、德六国多次举行外长级磋商,最终于6月1日提出一项解决伊朗核问题的新方案,并要求伊朗尽快对这一方案作出答复。伊朗认为,六国方案虽包含"积极措施",但也有"模糊不清之处",有待进一步探讨。

对于伊朗的消极反应,六国外长于2006年7月12日在巴黎发表声明,决定将伊朗核问题重新提交联合国安理会。尽管声明隐含制裁的威胁,伊朗依然重申,伊朗尊重国际法和国际准则,但决不放弃获得核技术的权利。

在伊朗拒绝执行安理会第1696号决议后,美极力推动安理会通过对伊制裁的决议。10月24日,英、法、德三国向安理会递交了一份非正式决议草案,要求对伊朗实施严厉制裁。但俄罗斯认为,这些制裁措施过于严厉,必须加以修改。中国也一直主张通过政治和外交努力,以谈判方式和平解决伊朗核问题。

2006年12月23日,联合国安理会一致通过第1737号决议,要求伊朗立即停止所有与铀浓缩、重水反应堆有关的活动,决定对伊朗实行一系列与其核计划和弹道导弹项目有关的禁运、冻结资产和监督相关人员出国旅行等制裁措施。

2007年2月22日,国际原子能机构总干事巴拉迪向该机构理事会和联合国安理会提交了有关伊朗履行安理会第1737号决议情况的报告。报告认定伊朗未能在规定的限期内停止铀浓缩活动。同日,伊朗原子能组织副主席赛义迪随即重申,伊朗不能接受联合国安理会第1737号决议要求伊朗停止铀浓缩活动的相关规定,将继续实施自己的核计划。23日,伊朗总统艾哈迈迪一内贾德说,伊朗决不屈服于西方国家的压力,将继续坚定地发展和平利用核能计划。

2007年3月24日,联合国安理会通过有关伊朗核问题的第1747号决议,加大了对伊朗核导弹计划相关领域的制裁,同时强调继续通过谈判解决伊朗核问题。伊朗总统艾哈迈迪一内贾德坚持联合国安理会就伊朗核问题通过的新决议是"非法的",伊朗的核计划不会因为该决议而停止。

作为伊朗核问题的积极把持者,美国表示,它不会容忍伊朗研制核武器。2007年9月25日和26日,美国众参两院先后通过加强对伊朗制裁的法案,呼吁美国务院把伊朗革命卫队定性为恐怖组织,并对伊朗革命卫队及其下属公司进行制裁。美国与伊朗之间就核武器问题的较量不断升级。

2007年末,美国情报机构公布了有关伊朗核问题的报告,称伊朗在2003年停止了核武器项目,而且迄今未予重启。但美国总统布什声称,伊朗仍是威胁,国际社会应继续对伊朗保持压力。伊朗方面对美情报机构的报告表示欢迎,称该报告证明了伊朗核活动的和平性质。

2008年,伊朗核问题毫无进展。年内联合国安理会先后通过第1803和第1835号决议,加强了对伊朗的制裁,但毫无收效。伊朗仍继续从事铀浓缩活动,在推进浓缩计划方面取得了新的进展,对联合国安理会自2006年以来连续要求它停止铀浓缩的多项决议置若罔闻。

伊朗当局在其核问题上,几乎如出一辙地与美国对抗。伊朗坚持"三不主义":不妥协、不停止铀浓缩、不突破核武器发展。与朝鲜不同的是,伊朗不退出《不扩散核武器条约》,宣称不发展核武器,允许国际原子能机构人员对其核设施进行视察,从而为不遵守联合国安理会相关决议而坚持铀浓缩取得了事实上的讨价还价的余地,因此也为发展自主核裂变材料保留了选择。

就伊朗核问题而言,即使伊朗仍然坚持"三不主义",它的核发展仍然没有失控,伊朗铀浓缩仍然没有突破武器级的程度,这可被视作"可控"范围。在美国面临的整体外部环境仍然严峻的情况下,奥巴马政府难以出台对伊朗更为严厉的措施。而在同样的背景下,伊朗也没有特别必要调整其在铀浓缩问题上的强硬立场。2009年在伊朗革命十周年之际,伊朗大选又给美伊关系带来新的变数,美伊对峙的局面还将维持。

美国对伊朗强硬的原因

(1)伊朗被美国认定是实现其中东战略的最大障碍,是美推行"大中东计划"的绊脚石。1991年海湾战争后,伊朗不仅已成为海湾地区综合国力和军事力量最强的国家,而且是该地区极少数敢对美国说"不"的国家之一。因此,美国把伊朗看成是其全面控制海湾地区的眼中钉。

(2)美国甚为担心伊朗的经济实力和军力不断增强。近几年来,伊朗的经济发展成绩在中东地区比较突出。国际货币基金组织的数据显示,伊朗2000～2004年间GDP的年增长率分别为5.3%、5.9%、6.7%、6.1%、5.7%,2004年的GDP达1410亿美元。与此同时,伊朗的军事力量也有所增强。近几年来,伊朗不断提高导弹的射程和威力,将改进型导弹装备部队,形成新的战斗力。

(3)美国认为,伊朗发展核武器对美国和它正在进行的反恐战争都是一个潜在威胁。在这个问题上,美国政府和国会的立场一致。2004 年 7 月,美国国会以绝对优势通过一项决议案,授权布什政府使用“所有适当的手段”来劝阻和禁止伊朗获得核武器。布什政府把伊朗归入“邪恶轴心国”,认为伊朗是支持恐怖主义的国家,且与“基地”组织有联系。

(4)美国担心伊朗什叶派势力对伊拉克局势的影响。伊朗和伊拉克两国约 95%的居民都信奉伊斯兰教。在伊朗的穆斯林中,什叶派约占 90%;在伊拉克的穆斯林中,什叶派约占 60%,其余为逊尼派。伊拉克战争后,伊朗让伊拉克的什叶派宗教领袖哈基姆回到伊拉克,利用他的强大精神号召力组织伊拉克什叶派穆斯林,反对美国在伊拉克的军事存在。美国极为担心伊朗利用与伊拉克境内什叶派的关系进行渗透、扩张势力,以影响伊拉克的政治稳定和经济、安全重建。

(5)石油因素。伊朗的石油储量居世界第三位,2003 年伊朗的石油产量居世界第四位。有分析说,一旦美国改变了伊朗现政权的性质,控制了伊朗的石油,那么整个海湾地区的石油也就在美国掌控之中,美国就可以借石油制约西欧、日本和中国。

伊朗核问题的解决前景

伊朗核问题的解决在很大程度上取决于伊朗与美国的关系。伊朗指责美国采取敌视伊朗的政策,称美国不改变其立场,两国关系的改善便无从谈起。因此,伊朗现政权不会屈服于西方国家的压力、俯首称臣,在伊朗核问题上,将运用自己的智慧和大国的支持巧妙地与其进行周旋。

伊朗核问题的解决前景有以下三种可能性:其一,欧盟三国提出的解决方案将基本满足伊朗的要求,但会引起美国的不满。美国有可能坚持要把伊朗核问题提交联合国安理会讨论。其二,欧盟三国提出的解决方案引起伊朗的不满。这种可能就是法、德、英三国提出的解决方案中未能满足伊朗提出的和平利用核技术的要求,伊朗因此有可能宣布恢复浓缩铀工作,伊朗核危机再次凸现。其三,欧盟三国提出的解决方案可能暂时能满足伊朗和美国各自的愿望,伊朗核问题暂趋缓和。欧盟三国可能提出的核问题解决方案是:在伊朗的民用核能计划方面与伊朗进行合作,用一些优惠政策来促使伊朗放弃核计划,并帮助伊朗减轻从俄罗斯进口核燃料的依赖,条件是伊朗必须放弃自己生产核燃料。在核问题上,内贾德反对任何妥协。他认为,伊朗必须顶住国际社会的压力,拥有自己的核技术。他表示,以和平为目的获取核技术是伊朗全民族的要求,伊朗领导人必须尽力满足这一要求。

伊朗可能会接受俄罗斯提出的解决方案:由伊朗加工提炼浓缩铀,然后运往俄罗斯加工成核燃料，之后再运回伊朗用于民用核能计划。该方案也可能被欧盟三国接受，因为它可以阻止伊朗进一步掌握核技术，这样也相对容易说服美国。目前美伊关系出现了松动迹象，但这距伊朗去核化目标还相距甚远。

小知识

美国两大特工系统

联邦调查局(FBI)和中央情报局(CIA)这两个机构，一个对内抓间谍和抓恐怖分子；一个对外搞情报，开展特别行动。其目的都是一个：保证美国的国家安全和利益。

中央情报局是内阁机构，与司法部平级，联邦调查局则隶属于美国司法部。美国联邦一级对付恐怖活动的责任归司法部长，他负责协调全国的各类执法活动。司法部长授权联邦调查局为打击恐怖活动的首要政府机构，具体地说，联邦调查局既负责调查美国国内的恐怖主义组织和活动，还有权调查境外针对美国公民的恐怖行为。

中央情报局局长又是全国情报委员会的主席，负责协调全国13个军队和政府部门的主要情报机构，包括联邦调查局。“9·11”事件以后，美国加强全国情报机构协调的呼声高涨，中央情报局的地位有所上升，但它还不能直接指挥军队和政府其他部门的情报机构。联邦调查局和中央情报局在工作中自然有一定竞争，但由于有较为明确的分工，两者矛盾还不是很大。

思考题：

1.我国政府对朝鲜半岛核危机持什么态度？

2.美国对伊朗核问题的态度及影响如何？

名词解释：

朝美核框架协议　　六方会谈

第四编

全球化与一体化

第十五章　全球化与国际金融安全

第一节　2008 年全球金融危机

2007 年夏，美国次贷危机全面爆发。此后，危机持续发展，导致大批美欧金融机构陷入困境甚至破产，最终在 2008 年 9 月升级为一场全面的金融危机，并波及世界其他地区。

所谓次贷，是指美国房贷机构针对收入较低、信用记录较差的人群专门设计出的一种特别的房贷。相对于风险较低的优质贷款而言，这类贷款的还贷违约风险较大，因此被称为“次贷”。从 2001 年到 2005 年，美国住房市场在长达 5 年的时间里保持繁荣，一些银行等放贷机构纷纷降低贷款标准，使得大量收入较低、信用记录较差的人加入了贷款购房的大潮，成为所谓“次贷购房者”。

2006 年，美国住房市场开始大幅降温，房价下跌。房价下跌使购房者难以将房屋出售或者通过抵押获得融资。与此同时，美国联邦储备委员会（美联储）为抑制通货膨胀持续加息，加重了购房者的还贷负担。在截至 2006 年 6 月的两年时间里，美联储连续 17 次提息，利率总共提升了 4.25 个百分点。由此，出现了大批“次贷购房者”无力按期偿还贷款的局面，次贷危机于 2007 年夏季全面爆发并呈愈演愈烈之势，导致全球主要金融市场持续动荡。

2008 年 3 月，危机迎来了第一个“高危期”。当时，美国第五大投资银行贝尔斯登因涉足次贷业务而濒临破产，这一消息对投资者心理带来巨大冲击。最终，在美联储担保下，贝尔斯登被摩根大通公司收购。4 月，全球主要金融市场曾进入一个短暂的平静期。美国高盛公司、花旗集团等金融巨头的负责人甚至乐观地表示，次贷危机最严重时期已经过去。但到 7 月份，美国金融市场形势再度恶化。在美国两大住房抵押贷款融资机构——房利美和房地美陷入困境后，危机迅速升级。

9 月，金融市场形势进一步恶化，次贷危机进入第二个“高危期”。9 月 7 日，为避免“两房”破产对美国和世界金融体系造成难以估量的破坏，美国政府宣布接管“两房”。9 月 15 日，美国第四大投资银行雷曼兄弟公司宣告破产，第三大投行美林公司被美国银行收购。随后，美国前两大投行高盛公司和摩根士丹利公司宣布转为银行控股公司。华尔街多年来由投行主导的格局不复存在。

除了“两房”和华尔街顶级投资银行外，美国国际集团、花旗集团等其他一些金融巨头也受到重创，不得不向政府求援。随着这些昔日声名显赫的金融巨头一个个“倒下”，投资者极度恐慌，美欧日股票市场频频暴跌。至此，由美国住房市场泡沫破裂引发的次贷危机终于升级为一场全面金融危机，并开始向美国以外的地区蔓延。一波又一波惊涛骇浪，让全世界目击了一场“金融海啸”。这场危机势头之猛，破坏程度之烈，均创上世纪 30 年代大萧条以来之最。

雷曼兄弟公司申请破产后的两个月时间里，这场金融危机迅速从美国向其他地区蔓延，从发达国家传导到发展中国家，从金融领域扩散到实体经济。

欧洲主要金融机构相继遇险，被迫由政府救助或被其他机构兼并，如比利时富通银行、英国最大的抵押贷款银行布宾银行等。北欧岛国冰岛甚至因银行业过度扩张而使整个国家濒临“破产”。

国际主要金融市场动荡加剧。欧洲、日本和新兴市场股市大幅下挫，不少市场跌幅超过 50%。国际油价急剧波动，在 2008 年 7 月创出历史新高后，在几个月内又急速下滑，跌幅超过 60%。部分新兴市场货币大幅贬值，个别央行被迫动用外汇储备进行干预。巴基斯坦、白俄罗斯等国内金融状况恶化，纷纷对外求助。

在国际金融危机的寒流下，全球资金链条急速缩紧，融资成本大幅上升，企业生产大幅放缓，世界实体经济遭受严重冲击。2008 年第三季度，美国经济按年率计算下滑 0.3%，是 2001 年第三季度以来的最大降幅；个人消费开支下降 3.1%，是 28 年来的最大降幅；10 月份零售额下跌 2.8%，创下历史最大月跌幅。欧元区 15 国经济 2008 年第三季度再次出现负增长，这标志着欧元区经济首次陷入衰退。

目前种种迹象已表明，在金融危机的严重冲击下，世界经济增长放缓几成定局。按照国际货币基金组织的预测，发达经济体 2009 年将陷入全面衰退，新兴经济体也正面临严重冲击。

第二节　金融危机与国际金融秩序

2008年，世界金融和经济形势风云变幻。随着美国次级住房抵押贷款市场危机愈演愈烈，并逐步升级为一场席卷全球的金融危机，实体经济受到严重冲击，美国、欧元区和日本经济已全部陷入衰退，新兴经济体增速也大幅放缓，世界经济正面临多年来最严峻的挑战。

携手抵御危机成为各国共识

在全球经济一体化的背景下，华尔街危机使全球金融体系出现系统性风险，很难有国家能在这种情况下独善其身。面对席卷全球的这场金融危机，世界各国都认识到，互相携手才能将其带来的风险降到最小程度。欧美是这次金融危机的“重灾区”，但面对前所未有的严重危机，西方发达国家在应对上一度呈现慌乱状态。

有了此前对贝尔斯登和房地美、房利美公司的救助先例后，美国政府放弃了对雷曼兄弟公司的救助。而后来，更多金融机构像多米诺骨牌一样倒掉，美国认识到展开全球性“认真合作”的必要性。2008年9月底，美国提出了7000亿美元的金融救援计划，这是自上世纪30年代经济大萧条以来，美国政府制定的最大规模金融救援行动。为促使这一金融救援方案通过，美国财政部长保尔森向国会议员们介绍完危机可能造成的巨大影响后，不少议员因受到震惊而陷入了沉默。但当美国国会众议院9月29日进行表决时，由于不少美国民众对于由华尔街金融机构贪婪所引发的金融危机越来越不满，反对拿纳税人的钱拯救陷入困境的金融机构，这一方案遭到否决。全球股市随即出现新一轮暴跌。遏制金融危机带来的风险，势在必行。此后几天，美国政府、国会展开紧急磋商，以前所未有的速度再度重启表决程序。10月3日，众议院通过这一方案后，美国总统布什迅速签署了这一方案。

欧盟成员国经济金融状况不尽相同，从9月中旬到10月初，欧盟迟迟不能就联合救市行动达成一致。为此，欧洲主要金融市场动荡加剧，这一局面深深刺激了欧盟各国领导人，采取联合行动应对金融危机逐渐成为共识。10月12日，欧元区15国领导人在巴黎召开有史以来的首次首脑会议，并通过了一项联合应对金融危机的行动计划。德、法、英等国根据这一计划，随即纷纷出台了各自救市举措。10月13日下午，德国政府宣布将拿出4800亿欧元资金，用于应对金融危机。几乎同时，法国总统萨科齐公布了总额达3600亿欧元的救市方案……截至11月中旬，欧盟成员国累计推出了超过2

万亿美元的金融救援方案。

10 月之后，全球加强合作、共同抵御金融危机逐渐成为各国的共识。从西方七国集团财政部长和央行行长汇聚美国华盛顿，到 20 国集团财政部长和中央银行行长 2008 年年会召开；从第七届亚欧首脑会议，到 20 国集团领导人金融市场和世界经济峰会；从主要经济体数次联手降息，到各国相继出台刺激经济、稳定金融市场措施……世界各国携手应对的措施日渐清晰，一场世纪大救援全面展开。

新兴国家经济体在这场金融大救援中发挥了积极作用。10月下旬，韩国、日本、俄罗斯等国相继公布实施了大规模金融救援计划。

作为世界第三大经济体，中国如何应对这场国际金融危机令人瞩目。中国政府一直密切关注着国际金融危机的发展态势和国内经济形势的变化，针对金融危机带来的最新变化，实施灵活审慎的宏观经济政策，密集出台了一系列政策措施。这些措施既是对中国面临的国际和国内经济挑战所作出的回应，同时也是加强国际合作、确保世界经济增长的具体行动。11 月 9 日，中国政府宣布出台进一步扩大内需、促进经济平稳较快发展的十大措施。初步计算，到 2010 年年底，政府的投资规模将达 4 万亿元人民币。中国促进经济增长的举措，再次提振了人们对世界经济发展的信心。

虽然在各国政府的积极干预下，全球信贷紧缩局面略有缓解，但金融市场动荡依然不止。主要原因在于投资者担心金融危机将导致美欧经济出现严重衰退，世界经济前景暗淡。由于美国 7000 亿美元救市计划效果有限，美国财政部长保尔森 11 月 12 日表示，经过审慎思考，美国政府决定转变救市资金的用途，不再收购银行的不良资产，转向探索新的救市途径。

随着局势的不断发展，人们越来越认识到，此次国际金融危机的复杂性和严重性要大大超出此前预期。面对危机的继续蔓延，更需全世界沉着合力应对。正如中国国家主席胡锦涛 10 月 24 日在第七届亚欧首脑会议上指出的那样，“面对这一全球性挑战，世界各国需加强政策协调、密切合作、共同应对”。

11 月 15 日，20 国集团领导人金融峰会在宣言中，再次强调了“与会国家决心加强合作，努力恢复全球增长”的重要性。会议的最重要的成果就是与会各方就下一步应对金融危机行动达成了协议，20 国集团领导人承诺将共同行动，运用货币和财政政策，应对全球宏观经济挑战。

金融危机呼唤世界金融体系改革

伴随着愈演愈烈的金融危机，各方在采取积极措施应对这一全球性挑战的同时，都在反思根源，总结教训，思考应如何改革现行的国际金融和货币体系，避免危机再次发生。国际货币基金组织总裁卡恩表示，当前金融危机清楚表明，目前的金融体系不能适应全球化金融市场的要求，这一体系的合法性和有效性存在疑问。

20国集团金融峰会的举行，是对国际金融体系进行改革的标志性开端。这次金融峰会是当今全球经济金融领域最高级别的高峰对话会议。参加这次会议的20个国家的经济总量占世界经济总量的85%。除20国集团成员领导人外，联合国、世界银行、国际货币基金组织以及金融稳定论坛等国际机构负责人也应邀出席了这次峰会。事实上，外界普遍把这次峰会与1944年的“布雷顿森林会议”相提并论，认为这次峰会将由此开创新的国际金融体系。

20国集团金融峰会在宣言中分析了此次金融危机产生的根源，指出宏观经济政策缺乏连贯性，市场参与者过度追逐高收益，缺乏风险评估和履行相应责任，经济结构改革不充分等阻碍了全球宏观经济的可持续发展，导致风险过度，最终引发严重的市场混乱。会议宣言明确指出，要“实现世界金融体系的必要改革”。

中国驻国际货币基金组织执行董事葛华勇认为：“改革现行的国际货币和金融体系，并不是要将一切推倒重来，而是要使其能够反映已发生巨大变化的世界经济格局，能够适应未来国际经济和金融不断发展的需要。”

值得特别注意的是，这次金融危机源自主要发达国家，对广大发展中国家而言，却要承担金融危机带来的种种后果。长期以来，国际金融体系的游戏规则主要由发达国家主导，忽视了广大发展中国家的利益，这种局面必须要改变。

中国国家主席胡锦涛在峰会上指出，国际金融体系改革应该坚持全面性、均衡性、渐进性、实效性的原则。他还提出了四项改革措施，其中就包括“推动国际金融组织改革，提高发展中国家在国际金融组织中的代表性和发言权”。

美国总统布什在峰会结束后也表示，“应该改革国际金融机构”。他还说，国际货币基金组织和世界银行很重要，但它们是建立在“1944年经济秩序基础之上的”，目前应考虑扩大发展中国家在这两个机构中的投票权和代表性。

2009年4月2日第二次G20峰会在伦敦举行，此次峰会的主要成果有：宣布将为世界经济注入1.1万亿美元，并向全球提供2500亿美元贸易信贷。

会议达成以下共识:注资 IMF、打击避税天堂、促进全球贸易、反保护主义、限制银行家薪酬、刺激经济方案。会议决定将于 2009 年 9 月召开在纽约召开第三次 G20 峰会,届时很可能讨论中国提议的建立超主权货币问题。

机遇和挑战并存——这句话正适用于当前各国携手应对金融危机的情形。当金融危机肆虐全球对世界经济造成巨大伤害的同时,它也为我们反思危机、建立新的国际金融和货币体系提供了一个良机。

第三节 全球化的内涵

全球化,一个越来越热的话题。虽然对什么是全球化,国际上并未有一个统一的说法,但随着一波又一波接踵而来的全球性企业兼并浪潮,随着正在全球范围内进行的国际资源的重新整合,随着数以千亿计的国际资金的跨国流动,各国(地区)间经济联系越来越紧密,人们已经感受到全球化进程跳动的脉搏,以及这一进程给我们生活带来的影响。

"全球化"被《韦氏字典》定义为一个"在全球空间与实践领域中"促进各种活动、孕育各种动机的演绎过程,而这个过程已经持续了很长一段时间。在全球化这个词的词根"球"(globe)出现的几千年以前,我们的祖先们就已经遍及世界各地了。事实上,他们的迁徙和繁衍过程可以被看作早期的全球化。大约五万年前,人类的原始祖先首先出现在了非洲东部,他们慢慢扩散到包括南美和北美在内的世界各个角落。冰川期结束时,由于海水的上涨,美洲与欧亚大陆被分隔开来,形成了今天的两个大陆。直到 1492 年哥伦布意外地登陆加勒比海岛后,这两个大陆才被重新连接起来。这是全球化历史上的一个里程碑。

近代的全球化,作为一种发展趋势,是随着工业革命一起出现的。随着工业革命和资本主义在西欧的兴起,它打破了农业经济时代的地方狭隘性,表现出一种外向的、突破国界和洲界的限制走向全球的趋向。

20 世纪下半叶的全球化,特别是 20 世纪 90 年代以来表现得迅猛异常的全球化进程,是这一历史趋势在当今时代的延续和进一步的大发展,是全球化在新时代里全方位地向社会生活各个领域的渗透和全面深化。在此形势下,世界经济呈现出以下一些新特点:

其一,对外开放是大势所趋。随着经济全球化深入发展,越来越多的国家实行对外开放,加强了与国际社会的联系。经济全球化尽管犹如一把双刃剑,有利也有弊,但确实为发展中国家追赶世界经济发展提供了机会。世界经济全球化把各国经济联系在一起，而各国的对外开放又将进一步推动全球经济实现一体化。

其二，各国经济相互依存日益加深。发达国家之间相互投资的现象十分普遍。不仅发达国家之间在资金、技术和市场上高度融合，而且发达国家与发展中国家之间的经济利益也错综交织、相互影响。世界的相互渗透、相互依存，已是当今世界经济的重要特征。

其三，全球性生产体系正在形成。自20世纪80年代以来，以电脑、生物工程和新材料为代表的新兴高科技产业极大地推动了生产力的发展。生产力的提高扩大了国际市场，加速了资本流动，从而加深了各国经济的相互依存，国际分工和专业化协作的程度也越来越高。目前，在许多行业中，没有专业分工，即使是经济高度发达的国家，只靠本国的力量来完成生产的全过程也是不可能的，或从经济效益角度来看，也是不合算的。由于生产力的发展，各国国内市场狭小和财力、物力、人力限制与大规模生产专业化的矛盾日益突出。因此，需要各国加强协作，走向联合。目前，在全世界范围内正在形成生产体系。

其四，跨国公司成为国际经济活动的主体。跨国公司是当今世界经济中集生产、贸易、投资、技术开发和转移以及其他服务于一体的经营实体，是经济全球化的主要体现者。进入20世纪90年代以来，跨国公司的兼并、合并规模越来越大，十分引人注目。企业的合并、兼并客观上促进了世界经济全球化的进程。

其五，贸易领域的竞争更加激烈。自由化即意味着竞争。实行贸易自由化也就明白无误地表明，在这场“零和游戏”中适者生存，不能适应这种环境的企业和弱者必将败下阵来，被淘汰出局。冷战结束后，许多国家把注意力转向经济问题，经济利益成为国际关系的主导因素。因此，国与国之间的经济矛盾和摩擦趋于表面化。尽管多年来世界贸易组织在扩大自由贸易、促进全球市场开放、推动世界经济增长方面作出了巨大努力，取得显著成绩。但贸易壁垒在全球依然十分严重，形形色色的保护主义不时冒出来，干扰贸易自由化的进程。

其六，各国大力推行金融自由化。随着通信技术的广泛应用，当前世界上正形成一个规模空前的全球金融市场。据统计，各类资本市场的总规模，估计高达35万亿美元。没有国界的货币流通，超过了历史上任何时期。今天，许多国家的金融市场已同国外结成电脑网络，形成了24小时在全球运行的世界金融市场。相互协调是处理国际事务的重要途径和方式。

相关链接

世界财富差距

世界各国的经济规模和富裕程度差异巨大,世界各地人民的经济状况也如此。尽管世界上有许多百万富翁,但已有超过世界人口五分之一的人生活在每天收入低于1.5美元的水平之下。

全世界的工业和经济的发展,并没有按照相同的速度或者给所有的人民带来相同的利益。许多发达国家和许多不发达国家的之间的巨大差距被称作发展差距。这种差距可以从收入上体现出来。根据世界银行的估计,在2001年,卢森堡人有着最高的年人均国民收入,数额为41.771万美元。与之相对的,非洲国家布隆迪和埃塞俄比亚人均国民收入只有大约每年100美元。这种差距也明显表现在饮食,卫生条件和健康状况等各个方面,这些也是直接导致人口平均寿命产生巨大不同的主要原因。

发展差距也可以通过世界各地资源利用的不同程度体现出来。举例来说,约占世界人口20%的人使用着世界上65%的能源。

全世界各地卫生状况也差别巨大。在美国,大约每370个人就拥有一名医生。然而,在超过20个国家里,特别是在非洲的一些国家中,只有不足人口数量一半的人有能力获得最基本的药品。在乍得,厄立特里亚,冈比亚和马拉维,平均每5万人才能拥有一名医生。

第四节 反全球化思考

全球化是时代性的转变。在经济上它是指各国经济不断融入全球体系的一个过程。全球化建立在市场经济飞速发展的基础上,最突出的表现是世界范围的金融、贸易自由化,生产国际化进程大为加快。不过近年来,国际舞台上经常出现这样一种情景:一旦有国际会议或论坛举行,反全球化的游行示威便与之相伴。从1999年底西雅图世贸组织会议首次遭到"反全球化"人士的大规模抗议以来,类似的抗议活动已有10余次。2000年2月在曼谷举行的联合国贸易与发展会议、9月在布拉格举行的世界银行与国际货币基金组织年会、12月在法国尼斯举行的欧盟首脑会议等,都引发了示威游行。2001年的魁北克美洲国家组织首脑会议、瑞典哥德堡欧盟首脑会议、西班牙巴塞罗那世界银行会议,也都遇到了大规模的示威抗议活动。在2001年7月热那亚8国首脑会议期间,大约有10万人参与了示威抗议活动。意大利出动了1.8万多名警察和准军事人员维护安全和秩序。在此期间发生了意大利警察枪杀示威者的事件，其后15万群众再次走上街头，并与警方发生冲突。参与这些大规模示威活动的人认为，世界银行和国际货币基金组织已成为全球资本主义的工具，他们指控大型国际组织对第三世界实行控制，加剧了贫富分化。积极策划并参与这些活动的有各类非政府组织，诸如"受够了五十年"（这个组织是美国一个有代表性的反对全球化的组织）、"绿色和平组织"、"热那亚社会论坛"（GSF，即 Genoa Social Forum）、"加拿大魁北克妇女联盟"（Quebec Women's Federation）、"国家妇女地位行动委员会"（National Action Committee on the Status of Women）、"消除第三世界债务"等。这些非政府组织来自各个层次，有地方性的，也有全国性和全球性的。

显然，在全球化蓬勃发展的同时，世界出现了一股"反全球化"思潮，这种思潮主要体现在以下几个方面：

(1)全球化的趋势正在减弱，1870年和1914年比，人类在经济、政治、文化上的全球化趋势减弱了而非增强了。

(2)全球化只是一个误导，世界越来越区域化和国际化了，而非全球化，区域共同体扩展使得国际关系趋向越来越复杂化。

(3)全球化只在发达或西方国家内进行。所谓的全球化只是"西方的全球化"或"美国的全球化"；全球化意味着发展中国家边缘化、贫困化和被支配化。

(4)国家权力、民族主义、领土资源变得越来越重要，因此，国际化和区域化是国家的杰作，而不是资本主义的产物。

事实上，"反全球化"并不是反对全球化本身，而是反对全球化进程中的不平等以及由不平等带来的种种人为弊端。概括起来有以下几点：

首先，国际游戏规则的不公正、不透明性，必然导致很多不良后果，引起受害者的强烈不满和抵制。大国制定出来的全球化规则不仅缺乏公正性，还缺乏透明度，没有供发展中国家发表观点的有组织的论坛，更没有让发展中国家发表自己意见的机会。联合国越来越成了大国发号施令、坐而论道的场所，美国甚至还不满足，公然绕开联合国单独行动。发达国家凭借其雄厚的经济实力和对发展中国家金融服务业的大量介入，通过投机活动不时常向发展中国家转嫁国际金融危机。由于资金的积累和运作，金融活动有了更多的流动性、随意性和投机性，发达国家利用游戏规则缺乏透明度的误区，迫使发展中国家开放金融市场，使得金融机制尚不健全、资本不雄厚的发展中国家在全球性金融危机中，资本大量缩水、外逃，经济遭受严重打击。

其次，经济全球化加剧了发达国家与发展中国家间的不平衡，南北差距拉大，这使在世界财富不断增长中反而变得贫困的国家及其国民对全球化产生了不满。全球化使南北差距扩大，“全球化加大了国与国之间以及一个国家内部的贫富差距”，“不论全球化给北半球带来如何有益的影响，它对南半球大部分地区的作用却微乎其微”。据联合国开发计划署 1999 年度《人类发展报告》，占全球人口 1/5 的发达国家拥有全球生产总值的 80%，占全球人口 3/4 的广大发展中国家仅占 18%。那些经济发达和适应能力较强的国家，利用全球化带来经济和技术机会，以不受约束的市场经济为准绳的全球化规则使穷国更穷。

国家内部的社会矛盾与全球化进程中外部因素引起的矛盾纠缠在一起，导致人们对全球化的不满和反对。经济自由化的发展，政府职能的转变，一方面使企业获得了更大的活动空间，另一方面又使战后西方普遍存在的那种社会再分配方式受到削弱，因而导致贫富两极分化加剧。

第三，不平等贸易交易规则使发展中国家贸易条件恶化，对外经济发展的代价上升。尽管在经济全球化进程中，发展中国家增加了制成品出口，但初级产品和半成品仍是主要的出口产品；与此同时，发达国家由于技术进步，产品创新，分工加细，其内部贸易量增加。减少贸易壁垒是适应发达国家贸易关系发展需要的，但发展中国家很少出口技术密集型产品，难以从中获益。在世界贸易组织会议上发展中国家的贸易代表发出了强烈的不满，并呼吁广大发展中国家团结起来，争取建立新型的国际经济秩序。

第四，跨国公司的趋利性、垄断性和掠夺性带来的破坏是巨大的和赤裸裸的。作为全球生产的载体，跨国公司总是将其资金投向效率最高、回报最丰厚的产业。由于生产力和科技水平的差异及总体上的垄断性，发达国家跨国公司通过经济的全球化大举进入和占领发展中国家的市场，依仗技术和设备的优势，利用知识产权等措施和法律手段，掠夺性地大量开发和廉价占有发展中国家的生产资料、人力资源，使发展中国家在经济的持续和良好发展方面受到严重影响，资源得不到有效的开发、利用和保护。例如，发达国家的跨国公司对巴西进行大规模的直接投资，虽带动了巴西的经济增长，但对巴西热带雨林的大规模乱伐，使巴西的自然资源遭到严重破坏。跨国公司的趋利性、垄断性和掠夺性在全球化进程中带来破坏性，但并没有一个强有力的国际组织对其行为进行合理的规范和有效的控制。所以，当这些破坏性引起的矛盾长期积累到一定时候，就可能导致人们对全球化产生反对意见。

最后，缺乏监管的国际游资利用全球化的一些特点扰乱各国经济金融的秩序。20 世纪 90 年代以来，世界经济已经过渡到无形的信息和金融全球化。只要其中任何一个小部分冲击任何一个经济规模较小的国家或地区，都可能引发金融动荡。1994 年的墨西哥金融危机，1997 年席卷泰国、印度尼西亚和韩国的东亚金融危机，1998 —1999 年俄罗斯和巴西经济危机以及 2002 年的阿根廷经济危机，无不与这种资本流动有关。

2008 年的全球性经济危机，使得世界经济增长放缓、失业率上升，在此大背景下，以各种形式的贸易保护主义为代表的反全球化趋势必将长期存在。全球化的双刃剑效应，已经在过去的 10 余年中得到最大凸显，正是全球化过程中形成的全球金融系统的关联性，导致了以美国次贷危机为发端的金融危机，让不少国家陷入困境。当危机来临，下一步是否要让全球化的步子迈得更大，还是把刚迈出的那只脚抽回去，开始成为更多人和国家深思甚至警惕的问题。

总之，上面谈到的这些弊端只是全球化进程中诸多弊端中的主要弊端。这些弊端是人们在全球化进程中忽视众多约束条件而产生的，而不是全球化本身的弊端。所以，我们可以从分析中看到，“反全球化”的实质不是反对全球化本身，而是反对全球化进程中各种人为弊端及其造成的严重后果。人们完全可以通过不断努力地采取各种措施，逐步消除这些弊端。

小知识

山　寨　版

“山寨”一词古指筑有栅栏等防守工事的山庄。后来泛指绿林好汉占据的山中营寨。到了 20 世纪六七十年代也指山村。时下流行的“山寨版”中的“山寨”却另有新意。

“山寨”从字面来解释：山寨——在山寨中，逃避政府管理。它们或由生产者/发明者自己取个品牌名字，或模仿已经存在的产品或事物的功能和样式；由于逃避政府管理，它们不缴纳增值税、销售税，同时不用花大量的钱研发产品，而且山寨产品和原版的极其相似。

通俗地说就是盗版、克隆、仿制等，一种由民间 IT 力量发起的产业现象。其主要特点主要表现为仿造性、快速化、平民化。主要表现形式为通过小作坊起步，快速模仿成名品牌，涉及手机、游戏机等不同领域，由此衍生的词汇有山寨机、山寨明星、山寨鸟巢等。由山寨机引发的“山寨”一词已经成为草根的代名词，而之所以称之为“山寨”，也有占山为王，和正规品牌“分庭抗礼”的味道。虽然山寨机的势头减弱，但“山寨”这个词却在网络上以年轻人为主的群体当中流行开来。从山寨机到山寨明星，“山寨”一词不仅逐渐流行，而且含义也在扩大，从原来的商业产品范畴逐渐扩展到诸多方面，略带巧合的雷同，刻意模仿的恶搞，只要内容带有一定娱乐元素，都会被放到网上，冠以“山寨”之名，而网友的回复也大都是“太山寨了”、“很雷人”等特色鲜明的网络形容词。

2008 年 12 月 3 日中央电视台《新闻联播》对山寨文化进行了报道，这是国家级电视台首次关注这种来自草根的语言词汇概括的文化现象，也令山寨现象第一次得到了官方的目光。

山寨机在中国 IT 业的崛起引出山寨文化，如同任何一部中国传统武侠小说所演绎的故事那样：先是以非常规手法游走于主流圈子的边缘，然后逐渐坐大，最终向正统势力发起挑战，甚至取而代之。有些人认为，山寨文化是师夷长技以制夷的炮火，这是学比赶超的来复枪，在抄袭与超越的羊肠小道上一路狂奔，尤其是挣脱了牌照的束缚，握紧了低成本高回报的福祉之后，山寨文化深深地打上了草根创新、群众智慧的烙印，是当之无愧的中国式山寨。另有分析人士认为：山寨文化严重阻碍了中国社会主义现代化建设，也给相关版权的法律问题带来新的挑战，不利于社会主义市场经济发展。

思考题：

1. 全球化的动力源自哪里？

2. 反全球化的实质何在？

名词解释：

次贷危机　　山寨版

第十六章　一体化的政治效应

世界各国在努力推动全球多边贸易自由化进程的同时，更加注重地区间的经济合作。各类经济一体化组织如雨后春笋般纷纷建立起来，110多个区域经济组织中有1/3是在20世纪90年代建立起来的。区域经济组织均以贸易自由化和促进多边合作为共同目标，其形式却是多种多样的。如特惠关税区、自由贸易区、关税同盟、共同市场、经济同盟和完全经济一体化等。在众多的区域经济组织里，欧洲联盟(欧盟，EU)、北美自由贸易区(NAFTA)、亚太经合组织(APEC)规模最大、影响最深、地位最重要——三大区域经济组织占世界GDP的85%。而代表发展中势力的东南亚国家联盟(东盟，ASEAN)也是不可忽视的力量。

第一节　欧盟及其东扩

欧盟的进程

欧盟是当今发展最为完善的区域经济一体化组织，其前身是1951年由法国、比利时、荷兰、卢森堡、联邦德国、意大利6国成立的欧洲煤钢联盟(ECSC)。1958年6个创始成员国成立欧洲经济共同体，到1995年成员国增加到了15个。最初该联盟只涉及两项主要产品(煤、钢)，在之后50年的发展中，随着区域经济体系的扩大、完善，不仅带动了区域内其他产业一体化进程的发展，也推动区域内产业与区域外产业之间的联合。随着欧盟的东扩，不难想象一个"统一的欧洲"梦想的最终实现。欧盟是以经济区域化为主、涉及政治区域化的实体一体化，设有欧盟委员会，通过定期会晤商讨区域化议题。近年欧盟内部经济一体化进程加快，从而导致欧盟内部成员国之间，欧盟成员国与美国、日本、加拿大等经济发达国家之间在电信、金融、汽车等关键产业掀起了兼并狂潮，刺激了这些世界经济主导产业的一体化进程。

1946年9月，英国首相丘吉尔曾提议建立"欧洲合众国"。1950年5月9日，当时的法国外长罗贝尔·舒曼(1886年—1963年)代表法国政府提出建立欧洲煤钢联营。这个倡议得到了法、德、意、荷、比、卢6国的响应。1951年4月18日，法国、联邦德国、意大利、荷兰、比利时和卢森堡在巴黎签订了建立欧洲煤钢共同体条约(又称《巴黎条约》)。1952年7月25日，欧洲煤钢共同体正式成立。1957年3月25日，这六个国家在罗马签订了建立欧洲经济共同体条约和欧洲原子能共同体条约，统称《罗马条约》。1958年1月1日，欧洲经济共同体和欧洲原子能共同体正式组建。1965年4月8日，六国签订的《布鲁塞尔条约》决定将三个共同体的机构合并，统称欧洲共同体。但三个组织仍各自存在，具有独立的法人资格。《布鲁塞尔条约》于1967年7月1日生效，欧洲共同体正式成立。1973年后，英国、丹麦、爱尔兰、希腊、西班牙和葡萄牙先后加入欧共体，成员国扩大到12个。

欧共体12国间建立起了关税同盟，统一了外贸政策和农业政策，创立了欧洲货币体系，并建立了统一预算和政治合作制度，逐步发展成为欧洲国家经济、政治利益的代言人。1991年12月11日，欧共体马斯特里赫特首脑会议通过了以建立欧洲经济货币联盟和欧洲政治联盟为目标的《欧洲联盟条约》，亦称《马斯特里赫特条约》(简称"马约")。1993年11月1日"马约"正式生效，欧共体更名为欧盟。这标志着欧共体从经济实体向经济政治实体过渡。1995年，奥地利、瑞典和芬兰加入，使欧盟成员国扩大到15个。欧盟成立后，经济快速发展，1995年至2000年间经济增速达3%，人均国内生产总值由1997年的1.9万美元上升到1999年的2.06万美元。欧盟的经济总量从1993年的约6.7万亿美元增长到2002年的近10万亿美元。

2002年11月18日，欧盟15国外长会议决定邀请塞浦路斯、匈牙利、捷克、爱沙尼亚、拉脱维亚、立陶宛、马耳他、波兰、斯洛伐克和斯洛文尼亚10个中东欧国家入盟。2003年4月16日，在希腊首都雅典举行的欧盟首脑会议上，上述10国正式签署入盟协议。2004年5月1日，这10个国家正式成为欧盟的成员国。这是欧盟历史上的第五次扩大，也是规模最大的一次扩大。

2005年4月，欧盟与罗马尼亚和保加利亚签署入盟条约，并于同年10月启动了与土耳其和克罗地亚的入盟谈判。同年12月，马其顿被欧盟接纳为入盟候选国。另外，欧盟还于2005年启动了同波黑、塞黑(现为塞尔维亚、黑山两个国家)关于签署《稳定与联系协议》的谈判。2006年6月，阿尔巴尼亚与欧盟签署了《稳定与联系协议》。2007年1月1日，罗马尼亚和保加利亚正式成为欧盟成员国。这是欧盟历史上第六次扩大，成为一个涵盖27个国家、总人口超过4.8亿、国民生产总值高达12万亿美元的当今世界上经济实力最强、一体化程度最高的国家联合体。

然而，土耳其入欧的道路始终不平坦。美国著名学者塞缪尔·亨廷顿在其《文明冲突论》一书中指出：土耳其被推迟入欧的原因并不在于土耳其的人权问题，而在于土耳其是个以穆斯林居民为主的社会。尽管这一观点有待验证，但“文化的因素”不能不说是土耳其长期不被接纳的一个因素。

东欧“回归”欧洲的原因

其一，经济因素。由于外族的入侵，在历史上，东欧国家长期处于落后的状态。在西欧资本主义蓬勃发展的同时，东欧国家的经济却在泥泞中挣扎。1948年之后，东欧国家或是自愿或是被迫接受了苏联模式的计划经济以及强迫式的工业化。进入20世纪70年代中期之后，由于没能正视石油危机给世界经济带来的严重影响，未能进行经济调整，以及计划经济本身的制约，东欧国家经济发展缓慢，到20世纪80年代，东欧国家的经济危机进一步深化。这也是导致1989—1991年东欧国家制度变化的经济原因。

其二，文明因素。历史文化的认同。人类的历史是文明的历史，文明为人们提供最广泛的认同。古希腊和罗马文化被认为是欧洲文明的源头。西罗马帝国灭亡后，基督教逐渐成为欧洲文明的载体。欧洲对基督教世界的认同，为接纳新成员国提供了明确的标准。欧洲联盟是西方文明在欧洲的基本载体，1994年，随着文化上属于西方的奥地利、芬兰和瑞典的加入，欧洲联盟成员国再次扩大了。1994年春，欧洲联盟明确规定，除波罗的海诸国之外，排除所有苏联共和国加入欧盟的可能性。在欧洲联盟扩大的过程中，优先考虑的是文化上属于西方的国家和经济上也往往更发达的国家。如果欧洲联盟继续采用这个标准，维谢格拉德集团国家以及波罗的海国家、斯洛文尼亚、克罗地亚和马耳他将最终成为欧洲联盟的成员国，欧盟将与西方文明范围重合。

东欧剧变之后提出的“回归欧洲”本质上是一个历史文化概念，是认同历史文化的表现，尽管最初人们在提出这一口号时考虑更多的是它所包含的政治含义。部分中东欧国家属于欧洲文明，即基督教文明（西方文明），而另一些国家则属于拜占廷和伊斯兰文明。对前者来说，他们具有“回归”欧洲的历史文化基础，而对后者来说，他们是“融入”到欧洲文明之中。

其三，国际因素。回归欧共体是标志。首先，它显示西欧社会模式的吸引力。1989年东欧剧变在很大程度上是受西欧自由民主政府、福利社会和社会市场经济以及多边合作的榜样所鼓舞。这种模式提供了1989年以来中东欧国家政治和经济转轨的模板。第二,“回归欧洲”的承诺反映了中东欧地区变化中的认同概念。虽然“欧洲概念的精密含义和内容”存在广泛争议,但是人们通常认为,“回归欧洲”的概念包括如下内容:承诺实现政治民主、尊重人权、经济自由主义、对少数民族实现宽容、和平解决纠纷与希望达成妥协和一致等。所有这些内容都是欧洲安全和合作组织(以前为“欧安会”)的文件和声明以及欧洲委员会的常规和条款中所规定的。这种变化了的国家认同概念,以及西方国家政府和组织的政治影响对中东欧地区的国际政治发展有重要影响。它强化了和平解决国际纠纷、尊重人权、实现民主化政府和法制的承诺。斯洛伐克和匈牙利和平解决少数民族及多瑙河水坝的纠纷就是这方面的例子。第三,“回归欧洲”表达了中东欧国家希望加入西欧现有的组织和多边机构的愿望。迄今为止,所有中东欧国家都已经成为欧洲委员会的成员,并努力发展同欧洲联盟(通过欧洲协定)和北约(通过北大西洋合作委员会和平伙伴关系的计划),以及经济合作与发展组织更紧密的关系。但是,对中东欧国家来说,对其政治和经济转轨成就的最高评价是接纳它们为欧盟正式成员。成为欧盟正式成员被认为是它们回归欧洲共同体的标志。

第二节 欧元的历史

欧洲人开始使用纸币的时间可以追溯到17世纪中叶,到现在已有350多年的历史。在这300多年间,各国都是使用自己独立的货币。除了在两德统一的时候,德国政府将西德马克引入东德之外,欧洲货币历史上从未发生类似使用欧元这样巨大的变化。因为此次欧元的流通直接涉及12个国家,3.04亿人口,其范围之广、涉及的人口之多前所未有,所以此次欧元发行被称为史无前例、翻天覆地,恐怕是非常恰当的。

欧元的萌芽开始于1950年的欧洲支付同盟,它是欧洲战后第一个欧洲范围内的货币协定。到了20世纪60年代末期,布雷顿森林体系瓦解,欧共体内外环境发生了重大变化,欧洲货币一体化的建设列入议事日程。1968—1969年,欧共体负责财政事务的副主席巴尔起草了关于成立“经济与货币联盟”的备忘录,在欧共体首脑会议获得通过。据此,欧共体首脑会议又任命卢森堡首相魏尔纳领导的专家小组来制定更详细的计划,即《魏尔纳报告》。根据《魏尔纳报告》,欧共体将在10年(1971—1980年)内建立经济货币联盟，由固定汇率向统一货币发展。

20 世纪 60 年代末期，国际货币危机持续不断，特别是 20 世纪 70 年代的石油危机引发了严重的经济危机，欧洲经济货币联盟计划随之流产。为了加强欧洲货币的稳定，在法、德的推动下，欧共体首脑于 1978 年 12 月 5 日在布鲁塞尔达成协议，决定于 1979 年 1 月 1 日建立欧洲货币体系，取代原来的经济货币联盟，并创设欧洲货币单位(ECU)。

欧洲货币体系的成功运行促使欧共体加强了成员国之间的经济与货币合作，欧共体开始进一步探讨如何深化欧洲货币的一体化。1989 年欧委会主席德洛尔提出《欧洲经济与货币联盟的报告》，获得欧洲理事会批准。该报告在很大程度上继承了 20 世纪 70 年代的《魏尔纳报告》，建议欧共体开始迈向单一货币。

1993 年，《马斯特里赫特条约》(简称《马约》)生效。《马约》在德洛尔的报告基础上，对欧洲经济与货币联盟作出了特别详细的规定，要求分三阶段实现欧洲货币联盟。届时欧盟将实行单一货币——欧元，并实行共同的货币政策。

1999 年 1 月 1 日，按照《马约》规定，欧洲经济货币联盟进入第三阶段，欧元启动。2002 年 1 月 1 日，欧元货币在欧盟正式流通。截至 2008 年 1 月 1 日，欧元区成员国有 15 个，分别是：法国、德国、意大利、荷兰、比利时、卢森堡、爱尔兰、西班牙、葡萄牙、奥地利、希腊、芬兰、斯洛文尼亚、塞浦路斯和马耳他。

第三节　大欧洲竖起新“航标”

《欧盟宪法条约》

对欧洲来说，2004 年 10 月 29 日是一个极为重要的历史时刻。欧盟 25 个成员国的领导人在“永恒之城”罗马签署了欧盟历史上的第一部宪法条约——《欧盟宪法条约》，标志着欧盟在推进政治一体化方面又迈出重要的一步。

欧盟立宪的目的是改革机构设置和运行机制，使欧盟在扩大到 25 国之后仍能有效运作。走出这一步，是欧洲一体化发展的需要。欧洲联合的队伍几度扩大，成员国共同签订的条约历经修改，人们不难看出这些条约和现行体制已无法适应欧盟发展的需要。当年为 6 国设计的运行机制效率每况愈下，日益臃肿的“官僚机构”在 2004 年接受 10 个新成员后将面临瘫痪的危险。制宪就是要解决这些问题。

此外，由于欧洲一体化进程在政治方面明显滞后于经济领域，因此，在国际政治舞台上，欧盟还不具备“充分的角色”，也很难用“一个声音说话”。特别是2003年伊拉克战争后，欧洲不少国家尤其是法国和德国感到更需要有一个整体的外交政策，才能在国际舞台上与美国的外交势力抗衡。因此，《欧盟宪法条约》的诞生，对于推进欧洲政治一体化进程具有十分重要的意义，成了欧洲“立国”的关键性里程碑。

根据宪法条约，欧盟改变了轮值主席国的轮任模式，设立了对外代表欧盟的常任欧洲理事会主席一职，其主要职能是筹备和主持欧盟首脑会议；在外交事务上，改变了目前的轮值主席国外长、欧盟负责外交与安全事务的高级代表和欧盟委员会对外关系委员共管外交的局面，未来的欧盟将组建外交部，任命欧盟外长，统管共同外交与安全政策。这一宪法条约从机构设置上确保了欧盟在政治、外交、安全领域的连续性和一致性，有利于欧盟在国际政治舞台上发挥作用。

宪法条约要求成员国毫不动摇地根据忠诚和互助的原则支持欧盟的共同外交与安全政策。宪法条约写明，成员国必须尽其所能落实共同防务政策，其最终目标是发展欧盟共同防务。在防务和反恐方面，宪法条约还有类似“军事同盟”性质的条款，规定一旦某成员国受侵略或恐怖袭击，其他成员国必须提供包括军事资源在内的援助。

《欧盟宪法条约》对欧盟的最大意义，在于找到了一个25国都同意的法理性依据，为今后欧盟在政治上更加保持高度一致创造了新的合法性基础。用一部宪法取代诸多条约具有深远的政治意义，宪法将促进欧盟的政治体制改革，为实现“大欧洲”理想注入动力，并为欧盟实现战略目标提供保障。

欧盟宪法条约的签署无疑是欧洲一体化道路上新的里程碑，标志着欧盟在推进政治一体化方面又迈出重要的一步。然而，欧盟宪法条约签署后还需欧盟各成员国根据本国的法律规定予以批准方可生效。如果各成员国批准顺利，欧盟宪法条约于2006年11月1日正式生效。

2005年5月和6月，法国、荷兰两个欧盟创始成员国分别在全民公决中否决了该条约，《欧盟宪法条约》从此搁浅。截止到2007年6月，已经批准《欧盟宪法条约》的国家有16个，另有7个国家冻结或无限期推迟了批约程序。

《里斯本条约》

2005年法国和荷兰两个欧盟创始成员国在全民公决中先后否决《欧盟

宪法条约》,欧洲一体化进程遭遇重创,欧盟不得不进入“反思期”。“反思”的目的有两个:一是让成员国自主决定是否继续进行批约程序;二是重点思考如何提高民众对欧盟的认同与支持。

2007年,“反思”成效初步显现。两年间各国加大了普及和宣传欧盟知识的力度,使民众对欧盟的认同感有所增强。一项在法国、英国、德国、意大利和西班牙5个西欧国家进行的最新民调显示,几乎所有人都认为欧盟50年后仍将不断发展,欧元那时已成为标准货币。在民众高调支持欧盟的同时,欧洲的精英们也达成了共识:欧洲一体化成果不能丢,《欧盟宪法条约》问题应通过深化改革加以解决。

2007年1月,德国接任欧盟轮值主席国后,将重启《欧盟宪法条约》谈判作为重要任务之一。在与欧盟成员国进行积极磋商并广泛听取各方意见的基础上,德国最终提出一份旨在重新启动《欧盟宪法条约》进程的“路线图”。其主要内容是用一个包含了原版本核心内容的“修正条约”来取代《欧盟宪法条约》的原有版本,以期在2009年欧洲议会选举前获得各成员国的通过。

2007年6月,参加欧盟峰会的24国首脑在布鲁塞尔就替代《欧盟宪法条约》的新条约草案达成协议,从而结束了长达两年的欧盟制宪危机。新条约计划在2009年6月前付诸实施。根据各方最终达成的一致意见,《欧盟宪法条约》的名称不再沿用,新条约内容里也不会出现“宪法”字样。取而代之的是一部通常意义上的修正条约,以使扩大后的欧盟能够有效决策。由于遭到英国和荷兰的反对,新条约将不会规定欧盟盟旗、盟歌和铭言等可能使欧盟成为“超国家机构”的内容。在组织机构改革方面,新条约将把欧盟最高权力机构欧洲理事会由目前的成员国首脑会议机制转变为固定机构,并设立常任主席一职。欧盟各国领导人还一致同意,通过新条约设立一个名为“欧盟高级代表”的新职位,统管欧盟外交和安全事务。新的欧盟高级代表将把欧盟负责外交和安全政策的高级代表和欧盟对外关系委员的职责合并在一起,同时出任欧盟委员会副主席,并负责主持欧盟27国外长会议。

2007年10月19日,欧盟非正式首脑会议通过了欧盟新条约,从而结束了欧盟长达6年的制宪进程。新条约被称为《里斯本条约》。12月13日,欧盟各国领导人在里斯本正式签署《里斯本条约》,随后交由各成员国批准。各国签署后,该条约将于2009年1月生效。《里斯本条约》将取代2005年在荷兰和法国全民公决中遭否决的《欧盟宪法条约》。《里斯本条约》被视为《欧盟宪法条约》的简化版,但不再沿用“宪法”的名称。新条约的诞生将进一步改革欧盟机构,简化欧盟的决策进程。

为确保条约顺利通过，欧盟决定各成员国可以通过议会审批方式批准条约，而无需举行可能导致条约遭否决的全民公决。欧盟 27 个成员国中仅有爱尔兰一国采用全民公决方式来批约。因此，爱尔兰成为《里斯本条约》能否通过的关键。2008 年 6 月 12 日，爱尔兰在全民公决中否决了《里斯本条约》，欧洲一体化进程再次陷入困境。

欧盟轮值主席、法国总统萨科齐 2008 年 12 月 12 日在布鲁塞尔说，爱尔兰将在 2009 年 10 月底本届欧盟委员会任期结束前举行第二次全民公决，以期使《里斯本条约》能在 2009 年底生效。萨科齐在欧盟峰会闭幕后举行的记者招待会上说："当前席卷欧洲的（金融）危机表明，欧盟需要爱尔兰，爱尔兰也同样需要欧盟。"2009 年 10 月 2 日，爱尔兰选民出人意料地以 67.1％的支持票通过了《里斯本条约》。

然而，欧盟仍然是一个主权国家的大家庭，实现理念和利益各不相同的国家的主权联合仍是一个曲折的过程。

第四节　欧美经济矛盾

长期以来，在人们的一般印象里，欧美之间的冲突主要是因为国家利益在某一领域或某一具体问题上的碰撞引起的，因而它较多地表现在经济方面。即使有一些争论涉及战略问题，也只是从本国利益出发的关于战略方向等局部问题的争执，不涉及战略性质和全局。因为世人有一个共同看法：欧美是同根同脉，有着共同的价值观，它们不会分道扬镳。

这个看法，直到东欧剧变、苏联解体、冷战结束以后的最初几年里，都没有发生太大的变化。虽然欧美之间时有龃龉，但大都是因"公平贸易"问题而起。随着欧美之间在巴尔干问题、中东问题、阿富汗问题、朝鲜问题上暴露的分歧越来越多，以及在建立国际刑事法庭、《全面禁止核试验条约》、《生物武器公约》、《京都议定书》、《反弹道导弹条约》上的对立态度，特别是在"9·11"事件之后，美国日盛的"单边主义"与欧洲的"多边主义"不断较量，使得对欧美矛盾的传统解释很难再具有说服力。于是，国际关系中关于文化、价值观等异同的作用也开始介入欧美关系的研究中来。

1998 年以来，欧美政界、学术界以及媒体就欧美的"价值差异"问题进行了热烈的讨论，许多人强调欧美之间的"战略分歧"，更有人提到欧美注定会成为"对手"。2002 年夏天，美国卡内基国际和平基金会刊物《政策评论》第 113 期，刊登保守派著名政策评论家罗伯特·卡根的文章，题名"强者与弱者”。这篇引起大西洋两岸广泛注意的文章断言，现在不应当再说欧洲和美国具有共同的世界观。他将欧美战略文化上的差异，喻为像“美国人来自火星，欧洲人来自金星”一样难以沟通，并将其缘由归于双方力量和思想观念上的巨大差异。美国外交学会欧洲问题专家查尔斯·A·库普乾，更是在一连串的著述中强调欧美冲突不可避免。

上述所谓欧美“战略分歧”与“价值差异”主要表现在：欧美都认为自己的社会发展方式代表了世界发展的未来。在私人资本无限扩张基础上产生的美国单边主义与其无与伦比的实力相结合，确定了美国不仅要充当世界领导，而且要按照自己的模式输出美国民主的战略目标。任何损害美国利益并违背这一目标的言行，都有可能遭到美国不受约束的、先发制人的打击。而欧洲拒绝美国式的统治，拒绝美国不择手段地向世界各地输出有别于欧洲传统的民主自由。欧洲更倾向于在现有国际框架内，加强集体协商合作解决共同关心的问题，促进资本在不同社会的共同发展。

要对未来欧美关系说带结论性的话，似乎还为时过早。因为毕竟欧美关系正处在深刻的变化中，从目前看来表现出以下几种趋势：

第一，今后的欧美关系，已不可能是传统的结盟关系了。因为从上面的分析可以看到，二战后欧美结盟的主要依据有两个，一个是外部的共同威胁，另一个是内部的共同价值观。如今，不仅共同威胁不存在了，而且共同价值观也受到了充分的质疑，欧美联盟的基础已经坍塌。

第二，修复欧美关系将相当艰难。欧美关系毕竟在2003年的伊拉克战争上伤了筋，动了骨，它不仅会有个较长的愈合期，而且今后一遇阴天下雨就会发作。因为国家利益可以通过妥协和让步达成一致，社会文化观念和价值观的差异却无法通过妥协让步达到一致，更何况要在它们之间结成联盟并接受另一方的领导。

第三，今后，是否要慎重对待“欧美关系”这个提法。曾因苏联和东欧剧变提出“历史的终结”说而名噪一时的弗朗西斯·福山在《西方可能正在分裂》这篇文章里提出一个疑问：“西方”这个概念是否还有意义？因此要慎重对待欧美这对特殊的关系。

第五节　中国与欧盟的关系

在发达国家中，欧盟是与我国关系最为稳定、成熟的贸易伙伴。自从1975年中国与欧共体建立外交关系以来，中欧关系取得了长足的进展，尤其是1995年欧盟通过有史以来第一份全面对华政策文件——《中国与欧盟关系长期政策》报告以来，双方关系发生了质的飞跃。中欧关系定位从“长期稳定的建设性伙伴关系”而上升为“全面伙伴关系”，进而成为“全面战略伙伴关系”，中欧关系的世界性影响也日益凸现。除了单纯的双边问题之外，双方展开协作的领域已经延伸到气候变化、联合国改革、世贸组织多哈回合谈判等十足的全球性问题，以及国际热核聚变试验反应堆项目(ITER)这样的全球性科技合作项目。

经贸利益是构筑中欧关系基础的重要因素。在贸易领域，2004年，中欧贸易额已达1773亿美元，占当年中国外贸总额的15.4%，是1975年双方建交时的74倍；据欧盟统计局统计，2008年1—9月中欧双边贸易额为3610.7亿美元，增长21.8%。欧盟是中国第一大贸易伙伴和累计最大的技术引进来源地，双方技术合作层次之高，在中国与发达国家中绝无仅有；中国则是欧盟第二大贸易伙伴。

在长期合作过程中，中欧双方受益良多。然而，这决不意味着中欧经贸关系就是一帆风顺，无任何波折。相反，中欧贸易发展中从来就不乏摩擦和波折，在20世纪70年代，欧共体曾经率先对中国出口商品发起反倾销；到目前，欧盟也是与我国贸易争端最多的国家(地区)之一，2005年的纺织品争端、延续至今的鞋类反倾销案、汽车零部件争端……都在中国社会激起了强烈的反响。究其原因，一方面是因为中欧贸易失衡确实存在，且规模不断扩大；另一方面则是因为欧盟经济发展不平衡，其南部成员国劳动密集型产业遭到了来自中国的越来越激烈的竞争，这些产业又缺乏自我提升效率的决心，而是习惯性地诉诸保护主义措施，纺织品、鞋类、家用电器……都是如此。与此同时，欧盟内部决策机制的缺陷提高了发生贸易争端的风险概率，正是这些缺陷使得几个南欧、东欧国家小小的纺织和制鞋业就能够“绑架”整个欧盟，强迫整个欧盟的消费者、进口商、零售商和对华出口商为他们“买单”。

应对中欧经贸中出现的挫折，我们希望在中长期，欧盟内部一体化取得更大进展，提高决策效率。在短期内，我们不仅需要强化中欧官方磋商协调机制，而且需要发动进口国内的消费者、进口商、零售商和对华出口商组成反贸易保护主义同盟军。归根结底，任何经济活动都必须满足其所有利益相关者的合法利益，包括消费者、厂商和工人。在一国之内，不同利益相关者的利益诉求容易为另一方所了解，现代民主政治的发展也更容易在规则制定过程中容纳不同利益相关者的合法利益，国家政权也容易通过行政和司法权力来对不同各方加以平衡。然而，在这个国际分工空前发达的时代，生产者在甲国而消费者在乙国，决定限制进口与否的权力掌握在乙国政府手里，尽管甲国生产者在乙国市场有着合理、合法的利益，但乙国政府并无维护这种利益的法定义务，也缺乏这样做的内在动力；相反，西方代议制民主政制在这种情况下更容易使贸易保护主义分子的图谋得逞。通过在进口国组织反贸易保护主义同盟军，把国际间利益分割部分转化为进口国国内利益分割，让进口国政府承担保护这种合法权益的义务，对增进国际正义无疑具有积极作用。

附：中国与欧盟关系大事记

1975 年 5 月 8 日，欧洲经济共同体委员会副主席克里斯托弗·索姆斯访华后，中国与欧共体建立了正式外交关系。索姆斯强调指出，共同体的所有成员国都承认中华人民共和国政府为中国的唯一合法政府，欧共体将不与台湾保持任何官方关系或缔结任何协定。

1978 年 4 月 3 日，中国同欧洲经济共同体之间的贸易协定在布鲁塞尔签订。这是一个有效期五年的贸易协定。其中包括创建欧共体—中国联合会，协定目的在于加强双方的贸易往来。

1984 年 9 月 26 日，国务委员兼对外经济贸易部部长陈慕华，同欧洲共同体委员会副主席威廉·哈费尔坎普进行会谈，开始了首次中国—欧洲共同体之间的部长级会晤。双方还草签了中国和欧洲经济共同体贸易和经济合作协定，为中欧今后合作创造了新的基础。同期，第一个欧共体在华合作项目(商务管理和农村发展项目)也正式启动。

1985 年 5 月 21 日，在中欧建交十周年之际，中国和欧洲共同体在布鲁塞尔正式签署了贸易和经济合作协定。这项协定为期五年，内容包括双方将在工业、农业、科技、能源、交通运输、环境保护等方面加强合作，采取合作生产、合资经营、技术转让、人员交流等多种形式。双方还准备成立一个混合委员会来落实这个协定。

1989 年 6 月 26 日，欧盟各成员国首脑在马德里峰会上通过了对华制裁的《对华声明》。决定冻结对华关系，并对中国采取包括暂停双边部长级及高层接触，中断共同体成员国与中国的军事合作，实行对华武器禁售等 6 项制裁措施。

1990 年 10 月 22 日，欧洲共同体 12 国外长政治合作会议作出决定，立即取消共同体在上年 6 月以后对中国采取的限制措施，恢复同中国在政治、经济和文化领域的正常关系。欧共体与中国的经济合作将“逐步恢复”，但

12国仍将维持禁止向中国出售武器的措施。到1992年,中国与欧共体的关系主体已恢复正常。到1994年6月,中国与欧盟开始了新的双边政治对话。

1995年7月,欧洲委员会出台了第一个对华战略文件——《欧中关系长期政策》,欧盟开始从战略高度调整对华政策,并确定了长期发展对华关系的基本框架。文件指出,"欧盟必须发展起能够与中国在世界及地区范围内的经济和政治影响力相适应的长期关系",将对华关系作为"欧盟对外关系,包括对亚洲和全球关系的一块基石"。

1997年12月17日,欧洲委员会提出建议,鉴于中国在市场经济改革方面已取得重大进展,要求欧盟不再将中国列入"非市场经济名单",并修改对中国的反倾销政策,1998年3月,此建议得到欧盟外长理事会的批准。

1998年1月,欧盟倡议在举行第二届亚欧会议期间举行中欧领导人首次会晤,进而建立中欧领导人定期会晤机制。

1998年2月23日,欧盟外长一致同意放弃在人权问题上与中国对抗的政策,表示在联合国人权会议上,无论作为整体的欧盟,还是单个成员国都将不再提出也不再支持谴责中国人权记录的决议案。

1998年3月,欧洲委员会通过了《与中国建立全面的伙伴关系》的政策性文件,确定了欧对华政策的长期战略目标,并再次提出"把中国当做世界伙伴同其全面接触",主张将中欧关系提升到"与欧美、欧日和欧俄同等重要的地位"。

1998年4月2日,中国国务院总理朱镕基同欧盟轮值主席国英国首相布莱尔和欧盟委员会主席桑特在伦敦举行了中欧领导人首次会晤。会谈的主要议题是中国加入世界贸易组织、人权对话、加强国际金融货币领域的交流与合作等。中欧双方在会晤后签署的《联合声明》中表示,希望中国和欧盟建立面向21世纪的长期稳定的建设性伙伴关系,并每年举行一次中欧领导人会晤。

1999年12月21日,中国国务院总理朱镕基在北京和欧盟轮值主席国芬兰总理利波宁和欧盟委员会主席普罗迪举行了第二次中欧领导人会晤。双方表示中欧应继续致力于发展长期稳定的建设性伙伴关系,进一步扩大深化在各个领域的互利合作。

2000年5月,经过友好磋商,中国与欧盟就中国加入世界贸易组织达成双边协议。外经贸部部长石广生和欧盟委员会贸易委员帕斯卡尔·拉米分别代表中欧双方签署了协议。中欧双边协议的签署,标志着中国加入世贸组织的进程又向前迈出了一步,并将有力促进中欧双边经贸关系的发展。

2000年7月11日，在中国与欧盟建交25周年之际，朱镕基总理首次对欧盟总部进行正式访问。朱镕基强调，中国重视欧盟在世界多极化进程中的重要作用和地位，重视发展与欧盟及其成员国的关系，将其置于中国外交全局中的重要位置。中方愿与欧盟扩大和深化在各个领域的合作，发展面向新世纪的长期稳定的关系。

2000年10月23日，中国国务院总理朱镕基在北京与欧盟轮值主席国法国总统希拉克和欧盟委员会主席普罗迪举行了第三次中欧领导人会晤。会谈的重点是中国加入世贸组织，双方还表示愿加强在科技、能源、信息、教育等领域的合作，并涉及了贩卖人口和非法移民的新议题。

2001年9月5日，中国国务院总理朱镕基与欧盟轮值主席国比利时首相费尔霍夫施塔特、欧盟委员会主席普罗迪、欧盟负责外交与安全政策的高级代表索拉纳在比利时布鲁塞尔举行了第四次中欧领导人会晤。双方就进一步加强人权对话、扩大经贸关系和科技交流、促进环境保护和能源合作以及共同打击贩卖人口和非法移民等问题进行了磋商。会后首次发表了联合新闻公报，强调应加强中欧间的政治对话，扩大对话领域，并通过更经常性的高官与专家会议在各层次深入交换意见。

2002年3月1日，欧洲委员会批准了关于中国的《国家战略文件2002—2006》，为今后5年欧盟与中国的合作提供了一个总体框架，以支持其对华政策的广泛与长期目标。

2002年9月24日，中国国务院总理朱镕基与欧盟轮值主席国丹麦首相拉斯穆森和欧盟委员会主席普罗迪在丹麦哥本哈根举行了第五次中欧领导人会晤。中欧双方除讨论人权对话、扩大经贸往来、推动中国加入世贸组织等议题外，还对反恐问题、环境问题以及食品和消费者安全问题和非法移民、贩卖人口问题表示了关切和进一步合作的愿望。会后发表了《联合新闻公报》。

2003年9月10日，欧盟委员会出台了欧盟对华关系第四个战略文件——《欧中关系的共同利益与挑战——走向成熟的伙伴关系》，欧盟新文件再次确认对华战略要实现的5大目标是：通过加强政治对话“使中国进一步融入国际社会”，“支持中国向建立法制国家和尊重人权的开放社会的转变”，通过使其充分参与世界贸易体系加强中国在世界经济中的融合，更好地使用欧盟拥有的资源，扩大欧盟在中国的视觉形象。

2003年10月13日，中国政府发表了《中国对欧盟政策文件》，阐述了中国对欧盟的政策目标和今后5年的合作措施。这份政策性文件表达了中国政府在政治、经济、军事等五个方面与欧盟进行全面合作的愿望。这既是中国政府首次制定的针对欧盟的对外政策文件，也是对近年来欧盟制定的一系列对华政策文件的积极回应。

2003年10月30日，国务院总理温家宝与欧洲理事会主席意大利总理贝卢斯科尼、欧盟委员会主席普罗迪和欧盟共同外交与安全政策高级代表索拉纳在人民大会堂举行第六次中欧领导人会晤。温家宝就深化中欧关系提出四点建议。双方还签署了两个重要协定，一是《伽利略卫星导航合作协定》，合作共建一个全新的全球卫星定位导航系统；二是《旅游目的地国地位谅解备忘录》，它为中国公民组团赴欧盟各成员国旅游观光开辟了宽阔的道路。

2004年4月13—16日，欧盟委员会主席普罗迪访华，国家主席胡锦涛于14日会见了普罗迪。胡锦涛表示中国支持欧盟扩大和一体化进程，愿与欧盟加强在重大国际和地区问题上的磋商与协调。2007年2月，国务院总理温家宝在接见斯洛伐克共和国总统罗贝尔特·菲佐时表示："中国是欧盟的伙伴，而不是威胁和对手"。

思考题：

1. 自由贸易区与国别战略有何关系？

2. 欧盟东扩的政治影响何在？

名词解释：

《马斯特里赫特条约》　欧元

第十七章　北约东扩与大国博弈

第一节　北约及其东扩

1949年4月4日，北大西洋公约组织(北约)在美国华盛顿成立。美国、加拿大、比利时、法国、卢森堡、荷兰、英国、丹麦、挪威、冰岛、葡萄牙和意大利成为第一批北约成员国。条约规定，缔约国实行“集体防御”，任何缔约国同它国发生战争时，成员国必须给予帮助，包括使用武力。北约是冷战的产物，随着东欧社会主义国家结成“华约”组织，世界两大意识形态阵营对峙的冷战格局正式形成。

半个世纪以来，北约经历了五次扩充，成员国由成立时的12个发展到现在的26个。五次扩充分别为：

第一次：1952年2月18日，土耳其和希腊加入。

第二次：1955年5月5日，联邦德国加入。同年5月14日，苏联和波兰、捷克、民主德国、罗马尼亚、匈牙利、保加利亚、阿尔巴尼亚等东欧7国成立了华沙条约组织。

第三次：1982年5月30日，西班牙加入。

第四次：1999年3月12日，原华沙条约成员国波兰、匈牙利和捷克加入，北约东扩计划迈出了实质性的一步。

第五次：2002年11月21日，罗马尼亚、保加利亚、拉脱维亚、立陶宛、爱沙尼亚、斯洛文尼亚和斯洛伐克加入。这是北约历史上最大的一次扩大。2004年3月29日，上述七国正式成为北约新成员，北约成员国增为26个。

进入20世纪90年代后，随着华沙条约组织的解体和冷战的结束，北约迅速调整战略，以“全方位应付危机战略”取代“前沿防御战略”，通过北约东扩和推行“和平伙伴关系计划”竭力向中东欧和苏联地区拓展影响，在欧洲安全事务中发挥着日益重要的作用。

第二节 北约东扩的原因

北约东扩是指北大西洋公约组织的责任区扩大到东欧国家。该计划是1994年1月在布鲁塞尔北约首脑会议上正式提出的，其根本目的是填补苏联解体后的东欧“安全真空”，建立以北约为核心的未来安全新机制。

北约东扩是冷战后欧洲战略格局转变时期的必然产物，其原因是错综复杂的。既有大国霸权因素，又有小国寻求“保护伞”的因素；既有经济发展不平衡的因素，又有民族主义、宗教信仰等因素。

首先，苏联的解体、华约的解散是北约东扩的一个关键原因。1991年7月，华约宣布解散，冷战时期形成的雅尔塔体系土崩瓦解，以苏联为首的华约分崩离析，苏联本身也分解成十几个国家，欧洲地区乃至世界的战略格局开始大分化、大调整。东欧各国处于游离状态，苏联最大的继承国俄罗斯虽然组成了独立国家联合体，但也组成分散、机制不全、力量薄弱。俄罗斯在独立之后，为了迎合西方，获取西方的经济援助，奉行向西方“一边倒”的外交政策，从东欧地区收缩力量，与该地区的国家拉开距离。这样，在安全格局上，欧洲均势严重失衡，出现了所谓东欧地区“力量真空”的局面。针对这种局面，各种力量为争夺未来欧洲安全主导权展开了激烈的竞争，北约东扩就是这种竞争的产物。

其次，美国为维护其霸权地位，极力主张北约东扩。40多年来美国一直自恃是西方的盟主，一手筹组并控制着北约，其目的就是为了防止苏联影响的扩大，尽可能地将西方的军事势力乃至西方意识形态向东扩展。华约解体后，美国认为，“灾祸帝国”和美俄之间的意识形态分歧已经不存在了，把欧洲分开的柏林墙也已经被推倒了，苏联最大的继承国俄罗斯正忙于处理本国内务问题，这是扩大冷战胜利成果，加紧建立一个单极世界的大好时机。因此，美国力主吸引东欧国家加入北约，尽可能快地把东欧国家列入西方的地缘政治范围。这样一来，可以扩大北约的存在基础，加强自己在联盟内的地位，起到牵制欧洲联盟并向该地区施加影响的作用。此外，还可以进一步削弱俄罗斯的力量，抑制俄罗斯的重新崛起，避免俄罗斯再次对西方构成威胁。

再次，欧洲地区利益驱使北约东扩。多少世纪以来，在世界上起支配作用的国家都在欧洲，但欧洲在1914年到1945年间经历了两次世界大战后，不但欧洲主要国家的实力削弱了，而且整个欧洲处于分裂状态。二战以后，欧洲的局势一直被北约和华约集团所左右，西欧国家出于战略利益的需要，在国际事务中往往委曲求全，任由美国摆布；东欧国家则处于苏联的控制之下。冷战的结束也意味着欧洲分裂的结束，西德和东德的统一，德国和波兰的和解，和平伙伴关系的纷纷建立，一个完整的欧洲正在逐步显现。西欧各国在安全方面消除了冷战时期形成的种种担心，以法国为主的西欧国家不再一味顺从美国的意志，力图增强自主权，由自己主宰欧洲的命运，它们日益重视加强欧盟的建设，竞相吸引东欧国家加盟，扩大影响，试图在政治、经济和军事上加强欧洲的力量，从而达到排挤美国的目的。一位西欧外交官说，如果欧洲国家团结起来，我们的力量不会比美国弱，通过北约东扩，我们向成员以外的国家证明了一种有用的东西。

此外，东欧各国自己也强烈要求加入北约。华约解体后，以前在两极格局掩盖下的诸多矛盾日益显现。前南斯拉夫危机的爆发，俄罗斯民族与地区冲突的出现，表明欧洲在新形势下已成为国际冲突地区，民族、宗教和经济对抗在东欧国家时有发生。另外，俄罗斯又调整对外战略，企图重新以大国姿态出现在国际舞台上，这都引起东欧国家的恐慌。东欧国家自己没有能力使其免遭军事威胁和外部入侵的有效组织，为了确保自身的独立与安全，开始主动求助于北约，并申请加入北约，希望得到北约确实的安全保障。

第三节 俄美关系下的北约东扩

"9·11"后的俄美关系

2001 年 6 月 16 日，美国总统布什与俄罗斯领导人普京在斯洛文尼亚首都卢布尔雅那举行了首次会晤；2001 年 7 月 22 日，两人在意大利热那亚举行第二次会晤。在这两次会晤中，两人都表现出争取对话、谋求缓和的意愿。10 月 21 日，两人又在中国上海举行第三次会晤。在此次会晤前后，双方各自作出了一定的友好姿态。普京于 10 月 17 日宣布：俄将撤出冷战时期苏联设在古巴洛尔德斯的无线电监测站和位于越南金兰湾的海军基地。虽然这是普京"量入为出"实行战略收缩的务实表现，但无疑也是为改善双边关系采取的一个实质性步骤。美国防部长拉姆斯菲尔德紧接着于 10 月 25 日宣布，美将延期进行导弹防御系统试验。11 月中旬，普京首次正式访问美国，与布什再次举行了首脑会晤。

俄美首脑频繁会晤、逐步接近，其实是出于他们各自的战略需要。对于美国来说，改善与俄关系有利于巩固自己的超级大国和"世界领袖"地位。

美国意识到，尽管俄罗斯不能与当年的苏联同日而语，但它仍然具有可与美国对抗的巨大军事能力、得天独厚的地缘政治条件和资源。俄作为安理会常任理事国和独联体国家的"盟主"，在有关国际安全、地区冲突等问题上依然具有重要作用。特别是在当前的反恐怖战争中，俄罗斯的支持对美国来说不可缺少，因为如果没有俄罗斯的首肯，美对阿富汗采取军事行动将难上加难。

而对于俄罗斯来说，改善与美关系能赢得尽快壮大自己的时间与空间。特别是"9·11"事件后，俄从自己的安全与经济利益出发，积极支持美国打击阿富汗塔利班政权和本·拉登及其"基地"组织。俄这样做至少出于以下几点考虑：

首先，美国是当今世界唯一的超级大国，俄罗斯要想经济上振兴，政治上恢复大国地位，在对外关系中首先得改善与美国的关系；美国是欧洲各国的传统盟友甚至盟主，俄罗斯要想加强与欧洲各国的关系，也不得不首先处理好与美国的关系；支持美军事打击阿富汗，不仅有助于推动俄美关系向前发展，而且可以顺势解决车臣问题，扶植阿富汗亲俄势力北方联盟上台，维护自己在中亚的主导地位和战略利益，并且可以促使美国取消对俄罗斯的经济歧视，支持俄罗斯尽快加入 WTO，减免苏联时期积欠西方的债务。

其次，在北约东扩问题上，双方立场还有很大差距。美国对俄采取的遏制加对话的方针未变，而北约东扩是美对俄进行战略削弱与遏制的重要手段。俄提出加入北约，乃是以柔克刚，旨在借此改变北约性质，但美国对此装聋作哑。2004 年北约进行第二轮东扩势在必行，届时俄罗斯不得不采取一定的反措施。在这个敏感的问题上，双方显然也得经历风风雨雨。

再次，在经济合作方面，美国现在面临经济滑坡，很难指望它为经济基础虚弱的俄罗斯"大输血"。随着时间的推移，俄罗斯势必将叹息美国"口惠而实不至"，再生上当受骗之感。此外，在阿富汗战后政权重建过程中，俄美双方免不了为自己的战略利益而展开激烈的明争暗斗。

总而言之，无论是布什奉行的对俄政策，还是普京奉行的对美政策，都带有鲜明的实用主义色彩，都是为了本国的安全利益和经济利益、近期利益和长远利益。因此，一旦双方利益分歧难以弥合，俄美总统之间的"亲密"私交都必然受到影响。来自两国内部不同程度的压力和反对意见，也会对俄美双边关系的发展形成一定程度的掣肘。

在缓解了和美国的关系后，俄罗斯正试图通过更多地参与北约事务，从内部来影响北约的发展和变化，使之朝着有利于俄的方向发展。俄专家指出，即便在北约内部，美国和其欧洲盟友也经常意见相左。俄大可通过加强与北约的合作及与欧洲各国的双边和多边合作，制约美国的影响，推动欧洲建立有利于俄战略安全利益的新的安全框架。

"19＋1机制"就是俄罗斯和北约在这种战略考虑下的产物。1997年5月，俄与拥有19个成员国的北约在巴黎签署了相互关系基本文件，成立俄罗斯—北约常设联合理事会，确认了双方"19＋1"的合作机制。在此机制中，俄只有协商权，没有决定权。对此，俄并不满意，认为是"19对1"。

2001年，俄致力于通过一种新机制与北约建立"新关系"。俄利用北约秘书长罗伯逊11月访俄之机，明确提出用"20国"的新机制取代"19＋1"机制的建议。俄国防部长谢·伊万诺夫表示，新合作机制的实质在于，俄应该与北约成员国一样享有平等的表决权和决策权，双方应在平等的基础上共同协商、共同通过决定并共同对所通过的决定负责。俄罗斯外长伊万诺夫在接受俄电视台采访时也表示，俄愿与北约建立一种全新的关系，在这种关系下俄的意见能得到充分考虑。俄将打击恐怖主义和打击毒品交易及集团犯罪等列为可能合作的领域。普京也强调，"俄罗斯和北约准备从性质上改变我们的关系"。

北约也希望加强与俄罗斯的关系，认为现在是发展北约和俄关系的"最好时机"，只要双方有政治意愿，就可以在原有的基础上进一步成功推进相互关系的发展。但在俄提出要与北约成员国同样有"表决权"和"决策权"问题上，北约未积极回应。罗伯逊强调，1997年签署的相互关系基本文件仍是俄与北约关系的基础，双方应在常设联合理事会的框架内加强合作。罗伯逊认为，反恐应是双方关系发生"质变的开始"。在反对生化武器与核扩散方面，双方也应加强合作，采取具体措施。

俄美关系又添变数

2008年8月8日凌晨，北京奥运会开幕当天，格鲁吉亚军方与南奥塞梯武装力量爆发冲突，随即演变成与俄罗斯军队的冲突。此后的几个月中，俄罗斯宣布承认格鲁吉亚南奥塞梯自治州和阿布哈兹自治共和国独立，并建立大使级外交关系。与此同时，美国、欧盟等采取一系列行动，并向格提供和承诺提供巨额援助。俄罗斯与格鲁吉亚之间爆发的军事冲突，是欧洲地缘政治博弈加剧，进入相对不稳定期的重要标志。综合来看，这次冲突事件是2008年俄罗斯与美欧围绕北约新一轮东扩、科索沃单方宣布独立、美国在东欧部署反导系统和建立军事基地，以及在《欧洲常规武装力量条约》等问题上展开激烈交锋的背景下，多种矛盾相互作用，综合"发酵"的结果。

冷战结束以来，北约连续两次东扩压缩了俄战略空间，俄丧失了中东欧大片战略缓冲区和中间地带。北约2008年4月首脑会议决定进行新一轮东扩，其目标一是通过吸收阿尔巴尼亚、克罗地亚参加北约和承认科索沃独立，巩固加强对巴尔干的控制；二是拉拢乌克兰、格鲁吉亚参加北约，把防御前沿推进到黑海和高加索地区，继续挤压俄战略空间。乌、格是俄西部和西南方向现存的与北约战略缓冲区和屏障，失去这一地区，俄将无险可守、无屏障可挡，因此俄把这一地区划为北约"不可逾越的红线"。

面对以美国为首的北约的战略围堵，俄已忍无可忍，退无可退。在国力得到一定恢复后，俄作出战略反击，出兵"惩罚"格，正是俄对美欧咄咄逼人攻势的"阻击战"，既严厉警告了乌、格等投靠西方的独联体国家，也向美欧表明俄维护国家核心安全利益的决心。

俄格"5日战争"的后果，直接导致美俄关系恶化、欧俄关系紧张和俄与北约关系的"冷冻"。美欧以及北约在齐声谴责俄"过度使用武力"的同时，增加了对格的经济、军事援助，支持格继续与俄对抗。冲突发生后，美加快了部署反导系统的步伐，并就此很快与波兰达成协议；欧盟中断欧俄新《战略伙伴关系与合作协定》的谈判，向俄施压；北约冻结与俄的关系，建立了北约—格鲁吉亚委员会，帮格重建军队。俄则针锋相对，不仅承认南奥塞梯和阿布哈兹地区的独立，与其建交，还决定在两地区建立军事基地，部署军队。俄还宣布将在加里宁格勒部署"伊斯坎德尔"导弹对付美反导系统。欧洲上空笼罩着对抗的阴云。

然而，无论是俄还是美欧，都不愿看到双方关系的继续紧张或恶化，"斗而不破"仍是基本规则。首先是欧俄，维持正常关系符合双方共同战略利益的需要。欧盟在积极调解俄格冲突的同时，于11月决定恢复与俄的谈判，并举行了俄欧首脑会议，双方同意2009年中召开"泛欧安全会议"，讨论如何建立新的欧洲安全体系。北约中的"老欧洲"国家不愿在北约东扩问题上过分刺激俄，乌、格参加北约的"成员国行动计划"资格再次被搁置。美俄也在寻求缓和关系的途径。

同时，俄罗斯加强了对乌克兰的多元策略。作为美俄争夺的"核心地带"，乌克兰对美俄都非同寻常。对美国来说，赢得乌克兰，就意味着赢得主宰欧亚大陆的重要跳板。而对俄罗斯来说，乌克兰一直是其西部战略屏障和"缓冲区"。2009年新年，俄罗斯因为天然气价格和乌克兰谈不拢而再次切断了通往乌克兰的天然气管道阀门，俄乌"斗气"表面上是因乌克兰未交15亿美元天然气欠款，实则为俄罗斯再打"能源牌"的示强表现。尽管几年前的“橙色革命”已经烟消云散，俄罗斯和乌克兰的关系却不断降温。在2008年8月发生的格鲁吉亚和俄罗斯的冲突中，俄指责乌克兰派遣了针对俄罗斯飞机的防空导弹专家到格鲁吉亚。乌克兰一直积极想加入北约的企图也对两国的关系造成了严重影响。俄罗斯“斗气”的背后体现了“一石三鸟”的更大战略意图：首先，“断气”将对乌克兰政坛可能的联盟重组产生影响；其次，“断气”背后，也在警告乌克兰必须慎重考虑“亲美”立场；最后，“断气”背后，也旨在暗中向欧美发出示强信号，进而影响俄美、俄欧关系。

问题的关键是美欧能在多大程度上向俄作出妥协让步。俄把改善俄美关系的希望寄托在当选总统奥巴马身上，希望美放弃在东欧的反导计划，停止北约东扩。显然，只要美欧不放弃对俄的围堵政策，俄与美欧的根本矛盾将难以消除。

从目前情况看，俄罗斯与北约都有愿望发展相互关系，但能否真正建立相互信任、平等对话的关系，将既取决于俄美关系的演变，又要看北约成员国能在多大程度上消除对俄的疑虑。

俄美削减战略武器谈判任重道远

1991年7月，美国和苏联签署了《削减和限制进攻性战略武器条约》，又称第一阶段削减战略武器条约，该条约于1994年12月正式生效。

1993年1月，美俄双方签署第二阶段削减战略武器条约。但由于多种原因，该条约一直没有生效。

2002年5月，美俄在莫斯科签署《削减进攻性战略武器条约》。条约规定，到2012年年底之前，美俄双方将各自的进攻性战略核弹头削减到1700枚至2200枚。该条约2003年6月正式生效。由于条约将于2009年12月5日到期，俄美双方已表示努力通过谈判在年底之前达成一项新的削减进攻性战略武器条约。

冷战结束后，俄美之间不再适用双方确保相互摧毁的核威慑战略关系，因此没有继续保持大量核武器、维持庞大核武库的需要。双方都有意愿进一步裁减两国的核武器，确立新型的战略关系。其次是出于现实安全考虑，俄美需要通过进一步裁减各自核武库来推进国际防止核扩散的进程。专家认为，核裁军与核不扩散有内在关联，只有核武器国家履行核裁军义务，无核武器国家才能真诚履行不扩散核武器、不寻求发展核武器的义务。因此俄美两国需要发挥“表率作用”，进一步裁减各自核武库。

对于双方在谈判中的分歧，专家认为，焦点和难点集中在销毁、核查、计算方法、境外部署等方面。俄罗斯认为，销毁应是绝对销毁，即物质上的销毁;而美国认为裁减核武器不是销毁,而是将核武器从部署状态转为储存状态,需要时可以恢复部署。在俄美新的核裁军谈判中,双方在此问题上的理解差距依然存在。在核裁减量的计算方法上,双方一直存在分歧,其原因是两国核武器构造、核弹头储存等计算方式不一致。此外,美国称反导系统是防卫性武器,不是进攻性武器。而俄罗斯认为,反导系统是战略武器,可达到一定的战略目的,协助战略进攻性武器发挥更大的效率,要求核裁军谈判包括反导系统。

关于俄美在年底前达成协议的可能性,专家认为,俄美都有此政治意愿,两国首脑都有表态,特别是双方技术层面谈判一轮接一轮,达成一个新协议替代年底到期的协定是可能的。但他同时指出,俄美谈判对于推动重塑双方新战略关系、削减核武器数量必将产生积极作用和影响,但这些作用和影响是有限的,核裁军进程任重道远。

第四节　中国和北约的关系

冷战时期,北约强烈的西方意识形态、极浓的军事色彩在中国人心中留下了深深的烙印。中国人民更不会忘记,1999 年的科索沃战争中,北约轰炸了中国驻南联盟大使馆,严重侵犯了中国的主权,并夺走了 3 名中国优秀记者的生命。因此,一直以来在中国人民的心目中,"北约"总是与"强权"联系在一起的。中国与北约的接触,意味着中国对北约政策的重大改变,也意味着一个新的开始。

事实上,中国转变态度,开始与北约接触是有着深刻的背景的。

第一,北约性质的转变为双方接触提供了可能性。目前北约虽然还是一个军事组织,但由于原华约成员国的加入,以及未来北约职能的转变,它将不再是一个与东方对抗的完全军事组织。随着"北约和平伙伴关系计划"所涉及问题范围的不断扩展,北约已经具有了某些政治特点。加之北约内部欧洲势力的增强,北约的决策将更加理性和民主。这是中国有意与北约平等对话的基础。

第二,北约把打击全世界的"恐怖主义"列为核心任务,使中国和北约拥有了共同的利益。全球和区域范围的非传统安全问题对中国和北约来讲都十分迫切。而在非传统安全问题中,除了"恐怖主义"问题之外,还包括打击跨国犯罪、保障海上通道安全、能源安全等,这些都为中国和北约之间的合作提供了广阔的空间。中国作为地区大国和联合国安理会常任理事国,在地区及世界事务中发挥着极其重要的作用。中国与中亚国家及俄罗斯倡导并建立的“上海合作组织”，成为维持地区稳定、鼓励多边合作、协商“反对民族分裂”和“反恐”的重要组织和论坛，这与北约今后的任务有共同之处。

第三，北约东扩方向直指中国的西北边境。目前北约的“和平伙伴关系国”已包括了土库曼斯塔、哈萨克斯坦、吉尔吉斯斯坦、乌兹别克斯坦等中亚国家，俄罗斯与北约已形成了就安全问题定期举行对话的机制。无论从西部还是北部来说，中国和北约的地缘隔绝都已近消失。如果中国不主动出击，中国与中亚及其他国家的合作将会出现一些变化，中国的外部环境也将充满变数。因此，中国与北约进行对话和协商显然是对时势的一种顺应。

无论北约今后是否继续东进，也不管其职能和目标还会有什么变化，与之接触总好过将其拒之门外。只有与之对话和协商，才有可能对其产生影响，趋利避害，使自己处于主动位置。

第四，中国正在以开放和包容的态度积极融入世界。随着经济全球化的深入发展，中国必须以更加开放和包容的态度寻求新的道路。过去几年当中，中国加入了世贸组织，与东盟建立“10＋3”论坛及自由贸易区协定，与亚太经合组织的合作日益频繁，倡导在东亚建立自由贸易区等等，这一切都标志着中国外交政策的成熟。

中国与北约的对话才刚刚开始。据透露，双方已初步列出今后讨论的十大议题，这十大议题全都是围绕安全领域的。虽然目前中国与北约还没有真正意义上的战略对话与合作，但随着时间的推移，双方的关系无疑将得到进一步发展。

思考题：

1. 北约为什么要实行东扩？

2. 俄罗斯在北约东扩问题上持什么态度？

名词解释：

格鲁吉亚危机　　转型国家

第十八章　跨国公司与跨国投资

第一节　跨国公司及其活动

跨国公司起源及其进程

跨国公司是经济全球化的急先锋。我们对跨国公司并不陌生，它很早就出现在人们的视线中，但不同时期的跨国公司的含义和目的显然是不同的。首先来分析一下跨国公司的起源和发展，对我们加深对跨国公司作用的理解大有裨益。

对于跨国公司的起源学术界说法不一，有人甚至说跨国公司始于哥伦布发现新大陆，因为新移民不仅是殖民者、冒险家，而且本身也是企业家；有人则认为跨国公司于20世纪60年代在美国兴起，但一般公认的说法是跨国公司源自17世纪的英国。跨国公司的发展大体经历了起步、低谷、两强相争、三足鼎立、群雄共逐等五个时期，经济全球化不仅是跨国公司的载体而且是它的源动力。

跨国公司的原始形态出现于19世纪中叶以前。17世纪初，欧洲重商主义盛行，资本主义逐步进入了发展阶段，而新大陆的发现和新航线的开辟使稳定的跨国贸易变成了现实。一些特许贸易公司（Chartered Company）如英国东印度公司、英国皇家非洲公司、英国哈德逊湾公司、荷兰东印度公司等，由于它们日益积累的财富，很快发展成为专门的垄断公司，如英国东印度公司垄断了印度和远东的香料、棉织品、丝绸等商品的进出口。尽管这些公司在特定的国家或区域从事以贸易为主的商业活动，但它们还不能被称为跨国公司。因为它们的经营凭借的是封建王室所赐予的特权，并没有直接从事生产和投资，也没有大量输出资本。它们的经营仍是资本原始积累时期的殖民掠夺性输出，同时，这些特许公司拥有武装，可以铸造货币和制定法律，在殖民地行使政府的职权。真正跨国公司的发展始于19世纪中后期。

最早可以被称为跨国公司的是美国的胜家缝纫机公司(SINGER)。1868年胜家公司在苏格兰的格拉斯哥设立工厂，开始在当地生产，标志着世界上第一家跨国公司的诞生。之后，拜尔化学公司、西门子公司、美孚石油公司、英荷壳牌公司等数十家公司争先恐后在国外注册设立分厂，建立生产线。至一战前，英国在海外设立的分公司为140家，欧洲大陆为175家，美国为118家。

第二次世界大战的爆发使得主要资本主义国家将人力、物力、财力全部用于备战，跨国公司受战事所迫不得不将投资转向本国的军火业务。受这种大气候的影响，跨国公司的发展进入了低谷徘徊阶段。从国与国的比较来看，英国的发展相对缓慢一些，而美国的跨国公司获得了长足发展。美国的对外投资由于受战争的刺激迅速增长，从1913年的26.5亿美元增加到1938年的73亿美元，占世界比重由18.5%增至27.7%。从20世纪50年代初期开始，美英之间的跨国公司进入了两强并进的发展阶段。很快，美国的跨国公司从数量、规模、范围上逐步将英国甩在了后面。到1960年，美国对外直接投资额累计达到319亿美元，占全部发达国家对外直接投资总额的49%，而英国则为108亿美元，仅占16.6%。

二战结束后，跨国公司发展进入顶峰时期。1949年全世界跨国公司母公司有512家，1956年迅速增至1724家，1963年增至4068家，1968年增至7276家，1973年增至9481家，到1978年已达到10727家。跨国公司的分布几乎遍布全球的每一个角落。受益于二战的美国跨国公司在战争结束后很快进入了高速发展时期，并在世界经济中开始发挥越来越重要的作用。到20世纪70年代末，跨国公司的投资所在地已超过160个国家和地区。二战后跨国公司的投资范围已不再局限于铁路、石油、矿产等初级产品的行业，进而转向制造业和服务业。

20世纪70年代中后期起，随着西欧、日本经济迅速恢复并赶上或接近美国，欧洲和日本的跨国公司也迅速壮大起来。美国一家独占的跨国公司格局被打破，形成美、日、欧三足鼎立格局。在20世纪80年代，列入世界500强的西欧跨国公司的数量增加了25%，营业额超过10亿美元的西欧跨国公司数量增加了7倍。日本在1960年的海外直接投资额仅为5亿美元，但是到了1989年，已高达1544亿美元，崛起了一大批如索尼、松下、日立、夏普、丰田和NEC等人们耳熟能详的巨型跨国公司。

进入20世纪90年代以后，跨国公司的发展又呈现新的高潮，出现了美、日、英、法、德、发展中国家群雄并起、相互竞争、快速发展的格局，跨国公司成为一种全球现象。西欧国家在二战后采取了一系列的鼓励措施，致力于跨国公司的发展。它们敢于与美国公司对抗，到1999年西欧跨国公司已达6.3万家，遍及奥地利、比利时等近20个国家，从而形成了对美、日的有力挑战。20世纪60年代发展起来的广大发展中国家的跨国公司也纷纷到国外投资建厂。20世纪70年代后期，一些石油富国也积极向海外投资，大大壮大了跨国公司的规模。1998年，在全球500家最大公司中，发展中国家就占了25家。

20世纪90年代跨国公司的发展呈现出许多新特点，可以概括为：美国仍然位居首位，在1992年世界500家最大的工业性公司中美国就占了161家，全世界100家最大公司中美国占29家；跨国公司的规模进一步扩大，许多跨国公司的资产和年销售额已经远远超过世界上绝大多数国家的国民生产总值。据世界银行的资料，1990年约有60个国家的国民生产总值不及100亿美元，然而《财富》杂志所评选的1992年度全球500家最大工业公司中，有135家跨国公司的年销售额在100亿美元之上。近年来，跨国公司的规模进一步扩大，在1998年评选出来的10家最大的巨型公司中，通用汽车、戴姆勒·克莱斯勒公司、福特汽车公司、沃尔玛百货公司、三井公司、伊滕忠公司、三菱公司和埃克森公司等年销售额无不在1000亿美元以上，低于1000亿美元的只有丰田公司一家。

1990年，全球跨国公司总数超过3.5万家，在国外设有15万家分支机构；1996年增至4.5万家母公司，其子公司也达到28万家；1998年，全球跨国公司母公司达5.99万家，国外分支机构达50.82万家；1999年底，全球跨国公司已达6.3万家，跨国子公司达68.9万家。跨国公司在全球的销售额达14万亿美元，是全球进出口总额的2倍，相当于世界产值的46%。跨国公司控制着近1/3的全球生产、2/3的国际贸易、70%的全球专利与技术转让和近85%的外国直接投资。

进入21世纪，跨国公司从规模到数量都发生了巨大变化，截至2004年底，全球跨国公司数量上升约7万家，至少有69万家海外分支机构。同时，跨国公司在国际经济中的地位也在不断上升，就绝对值而言，跨国公司海外分支机构的销售额，截至2004年达到186770亿美元，海外分支机构的资产达到360080亿美元。此外，海外分支机构的雇员、出口额等也都呈明显上升趋势。

跨国公司之间的并购

新建企业、兼并和收购(Mergers & Acquisitions)企业是跨国公司进行国际直接投资的两种形式。由于兼并和收购的定义有重叠的部分,而且收购可以被视为广义上的兼并行为,所以通常将兼并与收购这两个概念合在一起使用,简称并购(M&A)。并购一直是跨国公司进行对外直接投资的首选方式。自1893年J. P. 摩根通过兼并成立美国联合钢铁公司以来,西方发达国家已经历了五次大的企业并购浪潮。目前的并购浪潮始于1991年。1986年到1990年,发达国家吸引外国直接投资的73%~86%是出于企业跨国并购的投资。这种形式主要为美国和英国的跨国公司所推崇。

为追求规模效益、技术垄断和市场份额,许多昔日为敌手的跨国公司纷纷携手结盟。这种风潮在知识密集产业更为明显。1992年,日本东芝公司、美国IBM公司和德国西门子公司联手开发256兆芯片。1997年,美国波音公司和麦道公司合并成为世界最大的航空公司,兼并交易额达140亿美元,而当年全球并购额高达14033亿美元,其中跨国并购额为2630亿美元,占全球对外直接投资的50%。1998年,全球并购高潮迭起,比上一年猛增70%,瑞士联合银行与瑞士银行合并,成为全球最大的资产管理银行;英国电信公司与美国电报电信公司合并,是全球最大的电信业兼并;德意志银行收购美国信孚银行,以资产总额高达8200亿美元成为世界第一大银行;美国埃克森公司出资800亿美元收购美孚石油公司,成为世界第一大石油公司,创有史以来最大的工业兼并案;世界最大互联网络服务商美国在线公司,出资42亿美元收购网景通讯公司,成为一个全能的互联网络公司,既从事软件开发,又提供网络服务。英国沃达丰移动电话公司继1999年收购美国空中火炬公司成为世界上最大移动通讯公司之后,又于2000年强行收购德国通讯企业曼内斯曼公司。

跨国公司热衷于采用并购方式进行国际直接投资,主要是国际投资大环境、管制环境和自身压力造成的。首先,经济全球化和贸易自由化加大了世界技术领先企业的竞争压力,它们感到有必要通过跨国并购来分摊成本,获得新技术,以便增强创新力,而知识经济的到来更是加快了这一节奏。其次,受全球化的影响,许多发展中国家急需输入外部资金来振兴本国企业,它们大大取消或放松了对跨国公司已有的限制,这进一步促进了国际生产体系通过跨国并购进行的扩张和深化。另外,资本自由化和并购的灵活融资方式也从客观上激励了跨国公司在全球范围内的并购行为。

小知识

国际金融中心

在资本主义世界,什么都可以买卖,就连货币也不例外。不过,被买卖的货币,不是平时买东西用的钱,而是外汇、黄金、白银、股票等等。人们把国际间进行这种买卖的场所,称为国际金融市场,也叫国际金融中心。

英国的伦敦、美国的纽约和瑞士的苏黎世,是资本主义世界三大传统的国际金融市场;欧洲的卢森堡,亚洲的新加坡、中国香港,中东的巴林、贝鲁特等,是第二次世界大战后出现的新兴国际金融市场。

18世纪创立的伦敦市场资格最老,在第一次世界大战前,它是世界上最重要的国际金融市场。后来,大英帝国衰败,伦敦市场的地位也随之下降。但由于它历史悠久,同世界有广泛联系,市场条件便利,现在仍然是重要的国际金融中心之一。

第一次世界大战以后,美国的经济地位超过了英国,纽约也取代伦敦成了世界最大的国际金融市场。

瑞士是永久中立国,国内政治和经济比较稳定,瑞士政府采取了保护私人财产、允许资本自由流动等政策,对国际游资(没有用到生产中的过剩资本)有很大吸引力,因而苏黎世成为一个比较稳定的国际金融中心。

二战后,除了卢森堡、中国香港这些新兴国际金融中心外,随着日元在国际上的地位逐步提高,东京也成为国际金融中心。发展中国家正在逐步摆脱外国金融垄断势力的控制,建立和发展自己的金融事业,其中一些国家的金融市场,如我国的上海也有逐步发展成为国际性金融中心的趋势。

香港自1997年回归后,其国际金融中心地位不断凸显,同时,上海作为中国内地最大的金融城市,一直以建设国际金融中心为目标。通过自上个世纪90年代以来的先行先试,锐意进取,其市场框架已经基本建立。2009年3月,中国政府确定上海建立国际金融中心和国际航运中心的国家战略。到2020年,上海要基本建成与我国经济实力和人民币国际地位相适当的国际金融中心、具有全球航运资源配置能力的国际航运中心。

第二节　跨国公司对全球经济发展的影响

全球化主要是以市场为导向的经济体制在全球范围内的广泛实践。冷战的结束使经济因素在国际关系中的位置上升,经济外交凸现。谋求资源在全球范围内的有效配置，成为各国发展经济与进行国际合作的战略目标。综合国力的竞争说到底是各国总体经济实力的竞争。发达国家，尤其是美国一直充当着经济全球化的倡导者和主导者的角色，占据着优势地位。这是因为，经济全球化的实质是市场经济运行机制的跨国界延伸，即全球经济的一体化。发达国家无论是在全球化还是在一体化中均占有得天独厚的优势。市场经济体制源于发达国家。这些国家的市场经济已有上百年的历史，在国内早就形成一整套完善而成熟的市场运行机制。故此，发达国家不存在经济与全球经济接轨问题。另一方面，发达国家在资本、商品、技术和管理等方面拥有绝对优势，这使得它们可充分利用其在全球经济资源支配上的比较优势。对发展中国家来说，参与经济全球化是必须面对的事实。作为一种发展趋势，没有哪个国家可以置身于全球化之外，除非它不想发展自己。从经济角度上讲，全球化是一个互动的和动态的融入全球经济的进程。融入全球经济意味着你中有我、我中有你的格局，融入全球经济给参与者带来的是更有效的资源配置和更高的经济效率。

借助融入全球经济的机遇，落后国家凭借比较优势可从贸易自由化、引进外国资本和技术带来的经济快速增长中获得益处。美国哈佛大学教授菲里·萨克斯认为，在20世纪七八十年代实行开放经济的发展中国家年均增长率达4.5%，而封闭经济的国家年均增长率仅为0.7%。世界银行的一份报告采用了80个国家过去40年的数据，证实了各国经济融入全球能促使社会全面进步。韩国、智利、中国大陆分别用了11年、10年和9年的时间使其人均收入翻了一番。20世纪90年代，美国成功地利用全球化，积极拓展国际市场，引进国际资金与人才，进行产业调整与升级，经济发展找到了新动力，创造出历史上最长的扩张期，竞争力连续7年雄居全球榜首；而曾在二战后创造出奇迹的日本，由于体制僵化、市场封闭和狭隘的“岛民意识”，无法适应全球经济关系新变化，竞争力由世界第一位跌至第17位。因此，消极地应付全球化经济的挑战只能导致衰退。

融入全球经济是一场立足于全球性的体制创新与管理革命，需要有廉洁的政府、稳定的政局、健全的法制、良好的管理、高素质的劳动者作保障。因为良好的管理能使资金、技术、人才等高科技生产要素的互动与集成达到合理和优化。新制度可以催生新技术，创造新产业，造就新经济。因此说融入全球经济不是一句口号，它是一场“适者生存，胜者丰收”的“游戏”。

第三节 跨国公司对国际政治的影响

由于跨国公司参与的商业和金融活动及其在决定投资领域上的重要作用,跨国公司毫无例外地受到关注。多数跨国公司不愿与一国的对外政策联系在一起,但是它们别无选择。幸运的是在绝大多数的案例中,跨国公司引发的政治问题还没有产生太大的不良后果。跨国公司的投资与运营可以在以下三个方面对一国的对外政策产生影响。

跨国公司被母国利用为其对外政策服务

一个国家的跨国公司在东道国的投资所遇到的问题可以通过其外交机构得到解决,但更重要的是可能由于某种战略原因引发外交冲突甚至军事行动。1991 年,美国组织多国部队来阻止伊拉克对科威特的军事行动并不仅仅是美国要捍卫科威特的主权和领土完整,除了战略因素之外,保护其在海湾国家特别是在沙特阿拉伯的跨国公司的巨额投资是其中的重要因素。当然东道国的政策从另一个侧面说明了对跨国公司的行动也可以引发一国对外政策的改变。1959 年古巴革命和 1979 年伊朗革命后,新政权对包括美国在内的跨国公司强制实行了国有化,使得美国蒙受了巨大损失,这导致了美国对古巴和伊朗外交政策的逆转,美国立即冻结了它们在美国的资产和银行账户,并在各个方面实施制裁。几十年来,美国对古巴和伊朗一直持敌视态度。

跨国公司的投资可以加强母国对东道国既定对外政策的利益

多数情况下,投资额的大小是反映跨国公司母国和东道国关系的晴雨表,跨国公司的投资越多、规模越大,这两国的关系一般说来比较顺畅,反之亦然。但是跨国公司在投资活动中可以潜意识地促进两国关系朝健康的方向发展。20 世纪 80 年代以来,美国的跨国公司大批进驻中国,一方面对我国的经济现代化起了积极的作用,另一方面,美国的跨国公司也受益无穷。这从侧面促进了两国关系在战略上的变化。在与中国的合作中,美国不再纯粹坚持“安全优先”,而是在很大程度上把“公平贸易”提上了主要议程。美国前总统克林顿曾极力坚持给予中国最惠国待遇,他声称:“世界上还没有哪个国家发现一种办法,既进口世界的产品和技术,又能把国外的思想阻止在边界。”当然美国这种做法有从文化上影响中国之意。20 世纪 90 年代以来中美两国在政治和经济上的分歧无论多么尖锐和棘手,最后总是在贸易“双赢”的基础上得到解决。但是跨国公司的行为也许会带来新问题,它可以使原有的关系发生方向性变化。比如“安全议程”很长一段时间在中美关系上处于优先地位，美国在冷战时代严厉禁止中国从美国和西方国家进口“高尖技术”产品和相关产品，但随着跨国公司在中国的投资额的加大，两国在经济上的依附关系越来越强，两国的关系由“安全议程”转为“公平贸易议程”。1990—1999年，中美两国关于计算机产品和纺织品配额的问题多次影响了中美关系的发展。美国在20世纪末也终于结束了其对中国的永久正常贸易关系（PNTR）地位的审核，使中美关系又朝着健康的方向迈进了一步。当然这种议程的变化主要得益于国际政治制度的变化。

跨国公司可以成为母国对外政策的“代理”

代理关系是指母国公开地利用其跨国公司，以合法的手段来追求其国家利益或用来惩罚、影响东道国政府。而颠覆关系是跨国公司暗地里操作，旨在破坏或推翻东道国政府。跨国公司的总裁在多数情况下非常反感这种“代理”或“颠覆”关系。从代理形式上，主要表现在以下几个方面：

一、推进和实施对外政策利益的程序可使得母国利用跨国公司有目的地摆布一个东道国。这种摆布一般出于安全理由，也可以说是占领的替代。这种与跨国公司的关系一般被理解为代理关系，但也许是代理和颠覆两者兼具。

这类例子在历史上是很多的。远在18世纪，英国殖民者就利用东印度公司策划大英帝国对当地统治者的“招安”；20世纪30年代，纳粹控制下的跨国公司在东欧的罗马尼亚、匈牙利、保加利亚等国资助了当时的傀儡政权，并使其心甘情愿地为德国经济提供原材料货源。而美国在其“后院”拉美运用跨国公司达到操纵东道国政府的例子更是不少。1959年古巴革命胜利前，美国几乎控制了古巴经济的60%，古巴新政府宣布对美国的跨国公司国有化后，美国恼羞成怒地采用了侵略、暗杀、禁运等各种手段来颠覆古巴的政权，鼓励其跨国公司资助古反对势力，1961年的“猪湾入侵”事件便是明证。1954年，美国联合果品公司几乎控制了危地马拉的经济命脉。新政府上台后宣布土地改革并对联合果品公司的股份进行了限制，这严重伤害了该公司的利益。联合果品公司将新政府冠之为“共产主义”政权并呼吁美国政府资助并予以反击。美国政府责无旁贷地响应了联合果品公司的要求。美国政府之所以如此积极还有一个重要的理由，那就是当时的美国国务卿约翰·福斯特·杜勒斯刚刚就任该公司的高级律师，而他的哥哥阿利·杜勒斯则是当时的中央情报局（CIA）局长。结果可想而知，在美国政府的支持下，危地马拉的军方将政府推翻，满足了联合果品公司的要求并对其进行了赔偿。更重要的是，危地马拉从此成了美国的反古前沿阵地，并直接导致了美国中情局策划的1961年对古巴的入侵。

二、代理关系。运用跨国公司来有意识地推进母国的政治目标不应该受到鼓励，对于跨国公司来说一开始就应对此有所警戒。同每个人一样，经营者本人须忠于国家，设想自己同母国有一样的国籍，通常他们都会无意识地支持"他们的"政府。然而，如果受到公开的压力或唆使，一般他们都反应消极。比如，当母国要求在国外的分支机构对一个非友好的国家或竞争对手，在高精尖技术领域实施出口限制时，跨国公司因为经营目标受阻总会带有抵触情绪。假设这个分支机构是外资所有（比如合资、许可证下），对母国的抵触情绪就会更大。然而，如果母国试图将司法管理权延伸到海外，越权对跨国公司进行干涉，特别是这种干涉引起严重的国际紧张局势时，跨国公司往往在这种情况下是无能为力的，他们根本无法顾及到自己在经营上的利润和运作。

这种代理关系带来了许多政治敏感问题，而自20世纪60年代以来，这些问题无一例外地都与美国政府有关。

1. 中加贸易

20世纪60年代中期，美国政府不仅自己仇视中国，而且还要求自己的盟国跟随自己一同反华并严格禁止美国的跨国公司向中国投资。不仅如此，它还无视加拿大与中国有外交关系的事实，无理要求美国在加的海外公司不同中国做生意。加拿大政府趁机发展壮大了自己的跨国公司，结果美国跨国公司对加的工业产值控制由1973年的60%降至1983年的40%，与此同时，加拿大的跨国公司进驻中国并由此获益。

2. 法国计算机工业

20世纪60年代初，美国的IBM公司控制了法国的计算机产业，法国在军事领域的计算机元件都由IBM提供。由于法国不满美国对西欧的控制，特别是美国对法国核武器的监控，法国拒绝在1963年美苏共同倡导的《核禁试条约》上签字，美国由此不满并严厉禁止IBM向法国出口高精尖计算机设备和零部件。法国政府此后逐步发展了自己的计算机产业并一度在此领域同美国抗衡。

3. 苏联西伯利亚天然气管道问题

1982年，瓦文萨领导的波兰团结工会集体罢工并由此与政府发生严重对峙，苏联政府支持波政府取消团结工会并逮捕了其领导人。美国政府对此事件表示了严重的关注，并对此敦促苏联促使波兰政府取消禁令、释放瓦文萨，苏联和波兰政府不但没理会美国的要求，反而对团结工会采取了更严厉的制裁措施。在这种情况下，美国政府无视其在欧洲的跨国公司与苏联达成的合同协议，悍然撕毁合同，禁止这些公司向苏联提供有关输油管道的设备与技术，而在欧洲的一些东道国政府则对美跨国公司的毁约行为实施了惩罚，并强令它们履行合同，欧美关系险遭破裂。与此同时，在中西部农场主的压力下，美国总统里根取消了1980年为制裁苏联侵略阿富汗而实施的粮食禁运，欧洲公众对美国总统这种利己不利人的做法进行了鞭笞。一时间，美欧关系特别是美英关系骤然降温，这个问题最后在美国总统里根与英国首相撒切尔夫人的峰会上才缓和下来。

4."星球大战"

1986年，美国总统里根致力于其倡导的星球大战计划，为了提高军事技术的保密度，美国政府坚持联邦法令应对拥有和运用美国计算机技术的欧洲跨国公司实施管理。这些法令包括技术运用甚至涉及绝密商务记录，而这些监督者大多数来自美国中央情报局。结果许多欧洲跨国公司借此指责美国借督查机会来窃取它们的工业技术。

5.美古关系

古巴革命后，自1960年起美国对古进行了政治、经济、军事等方面的封锁和禁运。冷战结束后，为了加快颠覆古巴政权，美国政府又于1992年规定禁止美国的跨国公司在国外的分公司与古巴进行商务往来。对于东道国来说吸引投资应是合情合理的，而美国为了自己的利益却顾不得这些，1996年又通过了臭名昭著的"赫尔姆斯一伯顿法"，荒谬地声称：外国公司，即便不是美国公司，只要它运用了美国跨国公司授权和宣布的产权，只要它与古巴做生意，那么美国政府就可以在法院追索它对美国造成的无限伤害。美国的这种做法自然遭到了大多数国家和跨国公司的反对。

三、颠覆关系。政府同公司之间的那层"颠覆关系"毫无疑问地要涉及母国的情报服务系统，这是由其功能与性质所决定的。这种关系也许还要东道国情报系统的配合，因为它们也需要借助外部力量来推翻或颠覆政府。建立这种关系的前提是跨国公司必须有意与政府进行积极合作。最明显的例子莫过于美国电话电报公司(AT&T)与美国政府相勾结将智利的民选政府颠覆。

一般说来，跨国公司都不愿介入东道国国内政治纠纷，但在颠覆智利政府的整个事件中，AT&T却完全扮演了一个帮凶的角色。1970年，萨尔瓦多·阿连德所领导的社会正义党在选举中以压倒多数取胜，阿连德当选为智利首任民选总统。社会正义党赢得大选后当即实施了一系列的革命措施:没收大庄园主的财产,使土地、果园、牧场国有化,对国外垄断资本进行了大刀阔斧的整顿,限期撤离,将硝石、铜矿和其他金属矿的开采权收归国有。当时,AT&T 在智利拥有众多公司,享有巨额利润,智利新政府的举措严重危及了 AT&T 的利益。在选举前和选举中,AT&T 就勾结美国政府做了一系列的手脚妄图阻拦阿连德的当选。为了维护"后院"的安全,确保 AT&T 的利益受到保护和挽回,美国政府先是冻结智利政府在美的储备,停止支付货款,延期发货,后又通过 CIA(美国中央情报局)资助反对派成立地下政府,买枪购炮,采用诋毁、暗杀等手段力图颠覆智利新政权。

在美国政府和 AT&T 的破坏下,阿连德政府危机四伏,终于在 1973 年被以皮诺切特为首的军人颠覆。霎时间,智利腥风苦雨,血流成河,成千上万人不是失踪便是被枪杀、监禁,至今人们还对军政府的残暴记忆犹新。AT&T 在这一血腥事件中所扮演的角色给跨国公司的历史记下了可憎的一页。

第四节　中国与外国直接投资

跨国公司进驻中国

19 世纪末,西方列强用武力打开中国国门,外国投资进入煤油、火柴等行业;花旗设立银行;美孚石油公司在上海设立首家加油站;1927 年可口可乐在上海建立瓶装厂。日本侵华时期排斥外资,日本战败后欧美进入。1948 年,美国在华投资 3.85 亿美元;1949 年,外资撤出;1978 年,外资重新进入。党的十一届三中全会刚结束,可口可乐就送进了广州大酒店。1982 年,西门子公司在上海、广州、沈阳设立办事处。1992 年,邓小平南行后,跨国公司大举进入。到 1997 年 9 月,世界排名最前列的 6 家日本综合商社,即三井、三菱、伊藤忠、住友、丸红和日商岩井,在华投资企业达 770 余家。2000 年中国吸收外来直接投资的绝对量是 470 亿美元,在发展中国家排第一位,在全球排第六位;2001 年,超过 500 亿美元;2002 年,中国大陆实际使用外商直接投资达 527 亿美元,约占全球跨国公司对外投资的 1/10,超越美国成为世界吸收外商直接投资最多的经济体。来华投资的国家和地区现已超过 180 个,正在运营的 18 万家左右的外商投资企业分布在国民经济的各个领域。进入 21 世纪,由于中国投资环境的改善,大量跨国公司开始进驻中国,世界 500 强中已有 400 余家来华投资,已设立投资性公司 220 多家和外商投资研发中心约 300 家。

跨国公司将生产线转移至中国,带动了中国加工贸易进出口的高速增长。通过来料加工、来件组装、来样订货和贴牌生产,跨国公司把品牌、技术、管理输出到中国,利用中国廉价的劳动力进行生产,获得大量贸易利益。目前,中国大陆电脑键盘、摩托车产量各占全球的 2/5,家用空调占 1/3,洗衣机占 1/4,彩电占 1/4,化纤和冰箱占 1/5 左右,"中国制造"日益为国际社会所关注,中国在全球加工制造业的地位已经不可撼动,"中国制造"产品行销世界各地。加工贸易高速增长不仅是推动中国工业化和现代化的独特道路,而且使外商投资企业在加工贸易中一年获得 300 亿美元左右的巨额利润。

我国"引进来"的跨国公司,从总体上看,对我国经济发展产生了积极的影响。第一,对我国投资总体质量的改善起到了明显的促进作用。第二,促进我国产业结构的升级和先进技术的引进。第三,使我国对外贸易中高附加值、高技术含量的出口产品比重增加。第四,有助于开发国内人力资源。第五,加大了我国相关产业的研发力度。

中国跨国公司开始进军世界

《财富》杂志是美国著名传媒巨头"时代华纳"属下的刊物,是一本享有世界声誉的工商周刊。它所评选的 500 强企业大多是纵横国际市场的跨国公司,在世界经济舞台上有着广泛的影响力。从某种意义上讲,"世界 500 强"集结了世界企业界的精英。

《财富》杂志评出的 2007 年"全球 500 强"企业中,零售巨头沃尔玛以 3511.39 亿美元的营业收入牢牢占据着老大的位置。位居前 10 位的其他企业分别为:美国埃克森美孚、英国/荷兰皇家壳牌石油、英国石油、美国通用汽车、日本丰田汽车、美国雪佛龙、美国戴姆勒克莱斯勒、美国康菲和法国道达尔。中国石化名列第 17 位。2001 年时已在该榜单中占据了 11 家的中国企业,仍以老阵容现身于本次排行榜。进入 500 强名单的中国企业分别是:国家电力公司(简称国电)、中国石油天然气集团公司(简称中石油)、中国石油化工股份有限公司(简称中石化)、中国电信、中国工商银行、中国银行、中国移动通信公司(简称中移动)、中国化工进出口总公司(简称中化)、中国建设银行、中国粮油食品进出口(集团)有限公司(简称中粮)、中国农业银行。

跨国公司是指在作为其基地的国家之外拥有或控制生产或服务设施的企业。这类企业并不一定是股份制或私有的,它们也可以是合作制或国家所有制的实体。

中国当然可以有跨国公司。中国必须形成一批有国际竞争能力的大型企业和跨国公司,有力地开展国际竞争。毋庸置疑,跨国公司作为经济全球化进程中的主要行为体和核心推动力量,正在对加入世界贸易组织后中国的社会经济发展和国民生活产生日益重要的影响。跨国公司的运行及发展趋势,已成为人们亟待了解、应对的经济现象。

我国"走出去"的跨国公司也越来越多。近几年来,我国一批企业在海外市场的竞争中已经显露锋芒、引人瞩目。海尔、联想、格兰仕、万象、春兰等一批国内知名企业已经将产品出口国外,占领了部分海外市场,并开始在国外生产自己的产品,培育自己的品牌。例如,海尔集团1998年开始实施国际化战略,奏响自己走出国门的三步曲:第一步,按照"创牌"的方针,打海尔品牌的知名度,全方位开拓海外市场。为此,先后在128个国家注册了426个海尔产品的商标。产品出口首先进入发达国家市场,建立信誉和品牌,然后再占领发展中国家市场。第二步,按照"先有市场后有工厂"的原则,当市场销售达到一定规模后,不失时机地在海外投资建厂,现已在印度尼西亚、菲律宾、马来西亚、巴基斯坦、印度等国建立海外生产基地。第三步,按照生产制造中心、设计中心、营销中心三位一体的组合优势,实现产品本土化的海外发展战略,海尔集团在美国先后建立了研究开发和设计中心、贸易公司,美国南卡罗来纳州的美国海尔公司便是这一战略的典型代表。

我国目前还没有真正的世界级的跨国公司,要真正实现"走出去"战略,就必须努力培养我们自己的世界级的跨国公司,并使其在激烈的国际竞争中占有一席之地。

实施"走出去"战略就是在多年来引进境外资金及技术并积极开展对外贸易的基础上,进一步开拓国际市场和利用境外资源,从而提高国内企业的国际竞争力,促进国民经济发展。使我国在经济全球化的浪潮中能够经受住挑战和考验,不断巩固和扩大在国际市场中的地位。

为了有计划、有步骤地培养我们自己的跨国公司,应当遵循合理化——集约化——集群化——国际化这样四个阶段的发展战略,从间接出口,到直接出口,到在境外建立子公司,直到完全的国际化经营。在我国跨国公司的战略管理中,应特别强调从环境的变化中寻找机会并避免威胁,及时进行结构上的重组,努力提高企业的竞争力。我国跨国公司在培养核心能力的同时,还要注意培养知名的品牌。

小知识

人民币为什么目前还不能自由兑换?

中国要实现人民币的完全自由兑换是一个渐进的过程,还要走很长的路。实现人民币的自由兑换,无疑是我国外汇体制改革的一个长远目标,要实现这一目标必须先实现经常项目可兑换,再实现资本项目可兑换,进而才能实现人民币的自由兑换。1996 年 11 月 27 日,中国承诺从 1996 年 12 月 1 日起履行国际货币基金组织协定第 8 款的义务,实现人民币经常项目的可兑换。但人民币经常项目的可兑换,并不意味着普通百姓就可以自由地将人民币兑换成外币。只有发生在国际间的交易行为,而且必须是真实的交易行为,才能凭证购汇支付。

资本项目自由兑换需具备一定的条件。与经常项目不同,资本项目是一个国家国际收支中因资本输出和输入而产生的外汇收支,包括直接投资、各类贷款、证券投资等。

由于资本流动对一国经济会产生较大的影响和冲击,特别是短期资本的流动性和投机性非常大,如果没有完善的市场运行机制、合理的利率机制、严格的规章制度,过早地取消对资本流出、流入的限制,国内经济就极易受到国际市场的左右。近年来世界各地不断发生的金融危机就充分说明了这一点。

在实现人民币经常项目可兑换后,能否尽快放开资本项目的关键,就在于我国能否有效地防止资本大规模流动和消除由此产生的负面影响。

要放开资本项目的管制,首先要建立灵活有效的金融宏观调控机制。要做到这一点,中央银行必须拥有调控利率、汇率的多种可选择的操作方式,政策的传导要迅速、及时、准确,要求市场化的利率和富有弹性的汇率机制紧密协调,通过完善的货币市场和外汇市场,防止投机性资本的套利、套汇的机会。

健全的金融体系是放开资本项目的另一个关键因素。在这一体系下,才有可能通过金融机构的行为有效地实现宏观调控的目标,防止资本项目放开后“过度借贷综合征”等金融危机症状的发生,提高应付资本流动、资本价格变动和汇率变动冲击的能力。

更为重要的是,全面有力的金融监管是放开资本项目的前提。放开资本项目管制,将使短期资本大量流入流出成为可能。证券投资是资本流入的主要方式,由于它具有高度的敏感性和易动性,频繁地出入会给一国经济带来灾难性的打击。因此,必须建立一个规范短期资本和证券流动资本的全面有力的金融监管。

显然,在上述诸多条件中,我国还有许多不足,尚需下大力气加以改进,如果过早地放开资本项目,必将对中国经济产生负面的影响。因此,尽快提高我国的金融监管能力已经成为当务之急。

事实上人民币已经在部分与中国接壤的国家全境通用,在周边地区的贸易中已经成为结算货币,同时越来越多的国家和地区开始将人民币作为外汇储备,中国进出口银行行长李若谷认为人民币已经"半国际化"。那么,人民币何时能实现自由兑换?离真正的国际化究竟还有多长的路要走?在业界人士看来,人民币国际化已经有了一个时间表。2009年3月25日温家宝总理主持召开的国务院常务会议上审议并原则通过关于推进上海加快发展现代服务业和先进制造业、建设国际金融中心和国际航运中心的意见,"2020年,将上海基本建成与我国经济实力和人民币国际地位相适应的国际金融中心"受到广泛关注。有专家表示,国际金融中心要扮演规模巨大的国际流动资金的中介角色,各种货币经常大量汇集或流出,若人民币不能自由兑换,再多的机构集聚也不会产生可观的资金流量。此番国家首次明确上海要建成国际金融中心,人民币开放加快进程应是题中应有之意。中国农业银行高级经济师何志成判断:"上海2020年建成金融中心之前,人民币将实现自由兑换。"德国智库柏林世界经济研究所金融专家阿尔斯曼表示,实际上,金融危机已经客观上促进了人民币国际化进程的可能,但并不需要刻意推动。人民币成为自由兑换货币需要时间,需要中国国内整个经济比较成熟,市场机制比较好的情况下才能成为自由兑换货币。他认为,人民币真正开始崛起是30年来的事情,人民币成为流通货币可能还需要10年到20年时间。

此次金融危机爆发,为人民币的区域化和国际化提供了机遇。2008年12月,国务院常务会议决定,对广东和长江三角洲地区与港澳地区、广西和云南与东盟的货物贸易进行人民币结算试点。通过用于区域性国际结算的试点工作,人民币迈开了国际化第一步。其实,早在上世纪90年代,中国与有关邻国就已开始在边境贸易中使用人民币进行结算。据央行有关负责人介绍,迄今为止,中国已与越南、蒙古国、老挝、尼泊尔、俄罗斯、吉尔吉斯斯坦、朝鲜和哈萨克斯坦等8个国家的中央银行签署了有关边境贸易本币结算的协定,去年结算量约为230亿人民币。用人民币结算,对于国内企业而言,可省却汇率波动的风险;对于周边国家进行对华贸易的企业而言,可减少一次兑换并节省有关费用。自 2008 年 12 月以来,央行已和中国香港地区、韩国、马来西亚、白俄罗斯、印度尼西亚、阿根廷 6 个经济体签署了总计 6500 亿元的双边本币互换协议。央行的举动意味着人民币国际化版图正从亚洲扩大到东欧和拉美。互换货币可提供短期流动性,减少对美元的需求。这是中国对周边进行金融救援的方式之一。人民币国际化的目标是成为世界储备货币。通常认为,人民币国际化须经历三个阶段:以人民币进行贸易结算,以人民币进行金融交易计价,人民币成为世界储备货币之一。专家表示,人民币国际化必须经过区域化过程,首先,在周边国家和与中国贸易关系紧密的国家尝试采用人民币作为贸易结算货币;其次,在成为结算货币的基础上,使得人民币成为周边和与中国贸易关系紧密的国家的储备货币;第三,在成为区域货币的基础上再走向国际,实现国际化,成为国际储备货币。以上国际化的过程必须伴随着汇率自由浮动和资本开放的过程。

思考题:

1. 战后跨国公司的发展经历了哪几个阶段?

2. 对外直接投资对国际关系有哪些影响?

第五编

美国外交理念与军事战略

第十九章　美国外交理念

“新帝国论”

对于“帝国”，塔克在其1968年著作《国家还是帝国?》中曾提出了这样的定义，即一个帝国必须是以造就和维持秩序为目的。利特瓦克认为，按照这样的界定，二战后发挥了独一无二的制度建设作用的美国，无疑是一个帝国。然而，这个帝国与历史上的帝国不同，它是受欢迎的。用一位挪威的历史学家的说法，美国领导的西方体系，实际是一个“受邀请的帝国”。美国保守派代表人物、《华尔街杂志》的马克斯·布特宣称，我们是吸引人的帝国，是人人都想加入的帝国。

有关帝国的讨论，缘起就是英国前首相布莱尔的外交政策顾问罗伯特·库珀提出的“新帝国主义论”。实际上，早在库珀之前就有人鼓吹帝国论了，不过他们的言论不如库珀那么直白，那么恰逢其时。按照库珀提出的理论，虽然国际秩序一直是基于权力平衡与霸权，但秩序往往意味着帝国，而权力平衡则始终伴随着战争的危险。在两极格局终结之后，世界上存在着三类国家:第一类是前现代国家及失败的国家(诸如索马里和阿富汗);第二类是后现代国家(如欧盟那样的联合体);第三类是现代国家，即传统的主权国家(诸如印度、中国等)。在当代的国际关系中，后现代国家正受到前现代国家和现代国家的挑战。一些现代国家在谋求发展大规模杀伤性武器，而前现代国家则是为犯罪集团和恐怖主义组织提供基地。对付这些挑战，干涉是必要的。干涉的最合乎逻辑的方式就是殖民化，但这是当今国家所不能接受的，因而需要新帝国主义，需要一个可接受的帝国主义，以带来秩序和组织为目标。它类似于罗马帝国，能够为它的公民提供法律、铸币和特殊的道路。库珀提出，为了对付欧洲后现代大陆之外的老式国家，我们需要恢复到先前的粗暴方式——暴力、先发制人的攻击和欺骗，总之，需要使用19世纪国家之间的任何交往手段去对付它们自身。在我们后现代国家中间，我们保持法律，可是当我们在丛林中行动时，我们就必须使用丛林法则。

他所设想的帝国，并不是美国，而是作为联合体的欧盟。库珀认为，在当代的国际关系中，已存在对帝国主义的需求和产生帝国主义的条件。他的这些思想实际上毫无新意，只不过是老的“帝国论”的翻版。他的这种“新帝国主义论”之所以在当时引起很大的反响，是因为“9·11”事件以来的美国，无论是就其实力而言，还是就其对外政策行为而言，在一些政治家和学者看来，都与这种帝国目标不谋而合。总之，“新帝国论”的宗旨就是在全世界追求绝对的领导、绝对的霸权、绝对的安全、绝对的军事优势，以谋取美国在全球的霸权。

第一节　单边主义及先发制人战略

所谓“单边主义”，按照2000年《美国传统英语词典》第4版的解释，是“国家依个人主义方式开展外交活动的一种倾向，具体特征表现为最低限度地与其他国家进行磋商和吸收其他国家参与，即使这些国家是其盟国”。

而按照“世界联播(WorldNet)”因特网在线英文词典的解释，“单边主义”是“一种学说，认为国家应以个体主义方式开展外交活动，而无需向其他国家征求意见或吸收其他国家参与”。

一、美国在冷战结束后要确立其独霸全球的地位，在外交上表现为“单边主义”，其背后是有深层意义的

一是要改变雅尔塔体制。冷战后，美国“一超”地位空前凸现，美国感到其在联合国的权力和地位与其实力不相称，不再满足于与其他安理会常任理事国分享特权，公开要求在处理国际安全和其他国际事务方面“发挥领导作用”，也就是要打破雅尔塔体制，进行权力再分配，建立起以美国为主导的单极世界。这意味着对现存国际格局的重大改变，涉及各国，特别是各大国的切身利益。所以不少舆论认为，美国要通过联合国多边渠道来实现其“帝国之梦”，阻力重重，单边主义便成了美国构筑一极世界的首选之路。

二是要打破联合国的束缚。美国是联合国的主要出资者。在美国人看来，联合国花美国的钱不少，为美国办事却不多。有人甚至认为，联合国是个反美组织，成为实施美国战略目标的障碍。因此，美国要摆脱联合国束缚之心早已有之。随着“布什主义”的出笼，美国在单边之路上越走越快，越走越远。

三是确保“绝对安全”心理的需要。“9·11”事件犹如晴天霹雳，极大地打击了美国人的自尊心、自豪感和安全感；改变了美国人的安全观念和处世

心态,使之变得惊恐不安、草木皆兵,对外部可能的潜在威胁变得异常敏感和毫不容忍。布什政府中的新保守主义势力则利用民众的恐慌和心态变化,使不少美国人相信,多边机制保护不了美国,惟有单边主义才可及时有效地确保美国的"绝对安全"。

二、美国的单边主义对联合国和国际关系产生了诸多不利影响

首先,它破坏了《联合国宪章》的宗旨和原则及国际关系准则。美国悍然入侵伊拉克,严重破坏了《联合国宪章》的宗旨和原则、国际法原则和一系列国际关系准则;恢复了早已经过时了的弱肉强食"丛林法则"。这是国际关系史上的大倒退。特别是美国以反恐为名而实施"先发制人"的战略,使得现有的国际关系准则变得苍白无力,国际关系更趋脆弱和不稳定。

其次,它破坏了集体安全机制,损害了联合国的形象和权威。在《联合国宪章》中和人们的心目中,联合国,特别是安理会,是处理国际安全事务最具权威的多边机构。美国的所作所为不仅分裂了联合国、分裂了安理会,而且还严重破坏了安理会协商一致的集体安全机制,拆除了使用武力的门槛。对此,联合国只能作为一个旁观者而无能为力,导致国际社会失去对联合国的信心,《联合国宪章》的权威性和联合国的号召力因此而受到削弱。

同时它阻碍了国际新秩序的建立。要么甩开联合国单干,要么把联合国变成其实施一极世界的工具,美国的这种做法与国际社会的普遍愿望背道而驰。国际融合与合作的气氛被破坏,要建立一个公正、合理的国际政治、经济新秩序无疑将变得更加困难。

它还破坏了联合国的裁军努力。很多国家都意识到,一旦被美国列入"黑名单",没有足够的自卫能力就可能被动挨打。尚武思潮因此进一步发展,联合国多年来的裁军努力受到破坏。特别是消除生化武器、裁减核军备、防止核扩散的进程受挫,各国的军费开支都在增加,新形势下的军备竞赛已被引发。

三、小布什政府单边主义外交理念的具体内容和表现形式

通俗地说,"单边主义"就是把"个人主义"扩大到外交领域,在国际事务中以及国与国关系中,采取"我说了算"的态度以及"我做了算"的做法,毫不顾及其他国家的利益、立场和呼声。自 2000 年小布什上台以来的美国在其外交政策中集中地表现出单边主义的特点。

退出《反导条约》

《反导条约》全称《反弹道导弹条约》,是美国和苏联在冷战期间签署的。该条约的核心是通过禁止美俄双方发展本国的反导系统来确保对方的核威

慑，以所谓的"核恐怖平衡"来避免核战争的爆发。目前，已有32个关于裁军和核不扩散的国际条约与《反导条约》挂钩，《反导条约》堪称国际战略稳定体系的基石和确保国际安全的基础，使人类在冷战的紧张对峙中避免了遭受核战争毁灭的灾难。

退出《反导条约》为美国政府部署国家导弹防御系统扫除了障碍，但对国际裁军进程却是一个沉重的打击，同时也损害了国际安全和战略稳定的基础，将给世界秩序带来难以预料的影响。

布什宣布退出《反导条约》的决定并不令人感到意外。为了维护美国的唯一超级大国地位，建立以美国为主导的单极世界秩序，美国近年来加紧研究部署国家导弹防御系统。《反导条约》是美国部署这一系统的主要障碍，美国一直在寻求修改、废除或单方面退出这一条约。

但是，俄罗斯和世界多数国家认为，《反导条约》是国际安全和战略稳定的基石，应当维护和遵守这项条约。1999—2001年联合国大会连续3年通过决议，呼吁维护和遵守《反导条约》。布什政府执政以来，加大外交工作，希望俄罗斯能够支持修改或放弃《反导条约》。由于俄罗斯立场坚决，反对修改或放弃条约，布什政府于2002年8月作出决定，将"按照自己的时间表"来决定何时退出条约。布什宣布这一决定在时间选择上还有以下几方面原因：

根据布什政府的计划，美国于2004年也就是布什第一届总统任期结束之前建立初步的导弹防御系统。迄今为止，美军方已经进行了5次导弹防御试验，但在这些试验中，拦截导弹都是从陆基固定发射架发射的，尚未涉及《反导条约》禁止的海基、空基以及陆基机动系统。美国防部考虑在2003年2月份进行的试验中开始使用海基雷达，而且更重要的是2004年四五月份将在阿拉斯加的格里利堡动工兴建5个拦截导弹发射井，也就是开始建立国家导弹防御系统基地。这些都明显违反《反导条约》的规定。条约规定，如果签约双方中任何一方决定放弃条约，必须提前6个月通知对方。因此，布什在离建立国家导弹防御基地正好6个月之际宣布退出《反导条约》。

同时，"9·11"事件与对阿富汗军事打击为布什提供了有利的国内氛围。在"9·11"事件之前，美国国内对建立导弹防御系统一直存在激烈的争论。反对者认为，美国面临的威胁并非来自所谓"无赖国家"的核导弹威胁，而是常规武器或者劫机、爆炸等传统的恐怖袭击。"9·11"事件为反对者提供了一个有力的证据。但布什政府利用这一事件后人们对于遭受外来袭击的担忧，大肆宣扬弹道导弹对于美国安全的威胁，称"9·11"事件凸显了美国建立导弹防御系统的迫切性。特别是随着美国对阿富汗军事打击的开展，布什政府的支持率比以前提高，为推动导弹防御系统减少了阻力。布什作出这一决定正是抓住了这个机会。

此外，"9·11"事件后，美俄关系得到改善，国际舆论关注的焦点不再是《反导条约》问题。布什政府认为，选择这一时机宣布退出条约不至于招致过于激烈的反响。俄罗斯从维护国家安全和发展经济的需要出发，积极支持美国打击恐怖主义的行动；美国也需要改善与俄罗斯的关系，俄美关系迅速升温。俄总统普京在对美国决定退出《反导条约》发表评论时，虽然表示美国此举是"错误的"，但同时强调这不会影响俄美关系和俄罗斯的国家安全。

战区导弹防御计划

1999年1月20日，美国国防部长科恩公布了美国"战区导弹防御计划"(简称"TMD")，并正式要求修改美苏于20世纪70年代初达成的《反弹道导弹条约》。在科恩访问日韩时，美日两国宣布将共同开发战区导弹防御系统。他还发表了美国对朝鲜政策四大原则，强调美将在亚洲维持10万兵力，建立TMD，并承诺美国将对韩国提供核保护伞。

所谓"战区导弹防御系统"，就是融被动防御系统、主动防御系统、攻击作战兵器等系统为一体的导弹防御系统。美军设想综合运用各军种的反导能力，把其分成助推拦截、高层拦截和地层拦截三大系统，分别在三个不同的阶段拦截或摧毁对方的导弹。作为目前世界唯一的超级大国，为了继续保持21世纪在世界事务中的主导地位，美国在其全球战略中采用"战区导弹防御计划"作为应付可能面临的挑战的重要一步。这一计划的实施，无疑会在一定程度上强化它的军事和军事技术优势，进一步巩固美国的超级大国地位。

退出《京都议定书》

美国总统布什于2001年3月明确表示美国将不会执行旨在减少全球温室气体排放量的《京都议定书》。这一表态立即引起国际舆论哗然。各国对美国破坏国际社会重大环保努力的举动表示强烈不满，对美国新政府在一些重要外交领域推行不顾全球利益的单边主义的倾向深表担忧。

科学家们早已就减排温室气体的重要性和必要性达成共识。多项研究表明，二氧化碳等温室气体排放量大量增加，是全球变暖、海平面上升和世界各地天气极端异常现象增多的一个重要原因；如果人类不采取有力措施控制温室气体的排放，将会造成难以挽回的环境灾难。为此，《联合国气候变化框架公约》缔约方大会于1997年在日本京都通过了《京都议定书》。规定在2008年至2012年期间,发达国家的温室气体排放量要在1990年的基础上平均削减5.2%。这一协议曾被称为人类“为防止全球变暖迈出的第一步”。

此后,为落实《京都议定书》召开过多次国际会议,但均未取得实质性进展。一个根本原因是发达国家都试图减少自己为减排温室气体在经济上所付出的代价,同时又尽力推卸责任,试图让发展中国家也承诺具体的减排指标。尽管在落实议定书方面还缺乏诚意,但包括美国克林顿政府在内的各发达国家政府至少都没有从根本上否定《京都议定书》,并且一直在为此举行谈判。

在这种情况下,布什政府宣布将彻底放弃《京都议定书》,无疑是减少温室气体排放的国际努力至今遭受的最致命打击。布什上台才两个多月,就要将《京都议定书》打入冷宫,看似突兀,实际上此前已有迹可寻。分析美国新政府的能源政策不难发现,为了经济利益而不惜牺牲环保是其主线。

宣布“邪恶轴心”与“无赖国家”

冷战结束后,美国成了世界上唯一的超级大国。“高处不胜寒”的地位,使“中国威胁论”一度成为美国冷战思维的惯性结论。但毕竟时过境迁,美国的外来常规军事威胁大大降低。为了积极推销“导弹防御计划”,寻求自身的绝对安全,美国不断地为自己树立虚幻的“影子敌人”,为推行霸权主义和单边主义而“树靶子”。“邪恶轴心”就是在这种背景下由小布什提出的。2002年1月29日,小布什在国情咨文里突然谈到,他将把反恐战争从阿富汗扩大到另外数个国家。这些国家包庇恐怖分子,其中伊朗、伊拉克和朝鲜是三个“邪恶轴心”,它们寻求制造大规模杀伤性武器。

布什的“邪恶轴心”说在国际社会引起轩然大波。2002年2月8日,朝鲜投“桃”报“李”,称美国是“魔鬼帝国”,认为布什的言论等同宣战。朝鲜进而抨击布什建议增加2003年的国防预算,“用朝鲜和其他国家会带来威胁的说法,来作为扩充军力的借口”。

而“无赖国家”这一称谓早就出现在美国政府的措辞当中,20世纪70年代前后,“无赖国家”通常用来指称“内部统治令人憎恶”的国家。但在当时,“无赖国家”的概念尚未被广泛、正式地运用于官方场合,也没有上升为外交、安全战略的正式术语。

20世纪80年代以后,美国务院开始围绕“国家发起恐怖活动”问题撰写年度报告,其评价“无赖国家”的标准,开始从评价有关国家的“内部问题”转向评价它们的“对外行为”。90年代后,克林顿在布鲁塞尔第一次公开阐述了关于“无赖国家”的观点，认为“现在显而易见的危险”是诸如伊朗和利比亚等“无赖国家”的导弹给欧洲造成的危险。这是美方高层首次使用“无赖国家”概念。随后，当时的国务卿奥尔布莱特提出，世界上的国家分为四类：国际体系内的国家、过渡国家、失败国家和“无赖国家”；并且认为所谓“无赖国家”就是那些要摧毁国际体系的国家。综合起来看，这时美国心目中“无赖国家”的标准主要有三个：一是对内实行专制独裁统治；二是谋求发展大规模杀伤性武器并具有这种潜力；三是缺乏理性，会出人意料地“大胆行事”，也就是不遵守国际秩序。到第二届克林顿政府任期结束，“无赖国家”的定义已经比较明确、固定，经常被列在名单上的国家主要是伊拉克、伊朗、朝鲜、利比亚、叙利亚、古巴、苏丹等国。与此同时，“无赖国家”一词也开始出现在美国国家安全战略的文件中，意味着美国已经在战略层面上考虑“无赖国家”问题。

推出“先发制人”战略

美国白宫于 2002 年 11 月 20 日公布了布什总统上台以来的第一份《美国国家安全战略》，这份报告正式提出了向恐怖分子和敌对国家发动主动进攻的“先发制人”战略。

报告称，在“无赖国家及受其庇护的恐怖分子”有能力威胁美国及其盟国和使用大规模杀伤性武器之前，美国必须准备将其阻止；“美国将在威胁完全形成之前就采取行动”，以保护国家和人民不受恐怖分子的伤害；“美国在不断寻求国际社会支持的同时，在必要的情况下也毫不犹豫地单独采取行动，通过对恐怖分子先发制人的打击行使自己的权利”。

面对舆论对美国“先发制人”战略的质疑，报告解释说：“我们并不想依靠实力来取得单方面的利益，而是为了实现有益于人类自由的权利平衡。”

报告指出，“9·11”恐怖袭击事件表明，美国面临的是一个与过去完全不同的敌人，因此美国的军事战略必须作出改变。过去的敌人需要强大的军队和工业才能对美国构成威胁，而今躲在暗处的恐怖分子只要花很少的钱就能给美国造成巨大的混乱和痛苦。

布什于 2002 年正式要求国会授权总统在必要的情况下动用武力推翻伊拉克总统萨达姆。与此同时，美国正在努力寻求联合国支持对伊拉克动武。此间舆论认为，白宫在这个时候公布这份战略报告显然有一定的针对性。

美国法律要求总统定期向国会提交国家安全战略报告。布什在这份报告中总结了他 2002 年 1 月上台执政以来，特别是“9·11”事件以来的外交和国家安全政策。自 2002 年 5 月以来，布什在不同场合多次谈到向恐怖分子和敌对国家发动主动进攻的“先发制人”战略。布什的新国家安全战略标志着美国彻底改变了过去奉行的“威慑”和“遏制”战略，因而在国际上引起了广泛的关注。

小知识

“火神派”

“火神”源于古希腊神话，是掌管火工的天神。这些人借此自称，寓意权力、顽强和持久。然而，在美国战略研究中心资深撰稿人詹姆斯·曼编写的《布什战争内阁史》(中译本由北京大学出版社出版)中，“火神”却另有所指，他们是：美国前副总统切尼，原国家安全顾问、原国务卿赖斯，原国防部长拉姆斯菲尔德，原国务卿鲍威尔，原国防部副部长沃尔福威茨和原副国务卿阿米蒂奇。这些人在“9·11”后，助推布什发动了阿富汗战争和伊拉克战争。他们支持对恐怖分子宣战，“他们是军中的一代，他们最重视的是美国的军事力量”。他们把持了美国的军事和外交决策权，他们开启了一个时代，一个不同以往的时代，一个21世纪初深深烙上“火神派”思想与行动印记的时代。

然而时至小布什政府末期，他们却从布什的左臂右膀离散。除了赖斯依然坚守岗位，鲍威尔、阿米蒂奇急流勇退，沃尔福威茨进入世行，拉姆斯菲尔德也黯然离去。虽然他们崛起的势头已不再，但他们都曾经是美国政治权力中心的领军人物，因此，他们对美国政局乃至世界局势的影响依然是不可忽视的。

第二节 “巧实力”——美国外交新理念

2009年1月13日，被提名担任美国国务卿的希拉里在出席美国国会外交委员会的听证会时，表明了“依靠外交来恢复美国领导力”的决心并表示将推行国际协调路线。她声称与推行单边主义而受到抨击的布什政府不同，在奥巴马的领导下，美国外交将进入一个新时期。

正是在这次听证会上，希拉里正式提出了美国外交的新理念：巧实力(smart power)。她说：“我们必须施展所谓的‘灵巧实力’，即运用可由我们支配的全部政策工具。”美国将不再单独依靠武力，而是综合运用外交、经济、军事、政治、法律和文化等策略，谋求建立以经济、文化等软实力共同作用的“灵巧实力”外交。团结一切可以团结的力量，巩固原有联盟，形成新的联盟，以便打开美国外交新局面。她说，她和奥巴马坚信，对外政策应与“原则和务实精神而非僵硬的意识形态”紧密结合，军事实力“有时是必要的，但那应是最后才使用的解决办法”。

“巧实力”外交理念的提出，是布什政府单边主义外交政策走到绝路后的必然结果，就连推行单边主义的受益者美国的国防部长罗伯特·盖茨也呼吁美国将更多资金和努力投入到软实力方面，包括外交、经济援助和交流。他认为只靠军队是无法保护美国利益的。他指出，美国每年的军费总额达到5000亿美元，这还不包括在伊拉克和阿富汗的开支，而国务院的预算只有360亿美元。用他的话说，需要加强我们运用软实力和更好地将软实力与硬实力结合在一起的能力。

美国加利福尼亚大学圣迭戈分校名誉教授查默斯·约翰逊也提出该是美国放弃霸权的时候了。他认为国家实力取决于智慧而非武力，美国建立了一个拥有761个海外基地的“帝国”，却遭到了“9·11”恐怖袭击的报复。依靠军事实力支配所有人的时代已经结束了，全球性的竞争使得霸权的性质正在发生根本性的改变。

2001年，美国专栏作家查尔斯·克劳萨默提出了他所谓的“新单边主义”：美国是世界上唯一的超级大国，因为过于强大而可以决定对错并要求其他国家服从自己，因为它们别无选择。这种单边主义成为美国布什政府奉行的外交政策。现在，按照“巧实力”的外交理念，奥巴马已经同其前任的外交政策分道扬镳。“巧实力委员会”建议扬弃布什政府所使用的“向恐怖行动进行全球性战争”这个提法，因为它伤害到穆斯林的尊严，奥巴马上台后立即采纳。委员会主张关闭布什政府设在关塔纳摩海军基地的战犯监狱，以维护美国的国际形象，奥巴马就任后不顾共和党保守派的反对，坚决关闭这一严重损害美国形象的集中营兼酷刑中心。他把当上美国总统后首次接受采访的机会给予了阿拉伯半岛电视台，他的信息非常明确：美国要重新和穆斯林对话。他还宣布在一定期限内从伊拉克撤军。奥巴马入主白宫的第一个工作日打了一系列电话，所有电话都是打往中东的，这是任何人没有预料到的。奥巴马就任总统的第二个工作日，也是希拉里步入国务院的第一天，他就和拜登副总统前往国务院，按照希拉里的要求任命乔治·米切尔为中东特使，任命理查德·霍尔布鲁克为阿富汗和巴基斯坦问题特使。米切尔是黎巴嫩移民和爱尔兰后裔的儿子，身上带有部分阿拉伯血统，他在中东问题上对巴勒斯坦和以色列表现了“等距性”，奥巴马未任命老布什和克林顿当政时常常偏袒以色列的中东问题首席专家丹尼斯·罗斯为中东特使，表明他不会似前任那样凡事都从维护以色列利益的角度看待问题。此外，奥巴马还决定把美国常驻联合国代表的地位提升到内阁级别，表明了重视联合国的态度；承诺与伊朗和朝鲜领导人直接对话；关注并努力与世界各国一道应对全球变暖问题；改善美俄关系。这些都是美国外交政策的积极变化。

中国人早就懂得与邻为善、和谐共生的哲学，遗憾的是美国毕竟历史短暂，总要吃了亏才认识到这个人类共存的基本道理，好在亡羊补牢犹未晚也，认识到了并积极行动起来总是人类的福音，我们盼望这一理念能够不受美国保守主义派别的干扰，切实贯彻始终！无论如何，一个倡导“巧实力”而不是倚重枪炮的美国，无疑更具道德感召力，也更利于全球共渡难关，恢复发展，维护和平，共创繁荣。

相关链接

巧实力

“巧实力”最早是由美国学者苏珊尼·诺瑟2004年在《外交》杂志上提出的，强调综合运用硬实力和软实力来实现美国外交目标。2007年美国前副国务卿阿米蒂奇和著名学者约瑟夫·奈发表了题为《巧实力战略》的研究报告，明确提出运用“巧实力”进行对外战略转型，帮助美国摆脱当前困境，重振全球领导地位。

巧实力既不是硬实力，也不是软实力。巧实力是综合了硬实力和软实力的一个整体的战略，是力量的基地，也是要实现美国目标的“工具箱”。它既强调强大的军事力量的必要性，同时也极大地关注联盟、伙伴关系和各个层次的机制，目的就是扩大美国的影响力和建立美国行为的合法性。向全世界提供公共产品就是这一战略的核心，因为这能使美国的压倒一切的实力和世界其他地方的利益和价值观达成一致。

“巧实力”一词最早由(美国)安全与和平研究所高级研究员苏珊尼·诺瑟提出。2004年，苏珊尼在《外交》杂志上发表题为“巧实力”的论文。文章称，“9.11”事件之后，保守主义者打着自由国际主义的旗号，实行侵略性的单边主义战略，宣称要扩展人权和民主。但是布什政府采取的军事危险政策同他们声称的理念根本不相符。“必须实行这样一种外交政策，不仅能更有效地反击恐怖主义，而且能走得更远，通过灵巧地运用各种力量，在一个稳定的盟友、机构和框架中促进美国的利益。”苏珊尼认为“巧实力”战略是威尔逊、罗斯福、杜鲁门和肯尼迪奉行的自由国际主义理论延伸。2006年1

月，哈佛大学教授、著名学者约瑟夫·奈在《外交》杂志上发表题为“重新思考软实力”的文章，文章称“单独依靠硬实力或软实力都是错误的。将它们有效结合起来可以称作巧实力。”

思考题：

1. 布什政府单边主义外交有何表现形式？
2. 奥巴马与小布什政府外交理念的区别在哪里？

名词解释：

单边主义　　巧实力

第二十章　美国对伊拉克战争

第一节　美国“倒萨”由来已久

2003 年 3 月 20 日，北京时间 10：33，第一颗炸弹落到巴格达，在未得到联合国授权的情况下，美英联军开始空袭伊拉克，举世关注的伊拉克战争爆发，这场战争是布什政府“单边主义”、“先发制人”外交理念的具体实践。时至今日，伊拉克战争已经过去六年，美国推倒了位于巴格达市中心的萨达姆雕像，却深深陷入伊拉克战争的泥沼之中。

美国“倒萨”由来已久

在 1991 年海湾战争尚未结束之际，美军方曾要求乘胜推翻萨达姆政权。但老布什担心继续战争会增加美军伤亡，导致反伊联盟解体。而且美国也认为如果伊拉克北部的库尔德人独立或南部亲伊朗的什叶派上台对美国和西方更不利(这些组织既反对萨达姆政权，又反对美国等西方势力)，于是美国没有乘胜追击。其实当时白宫还有一个想法，即认为萨达姆政权已处于危机之中，可以通过遏制和制裁使其崩溃。此后，伊拉克成了国际社会中的“特殊一员”。以美国为首的西方国家采用各种手段来限制和约束战后的伊拉克，希望以此来导致萨达姆政权的垮台，它们的方法主要有以下几种：

1. 武器核查

海湾战争结束后，联合国安理会于 1991 年 4 月 3 日通过了关于海湾地区正式停火的第 687 号决议。5 月 14 日，根据该决议组建的联合国销毁伊拉克化学、生物和核武器特别委员会开始对伊境内核设施进行实地核查。1991 年至 1998 年，联合国先后派出 200 多个武器核查小组到伊拉克进行了 400 多次调查，销毁了一系列导弹、导弹发射装置、化学武器以及用于制造化学武器、生物武器的材料和设备。

2. 制裁与禁运

国际社会对伊拉克的制裁并未随着战争的结束而终止。安理会第687号决议规定，继续禁止所有国家向伊拉克出售武器装备和技术；而且每隔60天由安理会对限制伊拉克进口的非军事物资进行一次复审。这些规定导致了伊拉克食品和药品的严重匮乏。其后虽然联合国安理会于1995年4月通过了第986号决议(即"石油换食品"计划)，允许伊每半年出口价值20亿美元的石油，用于进口食品、药品等人道主义物资。但因美英阻挠，该计划并未得到彻底执行，其中伊大量进口合同遭到搁置。

3."沙漠之狐"行动

伊拉克认为自己已接受了核查，并销毁了大规模杀伤性武器，故多次向联合国提出取消对它的制裁。1997年以后双方在核查问题上频繁出现摩擦。1998年10月31日，伊拉克决定完全终止同"特委会"的合作。12月17日至19日，美英战机和军舰对伊拉克发动了代号为"沙漠之狐"的大规模空袭。从此，联合国对伊拉克武器核查中断三年多。1999年12月17日，安理会通过第1284号决议，决定成立联合国监督、核查和视察委员会(简称"监核会")，代替名存实亡的"特委会"负责对伊销毁生化武器和弹道导弹的核查，但一直遭到伊拉克的拒绝。直至2002年11月8日，联合国的第1441号决议通过后核查才恢复。

4. 设立"禁飞区"

海湾战争后，伊拉克北部库尔德人和南部的什叶派穆斯林发动了反对萨达姆政权的叛乱，伊拉克政府军对叛乱者进行了镇压。1991年4月5日，联合国安理会通过了谴责伊拉克镇压平民的第688号决议，要求伊拉克政府立即停止军事行动。美英法以该决议为依据，把北纬36度以北的伊拉克北部划为"安全区"，由多国部队进驻。将北纬32度以南的伊南部划为"禁飞区"，禁止伊拉克飞机和直升机飞行。后又将南部"禁飞区"扩大到北纬33度以南，达到巴格达郊区。

5. 扶持反对派力量

早在海湾战争战火尚在燃烧之时，美国总统布什就曾公开呼吁伊拉克人民起来推翻萨达姆政权。1991年3月，来自伊拉克235个反政府团体的代表聚集黎巴嫩首都贝鲁特，商讨倒萨大计。但是由于教派、种族的矛盾，这些反对派力量终究未成气候。

美国发动伊拉克战争的原因

"9·11"事件后，美国把大规模杀伤性武器的扩散与恐怖主义的结合视为最严重的现实威胁，这是美国准备对伊动武的重要原因。美国副国务卿博尔顿在日内瓦曾表示，防止恐怖分子拥有和使用大规模杀伤性武器是美国国家安全的“优先目标”。美国媒体和情报部门宣称，伊拉克“已经拥有化学和生物武器”，“三五年内将完成核武器的研发”，此类武器一旦流入恐怖分子之手，“后果不堪设想”。正是在这种情况下，布什提出了“邪恶轴心”说和“先发制人”的理论。

美国攻打伊拉克主要考虑到以下因素：

一是主导中东事务。在美国看来，推翻伊拉克现政府，不仅可以解除其对以色列和美国中东战略安全利益的直接威胁，而且有助于美国主导中东事务。布什政府一直指责伊拉克鼓动、支持巴勒斯坦人同以色列进行武装对抗。部分美国智囊人物曾提出一个新的“理论”：推翻伊拉克现政府将从根本上重创阿拉伯和巴勒斯坦激进势力，并增强温和派的力量，使中东争端“更易于解决”。以总理沙龙在6次访美期间反复宣传说，解决巴以冲突必须首先解决伊拉克问题。

二是取悦大军火商。据美国媒体报道，布什政府与以军火商为代表的特殊利益集团关系密切，一些政府要员有军人背景或持鹰派立场，因而使美国更倾向于对外动用武力。美国对阿富汗实施军事打击以来，美国军火企业股票看涨，军火工业也因此成为美国为数不多的、得益于“9·11”事件的行业之一。据美国报纸预计，对伊拉克再次开战将继续刺激军火工业的发展，增加就业机会和推动经济复苏，并可以测试新型武器和检验最新作战理论。

三是控制石油能源。美国致力于控制海湾和中亚的石油能源，不会放过伊拉克。美国对塔利班战争胜利后，致力于建立以美国为中心的新秩序，其中谋求控制海湾和中亚地区的石油资源是明确的。中亚地区的地缘政治地位极为重要，是连接欧亚大陆的要冲，美军驻扎在该地区，不仅可以挤压俄罗斯的战略空间，而且可以干预西亚和中亚的局势。伊拉克具有铺设经本国的石油和天然气输油管道的优势，美国可在控制中亚石油运输通道的基础上，控制海湾和中亚两大国际石油和天然气供应基地，实现对世界主要能源供应基地及能源运输通道的全面控制，这对美推行全球霸权主义具有关键意义。

四是改造阿拉伯世界。“9·11”事件后美对其中东战略及其在中东面临的安全和利益威胁重新进行了评估，认为以中东为大本营的恐怖主义极端势力，以及支持恐怖主义并企图发展大规模杀伤性武器的国家，是美在中东利益的最主要威胁。为此，美国确定了“反恐”与“改造”两手并举的中东新战略，希望以“倒萨”为突破口，全面推行反恐和民主改造，以确保美安全和利益。可以说，“9·11”事件加速了美国以“倒萨”为目标的对伊战争的到来。从2001年底开始，小布什政府就开始了外交、军事等方面的“倒萨”准备活动，直到2003年3月20日终于发动了对伊拉克的战争。

扑克牌通缉令

扑克牌通缉令是个人识别扑克牌(英语:personality identification playing cards)的俗称，是一套2003年美军出兵伊拉克期间，由美国政府所设计、绘有人像在牌身上的扑克牌，用以帮助军队识别萨达姆·侯赛因政府的通缉犯成员。

美国911恐怖袭击事件发生后，美国总统乔治·沃克·布什宣布向恐怖主义宣战，并将伊拉克、朝鲜等多个国家列入“邪恶轴心国”(Axis of Evil)名单。此后，美国借词侯赛因政权拥有大规模杀伤性武器以及萨达姆政府践踏人权等原因，于2003年3月20日，正式宣布向伊拉克开战。

美伊战争爆发后，萨达姆为了避免美军切断其通讯系统，导致指挥失控的现象出现，采用了有别于海湾战争期间由总统统一指挥全国各地军队进行抵抗的作战方式，将指挥权下放到各个战区指挥官的手中。而各级官员均纷纷效仿，逐级下放权力直到基层指挥官，致使战争打响之后，由于各部之间不能有效协调进行抵抗，伊拉克由中央到地方基本没有出现大规模反击，而包括萨达姆在内的众多伊拉克高级官员及对美军有价值的许多伊拉克重要人物，均趁乱而散，隐藏起来，使美军搜寻起来十分困难。

所以，五角大楼印制了“扑克牌通缉令”，并于2003年4月11日起发放到驻伊拉克官兵手中，希望可以通过对照扑克牌上的有关信息，找到这些伊拉克前政权的高级官员。

印刷扑克牌通缉令，既不是五角大楼情报人员的主意，也不是广告公司的新创意，而是一位名叫斯普林斯顿的普通年轻印刷工人的想法。

由于伊拉克高官纷纷躲藏起来，美军一开始想到的通缉伊高官的办法相当传统，就是印刷大量的普通传单和通缉令，在伊拉克各地大量发散张贴，这一印刷工作承揽给了斯普林斯顿所在的印刷厂。由于时间紧，任务量大，印刷工人们经常在休息的时候打扑克放松。斯普林斯顿在打牌的时候突然来了灵感，认为应该把这些通缉对象印到扑克牌上去。这样，既可以“化零为整”，避免通缉一个人就要印制一个版本通缉令的庞大任务，又可以避免发放的传单遭遇被随意丢弃、收效甚微的厄运。斯普林斯顿立刻登陆了美军中央司令部的网站,给负责官员发了一封电子邮件,说明了自己的想法。

他的这一提议得到了美国军方的高度重视,第二天,斯普林斯顿就收到了回信,被告知他的创意被采纳了。

这副扑克牌通缉令有别于普通扑克牌共54张的惯例,一共有55张。其中有52张上印有包括萨达姆在内的52位伊拉克高级官员的头像、姓名、职务等基本资料。萨达姆总统被放在了“黑桃A”的位置,是整副扑克中最大的一张牌。

彩色鬼牌(JOKER,俗称“大王”)上印的是关于伊拉克军衔制度的说明性文字。黑色鬼牌(JOKER,俗称“小王”)上印的是有关阿拉伯人姓氏规则的说明。除整套54张牌之外,另添加了一张“副牌”,上面印有伊拉克的地图及简单的文字介绍。

2003年12月14日,萨达姆在家乡提克里特被捕。2006年12月30日,伊拉克当地时间上午6点左右(北京时间上午11点左右),萨达姆因“杜贾尔村案”被处以绞刑。与萨达姆一道被绞死的还包括他同父异母的兄弟以及伊拉克前革命法庭庭长。

美国发动伊拉克战争的得与失

《华盛顿邮报》发表署名评论,提出美国当年攻打伊拉克可能有两大目的:第一,美国某些政治人物和本国的大石油公司有着深厚的渊源,他们有意利用伊战为本国石油公司服务;第二,试图控制中东油气资源,以确保美国在国际事务中的主导地位。

若事实果真如这篇评论所言,应该说第一个目标似乎已经实现。这场战争的确让美国的石油公司捞了个钵满盆满,从中东获得了巨大的利益。据统计,开战以来,在多种因素刺激下,油价涨了3倍多,美国的几家大石油公司的年利润也从400亿美元骤升到1210亿美元。但有得就有失。油价的飙升毕竟是把“双刃剑”,在石油公司赚取暴利的同时,美国的普通老百姓却大吃苦头。同时,油价飙升也和美元疲软、次贷危机一道,使美国经济渐现颓势。这也许是当初主战的新保守派们所始料未及的。

至于通过在伊拉克驻军强化美国在全球的领导地位,更值得怀疑。油价的上涨让产油国伊朗、委内瑞拉等美国的几个老对手收益颇丰,增加了它们与美国抗衡的资本。伊朗获利尤其多。美国摧毁萨达姆政权,不仅为伊朗除去了宿敌,两伊关系的改善,更增强了伊朗在中东的影响力,使之在核问题上能与美国持久周旋。

看来,想得到的大多未能如愿,而这场战争的"失"却是再明显不过了。从人员上说,迄今为止,在伊拉克战场上丧命的美国士兵人数已经接近4000人,另有3万美军士兵身残而归,酿成了众多的家庭悲剧。另外,据估算,2008年美国每月要为伊拉克战争花费近120亿美元,这使伊战成为美国历史上除二战外开支最高的战争。对纳税人钱财的急速消耗,使美国百姓辛勤积累的财富受损。据预测,即使伊拉克战争朝最理想的形势发展,至2017年,美国仍将为战争再花费1.7万亿美元。有评论称,政府无钱支付全民医疗保险,却不惜为这样庞大的战争花销开出支票。当然,这笔巨款大部分回流到了美国军火商的手中,使他们成了为数不多的战争受益者。

6年前,美国政府以伊拉克研发大规模杀伤性武器并与"基地"组织有联系为由发动了伊拉克战争。有讽刺意味的是,6年过去,大规模杀伤性武器没有找到。美国国防部还发表报告,证实伊拉克前总统萨达姆和"基地"组织没有直接关系。现在,这场战争对美国来说,不仅失据是公认的,而且失分也是明摆着的。

小知识

两伊战争

伊拉克和伊朗长期以来存在领土纠纷、民族和教派矛盾。1979年2月,霍梅尼在伊朗执政后,两伊关系日趋恶化,不断发生边界冲突。1980年9月22日,伊拉克出兵伊朗,导致两伊战争爆发。战争初期,伊拉克军队占领伊朗约2万多平方公里的领土和一些城镇。1982年4月,伊朗大举反攻,收复了大部分领土。1984年初期,双方互有攻守,战争不断升级,并向海湾水域和双方平民区扩展,展开了"油轮战"和"袭城战"。1987年7月20日,安理会通过第598号决议,要求两伊立即停火。1988年8月20日,伊拉克、伊朗正式停火。1990年8月,伊拉克宣布接受《阿尔及尔协议》(1975年为解决双方之间的争端而签署),10月两伊复交。1991年12月,联合国秘书长报告确定伊拉克为两伊战争的发动者。

第二节　"新帝国论"的实践

伊拉克战争是美国新保守主义强硬势力之"新帝国论"的一次实践。所谓"新帝国论"或"新帝国主义",是相对于老帝国主义而言的。后者在20世纪初达到鼎盛,表现为西方列强对世界非发达区域的殖民统治和残酷掠夺,以及野蛮的炮舰政策和丛林法则。这种老帝国主义随着二战后殖民主义体系的崩溃而销声匿迹。目前在美英等国重新抬头的“新帝国论”有许多种版本，代表性的论点大体有三个基点：第一，现在的混乱世界需要一种新型的帝国主义，一种符合人权和现代民主自由等价值观念的帝国主义政策和做法，靠它来对付所谓的“失败国家”对国际体系的滋扰和国际关系中的失序；弱国需要强国，强国需要的则是有秩序的、有主导性国家的世界。第二，新帝国政策既可以是经济的，比如由国际货币基金组织和世界银行这样的国际金融机构针对受援国提供帮助；也可以是政治的和军事的，比如1999年北约对南斯拉夫联盟进行的干涉，或如美国对伊拉克的打击和“为阿拉伯国家建立民主秩序”提供帮助。第三，孤立主义在全球化时代已经不可能，而单边主义虽然可能招致批评，却是不得已的和“有生命力的”；美国对盟国和朋友是一个“仁慈、自由的帝国”，同时它对于恐怖主义、“无赖国家”和“失败国家”，又是一个具有无比摧毁力和可以单独行动的“强大帝国”。“新帝国主义论”无视公认的国际关系准则和国家主权原则，在国际社会造成了巨大的混乱和严重的争议，也为布什政府对外关系上的强硬政策开辟了空间。这是继前些年的“历史终结论”、“文明冲突论”、“大混乱论”和“大棋局论”之后西方强权的又一种思想表现。它并非始于今日，却在近一段时间得到强化，其兴起是和“9·11”事件之后美国的整个安全战略分不开的。

不难看出，与老帝国主义相比，“新帝国论”要精致得多，现代化色彩浓厚得多。比如它看上去没有领土野心，也不从事殖民贸易，更常常打上了推广“民主”、“自由”和“人权”的色彩，它们面临的国际环境特别是国际制度环境亦有很大差别。然而，本质上，新帝国主义继承了老帝国主义者的种族优越意识、强烈而蛮横的干涉主义以及从实力地位出发的强权逻辑，继续着老帝国主义常用的托管、代管其他国家的手段，熟练操纵国际体系和机会主义利用国际法的策略，以及划分势力范围的种种肮脏伎俩。美国目前在伊拉克危机中的各种表现及其政策倾向，可以看成“新帝国主义”及其政策的一次典型实践：它违反联合国及安理会多数成员的意愿，破坏了国际法和国际组织维系国际稳定的核心作用；它以强大的战争机器毁灭了一个弱小的主权国家政府，昭显了强权国家之炮艇政策的可怕威力；它在战后通过安排代理人，强行推行美式民主自由，实行某种新的殖民主义；它让美国的大公司切割战后伊拉克重建进程及石油安排之“蛋糕”的主要份额，暴露出垄断资本势力贪婪的本性。

第三节　伊拉克战争“合法性”与“道义性”质疑

美国对伊拉克的战争，告诉我们战争是人类交往的一种行为，是历史的一种常态。固然，历史学家曾统计过：在西方3421年有记录的历史中，只有286年没有战争。

历史上，战事的频繁，往往促使人们对战争进行深入思考，以探求其规律。中国古代著名兵书，如《孙子》、《吴子》、《司马法》、《尉缭子》、《黄石公三略》、《太公六韬》、《孙膑兵法》均出于春秋战国时期。在西方世界，正是波澜壮阔的拿破仑战争，催生了著名的军事著作——克劳塞维茨的《战争论》和约米尼的《战争艺术》。

美国对伊拉克的战争，不是一场传统意义上的战争。历史上的战争，多是一个国家对另一个国家的战争，一个国家集团对另一个民族的战争。而美国对伊拉克的战争，似乎是多个国家对一个人的战争。美国只向萨达姆发出过最后通牒，并没有对伊拉克正式宣战。这场战争中只有战斗，没有战役，更没有气势恢宏的会战和激动人心的决战。突然之间，萨达姆消失了，战争就基本上宣告结束了。

对于伊拉克来说，这场战争是强加的。面对军事实力远远超过自己的敌人，要么投降，要么牺牲。伊拉克并没有进行特殊的抵抗。于是这场战争便成为美英军队近乎炫耀性的武力表演。从军事角度看，这场战争毫无“战争艺术”。

正是这一点，可能使这场战争成为历史上第一次纯粹意义上的战争，因为它充分地展示了克劳塞维茨阐述的“战争是一种政治手段”这个真理。中国古代兵书《吴子》也说过，战争的起因有五：争名、争利、积怨、内乱和饥荒，其中，多因“名”、“利”而起。美国对伊拉克发动的战争，以清除“国际恐怖主义”、销毁“大规模杀伤性武器”为名，实际上是为伊拉克的石油而来。美国干涉伊拉克的历史，可以追溯到第一次世界大战刚结束时。80多年来美国一直窥视着伊拉克的石油资源。对于美国来说，这场战争从酝酿、发动、进行直到结束，一刻也没有偏离这个目标：除掉萨达姆，掌控中东石油，实现真正的霸权。为此，美国竭力将自己的军队扮作一支“仁义之师”，试图让世人相信，它发动了一场“仁慈的战争”，其目的在于“解放伊拉克人民”，给阿拉伯世界带来民主的光明。据美国方面称，战争中美军死亡百余人，伊军也不过死伤万余人。以如此低的代价推翻一个暴君，解放伊拉克人民，真可谓

“仁慈的战争”。但无论是旧帝国主义还是新帝国主义,本质特征并没有改变:强盗的掠夺。

如果美国顺利地接管伊拉克,中东地区的政治将可能发生天翻地覆的变化,但如何让世人相信,美国的霸权将是“仁慈的霸权”仍是一个谜。

但是这并非说在全球化的今天,战争是解决分歧的唯一方式,或者说消除恐怖主义非要通过“先发制人”式的侵略战争。美国发动伊拉克战争 6 年来,恐怖活动没有被制止,反而呈全球蔓延趋势,这不能不引起学者与政治家的深思。

第四节　小布什中东政策的政治心理分析

政治心理学家在对个人心理分析过程中发现,早期的个人经历会对其成年后的人格产生影响。比如,19 世纪美国伟大的哲学家和观察家亚历克西斯·德·托克维尔在《美国的民主》中就说过:如果我们想理解支配一个人生活的偏见、习惯和爱好,我们必须观察他还是襁褓中的婴孩这一时期的情况;我们必须审视世界投射到他心灵上的第一个印记;我们必须聆听唤醒他那沉睡中的思想力量的第一句话。从婴孩时期的摇篮中将可以预测他的整个人生。依此,我们说小布什之所以发动伊拉克战争同他的政治人格形成有密切的关系。小布什的政治人格表现在以下几个方面:

伊拉克战争——家庭责任的直接反映

已有的历史案例证明,许多历史人物成年后的政治心理都与他们早年的经历有着千丝万缕的联系。比如一些心理学家在对圣雄甘地、美国一战时期的总统威尔逊以及阿道夫·希特勒的心理进行解读后得出结论:这些人物的政治理念或偏执狂式的政策都与他们早期的家庭环境、宗教熏陶或自卑心理有直接的关联,早期的经历尤其是童年的遭遇分别对于他们日后的政治动机和决策产生了重大影响。具体地说,威尔逊在一战时期不愿同其政敌妥协的性格及其对别人控制的欲望“产生于他从小对父亲的竞争与敌意”。

在谈到美国对伊拉克的战争时,人们往往把它看作是一场“子承父业的雪耻战争”,这样的说法并非没有道理。固然,美国发动伊拉克战争同美国对中东的整体战略有关,特别是伊拉克的地缘优势、能源储备是导致美国发动对伊战争的一大诱因。但是,美国为什么在没有找到大规模杀伤性武器,或者说在萨达姆政权后期比较“配合”的情况下还不惜制造假情报最终发动了伊拉克战争，并直至把萨达姆送上了“绞刑架”？可以说，小布什的目的既不是寻找大规模杀伤性武器，也不是推翻“暴政”为所谓的改造中东树立典范，而是为了自报家仇，完成其父亲老布什“未竟的事业”，这种“复仇”情结可看作是小布什狭隘心理的真实反映。小布什曾直言不讳地说：他的个人价值观与他的家庭背景是相吻合的。不仅如此，小布什的家庭情结也深深影响了他在国内问题上的态度，如在同性恋、堕胎、死刑、干细胞、安乐死等问题上，小布什的观点明显是保守的。无疑，家庭背景对小布什政治人格的形成产生了重要影响。

乔治·W·布什于1946年出生于显赫的布什家族。其祖先是17世纪初期从英国渡洋而来的布什家族后裔，母亲巴巴拉·皮尔斯·布什(Barbara Pierce Bush)是美国第14任总统弗兰克林·皮尔斯的后代，父亲乔治·赫伯特·沃克·布什(George Herbet Walker Bush)是美国第41任总统。小布什本人也曾对《纽约客》(New Yorker)说：“我不知道自己身上有多少米德兰(美国得克萨斯州西部的米德兰市)，但我要说，如果人们想了解我，就需要了解米德兰和米德兰的性情。”

小布什的家庭责任感来源于其家庭背景的熏陶，从很小的时候，他就开始受到政治环境的熏陶。布什一家住在米德兰的时候，老布什已经开始涉足政坛，并加入共和党。小布什也一样，非常喜欢参加政治性活动。在布什家里举行的宴会上，或者在募捐者那里，上八年级的他就非常娴熟地活动于其父亲的朋友间并能做到客来迎接，客走相送。

小布什个性中有很强的家庭标记(family logo)。在美国人看来，布什家族是信守新教传统的典范。老布什的母亲多罗瑟·沃克·布什(Dorothy Walker Bush)在传承新教教义和布什家族遗风中可谓是头号功臣，美国学者认为她将“同情心、责任心、爱心、诚实”的优良品德带给了布什家族的每一个成员，1980年进入耄耋之年的她还因此获得了圣玛利亚大学(Sacred Heart University)的荣誉博士学位。谈到小布什的“责任心”不得不提起其夭折的妹妹。1953年小布什的妹妹罗宾·布什(Robin Bush)死于白血病，小布什当时不足八岁，他的母亲悲痛欲绝，相当长一段时间内精神恍惚。小布什多年后回忆说：“在我模糊的记忆中留下了一个剧痛，不然的话，那将是幸福的童年回忆。”成年之后的布什曾说：他懂得了不要以想当然的态度来对待生命，不管发生了什么事，都要把生命的每一天过得充实、过得愉快。为了抚平母亲悲伤的心，小布什不得不担负起“小男子汉”的责任，这无疑促使小布什对“责任”二字的过早理解。

小布什对捍卫家族的声誉也具有很强的责任心。1987年《新闻周刊》调侃老布什为“懦夫”，他坚决与父亲站在一起并用实际行动来捍卫家庭的利益与价值。他对媒体说：“父亲是伟大时代的产物，并秉守‘职责、荣耀、朴素’的价值。”之后，他继续发挥“小男子汉”的责任，并全心全意支持父亲参与总统竞选，为了不给父亲的政敌留下可攻击的话柄，他甚至戒酒戒烟，改变“牛仔形象”。

在1991年美国对伊拉克的战争中，由于受到其他联合国成员国的掣肘，老布什当时未能如愿将萨达姆·侯赛因赶下台，之后，萨达姆也没有在美国的军事、经济打压下就范。这种僵局一直持续到老布什下台都没有打破，这使得他耿耿于怀。2001年，小布什就任总统后，一直寻找机会完成其父亲的心愿，因此，自上台伊始，他就寻找各种机会打压伊拉克，企图借核查、经济制裁来从内部整垮伊拉克。此外，小布什还利用伊反动派力量企图从外部颠覆伊拉克政权，但未能如愿，2003年3月20日，小布什最终发动了伊拉克战争，并最终公报私仇。显然，布什的家庭对小布什的政治人格形成起到了举足轻重的影响。从某种意义上说，对待家庭的负责，或者说继承家庭遗风、完成家庭未竟的“事业”是导致小布什发动伊拉克战争的真实原因。

极端仇视穆斯林——小布什个人宗教偏执的再现

有学者认为，二次世界大战结束至今的60年里，美国经历了11位总统。相比之下，小布什总统可以说是对宗教问题最为关注、强调最多的一位，以至于当人们谈到布什主义时，都不能不考虑其对宗教问题的高度关注及其在宗教自由问题上的强硬立场。小布什自幼成长于基督教家庭，但他年轻时，对宗教信仰并无太大兴趣。20世纪七八十年代，他在得克萨斯州开发油田，屡战屡败后开始酗酒。1985年，他与著名福音派牧师格莱姆有了一次“改变生命”的长谈，这是他个人生命的转折点。此后，布什经人介绍参加120人之众的得克萨斯州米德兰福音派圣经讲习班，并开始在奥斯汀参加卫理公会的聚会。到80年代末，他的生活与以前已经全然不同了。小布什自己也说：“这种转变并非政府的某个社会活动的结果，而是我受到了更高一层的召唤。”

2000年的总统竞选辩论中，小布什使用了“重生”(born again)这样的语句来形容自己的变化，并称耶稣基督是自己最崇拜的政治哲学家和思想家，可以改变人们的心灵。美国学者保罗·肯戈在评价小布什的基督教信仰时说道：“在这个政治家的信仰普遍受到怀疑的当代，可以毫不夸张地说，布什的信仰就是他的生命指北针。”他当选总统前的论文集《持久奋斗》就是一首基督教赞美诗的题目。这首赞美诗强调基督徒要服侍现世的事业并按上帝的意愿行事以成就大事。从得克萨斯州议会大厦到白宫椭圆形办公室他始终秉承“没有先知，人们就会迷途”的圣经理念。

诚然，美国没有固定或统一的国教，但无可讳言，宗教事实上始终与美国历史的进程紧紧地交织在一起，并对美国的政治、法律、文化、外交、伦理等各个方面发挥着巨大影响。日本教育家新渡户稻造在其著作《武士道》的开篇中举例说，一位美国人在听到日本人多数不信仰宗教时惊呼：“那你们(日本)怎么对人民进行道德教化呢?”这个事例道出了宗教在美国人心目中的地位。

照理说，美国是一个宗教信仰自由的国家，多元化宗教是美国文化的一个特点。然而，小布什偏执的新教理念却使他走火入魔，这在一定程度上导致了布什的“原教旨主义”。特别是“9・11”事件的爆发使他骨子里的宗教偏执理念得到了歇斯底里的发挥，并引发了他对穆斯林长久以来的仇恨，于是他将“9・11”的一切罪过都一股脑儿地归罪于穆斯林，并将穆斯林与恐怖、邪恶直接挂钩。小布什认为，“9・11”事件后他是“秉承上帝的使命”、“当下最合适的人选”进行宗教“征伐”的人，并扬言：如果你不是我们的朋友，你就是我们的敌人。富有宗教色彩的话语——“邪恶轴心”说法因此而诞生。在伊拉克战争发动前夕，小布什还“不慎重”地将这场战争比喻成是“新时代的十字军东征”，他自己也承认，“上帝告诉我，‘乔治，到阿富汗去和那些恐怖分子战斗吧’。我就照着做了。”可以说，这种所谓的“不慎重”也是他对穆斯林仇视心理的真实反映。

此外，小布什在各种场合的演讲中，受到宗教偏执的影响，极力迎合民众的愤怒和报复心理，同时以美国的“普世”价值观和“例外论”来提升美国人的自豪感。小布什把美国等同于正义的化身，代表着“自由、同情、宽容和品德”；把反恐斗争说成是“善”与“恶”的搏斗，以此为美国的行动做道德辩护。在这种非白即黑的道德问题上，小布什政府还公然宣称，无论在国际还是国内都不允许有中间立场，要么站在我们一边，要么反对我们。

更险恶的是，出于政治宣传的目的，小布什还将“讨伐异教”与爱国主义结合起来，美国电视主持人丹・拉瑟说，“9・11”后，美国的“爱国主义”热情已经达到“杀气腾腾”的程度。排外和宗教不宽容成为这一时期美国“爱国主义”的重要表现形式。由于恐怖分子及其支持者是排外概念中的敌人，因此美国的穆斯林和伊斯兰教便成为美国排斥和离间的目标。在一段时间内美国对伊斯兰世界的仇恨达到了登峰造极的地步，以至于美国一些著名的宗教领袖都掩饰不住他们对伊斯兰教的歧视。

此外，小布什还把其宗教信仰与其用人哲学紧紧结合起来。他深信共享的价值会带来认同，而认同的价值是家庭、群体、宗教和组织的黏合剂，所以在用人策略上，小布什"雇用与他价值观接近的人并期待他的手下用这种共享的价值做出决定、采取行动"。从小布什对国防部部长拉姆斯菲尔德、副总统切尼、国务卿赖斯、美国驻联合国代表博尔顿等鹰派人物的任命中可见一斑，这些"智囊人物"像小布什自己一样对穆斯林抱有极大的成见。

更有甚者，小布什还把他的宗教偏执带入国内政治宣传。2005 年小布什在他精心准备的第二次就职演讲中大谈特谈的是"自由"。"自由"一词出现的频率竟然高达 49 次之多，他发誓要与"束缚各国人民"的专制者进行斗争。他强调将致力于在全世界传播民主和自由，"以实现结束我们世界里专制国家的最高目标"，并将美国歌颂为"黑暗世界"中的灯塔。小布什说："所有生活在专制及无望中的人民应该知道，美国不会忽视他们受到的压迫，也不会为他们的压迫者开脱"；"当你们为自由而奋斗时，我们就和你们站在一起"。很明显，小布什演讲中的政治含意十分清楚，那就是在反恐问题上、在伊拉克问题上，不跟着美国走、不接受美国的标准和行动，就是对反恐的破坏。

"棒球哲学"——小布什政治人格的理念支撑

小布什的政治理念中充满了"棒球哲学"。小布什本人也曾多次表示，如果没有当年经营棒球队时所积累的经验，他恐怕很难连续两次竞选总统成功。

还在小布什 4 岁时，老布什就亲切地称呼他为"小男子汉"，并有意识地通过竞技型运动来锻炼小布什的毅力和耐力。小布什的一位朋友回忆说：少年时代的小布什一旦参加某项比赛，往往会坚持到底，直至取胜。1963 年前后，小布什进入菲林普斯学院（Phillips Academy）学习并当选为该校棒球队的拉拉队队长，显示了他组织和号召力的领导潜质。棒球生涯同时也造就了他的团队精神。他敢于起用能力上比他强的人，只要价值观念基本相同，他能做到"疑人不用，用人不疑"。美国副总统迪克·切尼坦言道：与小布什共事时间愈长，愈对他制定的计划感到激动和抱有信心。无论是小布什的赞扬者还是批评者，他们对小布什在用人上的亲和力和建立联盟时的号召力都深信不疑，就像小布什自己形容的那样，"我是一个团结者，不是分裂者"。

1988 年在小布什接管了得州牧场队（Texas Rangers）后，他的领导才干得到了进一步的展现，同时也激发了他心底的实用主义哲学。1998 年当他决定问鼎美国总统的宝座前，他以高额利润转让了得州牧场队的股份。这桩交易让布什用 60.6 万美元的投资赚到了 1500 万美元。布什在商场上屡战屡败 20 多年后，终于扬眉吐气，跻身于千万富翁之列。当 2000 年竞选美国总统时，他已成为美国历史上第二富有的总统候选人，排名仅次于林登·约翰逊。而这种商业上的成功也激发了他心底实用主义的哲学灵感并塑造了他的领导才干。小布什事后回忆棒球生涯对他的启发时说："棒球生涯对于政治和管理而言的确是一个伟大的训练场地，棒球比赛的底线意在胜利或者失败。"

我们不难看出，美国外交中或多或少地受到了小布什"棒球哲学"的影响。从四岁的"小男子汉"到少年的"接球手"，从青年的"拉拉队长"到牧场队的"总经理"，布什个性中"坚毅"、"固执"的个性被发挥得淋漓尽致。"9·11"事件后，正是小布什的果断和临危不乱，才使美国人认同他这位"战时统帅"的角色，美国人甚至把小布什个人与总统职位等同起来，直呼小布什为"总统"或"我们的总统"。在对阿富汗战争中，他成功地发挥了他的拉拉队角色，说服了俄罗斯、中国等几个联合国常任理事国一同加入他的反恐联盟并使安理会第一次真正行使了"集体自卫权"。因此，有学者这样认为，小布什是建立联盟的大师，而棒球生涯使他受益无穷。

此外，小布什所倡导的"单边主义"、"先发制人"战略、"中东路线图"战略也从侧面反映了小布什作为"棒球统帅"的心理。在发动伊拉克战争上，在遭到联合国主要常任理事国和欧洲主要盟国反对的情况下，小布什政府还是我行我素发动了伊拉克战争，实际上还是他的"棒球哲学"在发挥作用，用他的话说便是："我只在乎结果。"随着美国士兵死亡人数的增加和伊拉克政局混乱，他的个人声誉也由此跌到了最低点。

小布什这种不达目的誓不罢休的"棒球哲学"事实上在伊核问题上也有反映。2007 年 12 月，美国情报部门称"伊朗已停止核武计划"的评估报告，似乎让"像肥皂剧一样"的伊朗核问题出现了剧情上的转变，也使小布什的强硬政策出现了尴尬。但有学者称小布什政治意识很强，一直把自己定位为要"超越父辈"。因此美国对伊朗的报告从某种程度上讲并不表明小布什彻底放弃推翻伊朗现政权的决心。就在小布什 2008 年 1 月 8 日起对中东七国进行被世人称之为其卸任前的"告别之旅"之前，他仍念念不忘伊朗的威胁。他此行的目的，用小布什自己的话说，就是为了"遏制伊朗在这一地区的影响"。小布什称：伊朗仍是一个威胁，虽然已经停止了核武器计划，但它可以很轻易地重新启动这一计划。

政治环境影响政治领导人的人格，反过来人格对政治环境也产生影响。但这并非把研究的目标局限于个人，因为有时需要把个人的行为与群体场景下的其他人或群体行为也考虑进去。强调政治领导人的作用也并非否认群体对决策的影响。事实上，政治领导人和群体之间的影响是互动的，群体对于政治领导人的最后决策也起着重要影响，政治领导人往往会受到群体的制约和组织原则的牵涉。鹰派人物、保守势力、利益集团、反伊斯兰势力事实上也对小布什的中东外交政策造成许多影响。当然，一些因素如历史渊源、市民社会、选民民意与竞选策略、草根政治、个人因素、国家安全与反恐斗争等因素也会对政治领导人的决策产生影响。

此外，历史环境和事件对领导人政治人格的塑造作用也不能小觑。20世纪五六十年代正是小布什的童年和少年时代，而这一时期的国际政治格局和美国的政治形势对小布什的个性形成起了重要推动作用。40年代末到60年代的几次中东战争、70年代的石油危机毫无疑问加深了他对伊斯兰宗教骨子里的憎恨，其“邪恶轴心”、“十字军东征”等话语事实上和历史环境对他的影响是分不开的。因此，在对政治事件的分析和预测中，不能离开环境或背景，否则得出的结论会有失偏颇。

总之，国际政治形势的复杂性、不确定性和混沌性告诉我们：人类社会并非完全处于一个理性的世界，国际冲突、国内冲突中的非理性因素往往会带来灾难性后果。因此在对国际关系的研究中，“我们的国际政治学研究不应满足或局限于传统的宏观式的泛泛议论，而应更多地从具体的人格入手，揭开各种神秘的面罩，开启微观政治分析的大门”。

思考题：

1. 谈谈你对美国发动伊拉克战争的看法。
2. 谈谈你对美国最新战略设计的看法。

名词解释：

“邪恶轴心”　“先发制人”

第二十一章　美国军事实力与军事战略

在整个20世纪，美国一直是世界第一强国。冷战结束后，美国占据了唯一超级大国地位，"世界宪兵"是人们对美国四处插手世界事务的讽刺性说法。二战结束后，美国一直以世界大家庭的主人自居，东征西讨，搅得世界到处狼烟四起。在越战中受挫后稍稍有所收敛，但在20世纪80年代的里根政府时期，再次举起了军事干预的大旗。冷战结束后，美国重新定义了以"扩展"和"参与"作伪装的新干涉主义。从经贸到人权，从政治到军事，从意识形态到台湾问题，两个国家在诸多方面存在着分歧，存在着摩擦。

多年以来，美国在世界各地充当着秩序维护者的角色，其咄咄逼人之态严重损害了当事国人民的感情。而美国之所以敢这么做，就是因为有强大军事实力作为后盾。

第一节　美国军事实力

美军全球军事基地体系发展历程

美国全球军事基地体系是从19世纪末开始发展起来的。二战爆发后，美国借机向海外扩张，战争结束时，美国在海外建立了484个军事基地，世界每一个海域的关键岛屿几乎都被美国所霸占。战后，美国与全球40多个国家建立了军事同盟，在50多个国家驻扎了军队。冷战期间，美国又逐步形成了一个以其军事基地为依托的全球"军事基地网"，各种军事基地和军事设施的数量最多时高达5000多个，其中2000多个在海外，遍布100多个国家。经过1988年、1991年、1993年和1997年的四次调整，美国关闭了国内97处主要军事基地，并归还或调整了961处海外军事基地，使海外军事基地的数量减少了58%。

美国在意大利和希腊有军事基地和军事设施。另外还建立了西欧基地群（主要由设在英国、冰岛、西班牙和亚速尔群岛上的军事基地和军事设施组成),中东和东北非基地群(主要由设在土耳其、沙特阿拉伯、巴林、阿曼、埃及和肯尼亚的军事基地和军事设施组成),东北亚基地群(主要由设在日本和韩国的军事基地和军事设施组成),印度洋基地群(主要由设在印度洋中部迪戈加西亚群岛上的海军港口、海军通信站、海军航空站及其他后勤设施组成)。此外还有关岛基地群,夏威夷基地群,阿拉斯加基地群,澳大利亚、新西兰基地群,格陵兰、加拿大基地群,加勒比海基地群。这些设在美国本土之外的基地群与美国本土的基地群共同构成了美国的全球军事基地网。

美国兵力部署

冷战结束后,美国将“前沿部署”调整为“前沿存在”,适当收缩了海外驻军,尤其是大大削减了驻欧兵力,但美军兵力部署的基本方针并未改变,那就是:“内外结合,外轻内重,机动为主”。所谓内外结合,是指采取海外军事存在和本土力量投送相结合的部署原则;外轻内重,是指将绝大部分兵力部署在本土,而将一定数量的精锐部队部署在海外基地;机动为主,是指美军在战时将主要依靠强大的运输力量向海外进行“兵力投送”,以支援海外战区作战。目前,美军兵力部署仍在调整之中,到2000年,驻欧兵力将从1992年的21万人减少到10万人以内;驻西太平洋地区的兵力将由1992年的12.9万人减至10万人以内;在加勒比海和地中海部署的兵力也将相应地裁减。

美国本土共有兵力110多万人,约占美军现役部队总人数的77%。其中,陆军36万余人,编1个集团军司令部、3个军部、6个师和4个独立团;海军45万余人,编8个舰载机联队、2个陆战师和2个陆战航空联队,共拥有舰艇260多艘、战机1400多架、“三叉戟”I型和“三叉戟”巨型导弹430多枚;空军30多万人,编8个航空队部、33个联队和包括12个洲际导弹中队在内的90个中队,装备战机2700多架、运输机1000多架和洲际导弹580枚。

美军在中东、东北非地区部署2万余人,其中陆军约5500人,海军1.4万余人,空军400人。这些部队主要部署在沙特、科威特、卡塔尔、巴林等国家。海军第五舰队由部署在印度洋、波斯湾、阿拉伯海和红海上的海军部队组成,编有17艘舰只、1个舰载机联队、1个陆战远征分队,装备飞机100多架。美军在印度洋上的唯一海军基地设在位于印度洋中部的迪戈加西亚岛。

美国陆军兵力49万人。编有3个集团军司令部、4个军部、10个作战师、5个航空旅、3个装甲骑兵团、6个炮兵旅、9个“爱国者”和2个“复仇者”防空导弹营、3个独立步兵/空降兵营。主要装备包括:主战坦克M—60A3、

M－1A1 和 M－1A2 型等共 7836 辆；轻型坦克 M－551 型 131 辆；装甲侦察车“狐狸”113 辆；步兵战车 M－2 和 M－3 型，共 6720 辆；装甲输送车 M－113 型 18200 辆；各类火炮 7428 门，其中 277 毫米多管火箭炮 734 门；反坦克导弹“陶”和“龙”式，共 32857 具；高炮 329 门，其中 20 毫米“火神”式 118 门；防空导弹“复仇者”式 660 部，“爱国者”式 474 部；各型飞机 264 架，直升机约 5002 架，其中武装直升机 1460 架；两栖舰艇 161 艘。

海军是美国第一大军种，共 57 万人(包括海军陆战队 17 万人)。编有 6 个舰队，即第 2 舰队(大西洋)、第 3 舰队(太平洋)、第 3 舰队(2008 年 4 月，美国宣布重建第 4 舰队，负责中南美洲水域的作战)、第 5 舰队(波斯湾、红海)、第 6 舰队(地中海)、第 7 舰队(西太平洋)。还设有海军运输司令部。主要装备包括：潜艇 95 艘，其中战略潜艇 18 艘、战术潜艇 75 艘、其他用途 2 艘；主要水面舰只 143 艘，其中航空母舰 12 艘、导弹巡洋舰 30 艘、导弹驱逐舰 57 艘、导弹护卫舰 44 艘；另有巡逻舰艇 20 艘、扫雷舰艇 25 艘、两栖舰艇 252 艘、支援及杂务舰船 93 艘(其中中途补给舰 40 艘)。军事运输司令部辖船只 123 艘。

长期以来，航空母舰一直是美国对外军事扩张，推行其全球战略的得力工具。第二次世界大战中，美国依靠航空母舰掌握了太平洋战场的制海权，并由此取得了对日作战的胜利，从此，航母就成了美国海军的宠儿。在战后半个多世纪里，美国海军先后建造了 6 个级别的航空母舰，冷战结束时，美国海军共有 15 艘航母，1992－1996 年期间，参加过海湾战争的“中途岛”号(CV－41)、“突击者”号(CV－61)、“萨拉托加”号(CV－60)和“美国”(CV－66)号航母相继退役，“福莱斯特”号(CV－59)也于 1993 年从美国海军的编制序列中消失，1998 年 9 月 30 日，服役 39 年的福莱斯特级“独立”号(CV－62)也光荣退役。在此期间，又有三艘新的尼米兹级航母服役，这样，现在共有 3 个级别的 12 艘航母在美军服役。见表 21.1：

表 21.1 美军现役航母

	级别	名称	编号	服役时间	动力方式
1	小鹰级	小鹰号	CV－63	1961 年	常规动力
2		星座号	CV－64	1961 年	常规动力
3		约翰·肯尼迪号(预备役)	CV－67	1967 年	常规动力
4	企业级	企业号	CV－65	1961 年	核动力

续 表

	级 别	名 称	编 号	服役时间	动力方式
5	尼米兹级	尼米兹号	CVN－67	1975 年	核动力
6		德怀特·艾森豪威尔号	CVN－69	1977 年	核动力
7		卡尔·文森号	CVN－70	1982 年	核动力
8		西奥多·罗斯福号	CVN－71	1986 年	核动力
9		亚伯拉罕·林肯号	CVN－72	1989 年	核动力
10		乔治·华盛顿号	CVN－73	1992 年	核动力
11		约翰·C. 斯坦尼斯号	CVN－74	1995 年	核动力
12		哈里·杜鲁门号	CVN－75	1998 年	核动力

美国海军的航空母舰目前处于更新换代阶段，20 世纪 40－60 年代建造的航母到 2000 年都退役，2008 年以后"尼米兹"级也将停止建造。为填补退役航母造成的空缺，2007 年前仍继续建造"尼米兹"级航母，而且将该级航母的建造数量由原来的 8 艘扩展为 10 艘。待"尼米兹"级第 10 艘 CVN－77 服役后，其他级别的航母将全部退役。

美国太平洋地区驻军

美军太平洋战区总部成立于 1947 年 1 月，司令部设在夏威夷州的檀香山，是美军在太平洋地区的最高作战指挥机构。辖区东起美国西海岸，西至印度洋，南北方向远至两极，包括 45 个国家和地区，总面积约 1.6 亿平方公里，相当于地球表面的 52％。

太平洋战区是世界上最大的战区，下属太平洋舰队、海军陆战队、陆军、航空兵四个司令部，以及驻日美军、驻韩美军、阿拉斯加、第八集团军和特种作战 5 个联合司令部，总兵力约 30 万人。

太平洋地区陆军包括总部驻扎在华盛顿州的第一军团、驻扎在夏威夷州的第二十五轻步兵师，驻扎在阿拉斯加的第一百七十二独立步兵旅，以及部署在韩国的第二步兵师，总兵力约 6 万人。

第二步兵师直属第 8 集团军（集团军就这一个师），重型师，驻扎在韩国汉城北部 40 公里的议政府（Dongducheon）。总兵力为 1.5 万人，下属 2 个地面机动旅、1 个航空旅和师建制炮兵部队。主要装备有：M－1A1 主战坦克、M－2A2"布莱德利"步兵战斗车和 M－3A2 骑兵战车，155 毫米自行榴弹炮、多管火箭炮，1个“爱国者”导弹营和2个配备AH－64直升机的旅。为加速美国陆军由重型向轻型、快反部队转型的步伐，美国陆军计划研制转型所需的最关键装备——“陆军未来作战系统”(FCS)，并将于2010年开始部署。美国陆军的转型始于“斯瑞克”装甲车。目前，装备“斯瑞克”的是位于华盛顿刘易斯堡的美国第二步兵师第三旅。

第25轻步兵师直属太平洋总部，轻型师，驻夏威夷。该师是美军太平洋战区的主要陆军后备力量，可以在接到动员令后18小时开始部署，基本任务要求是在54小时之内在太平洋战区范围内任何地点部署，(在第1军编成内)遂行陆军军规模或战区规模的作战任务。该师下辖：1个师部与师部连；3个步兵旅部与旅部连，两个在夏威夷，一个在华盛顿州刘易斯堡，共辖9个轻型步兵营；1个陆航旅，辖1个战斗航空营、1个攻击直升机营、1个骑兵中队；师炮兵司令部，下辖3个105毫米牵引榴炮营和1个155毫米牵引榴炮连；后勤支援司令部，辖1个卫生营、1个补给与运输营、1个维修营、1个运输机维修连；1个防空营(62团1营)，1个工兵营(65营)，信号营(125营)，情报营(125营)，师部连，宪兵连和一个乐队。全师编制总人数11000人。

全师主要装备有：AH－66B型攻击直升机、UH－80B型多用途直升机、OH－60型观察直升机、EH－60型电子战直升机等各型直升机115架；火炮144门，其中105毫米轻型牵引榴炮54门、81毫米迫击炮36门、60毫米迫击炮54门；反坦克导弹发射装置304部；防空导弹系统80部；各种作战车辆和输送车辆2240辆。

太平洋舰队指挥着美军约一半的海军力量，包括6艘航空母舰、170艘舰艇和803架各种作战飞机，总兵力约13万人；太平洋海军陆战队包括驻扎在加利福尼亚州的海军陆战队第一远征队的2/3兵力和驻扎在日本的第三远征队，总兵力约7万人。

目前，太平洋舰队下辖3个舰队，即第三舰队、第五舰队和第七舰队。第三舰队部署在美国西海岸地区，主要担负美国本土防御任务。第五舰队部署在波斯湾地区，以强化美国在中东地区的军事部署。第七舰队成了美国在亚太地区进行扩展的最强有力的工具。该舰队以日本横须贺基地为总指挥部，旗舰是两栖指挥舰“蓝岭”号。该舰队大部分兵力驻扎在日本及关岛。其辖区东起太平洋国际日期变更线，西至非洲东海岸，北起千岛群岛，南至南极洲，面积约5100万平方公里。

第三、第七两支舰队常驻太平洋地区，第七舰队部署在夏威夷前沿，第三舰队部署在其后方，二者互为补充。第三舰队的舰船和潜艇的数量要比第七舰队多很多，但平时第三舰队的大部分舰只并不用于作战，更多的是进行维修、保养、整修、适航检查和日常战备。从广义上说，第七舰队是太平洋地区美国海军的现役作战部队，而第三舰队的任务基本上是训练和维修。这样，两支舰队的船只就可轮流服役和维修。

太平洋美国航空兵司令部驻夏威夷希卡姆空军基地，指挥四个代号的空军部队，下辖第5(驻日本横田)、7(驻韩国乌山)、11(驻阿拉斯加埃尔门多夫)、13(驻关岛安德鲁空军基地)航空队(师)，拥有4万人和400余架飞机，其中作战飞机300余架。

驻日本的美国空军第5航空队，下辖3个联队。驻冲绳嘉手纳基地的第18联队是第5航空队主要的作战单位，辖3个(12、44、67)战斗机中队，装备有54架F—15，1个E—3空中预警机中队、1个KC—135空中加油机中队，并有1个HH—60G救援直升机部队。第35联队驻扎在三泽基地，主要配备F—16，执行对地攻击任务。另外，横田基地常驻有第374运输机联队，配备C—130运输机。

驻韩美国第7航空队，在乌山基地(距汉城约62公里)部署有第51战斗机联队，装备有24架F—16C/D战斗机和22架A—10攻击机；在群山基地驻有第8战斗机联队，装备42架F—16C战斗机。乌山基地还部署有总部设在加利福尼亚州的第9侦察机联队的U—2侦察机。

关岛安德鲁空军基地除驻扎有第13航空队以外，还常驻第43联队的15架B—52轰炸机。美军明确表示把关岛建成“亚太地区兵力投放中心”，并计划部署空中加油机、B—2轰炸机、“全球鹰”无人侦察机等。

除上述部署外，美军还在拉美驻有少量部队，约有8000多人，主要部署在巴拿马运河区和古巴关塔那摩海军基地。

第二节　冷战后美国发动的四次局部战争

美国在冷战后先后发动了1991年的海湾战争、1999年的科索沃战争、2001年的阿富汗战争及2003年的对伊拉克战争。鉴于美国对伊拉克战争已经在第二十章进行了详细介绍，此不赘述。

海湾战争

1990年8月，伊拉克入侵科威特并宣布科威特为自己的第19个省。此后，联合国安理会共通过了12个相关决议表示谴责和强烈反对。

伊拉克入侵科威特的当天，美国立即宣布冻结伊拉克和科威特在美国的财产，禁止与伊拉克的金融交易和贸易往来，并要求伊拉克立即无条件地从科威特撤军。

1991 年 1 月 17 日，以美国为首的多国部队开始对伊拉克境内的伊军及其在科威特的军事目标实施大规模空袭，“沙漠风暴”行动开始。这次军事行动从 1991 年 1 月 17 日至 2 月 28 日，共历时 42 天，分为空袭和地面进攻两个阶段。2 月 26 日，伊拉克宣布从科威特全部撤军。27 日，以美国为首的多国部队收复科威特。28 日，乔治·布什宣布对伊拉克作战目标已经实现。4 月 11 日，安理会正式宣布在海湾实现停火。

海湾战争的爆发除了美国为维护其传统的中东战略利益外，还旨在通过这场战争为后冷战时期世界新秩序的建立树立样板。这场战争的影响表现在 3 个方面：(1)美国在战争中表现出的强大军事实力震撼了全世界，人们对高新技术条件下的常规战争有了新的认识。(2)战争结果极大地鼓舞了美国，正如布什在战后所宣称的，“越南战争的幽灵已经被永远埋葬在阿拉伯半岛的沙漠中了”。此后，美国对以军事手段解决地区冲突的信心增强了，并日益倚重这种手段。(3)美国在此次战争中的外交和军事活动，为它在后冷战时期的地区冲突干涉及局部战争的发动建立了模式，那就是尽可能地获得联合国或其他国际组织的授权，争取广泛的国际支持，并最终依仗自己的军事实力解决问题。

科索沃战争

科索沃战争是 1999 年世界的头号热点问题。在各种内外因素作用下，该地区民族冲突不断加剧，最终引发了西方大国的军事干预。以美国为首的北约全然不顾《联合国宪章》和国际关系准则，对主权国家南斯拉夫联盟发动残酷的“空中打击”，制造了一场令人类文明再次蒙耻的“人道主义灾难”。

南联盟为了维护国家主权和领土完整奋起反击，并付出了惨重的代价。由于交战双方实力相差悬殊且大国关系严重失衡，南联盟最后不得不作出全面让步，接受代顿和平协议，从而彻底丧失了对科索沃的控制权。北约迅速向科索沃派出维和部队，根据自己的意志实现了“强制性的和平”。

之后科索沃局势总体趋于稳定，但正是在“和平的光环”下出现了难民逃亡、种族清洗等恶性事件，西方大国宣扬的所谓“多元文化、多民族共存”等政治理念仅是廉价的谎言。科索沃已作为一个“战争符号”被定格在人类 20 世纪历史中，而这场战争所造成的恶果并不局限在科索沃或巴尔干地区，它对世界安全格局的冲击是长远的。

科索沃地区的民族矛盾由来已久,其根源甚至可以追溯到中世纪。然而民族问题转化为流血冲突始自 1998 年 2 月。虽然南斯拉夫联盟一再坚持科索沃问题是其内政,这场危机还是被国际化了。西方国家出于自身利益的考虑支持阿尔巴尼亚族的分裂分子,使南斯拉夫联盟政府不仅在清除非法武装的军事行动中被束缚了手脚,在政治谈判中也丧失了主导权。

2000 年,一度趋缓的科索沃武装冲突再度升级。在此背景下美欧大国组织了朗布依埃谈判,强迫南联盟政府和阿族代表接受预先制定好的和平方案。朗布依埃和谈以破裂告终主要有两方面的原因。首先,科索沃问题本身颇为复杂,冲突双方难以通过妥协找到利益接合点。南联盟希望将该地区保留在塞尔维亚范围内,通过赋予阿族人自治权解决危机。阿族方面关注的焦点则是彻底摆脱南联盟实行"独立"。另外,主持谈判的西方大国有失公正,甚至有意提出南联盟无法接受的苛刻条件,为进行军事干预创造条件。其实,西方在科索沃危机上的政策从未局限于问题本身,其更深层的用意在于削弱南联盟的实力,借机推翻拒绝同西方合作的米洛舍维奇政权。2001 年,美国最终将米洛舍维奇"引渡"到了海牙法庭。

1999 年 3 月 24 日晚 8 时,当以美国为首的北约在南联盟投下第一颗炸弹时,科索沃问题发生了质的变化。它由一个国家内部的武装冲突演变成了以美国为首的北约以众欺少、以强凌弱、以霸道践踏人道的侵略战争。当今世界上最强大的军事联盟北约出动 1000 多架飞机和 40 多艘战舰对一个弱小的主权国家进行了长达 78 天的狂轰滥炸,向南联盟仅 10 万平方公里的土地倾泻了数千枚导弹、2 万多吨炸弹。南联盟凭着顽强的斗志进行了悲壮的抗争,但这毕竟是一场不平等的较量。据统计,北约野蛮轰炸给南联盟造成毁灭性的打击,南上万名军人和平民伤亡,大量军事、民用设施被摧毁,经济损失高达 2000 多亿美元,国民经济和人民生活水平倒退了 10 多年。

科索沃战争再次表明,美国在推行其全球战略时,越来越倾向于诉诸武力。借口"人权",践踏别国"主权",甩开联合国,破坏国际法,冲击和削弱联合国等国际协调机制。这种新霸权主义行径使世界局势中战争和不稳定的因素上升,严重干扰了和平与发展的大潮,也阻碍了世界多极化趋势之发展。

以美国为首的北约在这次战争中动用了最新的高技术武器,它们公然宣称是在历史上首次单纯依靠先进导弹和炸弹轰炸赢得了战争的胜利,而且士兵阵亡的比例为 0(北约):5000(南军)。这种情况将会刺激新的军备竞赛,导致大规模杀伤性武器更为严重地扩散。据报道,正是在科索沃战争的“启示”下，不但美国及其竞争对手，就连一些发展中国家都加快了研制和购置先进导弹以及其他高技术武器的步伐。

此外，这次战争将助长巴尔干地区以及世界各地的民族分离主义分子的气焰，造成某些国家的动荡和不稳定。科索沃阿族人“成功的例子”将会鼓励马其顿、黑山共和国和希腊境内的阿族居民提出拥有同样权利要求的可能性，也会促使其他巴尔干国家少数民族采取同样的行动，这无异于给巴尔干这个“火药桶”撒进危险的火种。

相关链接

南斯拉夫为何解体?

南斯拉夫的解体是内外因素共同作用于它而导致的结果。

铁托领导的南斯拉夫由塞尔维亚、克罗地亚、斯洛文尼亚、波斯尼亚和黑塞哥维那、马其顿和黑山6个自治共和国以及属于塞尔维亚共和国的科索沃、伏伊伏丁那两个自治省组成。南斯拉夫在国内实行社会主义工人自治制度，在国际上奉行不结盟政策。

南斯拉夫各民族由于曾遭受不同大国的统治，有着不同的文化传统。如塞尔维亚、黑山、马其顿信仰东正教，克罗地亚和斯洛文尼亚信仰天主教，而波黑的穆斯林族和科索沃的阿尔巴尼亚族则信仰伊斯兰教。加上列强历史上出于私利，经常在各民族中进行挑拨、制造争端，使得各民族之间存在不少矛盾。铁托逝世后，这些矛盾开始逐渐激化。

苏联解体、东欧剧变给南斯拉夫造成了巨大冲击，南斯拉夫统一的核心南共联盟也开始瓦解，各共和国的分离主义力量日益强大并逐渐控制了当地政权。

1991年，图季曼领导的克罗地亚以及斯洛文尼亚两共和国率先宣布独立。在南斯拉夫民族矛盾日益激化的同时，西方国家出于意识形态和本身战略利益的考虑，决定不再支持南斯拉夫的统一。1992年1月，德国率先承认克罗地亚和斯洛文尼亚独立，整个欧盟也步其后尘。1991年11月，马其顿宣布独立。1992年4月，波黑又宣布独立。仅存的塞尔维亚和黑山两个共和国于1992年宣布成立南斯拉夫联盟共和国。至此，南斯拉夫彻底解体。

阿富汗反恐战争

2001年9月11日，美国本土遭到恐怖分子袭击。这场恐怖袭击被认为是藏在阿富汗的恐怖分子拉登及其“基地”组织干的。此后布什总统反复强调要进行一场在国内、国际战线上同时展开的、牵涉众多领域的反恐战争。

2001年10月8日，美英军队开始对阿富汗进行持续的军事打击。美国起初想消灭的是本·拉登及其“基地”组织，但由于拉登本人及“基地”组织总部都在阿富汗，并得到塔利班政权的庇护，美国遂决定把两者捆在一起当做同一目标进行打击。经过两个多月的空中打击和地面进攻，美国虽然没有抓获拉登和“基地”组织的领导人奥马尔，但摧毁塔利班武装和“基地”组织训练营的目标已经达到。12月，根据《波恩协议》，阿富汗临时政府在喀布尔成立。2002年初，美军在阿富汗的作战任务从抓捕恐怖分子头目转向清剿“基地”组织及塔利班武装的残余势力，并于当年3月发起“蟒蛇行动”，以达到这一目的。从2002年下半年开始，美国在阿富汗的工作重点开始转向重建和维持稳定。

虽然在美国的推动和支持下，阿富汗早在2002年就成立了过渡政府，随后的2004年，新的议会和总统通过大选产生，白宫上下更将阿富汗称作“成功转型的代表”。然而，阿富汗战争7年来，阿富汗国内局势却依然动荡，民主法治局面仍未普及，许多阿富汗人依旧生活在贫困当中。早在几年前，就曾有媒体报道称塔利班势力卷土重来，他们采取暗杀政府官员、自杀式炸弹袭击等手段进行疯狂报复，2007年7月发生的23名韩国人遭绑架事件更显示了塔利班与“基地”组织的疯狂报复行为。

美国独立评估小组2008年1月公布的研究报告指出，美国和北约领导的阿富汗反恐战争“越反越恐”，2007年以来，阿富汗国内局势持续恶化，塔利班武装的军事行动能力有增无减，控制地盘越来越大，占据了阿富汗一半以上国土。报告表示，阿富汗当前正处于“亡国”的十字路口，如果美国、北约以及国际社会不立即行动，采取有效措施控制局势，阿富汗将分崩离析，面临亡国之灾。

此外，阿富汗战争造成了美国经济和人员的巨大损失。美国战略和预算评估中心(CSBA)在2008年12月15日公布的报告显示，从2001年以来，阿富汗战争的军事行动开销已超过1840亿美元。美英等驻阿富汗外国部队死亡人数2008年5月出现了自2003年以来第一次超过驻伊联军死亡人数的情况，美国盟友北约内部的一些成员国对阿富汗战争的态度也发生了转变。

现在看来，在阿富汗这个自2003年伊战爆发后就渐渐被人们所遗忘的战场上，美国和北约并不算胜者，而政权遭到推翻的塔利班也不算完全的输家，阿富汗战争打了8年，仍是一场未分出胜负的战争。

第三节　奥巴马政府军事战略初现

美国新当选总统奥巴马是打着美国需要“变革”的旗帜赢得大选的，其国防政策和军事战略的调整也受到普遍关注。奥巴马的团队认为，美国军事战略的当务之急是摆脱战争困境。首先是从伊拉克撤军问题，奥巴马在竞选时便宣称其上任后16个月内美军全部撤离伊拉克；其次是向阿富汗大幅增兵，阿富汗仍是美国以军事手段打击国际恐怖主义的主战场；此外，美国使用军事手段在世界打击恐怖主义所遇到的严重挑战，也是其调整军事战略需要考虑的重大问题。

“9·11事件”以来，美国主导的反恐战争并没有导致国际恐怖主义威胁下降。国际恐怖组织的队伍不是在减少，而是呈增多的趋势；恐怖活动在一些地区不是在下降，而是在上升；恐怖分子的活动区域不是在缩小，而是在扩大；滋生恐怖主义的社会矛盾非但没有缓解，反而在一些地区更加激化。面对众多难题，美国军事战略调整，首先必须解决的是如何摆脱当前的战争困境。

对于奥巴马来说，重整军事力量将是美国军事战略调整的中期目标。首先是恢复作战能力与战备水平。经过8年的阿富汗战争、5年多的伊拉克战争，美国陆军作战能力严重透支。2007年初，美国新任参联会主席马伦上将考察伊拉克、阿富汗后，曾直言不讳地指出，经过多年反恐战争，美国地面作战部队虽然不能说已经崩溃，但已接近崩溃的边缘。他认为，美国军事战略调整要挽救的不仅仅是伊拉克战争，更重要的是挽救处于崩溃状态的美国陆军，而这个时间至少需要5至7年。

其次是大幅度扩编地面作战部队。长期的反恐战争使美国陆军作战力量吃紧，为适应未来任务的需要，今后几年美国陆军和海军陆战队将亟需扩编。2009年8月7日，美国国防部长罗伯特·盖茨签署阿富汗扩军议案，向阿富汗增派5.5万士兵，从而使美军在阿富汗的总人数可能达12万人以上。但是这项计划能否得到总统批准仍是未知数。

第三是将战后稳定与重建能力提高到战略地位。伊拉克战争表明，美军最大优势是远距离精确打击能力，最突出的弱点是战后稳定与重建理论及能力严重不足。为此，美军正加强对这一问题的研究。

小知识

"……门事件"

"……门事件"是美国政治中的一个专用术语，意指政府的一些秘密勾当被揭发披露，授政敌以柄，被舆论追究。该术语出自"水门事件"。1972年大选，在任总统尼克松竞选班子中的一些共和党人，潜入华盛顿水门大厦民主党竞选总部，偷拍文件，安装窃听器。此事后被媒体揭发，舆论大哗，尼克松险遭国会弹劾，被迫辞职。其后里根时期秘密向伊朗出售武器的事件被称为"伊朗门事件"、克林顿时期第一夫人希拉里涉嫌"金融诈骗"的事件被称为"白水门事件"，等等。

思考题：

1. 美国在亚太地区军事调整的意义何在？
2. 奥巴马政府对伊拉克政策进行变革的动因何在？

第六编

中国外交与国家安全

第二十二章　综合国力新论

第一节　综合国力与世界竞争力

2003 年 10 月 30 日，设在瑞士日内瓦的世界经济论坛（WEF）公布 2000 年全球竞争力报告，中国内地的总体排名由 1999 年的 32 位下降为 44 位。瑞士洛桑国际管理学院 2008 年 5 月发布的《世界竞争力年度报告》显示，美国、新加坡和中国香港继续占据竞争力排名的前 3 位，中国内地的竞争力排名略有下降，由 2007 年的第 15 位变为第 17 位。2008 年排名前 20 位的经济体依次为美国、新加坡、中国香港、瑞士、卢森堡、丹麦、澳大利亚、加拿大、瑞典、荷兰、挪威、爱尔兰、中国台湾、奥地利、芬兰、德国、中国内地、新西兰、马来西亚和以色列。2000 年，中国现代国际关系研究所推出综合国力评估系统（第一期工程）研究报告，在先期完成的对美、日、中、俄、德、法、英 7 国的评估中，中国综合国力值居 7 国之末，约为美国的 1/4，法国的 1/2，俄罗斯的 2/3。综合国力并非竞争力，按照国际竞争力的排名，小国可能比大国更有竞争力，“穷国”可能比“富国”更有竞争力，这与我们的直觉有很大的差异。因此在涉足中国的竞争力问题之前，我们有必要廓清两个概念：综合国力和竞争力。综合国力是主权国家经济、军事、科教、资源等方面的实力和影响力的总和。这是中国现代国际关系研究所的评估报告在开宗明义时对综合国力的概括。作为反映一个国家盛衰强弱的战略性指标，几十年来各国都对此进行了研究探索。

1965 年，原联邦德国柏林技术大学理论物理学教授、亚琛技术大学第一物理学院院长威廉·富克斯发表《国力方程》一书。他认为，国家力量的发展工程类似于自然过程和生物过程。从生物的发展过程看，某一物种中的一小部分将首先在它们被引进并成长的新文化中按指数增长率增长，但当它们的总数达到了特定的资源可以维持的长期限度（即饱和限度）时，这种增长将下降。国家力量的发展也是如此。以这个理论为依据，富克斯选取钢产量、能源产量和人口数量为变量计算国家力量指数。

20世纪70年代以来，时任美国中央情报局副局长、国务院情报与研究局局长、乔治敦大学战略与国际研究中心主任的克莱因提出如下对国家力量加以综合估量的公式 Pp=(C+E+M)×(S+W)。其中，Pp为确认的国力，C为基础实体，E为经济能力，M为军事能力，S为战略意图，W代表贯彻国家战略的意志。显然，克莱因把决定国力的众多要素简化概括为五种基本的、稳定的和长期起作用的要素。对每个要素，克莱因又把它细化为若干指标，以打分的方式给予量化。克莱因方程标志着国力研究由定性分析转入定量研究阶段。

1987年，日本经济企划厅计划局委托日本综合研究所进行综合国力的基础调查。日本提出的由国际贡献能力、国际生存能力和国际强制能力构筑的综合国力概念，使用了15个构成要素，拟定了评价指标108个，实际选入的指标近70个。日本综合研究所对不同职业的800名人士进行了调查，并在此基础上形成《日本的综合国力》一书。从总的分析框架来看，中国现代国际关系研究所综合国力评估采用了层次分析法，并结合专家调查、回归分析、聚类分析等方法。层次分析法(AHP)是美国运筹学家、匹兹堡大学教授萨迪于20世纪70年代中期提出的一种能将定性分析和定量分析相结合，将人的主观判断用数量形式表达和处理的系统分析方法。评价中涉及经济、军事、科教、资源、政治、社会、国际影响等七个领域。

无论是世界经济论坛(WEF)的“全球竞争力(Global Competitiveness)”，还是洛桑国际管理发展研究院(IMD)(以下简称IMD)的“国际竞争力(World Competitiveness)”，其实指的是同一种东西：一定经济体制下的国民经济在国际竞争中表现出来的综合国力的强弱程度。它包括企业内部效率形成的竞争力和由环境左右而形成的竞争力两个方面。国际竞争力比较研究的重点是后者，即探讨外部环境或经济体制对一国企业形成国际竞争力的作用程度。因此从本质上说，一国国际竞争力的高低取决于经济体制的设计、改革和经济政策的选择。IMD从20世纪70年代末80年代初开始从事这项研究并出版年鉴，在相当长的时期内与WEF合作直至1995年后者自立门户。中国内地从1994年起被列入IMD年度报告对象。

中国现代国际关系研究所周方银先生认为，比较而言，综合国力评价主要是对现实实力和影响力的评价，它以硬指标即统计数据为主，而国际竞争力的评价更多依赖于软性因素和指标。此外，军事因素在国际竞争力评价中是完全不考虑的，一国的总体经济规模、总体科技水平、总体军事实力、资源的丰缺程度都不是十分重要的因素。

在WEF 2001年公布的排序中，排名第二位和第三位的是新加坡和卢森堡，芬兰和瑞士分别排在第六位和第十位，这在综合国力评价及排序中是不可想象的。IMD如何确定中国的位置指标体系涵盖得是否全面、层次机构是否清晰合理，直接关系到评估质量的好坏。

IMD的指标体系包括国内经济、国际化、政府、金融、基础设施、企业管理、科学技术和国民素质八个构成要素，每个构成要素中分别包含25个至46个指标，共计290个指标。在通过这些指标为47个国家和地区进行分析和排序时，IMD使用两类数据，其中2/3是硬数据——来自国际组织、地区性组织、各国和其他组织的经济或其他组织的统计数据。IMD拥有一个由34家合作学院组成的独特的网络，可以帮助它搜集到所在国的最新资料。在中国，IMD也有它的合作伙伴，关于中国的数据就源于此。另外1/3数据是调查数据，也就是我们说的软数据，它是根据IMD进行的关于竞争力的年度调查统计而来。IMD把有110项条目的问卷发给47个国家和地区的高层和中层管理人员，请他们评估他们的企业当前所处的竞争环境和他们所希望的环境。答卷人只针对自己的国家回答。问卷采用"德尔菲法(Delphi Method)"。所谓"德尔菲法"，是依靠某领域专家的知识和经验，在掌握了一定客观情况和实际资料的基础上，对询问的项目进行数轮评分，根据评分进行数理统计得出结果的评价和预测方法。1987年日本进行综合国力调查时也采用这个方法。问卷中的110个问题都作为独立的指标计入排序，但硬指标中只有139个计入，其余的41个作为有价值的背景资料写入年鉴，但不用于排序。为控制调查数据可能具有的随意性，IMD将硬数据的权重设为1，调查数据的权重设为0.64。IMD表示，这样的平衡关系可能像任何其他权重方式一样有些武断，但从1994年起一直应用这个比例，因此评估结果的连续性和可比性是有保障的。WEF的全球竞争力报告评估59个经济体的竞争力强弱，与以往不同的是，2002年报告中将"全球竞争力排名"改称"全球增长竞争力排名"，并另外设立了"目前竞争力指数排名"，以反映各经济体持久性生产力水平的强弱。

WEF与IMD分道扬镳后1996年起独立做《全球竞争力报告》，其研究方法与IMD近似，但更加重视软指标的应用。《全球竞争力报告》同样分八个部分：开放度、政府、金融、基础设施、技术、管理、劳动力和制度。报告中的硬数据来自国际货币基金组织和其他机构，软数据则从调查中收集统计。

据中国现代国际关系研究所分析，假设美国综合国力年平均增长速度为3%，在中国综合国力年平均增长速度分别为7%、6%、5%的情况下，中国要达到美国同期综合国力水平所需时间分别为36年、47年和70年。在同样条件下，中国要达到现在综合国力排名第三的法国同期综合国力水平，所需时间分别为18年、23年、35年。从中长期来看，要始终保持综合国力的较高增长率很难，但在中国综合国力的年平均增长率为5%、法国为3%的情况下，中国用35年时间就可以达到其同期水平，这一前景应该说是比较乐观的。但从另一方面讲，即使中国综合国力的年平均增长速度为7%、美国为3%，虽然两者的相对差距逐年减小，但它们之间的绝对差距还是逐渐增大的，这种绝对差距从第15年开始才逐渐减小。从这种意义上说，对中国综合国力的认识和估计不能够太乐观。据了解，每当世界排名结果公布，政府官员、记者和普通百姓提出的共同问题是："我们国家怎样才能提高我们的排名？"IMD为此提供一个"竞争力模拟"——去掉一个国家最弱的20个分值，代之以该指标的平均分，然后重新计算这个国家的排名。在模拟中，IMD把一个国家无法控制的因素（如可耕地面积等）排除在外，以其他国家保持不变为前提，该模拟显示如果政府致力于提高最弱的20个指标将会发生什么变化。这为政策制定者提供了一个发现问题的工具。此外，2002年IMD在年鉴中增加了两个新内容，一项是"2000年的挑战"——请与之合作的34家院校、机构分别列出5个本国面临的竞争力挑战，另一项是"国家力量"，突出每个国家得分最高的20个指标，即这个国家的优势。

从2000年IMD的竞争力年鉴看，中国内地经济的单项排名从1999年的第6位降到了第18位，金融从第36位降到了第42位，国际化从第18位降到了第35位。进一步分析各项指标，还会有资本市场的排名从1999年第32位蹿升至2002年第1位这样的惊喜。

在国际竞争力世界体系标准下，通过数百个统计描述和评价指标的国际比较，可以揭示中国的优势，找到各方面的差距，并运用规范的市场经济理论，分析中国市场经济发展过程中的各种问题，这无论在宏观管理还是在微观管理中都具有广泛的应用前景。从这个意义上说，关注中国的竞争力，便是关注中国的未来。国际经济的竞技场上，实力的比拼只会比奥运会更残酷。软科学家游光荣认为，如果将部分西方发达国家和个别新兴工业化国家视为竞争力的"第一集团"，中国的竞争力应排在"第二集团"前列。换言之，中国近期要将竞争力提高到世界前20名之内，到2020年进入中上游，21世纪中期进入前10名。面对挑战，提高自主创新能力、消化吸收能力、综合集成能力便显得十分必要了。如何根据我国经济发展现状,充分考虑世界科技加快发展和国际经济结构加速重组的趋势,着眼于全面提高国民经济整体素质和效益,增强综合国力和国际竞争力,对经济结构进行战略性调整,乃是当务之急。

附:2008 年全球竞争力指数与排名变化情况(前 10 位)

表 22.1 2008 年全球竞争力指数与排名变化情况(前 10 位)

国别	2008 年		2007 年排名	排名变化情况 (2007—2008)	
	排名	得分			
United States (美国)	1	5.74	1	未变	0
Switzerland (瑞士)	2	5.61	2	未变	0
Denmark (丹麦)	3	5.58	3	未变	0
Sweden (瑞典)	4	5.53	4	未变	0
Singapore (新加坡)	5	5.53	7	上升	2
Finland (芬兰)	6	5.5	6	未变	0
Germany (德国)	7	5.46	5	下降	−2
Netherlands (荷兰)	8	5.41	10	上升	2
Japan (日本)	9	5.38	8	下降	−1
Canada (加拿大)	10	5.37	13	上升	3

* 中国内地位居第 30 位,上升 4 位。

第二节 "软国力"问题将会日益突出

"软国力",又被称为"软实力"(相对于硬实力)和"软力量"(Soft Power)。它是近年来开始热起来的提法。关于"软国力",根据美国前助理国防部长小约瑟夫·奈和罗伯特·基欧汉的定义,指的是"影响他国意愿的能力与无形的权力资源,如文化、意识形态和政治制度等领域的力量"。在《信息革命与国家安全》一书中,奈称,若能将"这种力量"与"信息革命"结合起来,"可以帮助我们遏制冲突,使我们能够抑制处于对立紧张地区人们之间仇恨的扩散,提供对付煽动种族冲突的替代方法,以及有助于推动民主政体的发展”。加拿大外交部长劳埃德·阿克西沃斯在《鼠标的力量比刀剑更强大》一书中也认为,因特网是错综复杂世界里的一个“无可与之匹敌的工具”,是一种“软权力”,它可以“促进价值观的分享和伙伴关系”。从这些定义和看法可见,美国等西方国家已在利用其信息技术优势在全球范围推进美国及西方思想文化、价值观念、制度规则。因此,这就必然要和与其思想文化、价值观念和政治制度不同的国家发生碰撞。

“软国力”问题日益突出的主要原因在于:经济全球化加速国与国之间的相互依存和影响,各国间人员交往愈益密切,信息交流越来越多。苏联解体后世界政治经济版图的重新划分、传统意识形态对抗的结束、大国关系的重整、民族宗教冲突的不断增多,以及全球和地区金融危机的影响,形成了冷战后国际关系及其今后走向的“不确定性”。面对这样的“不确定性”,除了日常人们所见的现实国际政治外交活动外,国际上试图解决“不确定性”的各种描述、分析、预测和设计现在及未来的国际关系和秩序的主义、理论和思潮便应运而生。尤其是美国和西方国家为建立维持其利益和主导地位的“世界新秩序”,加大了在全球范围内推进西方思想文化、价值观念和制度规则的力度,而经济全球化和信息技术的发展则加剧了西方思想文化、价值观念的广泛传播和渗透,以及西方长期主导的一些重大国际制度规则的强制推行。

信息网络时代的“软国力”问题集中表现在以下几个方面:

一是国家治理。信息的大规模流动及信息技术革命引起的经济与社会领域的变革,给传统的国家治理机制和方式,诸如政府运作、财税、法规、许可证等制度带来越来越多的问题,面临着如何调整和改进的挑战。面对西方要求推行“良政”或“全球治理”的压力,大多数发展中国家的内政改革面临相当复杂的处境和困难的抉择。

二是国家权威。政治资源流动和政治权力分配方式正在发生变化,政府的权力空间、职能作用及其权威受到挑战。“因特网政治”的特点是,网络是全方位开放的,难以全面封堵,它使人们非常容易地获取所需信息并加以转发。这种“新政治媒体”是即时的、廉价的,交流是多向的,任何人只要拥有计算机(PC)和“猫”(Modem),上网后使用电子邮件(E-mail)、新闻组(Newsgroups)、讨论组(Discussion groups)、电子公告板(Bulletin Board Systems)、邮件列表(Mailing List)、在线会议(Online Conferencing)、在线聊天(Online chat)、网络电话(Internet Phone)等因特网工具(Internet tools),都可以围绕某些思想、观点和论题参与讨论、发表意见,甚至从事组织活动,并可以让政府和其他社会群体听到他们的声音和主张。因而,某个具有自己观点的“新手”或者“团体”“就可以组织形成一种政治力量”。这种趋势的出现必然要涉及到政府体制、权能范围、社会管理、地区和民族关系等一系列问题。

三是国家主权。信息技术革命促使“非政府行为”(Non－governmental act)和“非国家行为”(Non－state act)组织、团体行为的增多,“准国家”、“超国家”、“跨国家”的组织机构纷纷出现。这一趋势挤压了行使国家主权的活动空间,使维护和扩大国家利益变得更加复杂。另一方面,全球信息化的发展使一场争夺未来“全球信息空间”(Global Cyberspace)、保卫本国“信息空间”(Cyberspace)、扩展“信息边界”(Cyber Boundary)和确立与保障“信息主权”(Information Sovereignty)的斗争全面展开,派生出如何有效地反对国际“信息霸权”(Information Hegemony)、切实维护国家信息主权的问题。

四是国际制度规则。全球信息化和世界各国在不同地区、不同领域和不同程度上越来越多地参与国际事务,正促使着国际政治资源与权力的分化与重组。由于国家间依存和互动的增多,各国在国际事务上的利害得失的相关性也加大了。随着各种各样新问题的出现,原有的国际制度规则需要改革,相应的新规则的制定也变得更为迫切。一国在国际制度建立与国际规则制定上发言权的大小,固然取决于其“硬国力”的强弱,也离不开其“软国力”作用的发挥。美国学者史蒂文·克拉斯纳就曾这样认为,在一个国际体制中,一个成员国若能将其文化中追求的基本价值,发展成一套体制内的游戏规则,自然有助于提升其体制中的权力地位。此外,它还包括对建立相应制度与制定有关规则的认识、建议以及寻求国际支持的能力。

五是思想文化。信息技术革命加速了各种国际主流和非主流思想文化的传播与渗透,网络正在并会成为展示世界主要国家社会和形形色色的主义、思潮及价值观念宣传、交流、碰撞的主要平台,其影响和覆盖面远大于报纸、电视、广播等传统媒体。一方面它会影响到一个国家的国际形象及其内外政策的制定,另一方面它也会引起各国现有的思想文化价值体系与观念产生冲突。它既有正面的影响也有负面的后果。对于“信息贫弱”国家(主要指大多数发展中国家)来说,负面影响要更大一些。有可能会出现信息时代的“帝国主义”,形成“信息宗主国”与“信息殖民地”的局面。“信息弱国”的信息资源、信息产业、信息传播、信息安全将被控制在“信息强国”手中,失去它们在世界上的声音,甚至它们原有的思想文化、价值观念和生活方式也有可能被“信息强国”加以改造。

综上所述,在信息网络时代,既要大力发展“硬国力”,同时也必须高度重视国际关系中的“软国力”问题,加强对“软国力”问题所涉及的方方面面的研究。

第三节　如何认识我国的国力

新中国成立以来，特别是党的十一届三中全会以来，在党的领导下，我国建立并不断完善社会主义制度，人民当家做主，社会经济面貌发生了根本性变化，综合国力也显著增加，主要表现在：

第一，生产力迅速发展，经济总量显著增加。1949 年，我国所有物质产品都严重落后于西方发达国家。钢产量只有美国的 0.17%、英国的 0.95%、日本的 3.2%，发电量只相当于它们的 1.2%、7.4%和 10.4%。工业产值不到 10%，劳动人口中工人占不到 6%，总生产力水平比发达国家落后 200 年以上。新中国成立以来，我国已建立了门类齐全的现代工业体系和国民经济体系，目前钢、煤、电、水泥、化肥以及粮、棉、肉、果等主要工农业产品产量已上升到世界首位，成为一个公认的世界工业大国和农业大国。2000 年，我国国民生产总值达到 89404 亿元，扣除物价因素，比新中国成立初期增长 56 倍；国有资产增长 772 倍；经济总量已占世界第 6 位。1949 年—2000 年，我国国民生产总值以年均 8.3%、工业总产值以年均 12.8%的速度增长，是世界上最高的。2007 年全年国内生产总值 246619 亿元，比上年增长 11.4%，加快 0.3 个百分点，连续五年增速达到或超过 10%。

第二，生产力质量迅速提高，现代化程度达到中等偏上水平。从工业化进程看，我国第二产业产值在比新中国成立初期增长 260 倍的前提下，在国民生产总值中所占比重已从 1949 年的不到 10%上升到 50%，达到工业化中期阶段。主导产业开始向以资本密集型的大型企业为骨干的领域转移，达到或接近当代世界先进水平的设备占 1/3 左右。基础设施、交通运输不断加强，农村机耕、机灌、化肥施用量大幅度增加，主要农产品单产水平提高很快。生产力质量主要表现在科技创新和贡献程度上。我国在尖端技术的掌握和创新方面，虽然整体上还落后于西方发达国家，但已建立起坚实的基础。在一些重要领域已走在世界前列，像“两弹一星”、核潜艇、正负电子对撞机、超级杂交水稻、银河百亿次计算机等等。我国技术进步率已从 20 世纪 80 年代的 26%上升到目前的 33%，科技成果达到世界先进水平的占 1/3 左右。我国拥有一支可观的研究队伍。目前我国整体生产力素质，约相当于西方发达国家的 1/2，高科技领域低于 1/3。

第三，劳动力和自然资源得天独厚。我国幅员辽阔，地形气候多样，是世界上自然资源最丰富的国家之一。我国的生物资源、矿产资源、土地资源丰富，品种繁多，已探明矿产资源总量占世界12%，居世界第三位；生物资源占世界10%，居第三位；水能蕴藏量和可开发量居世界第一位。我国人口和劳动力是世界上最多的。人口和劳动力多有两重性——消费、就业存在巨大压力，同时又是一笔巨大的财富。

第四，有强大的民族凝聚力。

第五，社会安定，国防巩固。有党的英明领导和成熟的宏观管理。

在看到我国综合国力显著增强的同时，也要看到我国综合国力的特殊性。我国人口多，经济总量增长很快，但按人口平均仍比较低。2006年我国人均国民生产总值2052美元，虽比1952年增长近100倍，但依然处国际中下水平，是美国的4.7%、日本的5.3%、英国的5.3%、德国的5.9%，而国民生产总值相当于美国的20.4%、日本的54.91%、英国的115.2%、德国的94.4%。经济结构不合理，关键技术落后，许多重要装备和技术仍然依赖进口，受制于人；人口文化技术水平低，存在严重就业压力；资源总量丰富，但人均拥有量低，浪费破坏严重，保护和合理利用资源任重道远；经济体制、社会秩序存在不少问题，有待改善，社会主义精神文明也有待加强。这些都制约着我国社会经济的发展，同时也表明了我国综合国力的巨大潜力。

附：2008年世界各国（地区）最新GDP排名

表22.2　2008年世界各国（地区）最新GDP排名

排名	国家或地区	总值（亿美元）	人均（美元）	排名	国家或地区	总值（亿美元）	人均（美元）
1	美国	139800	46280	11	韩国	9920	20240
2	日本	52900	41480	12	巴西	9340	4930
3	中国	33700	2520	13	印度	9280	830
4	德国	32800	39710	14	墨西哥	8850	8140
5	英国	25700	42430	15	荷兰	7560	45880
6	法国	25200	41200	16	澳大利亚	7460	3590
7	意大利	20900	35980	17	比利时	4470	43010
8	西班牙	14100	30820	18	瑞典	4470	48950
9	加拿大	13600	41470	19	瑞士	4310	57040
10	俄罗斯	11400	8030	20	中国台湾	3980	17520

第四节　中国航天事业飞速发展

中国载人航天事业

中国载人航天研究的历史可以追溯到20世纪70年代初。1970年7月14日,“东方红一号”发射后不久,科学家就上报了关于发展载人航天的报告。1971年4月,代号为“714工程”的中国载人航天工程全面启动。中国规划中的宇宙飞船被命名为“曙光一号”。遗憾的是,由于种种因素,1972年,“714工程”被迫暂停。

1986年3月3日,王淦昌、陈芳允、杨嘉墀、王大珩四位科学家联名向中央呈报了一份《关于跟踪世界战略性高技术发展》的建议。中央很快就批准了这个建议,这就是后来著名的“863计划”。航天技术是“863计划”七大领域中的第二领域。“863计划”对中国载人航天工程起到了催生的作用。

1990年夏天,中国第一枚大推力捆绑式火箭——长征二号E,即“长二捆”火箭顺利升空。“长二捆”就是承担载人飞船发射任务的长征二号F型火箭的前身。

1992年9月21日,中国航天史上一个值得永远记住的日子——这一天,中央正式批复载人航天工程可行性论证报告。中国载人航天工程正式立项,代号为“921工程”。

1995年10月,我国决定从空军歼、强击机飞行员中选拔首批预备航天员。不久,12名预备航天员从数千名候选者中脱颖而出,连同2名航天员教练员,组成中国首批航天员的队伍。1997年底,经中央军委批准,由14名预备航天员组成的世界上第三支航天员大队成立。1998年1月5日,14人到齐。这一天从此成为中国人民解放军航天员大队的生日。

神舟一号

1999年11月20日6时30分,神舟一号飞船在酒泉卫星发射基地顺利升空,经过21小时的飞行后顺利返回地面。

神舟二号

2001年1月10日凌晨,神舟二号飞船发射成功。飞船在轨飞行近7天后返回地面。

神舟二号是第一艘正样无人飞船,技术状态与载人飞船基本一致。它的发射完全是按照载人飞船的环境和条件进行的,凡是与航天员生命保障有关的设备,基本上都采用了真实件。

神舟三号

2002 年 3 月 25 日，神舟三号飞船发射升空，于 4 月 1 日返回地面。

神舟三号飞船搭载了人体代谢模拟装置、拟人生理信号设备以及形体假人，能够定量模拟航天员呼吸和血液循环等重要生理活动参数。飞船工作正常，预定试验目标全部达到，试验获得圆满成功。

神舟四号

2002 年 12 月，神舟四号在经受了零下 29 摄氏度低温的考验后，于 30 日 0 时 30 分成功发射，突破了我国低温发射的历史纪录。2003 年 1 月 5 日，飞船安全返回并完成所有预定试验内容。

神舟四号除没有载人外，技术状态与载人飞船完全一致。飞行中，飞船相继完成了对地观测、材料科学、生命科学实验和空间天文和空间环境探测等任务。

神舟五号

2003 年 10 月 15 日，我国第一艘载人飞船神舟五号成功发射。中国首位航天员杨利伟成为浩瀚太空的第一位中国访客。

神舟五号 21 小时 23 分钟的太空行程，标志着中国已成为世界上继俄罗斯和美国之后第三个能够独立开展载人航天活动的国家。

神舟六号

2005 年 10 月 12 日，我国第二艘载人飞船神舟六号成功发射，航天员费俊龙、聂海胜被顺利送上太空。17 日凌晨，在经过 115 小时 32 分钟的太空飞行后，飞船返回舱顺利着陆。

神舟六号进行了我国载人航天工程的首次多人多天飞行试验，完成了我国真正意义上有人参与的空间科学实验。

神舟七号

2008 年 9 月 25 日，我国第三艘载人飞船神舟七号成功发射，三名航天员翟志刚、刘伯明、景海鹏顺利升空。

27 日，翟志刚身着我国研制的“飞天”舱外航天服，在身着俄罗斯“海鹰”舱外航天服的刘伯明的辅助下，进行了 19 分 35 秒的出舱活动。中国随之成为世界上第三个掌握空间出舱活动技术的国家。

2008 年 9 月 28 日傍晚时分，神舟七号飞船在顺利完成空间出舱活动和一系列空间科学试验任务后，成功降落在内蒙古中部阿木古朗草原上。

“嫦娥一号”

2007 年 10 月 24 日 18 时 5 分，我国在西昌卫星发射中心用长征三号甲运载火箭将嫦娥一号卫星成功送入太空。11 月 7 日 8 时 34 分,随着嫦娥一号卫星正式进入距月球 200 公里的工作轨道,中国将第五张“月球俱乐部”的门票牢牢地攥在了手中。11 月 26 日上午,中国国家航天局正式公布嫦娥一号卫星传回的第一幅月面图像。中共中央政治局常委、国务院总理温家宝来到北京飞控中心揭开图像,并发表讲话。首幅月图的完成和公布,标志着中国首次月球探测工程“取得圆满成功”。嫦娥一号是我国自主研制的第一颗月球探测卫星,它的发射成功,标志着我国实施绕月探测工程迈出重要一步。此次嫦娥一号绕月探测飞行完成了四大科学探测任务:获取月球全表面三维图像;分析月球表面化学元素和物质类型的含量和分布;探测月壤特性;探测 4 万至 40 万公里间地月空间环境。嫦娥一号卫星由航天科技集团公司所属中国空间技术研究院为主研制,在成熟的“东方红三号”卫星平台基础上,突破了轨道设计、热控、测控以及制导等一批关键技术。

航空大国探月计划(附)

俄罗斯:1959 年 9 月 14 日,前苏联的无人登月器“月球 2 号”成为第一个到达月球的人造物体。此后 20 年间,前苏联先后开展了 29 次探月活动,并取得了辉煌的成就。进入 21 世纪后,俄罗斯重新开启探月旅程,宣布在 2025 年前将宇航员送上月球。目前正在进行的是“月球一水珠”(Luna-Glob)探测器。这个月球探测器主要是勘测月球表面状况和内部结构,将通过在月球表面放置四个“渗透器”来完成上述任务。“月球一水珠”探测器计划在 2012 年左右发射。

美国:1964 年,美国的“徘徊者 7 号”成功在月球上硬着陆。1969 年 7 月 20 日阿波罗登月计划将两名宇航员成功送上月球。2006 年 12 月,美国宇航局公布了“全球探索战略”和“月球基地计划”的初步构想。美国宇航局计划在 2020 年开始月球基地的建造工作。目前正在进行的项目包括:“月球勘察轨道飞行器”、“月球环形山观测与感知卫星”、载人月球探索、国际月球基地等。“月球勘察轨道飞行器”设计用于准确绘制出月球表面地形图,这一信息对未来载人月球探索及延长在月球停留时间至关重要。该探测器将在距地面 50 公里的高度绕月飞行,捕捉月球表面高清晰度图片,勘测月球资源。其主要任务是寻找月球极地是否存在水冰的证据。将于 2020 年发射新一代载人探月飞船“猎户座”(Orion)。“猎户座”可搭载四名宇航员,与月球登陆车在月球轨道对接后,向月球表面进发。月球登陆车将经由新一代运载,而国际月球基地计划预计将在 2024 年左右建设完成。该基地将建在月球极地,可以让宇航员每次在月球停留最长六个月时间。国际月球基地将作为未来人类进行载人火星探索的一个跳板。

中国：中国的探月计划于2004年1月正式立项，被称作“嫦娥工程”。“嫦娥一号”于2007年10月24日发射。探月工程二期预计在2012年发射月球探测器，届时探测器将携带“月球车”一起登陆月球。

欧洲：2003年9月27日，欧洲首个月球探测器智能1号成功升空。2006年9月，智能1号按预定计划击中月球表面。其撞出的大量尘埃有助于科学家研究月球起源。欧空局计划在2020年实现载人登月，同时完成月球基地建设。

日本：20世纪90年代，日本第一个月球探测器缪斯A科学卫星进入太空，成为世界第3个探测月球国家。1999年日本推出“月亮女神”探月计划。这是自美国启动“阿波罗计划”以来世界最大的探月计划，耗资2.72亿美元。“月亮女神”月球探测器于2007年9月14日发射。其主要任务是研究月球的起源和演变，由一颗主卫星和两颗子卫星组成，将搭载15种先进的科学仪器，用于获取月球表面元素和矿物质分布、月球地形、内部结构、月球磁场等方面的数据。两颗子卫星在与主卫星分离后，将会把无线电波通过向月球远端飞行的主卫星传送回地球。此次任务还将首次测算月球远端的重力场。

印度：2003年印度总理瓦杰帕伊宣布印度将进行载人航天飞行和探月。2008年10月22日，印度发射了该国首个月球探测器“月船一号”。印度还在考虑进行后续探月任务，如发射可以软着陆、主要任务是取样的月球探测器“月球初航2号”(Chandrayaan－2)以及载人月球探测任务。“Chandrayaan”是梵语，意思是“月球飞行器”。

相关链接

中国航天大事记

1956年10月8日，中国成立火箭导弹研制机构——国防部第五研究院，著名科学家钱学森担任院长。

1960年2月19日，中国成功发射第一枚自行设计制造的试验型液体推进剂探空火箭T－7M。

1970年4月24日，中国第一颗人造地球卫星——“东方红”1号由“长征”1号运载火箭发射成功。

1975年11月26日，中国用“长征”2号运载火箭发射一颗返回型遥感卫星，并于三天后回收，成为世界上第三个掌握卫星回收技术的国家。

1986 年 2 月 1 日，中国成功发射首颗实用通信广播卫星“东方红”2 号。

1986 年 3 月中国用“长征”2 号 C 火箭将瑞典的邮政卫星送入极地轨道，标志着中国开始进入国际商业航天发射市场。

1993 年 6 月 6 日，中国组建航天工业总公司暨国家航天局。

1999 年 11 月 20 日，中国独立研制的第一艘“神舟”号试验飞船在酒泉卫星发射中心由新型“长征”2 号 F 捆绑式运载火箭发射升空，成功地进行了首次不载人飞行实验。

2000 年 11 月 22 日，国务院发表《中国的航天》白皮书。

2001 年 1 月 10 日，中国“长征”2 号 F 运载火箭在酒泉卫星发射中心成功发射了“神舟”二号无人试验飞船。这是我国第一艘正样无人飞船。

2002 年 3 月 25 日，成功发射了“神舟”三号无人飞船，这是我国发射的第一艘完全处于载人状态的正样无人飞船，标明我国已突破了一系列关键技术，掌握了天地往返技术。

2002 年 12 月 30 日，我国成功地发射了“神舟”四号无人飞船。这是我国进行载人航天飞行前最后一艘无人飞船。

2003 年 10 月 15 日，我国在酒泉卫星发射中心成功地发射了“神舟”五号载人飞船，把中国第一位宇航员杨利伟送入太空，16 日，返回舱降落于我国内蒙古腹地，宇航员安全返回。中国的载人航天计划取得圆满成功。

2005 年 10 月 12 日，我国成功发射第二艘载人飞船神舟六号，并首次进行多人多天飞行试验。

2007 年 10 月 24 日，我国首颗探月卫星嫦娥一号发射成功。

2008 年 9 月 25 日，神舟七号载人飞船发射成功，宇航员翟志刚实现了中国首次太空行走。神舟七号载人航天飞行是我国载人航天工程第二步任务的首次飞行。

相关链接

世界航天大事记

1957 年 10 月 4 日，苏联成功发射世界第一颗人造地球卫星，开创了人类航天的新纪元。

1961 年 4 月 12 日，苏联的“东方”1 号宇宙飞船发射成功，宇航员尤·加加林在绕地飞行一圈、历时 108 分钟后安全返回地面，开创了载人航天的新时代。

1965 年 3 月 18 日，苏联宇航员列昂诺夫走出“上升”2 号宇宙飞船，第一次在空间自由行走了10分钟。

1969年7月20日,美国宇航员阿姆斯特朗和奥尔德林乘坐“阿波罗”11号宇宙飞船登月成功,阿姆斯特朗成为第一个踏上月球的人。

1971年4月19日,苏联成功发射“礼炮”1号空间站。这是人类第一个空间站。

1971年12月2日,苏联“火星”3号探测器在火星表面着陆。5年后,美国的“海盗”火星探测器登陆火星。

1972年3月,美国发射“先驱者”10号探测器,经过11年的飞行,于1983年6月越过海王星轨道,成为飞离太阳系的第一个。

1975年7月18日,美国的“阿波罗”号和苏联的“联盟”19号宇宙飞船在大西洋的上空对接成功。

1981年4月12日,世界第一架航天飞机美国的“哥伦比亚”号航天飞机发射成功。这是第一艘可重复使用的航天飞行器。

1984年4月12日,“挑战者”号航天飞机上的两名美国宇航员进行第一次太空修理作业。

1986年1月28日,美国航天飞机“挑战者”号在升空73秒后爆炸。

1986年2月20日,苏联发射“和平”号空间站,至今服役已经超期8年,仍在运行,是目前最成功的人类空间站。

1989年,“亚特兰蒂斯”号航天飞机第一次在太空发射宇宙飞船。

1993年11月1日,美、俄签署协议,决定在“和平”号空间站的基础上,建造一座国际空间站,命名为阿尔法国际空间站。

1998年1月6日,美国发射“月球勘探者”探测器。

2003年2月1日,美国“哥伦比亚”号航天飞机在返航时失去联系后爆炸解体,七名宇航员全部丧生。

2003年9月27日,欧洲第一个月球探测器“smart－1号”顺利升空。

2007年9月14日,日本发射了首枚探月卫星“月亮女神”。

思考题:

1. 综合国力与全球竞争力有何区别?

2. 如何认识我国的综合国力?

第二十三章　中国——利益攸关者

2005 年 9 月，美国副国务卿罗伯特·佐利克(Robert Zoellick)在纽约的美中关系全国委员会发表了一篇题为《中国何处去：从成员到责任》的政策演说。在这篇讲话中佐利克提出的最具新意的一句话就是：我们应该促使中国成为一个负责任的“利益攸关方”(stakeholder)。这是布什政府就中美关系提出的一个全新概念。以前，布什在各种场合都强调中美关系非常复杂，而“利益攸关方”概念的提出表明中美两国在很多国际事务上有着共同的利益。

2005 年，中国超过英国成为世界第四大经济体，仅落后于美国、日本和德国。2006 年，中国已经成为世界第一外汇储备国。1993 年，美国首次出现对华贸易逆差。2009 年，中国已成为世界贸易第二大出口国。在国际组织中，可以看见越来越多的中国人的身影。无论是 1991 年加入 APEC，还是后来出席 G8。越来越多的国际性重大活动交由中国承办，比如亚运会、奥运会、世博会、达沃斯论坛、六方会谈。世界各国领导人越来越频繁地齐聚中国，像中非峰会、中欧峰会。随着“自己力量”的变化，别人看中国的目光也在发生变化。

在西方，一种普遍的看法是，中国崛起为全球性大国已属不争的事实，西方以成熟大国的标准要求中国承担更多的国际责任。当西方世界陷入金融和经济困境之际，很多人寄希望于中国发挥作用。一位专家曾如此概括：5 到 10 年前，有人提“中国崩溃论”；3 到 5 年前，有人提“中国威胁论”；现在，人们开始谈论中国的国际责任，或者可以说“中国责任论”。

第一节　中国与世贸组织

中国加入世贸组织

2001 年 11 月 10 日，在卡塔尔首都多哈举行的世界贸易组织(WTO)第四届部长级会议，审议通过了《关于中华人民共和国加入世贸组织的决定》、《中华人民共和国加入世贸组织议定书》，并向WTO秘书处递交中华人民共和国主席江泽民签署的批准书，完成了中国加入WTO的所有法律程序。2001年12月11日，中国正式成为WTO的成员。

WTO的原则、规则和各项协定所代表的是一个完整的多边贸易法律体系，这一体系对世界贸易的运行和发展起着重要的规范作用。WTO是以规则为基础的国际组织，它的一些基本原则，如非歧视、透明度、公平竞争、开放市场，都是建立在市场经济基础上的。根据这些原则，各方通过谈判确定了许多具体的规则。这些基本原则和具体规则，很多都是我国在建立和完善社会主义市场经济体制过程中需要采纳或借鉴的。因此，遵守WTO的基本原则和具体规则，有利于推进我国的改革开放的进程，有利于我国社会主义市场经济体制的建立和完善。世界贸易组织继承了关贸总协定的合理内容，包括其宗旨、职能、基本原则及规则，是一个具有法人地位的国际组织。它的基本原则是：最惠国待遇原则；国民待遇原则；透明度原则；自由贸易原则；公平竞争原则。

中国入世的意义

"入世"无疑会使中国经济面临许新的问题和挑战，也会带来许多新的机遇，将推动、促进、强迫中国进一步改革有关管理制度，调动与激发大多数居民的创新意识与创新积极性。如需要改革的制度有企业登记制度、上市交易制度、知识产权制度、企业干部任免制度、事业单位制度等，还需要彻底取消"官本位"制度等。

"入世"后，中国的经济和世界经济搭起了"直通桥"，这将有利于中国与其他140多个WTO成员进行国际贸易，充分发挥国内、国际两个市场在配置资源方面的经济作用，使两个市场融为一体。充分发挥市场对资源配置的基础性作用，也正是建立社会主义市场经济的目标。当然，在我国市场经济体制转变时期，产权问题、经贸体制、法制等各个方面都很难适应"入世"的要求，也需花大力整饬。

对普通百姓来说，"入世"不啻是个好消息。世贸组织认为保护主义的代价是极其昂贵的。通过谈判消除贸易壁垒并在成员之间平等地实施这些协议，使各国生产商品和提供服务的成本下降，从而降低生活成本，使人民的实际收入水平提高，增加就业的机会。另外，由于进口限制的放松，商品来源多样化，老百姓可以买到高质廉价的产品，享受更加优质的服务，成为真正的"上帝"。

相关链接

中国"入世"大事记

1986 年 7 月至 1988 年 9 月：开始申请复关，阐明中国复关"三项原则"。

1988 年 10 月至 1992 年 2 月：关贸总协定中国工作组召开第六、七、八、九、十次会议。

1995 年 7 月：世贸组织接纳中国为该组织的观察员。

1995 年 12 月 31 日：关贸总协定被世界贸易组织替代，中国进入"入世"谈判。

1996 年 11 月：菲律宾 APEC 峰会，江泽民和克林顿会晤，中国大幅度降低关税，税率从 43％降到 17％。

1998 年 6 月：江泽民主席成功访美。

1999 年 4 月：朱镕基总理访美，加快谈判进程。

1999 年 12 月 25 日：中国与 17 个成员国签署双边市场准入协议，为入世扫除最大的障碍。

2001 年 5 月 19 日：与欧盟达成协议。

2001 年 9 月 18 日：世贸组织工作组正式通过中国"入世"协定书和报告书。

2001 年 11 月 9 日至 13 日：多哈部长会议进行中国入世表决。

2001 年 12 月：中国正式成为世贸组织成员。

第二节　中国在国际组织中的主导作用

中国与"博鳌亚洲论坛"

2001 年 2 月 27 日，首个涵盖整个亚洲，探讨亚洲经济和社会发展问题的非官方开放性论坛——"博鳌亚洲论坛"，在中国海南省琼海市博鳌镇正式宣告成立。亚太地区 25 个国家的政要或前政要及代表共 500 多人云集博鳌。此前闭幕的博鳌亚洲论坛筹委会会议通过了《博鳌亚洲论坛宣言》，并正式任命东盟前秘书长、马来西亚人阿吉特·辛格为论坛秘书长。如此多的亚洲国家在一起讨论亚洲问题，在亚洲历史上是少有的。中国国家主席江泽民应邀出席了成立大会，并在会上向"论坛"赠诗一首："万泉气象新，水阔晚风纯。四海群贤聚，博鳌更喜人。"

早在 1998 年 9 月，澳大利亚前总统霍克、日本前首相细川护熙和菲律宾前总统拉莫斯,共同倡议发起成立一个类似瑞士达沃斯“世界经济论坛”的“亚洲论坛”。这一构想在亚洲引起了广泛的共鸣。各国普遍认为,面对经济全球化的挑战,就整个亚洲地区而言,目前仍缺乏一个真正的由亚洲人主导、具有鲜明亚洲特色的论坛。因此,需要建立一个从亚洲的观点和利益出发、专门讨论亚洲经济与发展问题的高层次对话场所,以增进本地区各国之间以及与其他地区之间的对话、协调与合作。“亚洲论坛”应运而生。论坛之所以定址中国,是由于中国不仅是一个有影响力的大国,是近年来亚洲经济发展最快的国家,而且也是世界上最大的新兴市场。中国与世界其他地区的贸易和投资联系日益密切,亚洲和国际商业团体希望对中国的经济政策、企业、市场和商业机会有更深入的了解,而把一个专门进行国际商业对话的机构设在中国是实现这一愿望的最佳途径。中国一贯重视和支持多层次、多渠道的地区合作与对话,认为创立“博鳌亚洲论坛”对亚太经合组织、东盟与中日韩领导人会晤等政府间合作机制将是一个有益的补充。海南省政府的大力支持使论坛从概念变为现实。

“亚洲论坛”具有以下五大特点:(1)非官方。参加人员广泛。(2)非营利。旨在为亚洲各国官、学、商三方提供一个共商亚洲发展的高层对话场所。(3)开放性。即没有排他性。(4)定期。每年举行一次大会。(5)定址。论坛永久定址于中国海南省琼海市博鳌。

2009 年 4 月 17—19 日,博鳌亚洲论坛第八届年会在海南博鳌举行,国务院总理温家宝在开幕式上发表题为《增强信心 深化合作 实现共赢》的主旨演讲。他指出,在经济全球化条件下,世界各国的命运已紧紧联系在一起,没有一个国家可以在国际金融危机中独善其身,没有一个国家能够以一己之力战胜这场危机。面对国际金融危机肆虐,中国愿意继续同亚洲国家一道,积极应对挑战,全面加强合作,使各领域合作更加充实和富有活力,促进地区和平与繁荣。

本届年会的主题为“经济危机与亚洲:挑战与展望”,来自世界各地的 1600 多名政要、企业界领袖和学界精英,就金融危机下亚洲所面临的挑战、金融创新开放与监管的平衡、资本市场脱困的途径等话题,进行了交流。本届论坛首次将新兴经济体作为大会的关注和侧重讨论的内容,重点探讨了新兴经济体如何在国际金融体制改革中发挥作用、如何应对初级产品的价格波动、如何帮助中小企业发展等等议题。本届年会还设立了创意亚洲、当代艺术沙龙等分论坛,显示了亚洲新兴经济体急追欧美,发展文化创意产业的决心和共识。年会一如既往表达了亚洲发展绿色经济的意见。

中国与"上海合作组织"

2001年6月15日,中国、俄罗斯、哈萨克斯坦、吉尔吉斯斯坦、塔吉克斯坦和乌兹别克斯坦六国元首在上海会晤,中国国家主席江泽民主持了会议。这是"上海五国"元首在新世纪首次会晤,也是"上海五国"第六次会晤。乌兹别克斯坦被接纳为新成员。六国元首共同签署了《上海合作组织成立宣言》和《打击恐怖主义、分裂主义和极端主义上海公约》两个重要文件,宣告欧亚大陆一个新的区域性多边组织——"上海合作组织"诞生。截至2007年,上海合作组织共召开7次成员国元首理事会议,同时取得了丰硕的成果。

自1996年"上海五国"(中、俄、哈、吉、塔)诞生以来,全世界都在关注其发展进程。"上海合作组织"是在"上海五国"基础上形成的,从"上海五国"会晤机制发展到"上海五国"多边合作机构,又进一步发展为规模更加广泛的新型区域性多边组织。结伴而不结盟、合作而不谋求霸权、开放而不排他、大小国家平等而没有强权、成员国集体安全而不针对第三国是该组织的基本原则和特征。它有利于维护成员国的集体优势,提高其综合国力和国际地位;有利于维护成员国的安全与稳定;有利于成员国的经济发展和共同繁荣。

"上海合作组织"作为第一个在中国诞生并由中国作为重要创始者的国际组织,是中国国际地位和世界影响力提高的突出体现。5年前,"上海五国"峰会首次在中国举行,2001年又回到了上海,历史并没有简单地重复。从上海五国、上海峰会、上海精神、上海论坛到上海合作组织,表明这一合作机制正在不断深化,从解决边界争端,联手打击民族分裂主义、国际恐怖主义和宗教极端主义,扩大到包括经济、文化领域的全面合作,具有巨大的发展潜力。

中国与"亚太经合组织"

亚太经济合作组织(简称"亚太经合组织",Asia-Pacific Economic Cooperation,APEC)成立之初是一个区域性经济论坛和磋商机构,经过十几年的发展,已逐渐演变为亚太地区重要的经济合作论坛,也是亚太地区最高级别的政府间经济合作机制。它在推动区域贸易投资自由化,加强成员间经济技术合作等方面发挥了不可替代的作用。

亚太经合组织诞生于全球冷战结束的年代。20世纪80年代末,随着冷战的结束,国际形势日趋缓和,经济全球化、贸易投资自由化和区域集团化的趋势逐渐成为潮流。同时,亚洲地区在世界经济中的比重也明显上升。在此背景下,1989年1月,澳大利亚总理霍克提议召开亚太地区部长级会议，讨论加强相互间经济合作。

1989年11月，首届亚太地区部长级会议在澳大利亚首都堪培拉举行，亚太地区12个国家的外交、经贸部长参加了会议，APEC由此诞生。APEC创始国有12个。1991年11月，经与APEC反复磋商，在“一个中国”原则和区别主权国家和地区经济的基础上，中国作为主权国家正式加入APEC，同时中国香港和中国台北作为地区经济体加入。截至2008年11月，亚太经合组织共有21个成员：澳大利亚、文莱、加拿大、智利、中国、中国香港、印度尼西亚、日本、韩国、马来西亚、墨西哥、新西兰、巴布亚新几内亚、秘鲁、菲律宾、俄罗斯、新加坡、中国台北、泰国、美国和越南。亚太经合组织总人口达26亿，约占世界人口的40%；国内生产总值之和超过19万亿美元，约占世界的56%；贸易额约占世界总量的48%。这一组织在全球经济活动中具有举足轻重的地位。

APEC是亚太区域国家与地区加强多边经济联系、交流与合作的重要组织。其宗旨和目标是“相互依存、共同利益，坚持开放性多边贸易体制和减少区域间贸易壁垒”。组织机构可分为工作会议和工作机构两部分。工作会议分为非正式首脑会议、部长会议和高级官员会议。工作机构则包括秘书处、专题工作组和委员会等。1993年1月在新加坡建立的秘书处，是APEC服务性执行机构，负责该组织的日常事务性工作，秘书处执行主任由每年部长级会议的东道主派人担任。

APEC成立之初，基本上是一个松散的区域经济论坛，每年只召开外交、贸易部长会议，较少开展其他活动。1993年11月20日，在美国西雅图举行的APEC首次领导人非正式会议，成为APEC发展进程中的一个里程碑，它使高官——部长级——首脑会议三个层次的决策机制得以形成，会议还发表了《亚太经合组织领导人经济展望声明》。此后在每年的部长级会议之后都要举行领导人非正式会议，APEC的国际影响也随之增强。截至2008年，已举行了16次领导人非正式会议，并就促进区域经济合作和全球范围内的贸易投资自由化以及开展经济技术合作等问题通过了多个宣言及计划，对促进各成员的经济发展起到了积极的作用。

1994年11月15日在印尼茂物举行了第二次会议，会议通过的《茂物宣言》确立了在亚太地区实现自由开放的贸易和投资的目标。第三次会议于1995年11月19日在日本大阪举行。会议制定了旨在实现《茂物宣言》的行动方针，通过了《大阪宣言》和《大阪行动议程》。1996年11月25日在菲律宾苏比克举行了第四次会议，会议通过了《马尼拉行动计划》、《亚太经合组织经济领导人宣言:从憧憬到行动》及《亚太经合组织经济技术合作原则框架宣言》。第五次会议则于1997年11月25日在加拿大温哥华举行,会议通过了《亚太经合组织经济领导人宣言:加强亚太经合组织大家庭的联系》。第六次会议于1998年11月18日在马来西亚吉隆坡举行,会议通过了《亚太经合组织经济领导人宣言:加强增长的基础》、《走向21世纪的亚太经合组织科技产业合作议程》和《吉隆坡技能开发行动计划》等文件。第七次会议于1999年9月13日在新西兰奥克兰举行,会议发表了《亚太经合组织经济领导人宣言:奥克兰挑战》,并批准了《亚太经合组织加强竞争和法规改革的原则》和《妇女融入亚太经合组织框架》等文件。第八次会议于2000年11月16日在文莱首都斯里巴加湾举行,会议通过了《亚太经合组织经济领导人宣言:造福社会》和《新经济行动议程》。

第9次领导人非正式会议于2001年10月在中国上海举行。这是亚太地区级别最高、影响最大的区域性经济组织和政府间论坛,也是中华人民共和国成立以来中国承办的层次最高、规模最大、影响最为深远的一次多边国际活动。中国国家主席江泽民主持会议并发表题为《加强合作,共同迎接新世纪的新挑战》的重要讲话,全面阐述了中国对当前世界和地区经济形势的看法,以及对推进APEC合作进程的主张。与会领导人以"新世纪、新挑战:参与、合作,促进共同繁荣"为主题,就世界经济形势以及"9·11"事件对经济发展带来的影响、人力资源能力建设和亚太经合组织未来发展方向等问题深入交换意见,达成了广泛的共识。会议通过并发表了《领导人宣言:迎接新世纪的新挑战》、《上海共识》和《数字亚太经合组织战略》等文件。与会各成员领导人还利用午餐会就反对恐怖主义问题交换了意见,并发表了《亚太经合组织领导人反恐声明》。

第10次领导人非正式会议于2002年10月在墨西哥的洛斯卡沃斯举行。会议通过了《亚太经合组织经济领导人宣言》等文件。

第11次领导人非正式会议于2003年10月在泰国首都曼谷举行。会议的主题是"在多样性的世界,为未来建立伙伴关系"。会议结束时发表了《领导人宣言》,决定加强伙伴关系,推动贸易投资自由化与便利化,保障民众和社会免受安全威胁,并能从自由开放的贸易中充分受益。

第12次领导人非正式会议 于2004年11月在智利首都圣地亚哥举行。会议通过了《圣地亚哥宣言》,重申通过贸易和投资自由化促进发展。与会领导人围绕会议主题"一个大家庭,我们的未来",主要讨论了贸易投资自由化、人类安全、可持续发展等议题。胡锦涛主席在会上发表重要讲话。

第13次领导人非正式会议于2005年11月在韩国釜山举行。会议主要讨论了投资贸易自由化和加强经济技术合作等问题，审议了关于亚太经合组织茂物目标进展的中期报告，强调扩展各成员围绕经济安全的合作领域，敦促世贸组织多哈贸易谈判取得进展。会议发表了《亚太经合组织第13次领导人非正式会议釜山宣言》、《亚太经合组织领导人关于世贸组织多哈发展议程谈判的声明》、《亚太经合组织流感大流行防控倡议》等文件，承诺通过釜山路线图在亚太地区实现贸易投资自由化和便利化的茂物目标，尽力弥合区域鸿沟，缩小差距。

第14次领导人非正式会议于2006年11月在越南首都河内举行。主题是"走向充满活力的大家庭，实现可持续发展与繁荣"。会议通过了旨在实现茂物目标的《河内行动计划》。与会领导人还签署了《河内宣言》，呼吁成员推动多哈回合谈判，稳步实施《河内行动计划》，以实现茂物目标。胡锦涛主席在会上发表重要讲话。

第15次领导人非正式会议于2007年9月在澳大利亚悉尼举行，会议的主题为"加强大家庭建设，共创可持续未来"。会议发表了《亚太经合组织领导人关于气候变化、能源安全和清洁发展的宣言》，并达成了在2030年前将亚太地区能源强度降低25%的意向性目标。胡锦涛主席在会上发表重要讲话。

第16次领导人非正式会议于2008年11月22日至23日在秘鲁首都利马举行。会议的主题是"亚太发展的新承诺"，主要议题是讨论如何应对金融危机、推进贸易投资自由化和便利化等。会议发表《利马宣言》和关于全球经济的声明，重点阐述了各成员就世界经济金融形势、多哈回合谈判、粮食安全、能源安全、区域经济一体化、企业社会责任、气候变化、防灾减灾等问题达成的共识。中国国家主席胡锦涛出席会议，发表题为《坚持开放合作　寻求互利共赢》的重要讲话，在亚太经合组织工商领导人峰会上发表题为《携手共同努力　推动经济发展》的重要演讲。

第17次领导人非正式会议于2009年在新加坡举行。会议的主题是"持续增长，区域联合"。

中国与东盟

东盟即东南亚国家联盟(ASEAN)，它是1967年8月8日由东南亚的印度尼西亚、马来西亚、菲律宾、新加坡和泰国五国组成的区域性合作组织。总部设在印度尼西亚的雅加达。其成员除五个创始国外，文莱、越南、缅甸、柬埔寨等国相继加入。

其组织结构是:外交部长会议是最高决策机构,每年举行正式例会和特别会议各一次;常务委员会是执行机构,负责处理日常事务;在常务委员会下设立 11 个特别委员会和 11 个常设委员会;秘书处为行政总部。

该组织以平等和合作的精神为宗旨,通过共同努力来加速地区的经济增长、社会进步和文化发展,奠定一个繁荣、和平的东南亚国家共同体的基础,并促进地区的积极合作和相互援助,同国际组织和区域性组织保持紧密和有益的合作。

主要活动包括贸易合作、工业合作、资金融通、共同发展对外经济关系等方面。东盟六国于 1987 年 12 月 14 日至 15 日在马尼拉召开第三次首脑会议,并发表了《马尼拉宣言》。宣言强调"成员国应加强国家和地区的复原力,以保证东盟国家的安全、稳定和增长"。

东盟是中国的好邻居、好朋友、好伙伴。长期以来,中国和东盟在政治、经济、社会文化等领域的合作不断深化和拓展,在国际事务中一直相互支持、密切配合。

在双边关系方面,中国与东盟各国高层互访频繁,政治对话升级。在与东盟组织关系方面,1991 年 7 月,国务委员兼外交部长钱其琛应邀首次出席在吉隆坡举行的第二十四届东盟外长会议开幕式,中国开始与东盟对话。此后,钱其琛副总理兼外长每年应邀出席东盟外长会议,与东盟各国外长就共同关心的问题定期交换意见。1995 年,中国和东盟建立高官政治磋商制度,双方就政治安全问题隔年在中国和东盟国家进行对话。1996 年 7 月,第二十九届东盟常设委员会第六次会议上将中国由过去的东盟磋商伙伴国升格为东盟全面对话伙伴国,东盟驻华使节在北京成立东盟北京委员会(ACB),双方关系上升到一个新的水平。

1997 年 12 月,江泽民主席参加首次东盟—中、日、韩(10+3)领导人非正式会议并发表《联合声明》,确定建立中国与东盟面向 21 世纪的睦邻互信伙伴关系,为双方关系全面和深入的发展指明了方向,构筑了框架。在此基础上,1999 年中国与泰国、马来西亚和文莱等国签署了面向 21 世纪的双边合作框架文件,与越南发表了未来双边合作联合声明。1998 年胡锦涛副主席出席了第二次东盟与中、日、韩("10+3")和东盟与中国("10+1")领导人会议。

为扩大双方的经贸交往,中国国务院总理朱镕基 1999 年在马尼拉召开的第三次中国—东盟领导人会议上提出,中国愿加强与东盟自由贸易区的联系,这一提议得到东盟国家的积极回应。2000 年 11 月,朱镕基总理在新加坡举行的第四次中国—东盟领导人会议上首次提出建立中国—东盟自由贸易区的构想，并建议在中国—东盟经济贸易合作联合委员会框架下成立中国—东盟经济合作专家组，就中国与东盟建立自由贸易关系的可行性进行研究。2001年3月，中国—东盟经济合作专家组在中国—东盟经济贸易合作联合委员会框架下正式成立。专家组围绕中国加入世界贸易组织的影响及中国与东盟建立自由贸易关系两个议题进行了充分研究，认为中国—东盟建立自由贸易区对东盟和中国是双赢的决定，建议中国和东盟用10年时间建立自由贸易区。这一建议经过中国—东盟高官会和经济部长会议的认可后，于2001年11月在文莱举行的第五次中国—东盟领导人会议上正式宣布。2002年11月，第六次中国—东盟领导人会议在柬埔寨首都金边举行，朱镕基总理和东盟10国领导人签署了《中国与东盟全面经济合作框架协议》，决定到2010年建成中国—东盟自由贸易区。这标志着中国—东盟建立自由贸易区的进程正式启动。

《中国与东盟全面经济合作框架协议》提出了中国与东盟加强和增进各缔约方之间的经济、贸易和投资合作；促进货物和服务贸易，逐步实现货物和服务贸易自由化，并创造透明、自由和便利的投资机制；为各缔约方之间更紧密的经济合作开辟新领域等全面经济合作的目标。2004年11月，中国—东盟签署了《货物贸易协议》，规定自2005年7月起，除2004年已实施降税的早期收获产品和少量敏感产品外，双方将对其他约7000个税目的产品实施降税。中国—东盟自由贸易区涵盖18亿人口，GDP超过2万亿美元，贸易额达1.23万亿美元，是世界上由发展中国家组成的最大的自由贸易区。

中国与东盟进行过多次高官磋商，双方互相通报各方在政治、外交和与大国关系等重大问题上的最新进展，加强合作与协调。中国通过这一机制，加强了与东盟在政治、安全等领域的相互了解和信任，在双方关系的症结问题，如南海问题上做增信释疑工作，进一步充实了中国与东盟睦邻互信伙伴关系的内涵。

双方利用中国与东盟联委会(ACJCC)机制加强沟通，起到了在工作层促进和协调中国与东盟对话合作框架各个机制合作的作用，迄今ACJCC执行的人员交流、经贸研讨会等项目已成功实施。双方还同意就一些合作设想与建议进行进一步探讨，包括东盟方面提出的草药技术转让和交易的促进、矿业资源合作和转基因植物研讨会，中方提出的中国与东盟合作专题研究、技术培训及利用遥感和地理信息技术进行湄公河流域资源和生态环境调查等项目。建议和计划还有中国与东盟商会首次会议，适当时候在中国和东盟国家举办商展等。

经贸和科技合作是中国与东盟关系中十分重要的组成部分。1994年，中国与东盟经贸和科技两个联委会成立，启动了双方在经贸、科技领域的互利合作。双方贸易额逐年增加，从1994年的130亿美元上升到了2008年的2311.2亿美元，东盟成为中国第四大贸易伙伴。双方相互投资额不断扩大，特别是中国对东盟的投资快速增加。截至2008年底，双方相互投资额已接近600亿美元。在劳务合作和承包工程方面，东盟已成为我重要市场。

东盟是本地区一支十分活跃、对地区事务有着独特影响力的组织。近些年来，中国与东盟在亚太经合组织、东亚领导人会晤、东盟地区论坛、亚欧会议及联合国等国际和地区会议及组织中相互支持，进行了良好的合作，共同维护了发展中国家的利益，在增进本地区国家相互了解和信任、维护地区和平与发展方面发挥了积极作用。

2003年4月29日，中国—东盟领导人关于非典型肺炎特别会议在曼谷举行，温家宝总理出席会议。8月19日，在福建省武夷山市举行的第九次中国—东盟高官磋商会上，中方正式递交了中国加入《东南亚友好合作条约》的加入书。双方商定在2003年中国—东盟领导人会议期间举行中国加入该条约的签字仪式。国务院总理温家宝在印尼巴厘岛举行的东盟与中国10+1领导人会议上，正式签署了《东南亚友好合作条约》，成为签署该条约的第一个非东盟国家。此举具有政治、经济与战略层面的三重意义，是中国新一代领导人着眼于21世纪的外交大手笔。近来，双方政治互信不断增强，经济交往日益密切，合作越来越富有成效。自1995年起，中国—东盟的双边贸易额以年均15%的幅度增长。

2004年，温家宝总理出席第八次中国一东盟领导人会议，提出了加强双方合作的十点新倡议。会议期间，双方签署了《中国与东盟全面经济合作框架协议货物贸易协议》和《中国与东盟争端解决机制协议》，标志着中国一东盟自由贸易区进入了实质性建设阶段。2005年12月，在第九次中国一东盟领导人会议上，根据温家宝总理的倡议，会议决定在原五大重点合作领域基础上，将交通、能源、文化、旅游和公共卫生列为双方新的五大重点合作领域。此外，东盟宣布中国正式成为其东部增长区发展伙伴。随着互利合作的不断深化，中国一东盟自由贸易区建设稳步推进。2005年7月，中国一东盟自由贸易区《货物贸易协议》开始实施，双方7000余种商品开始全面降税，贸易额持续增长。2007年1月14日，中国与东盟在菲律宾宿务签署了中国一东盟自由贸易区《服务贸易协议》。协议的签署为中国一东盟如期全面建成自贸区奠定了更为坚实的基础。

在“东盟＋3”的东亚合作机制中，中国第一个提出构建中国—东盟自由贸易区计划；第一个签署《东南亚和平友好条约》；主动提出承办第二次东亚峰会；牵头组成“东盟＋3”专家小组，研究建立东亚自由贸易区的可行性；积极推动《清迈倡议》合作机制下的双边互助协议多边化，提议建立地区外汇储备基金；等等。中国已经成为推动东亚合作的一个中坚力量，不仅表现出高度的自信，而且体现出可贵的务实精神。中国不仅积极推动东亚的经济合作和制度化安排，而且也对开展政治、安全合作持开放态度。

因此，对中国来说，东亚合作是一个循序渐进的进程，谋求的是稳定和良好的地区关系，有利于其可持续发展的地区合作机制，而不是取得地区霸权或支配地位。鉴于东亚地区的合作并不是像欧洲那样作为单一的区域主义理念，因此，继续保持一种多层架构特征符合中国的利益。这样，在“东盟＋3”这个框架内，继续支持东盟发挥领导作用，在推进功能性的领域合作项目上下更大的工夫（包括合作领域的扩大）更符合中国的利益。同时，中国国内艰难的改革与转变对其本身参与区域的制度化能力形成限制，一种以协商、共识为基础的合作框架对中国来说更容易接受。

东亚合作发展包含了“东盟＋1”、“东盟＋3”、“东盟＋6”，以及“东北亚3国”多个层次，东亚峰会的参与国家已超出了东亚地理范围。但是，这也许与中国的大区域观不矛盾，印度是近邻，澳大利亚与中国有着新兴的战略利益（资源），与它们在区域的框架下建立起合作机制，符合中国的利益。这样，对于印度推进的亚洲合作（亚洲经济共同体），中国也会持开放的态度。当然，如果东亚峰会参与成员进一步扩大，甚至邀请美国、欧盟参加，那就另当别论了。

中国与“大湄公河次区域”合作

2002年11月，中国国务院总理朱镕基对柬埔寨进行正式访问，并出席了在金边举行的大湄公河次区域领导人会议、第六次东盟与中日韩（10＋3）领导人会议和东盟与中国（10＋1）领导人会议。中国政府决定实施亚洲减债计划。中国还与东盟及有关成员国签署了《中国与东盟全面经济合作框架协议》、《南海各方行为宣言》、《大湄公河次区域便利运输协定》中方加入书和《大湄公河次区域政府间电力贸易协定》，并发表了《中国—东盟关于非传统安全领域合作联合宣言》等重要文件。

2002年11月4日，第六次东盟与中国领导人会议在金边举行，讨论深化中国与东盟的合作。中国国务院总理朱镕基提出启动中国与东盟自由贸易区进程的建议。

在发言中，朱镕基提出了深化中国与东盟合作的三点建议：(1)启动中国和东盟自由贸易区进程，推进双方全面经济合作；(2)启动湄公河流域全面开发合作，促进东盟一体化进程；(3)启动中国与东盟非传统安全领域全面合作，维护地区和平与安全。东盟各国领导人纷纷对朱镕基的建议表示赞许和支持。

会后，中国和东盟秘书处签署了《农业合作谅解备忘录》。中国与东盟各方签署了《南海各方行为宣言》。这是中国与东盟关系的一个重要进展，不仅标志着中国与东盟政治互信的深化，也有利于维护地区和平与稳定。此外，中国与东盟领导人发表了《中国—东盟关于非传统安全领域合作联合宣言》。

2006 年 5 月，中国—东盟民间友好组织大会在北京举行，签署了《中国—东盟民间友好合作宣言》。

2008 年 10 月 22 日，第五届中国－东盟博览会在广西南宁开幕，国务院副总理王岐山出席开幕式，并在中国－东盟商务与投资峰会上发表演讲。他指出，加强中国与东盟合作具有牢固基础和巨大潜力，双方应当进一步深化各领域合作，共同促进本地区经济金融稳定健康发展。双方已互为第四大贸易伙伴，各领域合作呈现平等互利、合作共赢的良好发展态势。

相关链接

泰国红衫军

泰国红衫军又称反独裁民主联盟，简称反独联，是泰国一个反对人民民主联盟的政治团体。媒体一般俗称“红衫军”，因为他们行动时穿着红色衬衣以示识别。反独裁民主联盟在 2006 年前总理他信被政变推翻后成立支持他信。在一年的军政府统治时期，反独联组织了多次大型反政府示威。2007 年底，亲他信的沙马·顺达卫经选举上台，反独联成立了与党人民力量党。但是不久，泰国政治危机再起，沙马和其继任者颂猜·旺沙瓦相继下台，人民民主联盟的势力重新执政，反独联于是再一次掀起街头抗争运动，要求总理阿披实辞职，举行大选。

2009 年 4 月 11 日中午，“红衫军”突破泰国军警防线冲进峰会新闻中心。即使是全副武装的泰国安保人员，也无法阻止数千名狂涌而入的示威者。在进入酒店后，示威者开始呐喊欢呼。4 月 11 日，泰国反政府力量“红衫军”继续围堵东盟领导人系列峰会举办地帕塔亚的皇家克利夫酒店，这直接导致参加会议的各国高官无法按照日程进入酒店会议中心，多项活动被迫取消。11日午后，“红衫军”冲破层层防卫闯入酒店，将媒体中心的各国记者吓得不轻。长达两星期的反政府示威活动导致一百多人受伤，两人死亡。导致首都曼谷部分地区陷于瘫痪。泰国当局因此下令曼谷进入紧急状态，还对14名示威领导人发出逮捕令，其中包括流亡的前总理他信。那场大示威还迫使本来要在泰国举行的东盟峰会取消并延至2009年10月举行。

2009年6月27日，泰国首都曼谷18000名红衫军举行反政府抗议集会。这是两个月前该国动乱以来最大的一次示威活动。示威举行时，警方和军方都出动了武装官兵。警方称调遣了大约3000名警察和1000名士兵。

这些被称为红衫军的示威者宣称效忠于被放逐的泰国前总理他信。

思考题：

1. 中国加入WTO的意义何在？
2. 中国对东盟10＋3合作的战略思考。

名词解释：

APEC　上海合作组织

第二十四章　中国与和谐世界的建构

第一节　“中国威胁论”和“中国责任论”

“中国威胁论”的出台及表现形式

“中国威胁论”的始作俑者是日本防卫大学副教授村井友秀，他在1990年5月号的日本《诸君》杂志上发表题为《论中国这个潜在的“威胁”》的文章，认为中国是一个具有巨大潜力的大国，说“20世纪80年代后中国的国防战略开始发生大的变化，中国正计划同美苏一样，建立一支专业化和机械化军队”，进而推断中国要称霸：中国的世界观基本上还是“战国时代的模式”，即有力量者将成为霸主并统治世界。因此，当今中国希望通过实现四个现代化重新登上世界大国。其国家领导人总是在努力创造可以成为霸主的条件。

作为日本极右翼势力代表人物的东京都知事、作家石原慎太郎，更是“中国威胁论”的极力鼓吹者。一段时间以来，日本国内的“中国威胁论”像瘟疫一样蔓延。财经界、企业界少数人士及部分媒体散布中国“威胁”的论调甚嚣尘上。20世纪90年代以来，一些发达国家为了遏制中国的崛起，拼命叫喊“中国威胁论”。概括起来大致有以下五种：

1.“军事威胁论”。1992年我国全国人大常委会通过了《中华人民共和国领海及毗连区法》，以法律的形式规定了我国主权的区域范围，包括南沙群岛、钓鱼岛等岛屿，立即引起了日本等国的强烈反应。一些别有用心的新闻机构借题发挥，抛出了“中国军事威胁论”，诬称“中国正在扩大军备战”，想做地区霸主。“中国军事威胁论”的主要论点有：宣扬中国大幅度增加军费预算和扩充军备，散布中国在“亚太挑起新一轮军备竞赛”的谬论；谣传中国向一些国家出售大批高性能武器，甚至转让核武器的相关技术给巴基斯坦等“不负责任的国家”，从而造成地区局势的矛盾和冲突升级；宣扬中国乘俄罗斯和美国军事力量收缩之机增强军力，试图填补亚太地区军事真空；宣扬中国准备利用其日益强大的海军实力，控制位于南中国海有争议的岛屿。

2."中国经济挑战论"。包括"第二世界强国论"和"大中华经济威胁论"。所谓"大中华经济威胁论"指西方某些报刊不断渲染中国内地、香港和台湾的外汇储备之和已超过日本，居世界首位。同时，宣传海外华人资金如何雄厚，说"21世纪是华人世纪"，"华人已掌握东南亚经济命脉"。

3."中国全面威胁论"。这种提法源于美国世界观察所所长布朗的"中国粮食危机论"，说中国10亿贫困人口会成为全球的负担。"中国全面威胁论"包括"中国粮食威胁论"、"中国农村危机论"、"中国人口威胁论"、"中国资源威胁论"和"中国环境威胁论"等。

4."中国文明危机论"。美国哈佛大学教授亨廷顿于1993年在其《文明的冲突》一文中，就中国思想文化对西方文明的挑战进行了集中描述。他认为，冷战后，意识形态的冲突已让位于文明礼貌和儒教文化，这两种文化的联盟向西方的利益、价值观和力量发起了挑战。

5."中国产品威胁论"。2007年上半年以来，一些西方国家针对我国部分出口产品的质量问题又开始大肆炒作，刮起了妖魔化"中国制造"的冷风，大大损害了中国产品的声誉和中国的国际形象。这些对中国产品质量和食品安全问题的负面报道，大致可以分为三类：第一类是对具体案件的报道。如美国宠物食品和瑞士掺假玉米谷蛋白事件。此类报道客观反映了目前中国个别出口企业存在的问题，具有一定的警示意义。第二类是相对客观和中立的评论。如《纽约时报》2007年7月12日报道，"商品质量不合格是一个全球问题，中国不是美问题商品的唯一来源地"；《联合早报》7月25日报道，"食品安全是全世界面临的共同问题，并非一个国家所独有"。这类报道有助于中国企业有则改之，无则加勉。而第三类却是恶意诋毁"中国制造"。有的说"中国国内注入荷尔蒙的快餐让6岁的男孩儿长胡子，让7岁的女孩儿乳房发育"；有的宣称"中国产品是死神"；有的甚至扬言"要在商品上贴上非中国制造的标签"。对此类捕风捉影、以偏概全，甚至无中生有、恶意炒作的报道，其真实用意令人深思，值得我们提高警惕。在经济全球化快速发展的今天，仍然对中国产品无端猜忌，惧怕市场竞争，看不到贸易的互惠互利，企图通过构筑各种壁垒阻止中国产品，让人感到十分遗憾。有专家指出，此种诋毁，其实质是美欧日等发达国家"新贸易保护主义"思潮的泛起，是贸易保护主义的翻版，它不是简单的贸易问题，而是政治问题。有将"中国威胁论"演变到"中国食品威胁论"的嫌疑。

"中国威胁论"泛滥的原因

中国的繁荣富强就注定对西方构成威胁，这无疑好似一种强盗逻辑。相反，中国的繁荣稳定对世界是一个巨大的贡献。从历史上看，中国是一个爱好和平的国家，只要不发生危害民族生存及国家安全利益之事，不发生大规模外敌入侵，中华民族就从来不与其他民族和国家发生战争。西方妄称中国有"扩张野心"是毫无根据的。中国"威胁"是根本不存在的，所谓"中国威胁论"泛滥的原因在于以下几个方面：

一是对中国实际情况缺乏了解。比如，美国国防部发表的《中国军事力量年度评估报告》的撰写人在缺乏真实数据的情况下，就按照自己的意图来解释中国军事发展，其中，一些非常关键的数据都是按照美国的方式推测出来的。报告称，中国公布的国防预算约 200 亿美元，但它"估计"中国真实的军费开支是 650 亿美元。其推断几乎没有任何根据。

二是由于社会体制和意识形态上的差异，出于维护所谓"民主优势论"的目的来遏制中国。中国的社会体制、政治制度和意识形态与西方迥然不同。在美国某些人看来，西方民主才是繁荣的前提，发达国家都是西式民主的典范。中国一旦崛起，等于宣告西方"民主优势论"破灭，因而需要遏制中国的崛起。

三是霸权主义心态膨胀。苏联解体后，美国已经容不得任何国家对其霸主地位构成挑战。冷战结束之初，美国曾患上"对手缺乏症"，找不到谁是敌人和挑战者。现在，中国崛起，而且发展潜力难以估量，美国国内的一部分人因而认定中国将是其主要对手。

四是为了卖军火，反咬一口。2002 年 7 月，菲律宾《世界日报》发表题为《醉翁又找借口》的署名评论，指出，美国国防部向美国国会提交的《中国军事力量评估报告》与其说是一份"评估报告"，还不如说是一份"军火推销书"。它是醉翁之意不在酒，是为了它自身的利益，也可以说是布什政府为答谢军火商的"回礼"。事实上，美国向我国台湾出售大批军火，对中国而言，才是构成了"军事威胁"。

五是出于新闻炒作的需要。由于业内竞争非常激烈，西方媒体经常是什么内容能吸引人，就登什么样的文章，至于文章观点的严谨性如何则通常不在其考虑的范围之内。正因为如此，一些西方媒体在刚刚炒作完了所谓的"中国崩溃论"之后，又开始了对"中国威胁论"这个观点几乎完全相反的论调进行炒作。而中国虽然开放了 20 多年，但已到过中国的外国人数量毕竟很有限，世界上绝大多数人是通过媒体了解中国。所以，一些纯粹是传媒炒作的观点，却在许多人头脑中形成了根深蒂固的思想。

六是转移视线，掩饰自身的无能。这些年来，受世界产业结构调整、亚洲金融危机、新经济危机等因素影响，许多国家经济陷入困境，而且找不到很好的对策。对一些政府决策者以及经营者而言，"中国威胁论"则正是一个掩盖他们过失的极好的机会。

中国对他国不构成威胁

从中国国内生产总值(GDP)总量来看，已经进入世界的前列，但也仍只是日本的1/4和美国、欧盟的1/10。如果以购买力计算，按一些学者的看法，中国的GDP可能接近日本。但中国人均GDP在世界上的排名仍在100名之外。

从总体上来说，中国仍处于工业化的发展阶段，国民经济各个产业领域的水平与发达国家相比还有较大的差距，尤其是高科技产业、金融产业、文化产业等后工业化社会的支柱产业还很落后。以高科技产业为例，中国的科技产品生产制造业随着美国等发达国家的产业调整，已有所发展，但科技产品生产制造产业在发达国家已更多地划归制造业范畴。而中国真正的科技创新产业则很落后。中国几乎没有自主产权的高科技产品。由于中国的教育和科研水平与国外相比差距较大，所以科技产业发展所需的人才缺乏。金融支持体系不完善，信誉中介体系和市场机制还没有真正建立起来。高科技产业在美国等发达国家对GDP的贡献率几乎达到50%，而中国还不到10%。

中国在国际市场上的产品主要是资源性的原材料、半成品或以普通日用品为主的消费品。中国在资金、技术等方面都需要依赖国际市场。中国为增加100万美元的出口，必须进口大约50万美元的中间产品。由于科技产业不发达，出口产品科技含量低，附加值不高，所取得的主要是依赖较低的劳动力成本实现的加工利润。

发展是任何一个民族、任何一个国家的基本权利。要在竞争中公平取胜，唯一的办法只能是提升自己的竞争力。难道我们应该把一个国家或地区的强盛视作是对世界和平的威胁吗？如果是那样，我们是否应该把世界上的强国都视作威胁的源泉？

从"威胁"到"机遇"

中国的崛起对周边地区经济发展是机遇，而不是威胁。在当今世界，美国经济是世界经济的龙头，其发展形势的好与坏在很大程度上直接决定了世界经济的运行态势。2000年下半年以来,美国经济一度明显走弱,从而导致了许多国家和地区经济的低迷。在这种情况下,中国经济在一些特定因素(如对外开放、经济和政治改革、积极财政政策、居民消费结构升级和加入WTO等)的影响下,继续保持了较快发展,对世界而言是件好事。它虽然不能抵消由于美国经济不景气所带来的巨大负面影响,但能在一定程度上缓解世界经济尤其是周边地区经济在调整中所面临的困境。

中国与发达国家之间存在着经济的互补性。从产业结构看,发达国家基本上是以高新产业为主体,而中国则仍然以传统劳动密集型产业为支柱。所以,在国际市场上中国与发达国家的贸易产品只有很小的比例具有竞争性,绝大部分都具有强烈的互补性。以日本为例,在2000年的美国工业制品市场,中国能对日本商品构成竞争关系的商品种类只占日本对美出口总额的20%左右。然而,就是在这20%产品之中,日本和中国还存在着高档品和低档品的分工,另外在中国对日本具有竞争力的出口产品中还有许多是由日本独资或合资企业所生产。扣除这些因素影响,中日间真正竞争的程度应该说已经非常小了。

与此同时,这些年来受世界经济滑坡和物价回落的影响,发达国家的许多企业经营陷入困境。而中国的低廉劳动力和具有巨大开发潜力的市场则为它们走出困境提供了一条途径,大量企业通过向中国迁移获得了新生。美国《财富》杂志也报道,它向3000名在中国的外国企业高级管理人员发出调查,结果有近70%的外国公司表示,将增加对中国的投资。从实际情况看,2002年中国实际利用外资规模超过500亿美元,在全球排名第一。

周边地区一些人提出"中国威胁论",还有一个重要依据就是,中国抢走外国直接投资(FDI)。1990年以来,中国与亚洲"四小龙"(新加坡、韩国、中国香港、中国台湾)、"四小虎"(泰国、马来西亚、印度尼西亚、菲律宾)吸收的FDI金额不断上升,中国的FDI增长更快,但"四小龙"、"四小虎"的FDI并没有减少,一直保持在一个相对稳定的水平上。真正冲击四小龙、四小虎经济的是投资组合的流动。1997年以来,短期资金大量抽离造成了四小龙、四小虎的经济之血枯竭。

"中国威胁论"的出台有经济和非经济两个层面上的原因,为防止"中国威胁论"的泛滥,我们也需要同时从上述两个层面上入手。至少我们应从以下几点入手:第一,继续扩大开放。如果中国没有"入世",那么中国在"中国威胁论"中所处的境遇要比现在困难得多。继续扩大开放是消除"中国威胁论"的有效途径。通过开放,使更多的国家和地区从分享中国庞大市场的利益中获益，不仅可以消除它们对“中国威胁”的疑虑，也可以加速中国对经济增长所需资源的全球配置，是一个双赢的选择。第二，适度放宽人民币浮动范围，允许人民币小幅升值。这不会对中国经济产生明显的冲击，因为人民币长期采取盯住美元的汇率政策，近期美元走软，人民币小幅升值实际上只是人民币价格的回归，但对全球导演“中国威胁论”心理战的阴谋家们却是一个重大的打击。第三，实现外经贸活动的地域多元化。在利用外资、开展国际贸易和实施走出去战略的时候，我们应当注意地域的多元化。这样做的目的在于减少对我国某单一经济体的依赖。当年，美国国内出现了“日本威胁论”的时候，为了解决贸易逆差问题，美国不断对日本施加高压，要求日本改变经济结构和有关法律。虽然，双方每次谈判都要争吵，讨价还价。但最后，日本在高压下总是不得不痛苦地作出一些让步。其主要原因就在于日本在军事和经济上都太过分地依赖于美国。这一前车之鉴，我们不能不牢记在心。

从“中国威胁论”到“中国责任论”

2005 年 9 月 21 日，美国副国务卿佐利克在美中关系全国委员会举办的晚餐会上，发表题为《中国何去何从：从成员到责任》的专题演讲，提出美国对华政策应该开始转型，即从积极引导中国成为国际社会的成员，变为敦促已经在国际社会发挥重要作用的中国担负起更大的责任。这次讲话被认为是布什政府在对华政策上的一次最具新意、最全面的表述。同时此次演讲也被认为美国对华态度由“中国威胁论”转向“中国责任论”的分水岭。

2007 年 3 月 21 日，时任美国高盛公司副董事长的罗伯特·佐利克再次来到上海，发表了题为《从上海公报到全球利益攸关者》的演讲。演讲中，佐利克呼吁中美在朝核、伊核、苏丹和能源四个问题上更密切合作，并希望中国承担起更多的国际责任，从而把“中国责任论”提高到了一个新的高度。

应该说，“中国责任论”是中国在不断崛起，国际影响与国际能力不断提高的背景下日益升温的一个国际话题。从某种程度上讲，它是国际社会继“中国威胁论”后对中国提出的新的期许。在“中国责任论”的高调背后，我们能看到国际社会期望中国发挥更大国际责任的正当期待，但是也有某些心怀叵测的人打着企图给正在崛起、尚未完全崛起的中国“做套”的精心盘算。简言之，对正在崛起的中国而言，不断热炒的“中国责任论”是一把“双刃剑”，其复杂内涵不但需要国人仔细辨析，更需要谨慎应对。

美国把“中国责任论”落实到对华政策的政策层面，时而利诱，时而威压，时而软缠，时而硬磨，要求中国承担各种“国际责任”。美国对华战略定位转向“中国责任论”，不但是国际社会对华政策观变化的风向标，也势必带动西方乃至全世界对华政策观的进一步变化。由此，“中国责任论”不仅成为美国的对华战略定位，也成为一种国际呼声与国际思潮。

一方面，“中国责任论”出台，是对改革开放以来，中国经济政治成就和综合国力大幅上升及国际影响与国际威望大幅提高的总表彰与大肯定，也是对中国战略崛起及中国国际利益的某种承认。2006 年，中国经济总量跃居世界第四，外贸总量跃居世界第三，外汇储备跃居世界第一。中国外交也大丰收，来中国访问的外国元首达到 80 多个，这是史无前例的。因此，国际社会希望中国在世界上承担应有的“大国责任”，是一种极为正常的政治与战略诉求与新发展，不值得大惊小怪。假如不是这样，美国、西方及世界各国仍不承认中国的大国地位，不要求中国承担更多的“国际责任”就不正常了。

但是，另一方面也要看到，有关“中国责任论”一浪高过一浪背后包藏美国及西方的战略阴谋，是对中国“下套”的忧虑不是空穴来风，更非杞人忧天。其一，就中国承担“国际责任”的真实能力而言，尽管中国正在加速崛起，但并未完全崛起。从根本上说，中国仍然是个发展中国家，是现代化未完成的穷国，中国还有很多发展瓶颈要突破，有很多内部问题需要集中力量解决，中国只能在国力允许的条件下承担有限的“国际责任”，美国及西方开列的中国“国际责任”清单，很多都大大超过了中国的国际能力，如要求中国“压”朝鲜弃核、人民币大幅快速升值等，明显超过了中国的经济、政治与战略能力，也不符合中国的国家利益。美国及西方在这些问题上“强中国所难”，即使不是不怀好意，也有可能使成长中的中国因负荷太重而导致发展受阻甚至半途夭折。其二，就中国承担“国际责任”的道义而言，尽管美国及西方对中国的“国际责任”诉求中有一些方面与中国的道义立场及国家利益不矛盾，如反恐、反核扩散、保护环境、反对朝鲜拥核、维护世界经济繁荣等方面，美国及西方与中国的一致性较多。但也要看到，美国及西方对中国“国际责任”诉求的不少方面、不少内容有违中国的道义原则以及国家利益，由此必然出现“道不同不相与谋”的困局。如，中国反对以保护人权的名义干涉发展中国家内政，也反对以反核扩散名义动辄对一个主权国家行使武力。其结果是，当美国及西方以反核扩散为由要求中国参与孤立甚至搞垮朝鲜、伊朗时，以及以保护人权为由要求中国参与孤立、打压缅甸、苏丹、安哥拉、尼日利亚、叙利亚、古巴等发展中国家政权，甚至对中国与非洲发展关系说三道四时，就有违中国的国际道义原则与国家利益，因而很难得到中国的回应。

那么，我们应该如何应对"中国责任论"呢？

鉴于"中国责任论"背后所包含的复杂的两重性内涵，中国在应对"中国责任论"时更要坚持独立自主原则，根据自己的国家利益和道义原则判断国际是非曲直和利害关系，决定自己的政策。一方面，对符合中国国家利益及道义原则的"国际责任"，中国要准备积极承担、多承担，如支持国际反恐、反核扩散、减灾防灾、联合国维和等，从这个意义上说，中国积极参与印度洋海啸救灾、黎巴嫩和海地维和、推进六方会谈、增加联合国会费及 IMF 股权，是主动承担"中国责任"的积极举措。另一方面，对不符合中国利益与道义原则以及超出中国能力之外的、由西方及美国强加的"中国责任"，中国则可不予理睬。正是从这个意义上，中国不理睬美国及西方的压力，继续发展与缅甸、苏丹、安哥拉等国的关系，按自己的原则发展与非洲各国的关系。在人民币汇率问题上，中国的立场也是如此。

第二节　中国以负责任的态度推进亚洲经济合作

中国的经济发展对周边经济的兴起具有巨大带动作用

事实上，中国经济对世界经济的带动作用已经非常明显。近年来，在国际经济环境明显恶化的情势下，中国自周边经济体的进口仍保持较快增长。

据《亚洲华尔街日报》报道，2002 年亚洲国家出口出现了显著复苏，并非受益于美国经济复苏，而是因为中国市场需求的升高。许多东盟国家与地区对中国的出口激增，但是它们对美国和欧洲的出口却仍然停滞不前，有些甚至萎缩。比如，2002 年 4 月，新加坡对美国和欧盟的出口同比只增长了不到 2%，但对中国的出口额却增长了 69%。数据显示，长期以来，中国就是东盟外贸顺差的主要来源国，现在中国甚至已经成为部分亚洲邻国经济增长的引擎。中国经济发展对周边国家经济发展的积极效应不仅体现在外贸方面。近几年，在其他国家尤其日本的游客越来越少的情况下，中国赴境外旅游者却越来越多，对周边地区旅游市场的繁荣所起的作用也越来越大。

中国与东盟双方已经启动在 10 年内建成中国—东盟自由贸易区的谈判。根据测算，未来 10 年中国—东盟自由贸易区将使双方的出口增长 50%，中国制造业的发展会从本区域进口六七成所需原料，将使东盟国家的经济增长提高 1 个百分点。

当然，中国产品进入周边地区也确实会对当地一些产业造成竞争，如纺织业、鞋业等。但是反过来说东南亚将从中国经济发展当中受益。

由于中国将许多可能并没计划进入亚洲地区的国际资本吸引进来，推动了中国的经济发展，带来的直接效果就是中国对周边地区的进口能力和经济辐射能力明显增强。从这个角度讲中国吸引外资战略对整个亚洲而言都是机遇而不是威胁。

中国推进地区战略的正式宣言

国务院总理温家宝在印尼巴厘岛举行的2003年东盟与中国10+1领导人会议上，正式签署了《东南亚友好合作条约》，成为签署该条约的第一个非东盟国家。此举具有政治、经济与战略层面的三重意义，是中国新一代领导人着眼于21世纪的外交大手笔。

《东南亚友好合作条约》是东盟成员国首先在1976年签署的一份文件，条约明定签约国应尊重其他国家领土的完整和政治的独立，不干涉他国内政，以及禁止使用武力来解决国际争端等，与中国外交理念类似。尽管条约对签约国并没有实质的约束，但一般认为，中国这个举动的政治意义重大。

维持区域稳定及维护和平和谐的对外环境是实现中国全面建设小康社会的前提，因而加入《东南亚友好合作条约》是贯彻“十六大”报告提出的“与邻为善、以邻为伴”外交方针的切实步骤，以增进与东盟国家的政治互信。

以中国香港为轴心的中国南方地区曾扮演着改革开放的引擎角色，但是如何实现珠江三角洲新一轮腾飞，使之成为中国经济增长的新引擎，除了加强香港与内地经济联系外，面向东南亚国家的“南下战略”是必然的选择。正是基于这一考虑，中国近年来倡议建立中国与东盟自由贸易区计划，将中国与东盟国家经济合作推向新的高度。

为加强区域内外的政治经济一体化建设，2003年东盟峰会期间，东盟签署建立了“东盟经济共同体”、“东盟安全共同体”和“东盟社会和文化共同体”等重要文件；第三次修订《东南亚友好合作条约》，使其成为向非东盟国家开放的区域性组织，同时又首次举行东盟和印度领导人会晤，印度将成为东盟合作条约的签约国，东盟进而倡导“新东方”概念，重新思考亚洲一体化版图，将原来的大国平衡外交深化到确立地区一体化先导的内涵，种种举措的目的是要在新的发展时期把东盟建设成为一个经济、安全和社会文化全面合作的共同体，除了外交政策和国防安全外，逐步归于一体化，类似于欧盟早期的联盟体。

东盟近年勇于扮演亚洲一体化先行者的设想很难说不是来自于欧洲一体化进程的启示，试图通过东盟的小轴心（类似于荷比卢同盟）推动大轴心

(中日韩)来实现亚洲一体化。

但是,东盟的理想不仅限于此。随着2010年东盟和中国建立联合自由贸易区,这里将成为世界最大的市场,生产总值达5万亿美元、贸易总额达3万亿美元,并将成为由发展中国家组成的最大自由贸易区。东盟的雄心远远超出当年“荷比卢”小轴心推动“法德英”大轴心的过渡意义。

在中国递交加入书前后,印度和俄罗斯也分别表示了加入该条约的意向。毫无疑问,中国的举动将使整个东亚向一体化目标又前进一步。

与邻为善、以邻为伴30年

“与邻为善、以邻为伴”,是改革开放以来中国一以贯之的周边外交方针。30年来,开放的中国不断加强同周边国家的睦邻友好和务实合作,积极支持和参与周边地区的区域合作。

近年来,中国通过上海合作组织、亚太经合组织、东盟地区论坛、南亚区域合作联盟等桥梁,积极推进周边利益共同体。在中国倡导下成立的上海合作组织,以一种新的合作方式和新型国家关系,为地区安全和繁荣作出了贡献。

中国与周边国家的双边、多边高层交往更加热络。南亚、中亚、东北亚的国家元首和政府首脑频繁访华,俄罗斯、韩国、巴基斯坦等国的领导人近5年来每年都访问中国。周边也是中国领导人出访最多的地区。

在平等协商和互谅互让的原则下,中国已经与其14个邻邦中的12个签订了边界协定或条约,22000多公里的陆地边界已有90%得到划界。在海洋能源问题争端中,中国本着“搁置争议、共同开发”的原则,已经同包括越南和菲律宾在内的一些国家在共同开发矿产能源问题上达成共识。

和谐给周边带来商机。中国与东盟签署《服务贸易协定》、《投资贸易协定》的谈判在加速进行,为如期全面建成中国一东盟自由贸易区奠定了坚实基础。中印按期完成两国区域贸易安排联合可行性研究。中巴自贸区正式启动,成为中国与南亚国家间的第一个双边自贸区。

中国的发展不谋求“霸权”,不谋求“威胁”,而是持续传递友好讯息,构筑一个富有魅力的和谐周边世界。通过维护和平来发展自己,又通过自身的发展来促进和平,这是中国人对“和平”与“发展”的真实理解和热切期待。中国在周边将坚持奉行互利共赢的开放战略,在开放中实现自身发展,以自身发展带动各国共同发展。

一个13亿人口的庞大的中国市场,的确给世界带来了无限商机。中国的发展是世界的机会。中国周边各国首先感受到了这一变化。中国的发展是与邻国的经济互动、互利共赢、共同发展的。当然，发展是不平衡的，共赢的潜力仍然十分巨大。中国走改革开放的道路坚定不移，中国机会给中国与周边国家带来的共赢空间只会越来越大。

第三节 和谐世界的理念

建设和谐世界：中国外交思想的新发展

2005年4月22日，胡锦涛主席参加雅加达亚非峰会，在讲话中提出，亚非国家应“推动不同文明友好相处、平等对话、发展繁荣，共同构建一个和谐世界”。这是“和谐世界”理念第一次出现在国际舞台。2个多月后的7月1日，胡锦涛出访莫斯科，“和谐世界”被写入《中俄关于21世纪国际秩序的联合声明》，第一次被确认为国与国之间的共识，标志着这一全新理念逐渐进入国际社会的视野。中国领导人对“和谐世界”的思考也在逐步深入。2005年9月15日，胡锦涛在联合国成立60周年首脑会议上全面阐述了“和谐世界”的深刻内涵：坚持多边主义，实现共同安全；坚持互利合作，实现共同繁荣；坚持包容精神，共建和谐世界；坚持积极稳妥方针，推进联合国改革。胡锦涛以凝练的语言，精辟地诠释了中国外交政策的精髓，既重申了中国外交一贯坚持的独立自主、和平共处、全方位友好等基本原则，也突出了新形势下中国外交政策的新特点，同时“和谐世界”也是对国际社会作出的庄严承诺，并昭示了下一阶段中国外交的基本走向。

在2007年党的十七次全国代表大会上，胡锦涛总书记的报告将外交理念与国家总体战略发展更加紧密地结合起来，把推动建设“和谐世界”的宏伟目标，与中国自身实现“和平发展”的长远战略结合在一起，这将成为很长时间内指导我国外交政策的基本方针。胡锦涛在党的十七大上的报告中指出：我们主张，各国人民携手努力，推动建设持久和平、共同繁荣的和谐世界。为此，应该遵循联合国宪章宗旨和原则，恪守国际法和公认的国际关系准则，在国际关系中弘扬民主、和睦、协作、共赢精神。政治上相互尊重、平等协商，共同推进国际关系民主化；经济上相互合作、优势互补，共同推动经济全球化朝着均衡、普惠、共赢方向发展；文化上相互借鉴、求同存异，尊重世界多样性，共同促进人类文明繁荣进步；安全上相互信任、加强合作，坚持用和平方式而不是战争手段解决国际争端，共同维护世界和平稳定；环保上相互帮助、协力推进，共同呵护人类赖以生存的地球家园。

“和谐世界”理念与和平共处五项原则有高度的内在一致性

新中国成立之初，面临着严峻的国内国际形势。西方国家对华采取敌对封锁政策，周边国家对新中国心存疑虑，如何实现中国与不同制度国家间的友好交往，突破帝国主义的外交封锁，成为新中国领导人面临的一个重大问题。

1953年12月31日，周恩来总理在接见印度政府代表团时，首次提出和平共处五项原则。他说：新中国成立后就确定了处理中印两国关系的准则，那就是，互相尊重领土主权（在亚非会议上改为互相尊重主权和领土完整）、互不侵犯、互不干涉内政、平等互利和和平共处的原则。

1954年6月底，周总理应邀访问了印度和缅甸，分别同印度总理尼赫鲁、缅甸联邦总理吴努就共同关心的问题举行了会谈，并在会后的联合声明中重申了和平共处五项原则为指导双边关系的原则。

1955年4月，在印尼万隆召开了有29个国家参加的亚非会议。会上少数代表发言攻击新中国。周总理在发言中着重阐述了“求同存异”的思想。他说，中国代表团是来求团结，不是来吵架的；是来寻求共同的基础，不是制造分歧的。“求同存异”就是把社会制度和意识形态的差异放在一边，在和平共处五项原则的基础上找共同点。周总理的讲话得到了与会代表的广泛赞同。最后，和平共处五项原则被写入万隆会议公报。

自那时起，和平共处五项原则成为中国处理同一切国家关系的基本准则和独立自主的和平外交政策的基础。在长期的外交实践中，中国坚持在和平共处五项原则的基础上，同世界各国建立和发展关系。和平共处五项原则出现在中国与160多个国家的建交公报中。

中国还积极倡导以和平共处五项原则为准则建立国际政治经济新秩序：和平共处、互不干涉内政是国际政治新秩序的核心；平等互利、共同发展是国际经济新秩序的核心。

中国领导人根据形势发展，不断丰富和平共处五项原则的内涵。已故党和国家领导人邓小平依据和平共处五项原则的精神，与时俱进，提出了从国家战略利益出发处理国与国之间关系的主张，强调既要着眼自身长远的战略利益，同时也要尊重对方的利益。他还提出了“搁置争议、共同开发”这一和平解决国际争端的新思路以及通过“一国两制”解决一个国家内部某些问题的伟大创举。

“和谐世界”理念注重国家间的对话、协调与合作，强调国家间的平等、相互依存和遵守国际规则的重要性，体现了和平共处的意愿。它实际上高度概括地回答了在新的历史条件下，如何以和平共处五项原则为基础建立和平稳定、公正合理的国际政治经济新秩序，这是对五项原则的创造性运用和发展。

“和谐世界”理念与我国独立自主的和平外交政策一脉相承

作为一个社会主义国家，新中国从成立之日起始终坚持独立自主的和平外交政策。1949年中国人民政治协商会议制定的《共同纲领》规定：“中华人民共和国外交政策的原则为保障本国独立、自由和领土主权的完整，拥护国际的持久和平和各国人民之间的友好合作，反对帝国主义的侵略政策和战争政策。”

在冷战时期，由于面临严峻的国际环境，中国通过团结广大发展中国家，甚至采取与一些大国结盟或准结盟的策略，反对形形色色的霸权主义和强权政治，维护国家的独立和领土完整。

冷战结束后，中国继续坚持独立自主的和平外交政策，把推动自身和世界的发展放在维护自身安全与世界和平同等重要的地位。根据国际形势的发展变化，中国陆续提出了新安全观、新文明观、新发展观及“与邻为善，以邻为伴”的周边外交方针和“睦邻、安邻、富邻”的外交政策，在追求自身发展和强大的同时，努力实现与他国和平共处、共享繁荣。

独立自主的和平外交政策，宗旨是维护世界和平，促进共同发展。党的十六大报告指出：“不管国际风云如何变幻，我们始终不渝地奉行独立自主的和平外交政策。中国外交政策的宗旨，是维护世界和平，促进共同发展。”“和谐世界”新理念的目标——建立持久和平、共同繁荣的世界，是对我国外交政策宗旨的继承和升华。在和谐世界中，各国内部的事情由各国人民自己决定，世界上的事情由各国平等协商解决，发展中国家在国际事务中享有平等参与权与决策权。各国互相尊重，平等相待，不将自己的意志强加于人，不将自身的安全与发展建立在牺牲他国利益基础之上。“和谐世界”新理念的这些主张，是我国独立自主和平外交政策的集中体现。

“和谐世界”理念在继承的基础上实现创新

由于各种原因，新中国成立后曾长期游离于国际制度之外，并对战后国际秩序抱有批判、反对的意识。在外交实践中，中国扮演着革命者的角色，试图建立一个全新的国际秩序。

改革开放后，中国逐步融入现有国际机制，特别是各种国际经济组织，搭上经济全球化的列车，实现了经济的快速发展。随着参与多边机制的增多，中国对多边机制及其运行规则逐步有了全面的认识，对国际秩序的认识也逐渐发生变化，从现有秩序的批判者向有保留的认同者、建设性的融入者转变。

近年来，国内越来越多的人认为，尽管现存的国际政治经济秩序包含着大国政治、维护西方发达国家政治经济利益的不合理成分，但也存在尊重各国主权和人权、照顾发展中国家及对大国力量进行制约等积极因素。当前国际秩序面临的主要问题是合理的一面正在受到霸权主义和强权政治的冲击，而不合理的一面未能得到改变。中国及广大发展中国家可以通过改革的方式使其更为公正合理。

正是基于这种认识，中国希望作为一个建设性的合作者，通过积极参与制定、修改国际规则，参与国际制度建设，逐步改正其中不合理、不公正的地方，使之能够反映大多数国家和人民的共同利益。近年来，中国在联合国改革、朝核六方会谈、东亚区域合作、上海合作组织建设、反恐、防扩散等领域发挥着举足轻重的作用。中国已成为世界体系的建设性参与者、国际矛盾的积极协调者、周边秩序的务实塑造者。

中国建设和谐世界的实践

一、发展大国关系

“和谐的大国关系”是建设和谐世界的关键。

世界核大国兼能源大国俄罗斯与中国有着4000多公里的边境线，两国的边界问题已全面解决。2006年3月，普京就任总统6年来第4次访问中国，中俄“战略协作伙伴关系”不断深化。中俄联合军演、互办国家年是两国关系处于历史最高水平的例证。

欧盟是中国的第一大贸易伙伴，双方领导人互访密集，双方部长级会议、副部长级会议已机制化。欧洲议会议长博雷利指出，中国的发展势头比他预想的还要迅速，中国和欧洲所共同面临的问题比想象中的要广泛，“我完全赞同积极推动中欧全面战略伙伴关系向前发展”。

中美双方不仅是利益攸关方，更是建设性合作者，共同肩负全球责任成为共识。2008年4月，胡锦涛在就任国家主席后对美国进行了首次国事访问。中美高层会晤频繁，战略对话定期举行，军事互访也已恢复。

“中国龙”和“印度象”是亚洲经济的火车头，在竞争中共同发展。双方在能源、民航、生物技术、信息技术、制药和金融服务等方面存在着广阔的合作前景。中印在结束边界争端、促进经贸合作上取得了不少成果。

二、建设和谐周边

中国提倡开放的地区主义，不谋求支配性的地位，利用亚太经合组织、东盟地区论坛、“10＋3”合作、中韩日合作、南亚区域合作联盟等桥梁，努力建设和谐周边，积极推进周边利益共同体。

中国是世界上陆地边界线最长和邻国最多的国家，是全球边界情况最复杂的国家之一。在14个接壤国中，中国已与12个签订边界条约或协定，划定边界约占中国陆地边界线总长度的90％。目前，与尚余的印度和不丹的边界问题也在朝积极方向发展。

中国积极推动和参与在反恐、打击跨国犯罪、防治禽流感传播等非传统安全领域的地区合作与合作机制的建设，几乎参加了亚洲所有的地区安全机制。典型之一就是上海合作组织，它已成功运转5周年，其倡导的新型合作方式和新型国家关系，取得了令人瞩目的效果。

中国不遗余力推进地区经济协调发展。中国—东盟自由贸易区2007年已经进入了实质性的全面运作。中国决定自2006年元旦起，单方面向柬埔寨、老挝和缅甸三国扩大特惠关税产品范围，“大湄公河次区域经济合作”已成为亚洲发展中国家携手自立自强的典范。中越菲联合开发南海机制的建立，使南海由争议之海变为合作之海，为妥善解决类似海上争议问题树立了新的模式。一年一度的东盟—中日韩“10＋3”会议已形成机制，东亚合作成为亚洲区域合作总进程中最有活力、前景最被看好的组成部分。

三、立足发展中国家

中国是发展中国家重要一员，发展中国家始终是中国外交的立足点。近年来，中国领导人出访了拉美、非洲、中东等地区，足迹遍及几十个发展中国家。中国与阿拉伯国家、非洲、太平洋岛国和加勒比地区国家建立了合作论坛，与安第斯共同体建立了磋商与合作机制。

由于历史原因，大多数发展中国家经济还很落后，相当一部分发展中国家面临被进一步边缘化的危险。发展的中国始终关切、帮助广大发展中国家的发展。在联合国成立60周年之际，中国国家主席胡锦涛郑重向世界宣布，将通过增加援助、减免发展中国家债务等方式积极支持其他发展中国家加快发展步伐。在非洲，中国帮助实施经济社会发展项目近900个，中非合作论坛成立6年来，中国已免除了31个国家欠华到期债务105亿元人民币。

中国重视同发展中国家发展经贸关系。中国是非洲第三大贸易伙伴，2000年中非贸易额首次突破100亿美元，此后连续8年保持30％以上的增长速度，2008年中非贸易额达到1068亿美元。同时，中国对非投资稳步发展。截至2008年年底，中国对非直接投资存量超过50亿美元。2008年，中国与拉美贸易额超过1400亿美元。有媒体指出，拉美地区过去4年获得经济增长的一个关键因素是中拉贸易。

四、优化国际秩序

迄今为止，中国已参加了近300个国际条约，130多个国际组织。中国遵守《联合国宪章》的宗旨和原则，积极参加联合国的维和行动，是目前派出维和人员最多的国家之一。

中国一贯主张以和平方式解决争端，在科索沃、伊拉克、黎以冲突等重大地区问题上所采取的立场，反映了中国在使用武力问题上的严肃、审慎态度。中国积极斡旋朝核问题，促成六方会谈取得重要阶段性成果；推动伊核问题早日和平解决，与各方共同努力，寻求妥协方案。

在联合国改革问题上，中国主张循序渐进，充分协商，努力寻求最广泛一致，最大限度地满足所有成员国尤其是广大发展中国家的要求和关切。

中国一向认为，尊重世界文化的多样性和发展模式的多样性，对国际关系的和谐发展至关重要。近年来，中国政府积极响应联合国号召，多次举办以不同文明对话为主题的国际会议；中国还向联合国递交了落实《不同文明对话全球议程》的报告，并积极参与了联合国教科文组织2005年通过的《保护文化内容和艺术表现形式多样性国际公约》的起草工作。

五、汲取人类成果

全球化的发展为不同文化之间相互理解和学习提供了前所未有的条件。中国以开放的心态汲取各国的发展经验和文化之长，努力吸收其他文明的优秀成果，并通过创造性的转换推动自身的可持续发展。

目前，中国已成为世界上去海外留学人数最多的国家，年均留学人数已超过10万；与此同时，绝大部分国家都有留学生来中国学习。中国政府邀请多批外国专家为中国发展献计献策，专门成立了一个高级国际咨询机构——中国环境与发展国际合作委员会。

中国还多次举办科技、教育等各种高层国际论坛，听取海外专家的意见和建议。中国积极搭建平台，推动多元文化对话。2001年，中国专门成立了博鳌亚洲论坛；2003年举办了首届“亚欧会议文化与文明会议”；2005年，推动亚欧首脑会议通过了《亚欧会议文化与文明对话宣言》。

近年来，中国还在国内外举行各类双边的“文化节”、“文化年”等重大文化交流活动，以及各类政治、经济对话会议。这些大规模的相互交流为中国不断汲取其他国家的经验、取长补短提供了良好的机会。

十七大以来的我国新时期外交战略及方针

当今世界正处在大变革大调整之中。和平与发展仍然是时代主题，求和平、谋发展、促合作已经成为不可阻挡的时代潮流。世界多极化不可逆转,经济全球化深入发展,科技革命加速推进,全球和区域合作方兴未艾,国与国相互依存日益紧密,国际力量对比朝着有利于维护世界和平方向发展,国际形势总体稳定。

同时,世界仍然很不安宁。霸权主义和强权政治依然存在,局部冲突和热点问题此起彼伏,全球经济失衡加剧,南北差距拉大,传统安全威胁和非传统安全威胁相互交织,世界和平与发展面临诸多难题和挑战。

共同分享发展机遇,共同应对各种挑战,推进人类和平与发展的崇高事业,事关各国人民的根本利益,也是各国人民的共同心愿。我们主张,各国人民携手努力,推动建设持久和平、共同繁荣的和谐世界。为此,应该遵循联合国宪章宗旨和原则,恪守国际法和公认的国际关系准则,在国际关系中弘扬民主、和睦、协作、共赢精神。政治上相互尊重、平等协商,共同推进国际关系民主化;经济上相互合作、优势互补,共同推动经济全球化朝着均衡、普惠、共赢方向发展;文化上相互借鉴、求同存异,尊重世界多样性,共同促进人类文明繁荣进步;安全上相互信任、加强合作,坚持用和平方式而不是战争手段解决国际争端,共同维护世界和平稳定;环保上相互帮助、协力推进,共同呵护人类赖以生存的地球家园。

当代中国同世界的关系发生了历史性变化,中国的前途命运日益紧密地同世界的前途命运联系在一起。不管国际风云如何变幻,中国政府和人民都将高举和平、发展、合作旗帜,奉行独立自主的和平外交政策,维护国家主权、安全、发展利益,恪守维护世界和平、促进共同发展的外交政策宗旨。

中国将始终不渝走和平发展道路。这是中国政府和人民根据时代发展潮流和自身根本利益作出的战略抉择。中华民族是热爱和平的民族,中国始终是维护世界和平的坚定力量。我们坚持把中国人民的利益同各国人民的共同利益结合起来,秉持公道,伸张正义。我们坚持国家不分大小、强弱、贫富一律平等,尊重各国人民自主选择发展道路的权利,不干涉别国内部事务,不把自己的意志强加于人。中国致力于和平解决国际争端和热点问题,推动国际和地区安全合作,反对一切形式的恐怖主义。中国奉行防御性的国防政策,不搞军备竞赛,不对任何国家构成军事威胁。中国反对各种形式的霸权主义和强权政治,永远不称霸,永远不搞扩张。

中国将始终不渝奉行互利共赢的开放战略。我们将继续以自己的发展促进地区和世界共同发展,扩大同各方利益的汇合点,在实现本国发展的同时兼顾对方特别是发展中国家的正当关切。我们将继续按照通行的国际经贸规则,扩大市场准入,依法保护合作者权益。我们支持国际社会帮助发展中国家增强自主发展能力、改善民生,缩小南北差距。我们支持完善国际贸易和金融体制,推进贸易和投资自由化便利化,通过磋商协作妥善处理经贸摩擦。中国决不做损人利己、以邻为壑的事情。

中国坚持在和平共处五项原则的基础上同所有国家发展友好合作。我们将继续同发达国家加强战略对话,增进互信,深化合作,妥善处理分歧,推动相互关系长期稳定健康发展。我们将继续贯彻与邻为善、以邻为伴的周边外交方针,加强同周边国家的睦邻友好和务实合作,积极开展区域合作,共同营造和平稳定、平等互信、合作共赢的地区环境。我们将继续加强同广大发展中国家的团结合作,深化传统友谊,扩大务实合作,提供力所能及的援助,维护发展中国家的正当要求和共同利益。我们将继续积极参与多边事务,承担相应国际义务,发挥建设性作用,推动国际秩序朝着更加公正合理的方向发展。我们将继续开展同各国政党和政治组织的交流合作,加强人大、政协、军队、地方、民间团体对外交往,增进中国人民和各国人民的相互了解和友谊。

中国发展离不开世界,世界繁荣稳定也离不开中国。中国人民将继续同各国人民一道,为实现人类的美好理想而不懈努力。

第四节 日益成熟的中国外交

近些年来,国际舆论对中国外交有这样一个评价,那就是“中国外交越来越成熟了”。现在,它变成了全世界对中国外交政策的一个共同认识。国际社会为什么对中国外交有这样一个评价?我国外交在不断进步,但为什么直到现在,国际社会才认定中国外交“成熟”了?这种说法的出现是由于中国自身变化的原因,还是别人对中国的认识发生了变化?本节力图回答上述问题。

最大限度地维护国家利益,区分核心利益和非核心利益,做自己力所能及的事,是中国外交成熟的标志。2002 年出现“中国外交成熟论”的一个重要原因是美国对华态度的变化。美国认为中国在反恐中配合了它,所以说“中国的外交成熟了”。那么我们自己有什么变化呢?当然是有的,变化可归结为以下三个方面:

第一,我们更加明确了以利益为政策标准而不是以好坏为政策标准。过去我们常说,中国依据事情的是非曲直来决定我们的外交政策。这个政策标准，感情因素太多。现在我们以国家利益为标准，依据国家利益来决定我们的外交政策。一句话，我们的外交政策是否最大限度地维护了中国自己的利益，这是中国外交是否成熟的最重要标志。

第二，我们的政策目标和我们的实力接近了。我们明确了自己的国际定位，有多大的力量做多大的事情，量力而行。最典型的例子，原来我们提出"推动和促进国际新秩序的建立"而党的十六大明确提出"我们主张建立公正合理的国际政治经济新秩序"。这并非几个字之差，包含的意思差别很大。我们外交成熟的一个表现就是不再强调去建立一个国际新秩序，而是加入现行的国际秩序，例如，加入 WTO，而不是改造 WTO，更不是建立新的 WTO。我们的外交政策的目标从建立一个国际新秩序变为我们要加入这个体系，这个变化很大，因为前者是超级大国都难以做到的事情，区域大国就更没有力量实现这个目标。

第三，我们平衡了经济和安全的政策目标。我们以往只突出经济发展的重要性，而不强调国防安全的重要性。对外政策如果不是把国防安全视为经济发展的基础，就很难被认为是一个成熟的政策。近期以来我国参加了众多的国际会议，我国在各种会议上提出的关于国际安全合作方面的建议受到国际社会的关注。

总之，衡量一个国家外交是否成熟的标准有三条：一是其外交是否以维护国家利益为最基本原则，二是外交政策目标是否与其国力相一致，三是能否区分各种不同国家利益在具体情况下的重要层次。依据这三点，中国外交下一步如何"更加成熟"，有三件事值得我国外交注意：

一是更好地区分我们的核心利益和非核心利益。我们的政策是要维护自己的国家利益，但是我们在制定政策的时候还必须分清核心利益和非核心利益。两者是不一样的，甚至有时候是矛盾的。这里我们强调的是台湾问题。我们必须明确台湾是中国的核心利益所在，在这个问题上我们只有采取最强硬的政策，不存在任何妥协的可能性。当美国把台湾变为"非北约盟友"、美国和台湾结成事实上的军事同盟对我国的安全构成了实质性威胁的时候，如果我们把它和诸如小泉参拜靖国神社这样的事情同等对待，显然是没有对利益的重要性加以区别。

二是更好地区分我们对不同地区的策略。我们必须看到，中国是一个区域大国，而不是全球性的大国。对中国而言，我们的战略利益主要是在周边地区。同样的外交工作，同样的政策力度，用在周边地区取得的效果比用在较远的地区取得的效果要好一些。中国的战略压力目前主要来自美国，在此情况下我们更应该突出“睦邻友好”政策，把周边国家作为我们外交工作的重点。20 世纪 90 年代初期，我国外交工作的重中之重是美国，因为当时在美国领导下，世界上许多国家包括我周边国家都对我国采取孤立政策。现在情况变了，我们的外交政策亦应作出相应的调整。一段时间来，美国国防部和国会鼓吹“中国威胁论”，但东南亚国家和其他周边国家（日本除外）都没有附和。这说明如果我们“睦邻友好”搞好了，美国不可能遏制中国。因此，我周边地区的重要性应超过美国。美国的重要性是它有能力给我们制造压力，周边国家的重要性在于它们能帮助我们减小美国的压力。

三是需要进一步增强外交策略的灵活性。我们国家目前长远的外交策略目标已经很明确，就是要实现民族复兴。国家的外交策略应该是长期的，但实现目标的策略则是中短期的，以应对不断的变化。国际形势历来是千变万化的和复杂的，所以对外政策要有适应变化的能力。也就是说我国外交政策要想更加成熟，应该加强外交政策的灵活性。

总之，我国外交走向成熟，主要体现在以下三个关系的处理上。其一，和世界大国的关系。无论是同哪个大国，分歧总会存在，关键问题是能否以大局为重，以务实的态度处理分歧。例如在处理美国对台军售问题上，我们的做法还是得体的。其二，与邻国的关系。中国是世界上邻国最多的国家之一。俄罗斯是最大的邻国，美国也可以算是我们一大邻国。邻国众多，一方面使我们在外交上有较大的回旋余地，另一方面也使其他大国有了利用我国同邻国的某些矛盾，对我国进行遏制和牵制的机会。所以，在处理同邻国的矛盾时，我们应该从维护周边稳定的全局出发，尽量避免出现较长时间的紧张，特别要防止同较多邻国同时出现紧张。其三，经济建设同其他工作的关系问题。党的十六大还是强调坚持以经济建设为中心，其他各项工作都应该服从这一全局。外交工作的根本目标应为我国经济建设争取长期的和平环境，通过对外开放促进我国的经济发展。

思考题：

1. 谈谈你对“中国威胁论”的看法。

2. “和谐世界”的理念与我国传统外交有何关联？

第二十五章　台湾问题与中美关系

第一节　“一国两制”构想的形成

一个中国原则是中国政府对台政策的基石。经由邓小平同志的倡导，中国政府自一九七九年开始实行和平统一的方针，并逐步形成了“一国两制”的科学构想，在此基础上，确立了“和平统一、一国两制”的基本方针。这一基本方针和有关政策的要点是：争取和平统一，但是不承诺放弃使用武力；积极推动两岸人员往来和经济、文化等各项交流，早日实现两岸直接通邮、通航、通商；通过和平谈判实现统一，在一个中国原则下什么都可以谈；统一后实行“一国两制”，中国的主体（中国大陆）坚持社会主义制度，台湾保持原有的资本主义制度长期不变；统一后台湾实行高度自治，中央政府不派军队和行政人员驻台；解决台湾问题是中国的内政，应由中国人自己解决，不需借助外国力量。

“一国两制”的科学构想，首先是从解决台湾问题提出来的。早在1978年11月，邓小平在会见缅甸总统吴奈温时就提出：“在解决台湾问题时，我们会尊重台湾的现实，比如，台湾的某些制度可以不动，美日在台湾的投资可以不动，那边的生活方式可以不动。但是要统一。”这里的三个“不动”，核心是制度问题。

1979年元旦，在中美建交的同时，全国人大常委会发表《告台湾同胞书》。指出：台湾当局一贯坚持一个中国的立场，反对台湾独立。这就是我们共同的立场，合作的基础。明确表示在解决台湾问题时，将尊重台湾现状和台湾各界人士的意见，采取合情合理的政策和办法，不使台湾人民蒙受损失。同时，《告台湾同胞书》还就结束海峡两岸间的军事对峙状态，实现“三通”（通商、通航、通邮）提出了具体的建议和措施。《告台湾同胞书》体现了中国共产党和中国政府对台湾回归祖国的大政方针、基本立场、基本态度。

随后，邓小平在访问美国时，于 1979 年 2 月 1 日又强调指出："我们不再用'解放台湾'这个提法了。只要台湾回归祖国，我们尊重那里的现实和现行的制度。"公开表达了"一国两制"的最初设想。

1981 年 9 月 30 日，全国人大常委会委员长叶剑英向新华社记者发表谈话，代表中央政府提出了解决台湾问题、实现祖国统一的九条方针，建议举行国共两党对等谈判，实现第三次合作，共同完成祖国统一大业；提出国家实现统一后，台湾可作为特别行政区，享有高度的自治权，并可保留军队，中央政府不干预台湾地方事务；明确肯定国家实现统一后，台湾现行社会、经济制度不变，生活方式不变。同外国的经济、文化关系不变，私人财产、房屋、土地、企业所有权、合法继承权和外国投资不受侵犯。这些主张实际上已经将"一国两制"构想具体化了。

1982 年 9 月 24 日，邓小平在会见英国首相撒切尔夫人时指出，1997 年中国将收回香港，在中国的管辖之下，香港现行的政治、经济制度，甚至大部分法律都可以保留，当然，有些要加以改革。香港仍将实行资本主义，现行的许多适合的制度要保持。这就是说，"一国两制"不仅适用于台湾，同样也适用于香港及澳门。同年 12 月颁布的《中华人民共和国宪法》，对特别行政区作出了专门规定，从而为在统一的中华人民共和国内建立不同制度的特别行政区提供了法律依据。

1983 年 6 月 26 日，邓小平会见美国新泽西州西东大学杨力宇教授，又一次谈到了中国大陆和台湾和平统一的设想。邓小平这次谈话，标志着"一国两制"构想的完整形成。

"一国两制"不是从主观愿望出发而凭空臆造的产物，而是有其理论和现实依据的科学构想。它的提出、发展和完善，充满了马克思辩证唯物主义和历史唯物主义的基本精神，体现了中国共产党实事求是的思想路线。

小知识

"一边一国论"和"两国论"

2002 年 8 月 3 日，世界台湾同乡会联合会第二十九届年会在日本东京举行，陈水扁通过电视直播方式致词宣称，"台湾是主权独立的国家"，"台湾与大陆，一边一国，要分清楚"，他并鼓吹"公民投票"决定"台湾前途"。充分暴露了他顽固坚持"台独"立场的真面目，是对包括台湾同胞在内的全体中国人民的公然挑衅，也是对国际社会公认的一个中国原则的公然挑衅，必将对两岸关系造成严重的破坏，影响亚太地区的稳定与和平。

李登辉于1999年7月9日在接受“德国之声”记者采访时，公然向世人宣称台湾当局已将海峡两岸关系定位为“国家与国家的关系，至少是特殊的国家与国家的关系”。这种谬论即是“两国论”。同年7月27日，李登辉又解释说，由于“多年来两岸关系的定位过于模糊”，所以他要把两岸关系的“实质内涵”定为“特殊的国家与国家的关系”，以此来彻底否定一个中国原则。

所谓“公投立法”，是“台独”分子企图推动“法理台独”步骤之一。1990年“台独”势力成立“公投促进会”，1991年民进党通过的“台独党纲”内容就是“以公投决定建立台湾共和国及制定新宪法”，1997年在李登辉主导、民进党配合的“修宪”过程中，“公投入宪”成为陈水扁等民进党“台独”势力口号之一。

2002年8月，台湾当局领导人陈水扁抛出“一边一国论”，同时声称要“认真考虑推动公投立法问题”；2003年5月间，陈水扁又借非典疫情煽动“公投”；9月底，民进党借所谓党庆举行了“全民公投、催生新宪”大游行，此后陈水扁又在10月间借赴巴拿马过境美国时抛出进一步的“公投制新宪”说，并声称将在2006年底完成、2008年实施。

所谓“公投制宪”，就是以全体公民投票的方式，对宪法草案进行投票表决。台湾已有一部实施已久、为民进党及陈水扁“政权”所依托、绝大多数台湾民众并不反对的“宪法”，即“中华民国宪法”。如果一定要制定“新宪法”，首先就必须对原有“宪法”进行处置。处置办法之一为对原有“宪法”进行公民投票的直接表决，或“国会”的间接表决。陈水扁妄图通过公民投票制定“新宪法”，并在其中加入“台独”内容。

我国政府自1979年公开宣布实行“和平统一、一国两制”的对台方针以来，始终以极大的诚意、尽最大的努力争取和平统一。坚持一个中国原则，就是坚持世界上只有一个中国，台湾是中国的一部分，中国的主权和领土完整不能分割。我们主张在一个中国原则基础上进行两岸对话与谈判，双方平等协商，共议统一。

但是，一个中国原则若遭到破坏，和平统一的前景势必受到威胁。如果台湾出现被以任何名义从中国分割出去的重大事变，如果外国侵占台湾，如果台湾当局无限期地拒绝通过谈判和平解决两岸统一问题，那么和平统一将成为不可能，中国政府只能被迫采取必要措施，粉碎“台独”等分裂图谋，维护中国的主权和领土完整。

第二节　台海关系发展回顾

在1949年后的几十年时间里，海峡两岸同胞曾处于长期的隔绝状态。在这段时间里，两岸经济隔绝、交通中断、亲人离散、音讯不通。两岸多少兄弟姐妹不能相见，夫妻不能聚首，家庭不能团圆。

两岸交流是大势所趋，是不可阻挡的时代潮流。在两岸同胞的共同努力特别是在台湾同胞的强烈要求下，台湾当局自1987年11月2日起允许部分台湾居民回大陆探亲。此后，岛内各界民众又冲破当局种种限制来大陆旅游观光、投资兴业，掀起了轰轰烈烈的交流热和投资潮。

自1979年全国人大常委会发表《告台湾同胞书》呼吁两岸同胞开展交流交往30年来，党中央和中央领导始终高度重视和关心两岸交流，大陆方面始终坚持采取积极举措促进两岸交流交往。1987年10月，国务院办公厅公布了关于台湾同胞来大陆探亲旅游的接待办法。此后，大陆各有关部门分别制定颁布相关领域配套政策措施。尤其是2005年至2007年底，大陆有关方面共出台了54项促进两岸交流合作、惠及广大台湾同胞的政策措施。其中，仅2006年以来，在国共两党有关方面举办的三次经贸文化论坛上，大陆方面就公布了48项相关政策措施。这些政策措施涵盖了便利台湾同胞来往大陆及在大陆居留、就业、就医，提供台湾农民、渔民向大陆销售部分水果、蔬菜、水产品的优惠，扩大两岸农业交流，缓解台资企业投融资困难，以及宣布开放大陆居民赴台旅游、大陆同胞向台湾同胞赠送大熊猫等。

30年来，在大陆方面的持续推动下，经过两岸同胞的共同努力，两岸各领域交流与合作不断发展，两岸交流的内容不断丰富，领域不断拓展，两岸人员往来的规模不断增长、层次不断提高。尤其是2005年4月至5月，中共中央和胡锦涛总书记邀请中国国民党主席连战、亲民党主席宋楚瑜先后率团来大陆访问，成功开启两岸政党交流，极大丰富了两岸交流的内容，提升了两岸交流的层次，对推动两岸关系朝着和平稳定方向发展产生重要作用。

据统计，截至2007年9月底，台湾居民来大陆累计达4583万人次，大陆居民赴台累计超过156万人次；常住大陆的台胞近40万人，定居大陆的台胞1.8万余人，两岸通婚约27万对。到2007年底，台湾居民来大陆历年累计人次将达到台湾总人口数2300万的两倍以上，即超过4600万人次，大陆居民赴台将达到160万人次。

令人遗憾的是，当时的台湾当局对两岸交流多有限制，造成诸多不便，尤其是陈水扁当局顽固坚持“台独”分裂主张，加紧进行分裂活动，限制阻碍两岸交流，两岸各项交流和人员往来仍处于不正常的局面。

2008 年 12 月 15 日是历史性的一刻，随着两岸空运、海运直航和直接通邮的同步实施，“三通”终于在这一天从梦想变成了现实。

2008 年 12 月 31 日，在纪念《告台湾同胞书》发表 30 周年座谈会上，胡锦涛发表了重要讲话，就推动两岸关系和平发展提出六点意见：(1)恪守一个中国，增进政治互信；(2)推进经济合作，促进共同发展；(3)弘扬中华文化，加强精神纽带；(4)加强人员往来，扩大各界交流；(5)维护国家主权，协商涉外事务；(6)结束敌对状态，达成和平协议。

国民党为何能在台湾选举中胜出

2009 年 3 月 22 日台湾大选国民党获胜，反映了民众渴盼其重掌政权的强烈愿望。选举结果是由多重因素决定的。

首要因素是国民党采取的公共政策。他们将政府运作的宗旨定义在为公民利益服务上。选举一开始他们就十分清楚经济发展才是所有台湾民众最关心的事情，从而使自己的政策与民进党区别开来，而后者是打着台湾独立的旗号来调动民意的。因此，国民党竞选战略的核心是“让台湾富起来”。候选人马英九以及其政党成员将发展人民福利作为当务之急。他们花大气力强调经济的核心地位，尤其重视欠发达的贫困山区。

第二个因素是国民党高举的和平旗帜。民进党一直警示民众来自大陆的种种威胁如经济扩张、军事强制、财政干涉、甚至间谍入侵；而与此形成对比的是国民党相对镇定的态度，他们并未草木皆兵，反觉得民众有这个承受能力。马英九 2006 年访美时还提出倡议，两岸应达成为期五十年的和平协议。2005 年国民党主席连战访问大陆，由此迈出勇敢的一步，正式结束了国民党和中国共产党之间的敌对状态。第三个因素是马英九力推的多元化政策。他从国民党以往对台湾实行专制统治的历史中吸取教训。他支持 1992 年两岸在香港达成的九二共识——双方承认只有一个中国，但允许对一个中国有不同的定义。马英九也做出不懈努力，促使亲民党主席宋楚瑜在选举前恢复了先前的国民党党员身份，这一点同样体现出他主张的多元化政策。宋楚瑜由于自己的反独立场，在 1999 年被前国民党领导人李登辉驱逐出党。之后他组建了新政党，以独立参选人身份参加了 2000 年台湾地区领导人选举。宋楚瑜的离开很大程度上也使国民党在 2004 年大选中败北。除此之外，马英九的多元化倾向也足以吸引民进党原先的支持者，国民党支持者以及众多的海外华商甚至艺人。他的“好男人”形象——特别是对民进党成员的腐败指控方面——帮助他赢得选举。

最后一点便是来自中国大陆的"帮助"。吸取了前两次台湾选举的经验,大陆决策者对岛内政治情势保持着始终如一的坚定立场。过去四年里,大陆的对台政策一直相当注重实效。一方面中国强调对台湾的主权,另一方面大陆表示"理解"台湾民众对丧失自我身份的恐惧。这一点影响力相对较弱。

附:1979—2009年两岸关系大事记

1979年1月1日,全国人大常委会发表《告台湾同胞书》,宣布和平统一祖国的方针,是海峡两岸关系由对立走向对话的第一步。

1981年9月,全国人大常委会委员长叶剑英发表《关于台湾回归祖国实现和平统一的方针政策》,提出了建议举行两党对等谈判,实行国共第三次合作,双方共同为通邮、通商、通航等提供方便等九条意见(也称"叶九条")。

1983年6月25日,邓小平发表"邓六条",进一步阐述实现台湾和祖国大陆和平统一具体构想。

1987年,台湾当局开放台湾民众赴大陆探亲,两岸人员往来与经济文化交流迅速发展。

1990年11月,"海峡交流基金会"在台北正式成立;次年12月,海峡两岸关系协会在北京成立。

1992年11月,两岸达成"九二共识",为"汪辜会谈"及此后台湾海基会、大陆海协会举行的20多次不同层级、不同议题的协商谈判奠定了基础。

1993年4月,第一次"汪辜会谈"举行,这是1949年以来两岸授权的民间团体最高负责人之间首次会谈。

1995年1月30日,江泽民根据"一国两制"理论,发表《为促进祖国统一大业的完成而继续奋斗》,提出了现阶段发展两岸关系、推进祖国和平统一进程、维护国家主权和领土完整的"八项主张"(即"江八点")。

1998年10月,第二次"汪辜会谈"举行,开启两岸政治对话,双方还达成"四项共识"。但此后李登辉抛出"两国论",陈水扁不承认一个中国原则,不承认"九二共识",两岸关系陷入僵局。

2005年1月29日～2月20日,台商春节包机取得圆满成功。与2003年台商春节包机仅由台湾航空公司"单向"、"单飞"、"间接"的方式相比,此次台商春节包机首度按照"共同参与、多点开放、直接对飞、双向载客"的方式实施。海峡两岸12家航空公司共执行了48个往返航班,运送台商及其眷属 10771 人次。

2005 年 3 月 4 日，胡锦涛就新形势下发展两岸关系提出四点意见（“胡四点”），提出坚持一个中国原则决不动摇；争取和平统一的努力决不放弃；贯彻寄希望于台湾人民的方针决不改变；反对“台独”分裂活动决不妥协。

2005 年 3 月 14 日，全国人大通过《反分裂国家法》，反对和遏制“台独”分裂势力分裂国家，促进祖国和平统一。

2005 年 3 月 28 日～4 月 1 日，中国国民党副主席江丙坤受国民党主席连战委派率团来大陆参访，开启了 56 年来国共两党党与党对话的先声。

2005 年 4 月 26 日～5 月 3 日，中国国民党主席连战率团访问大陆。胡锦涛与连战共同发布“两岸和平发展共同愿景”。国共两党最高领导人 60 年后再握手，两党共同迈出历史性一步。

2005 年 5 月 5 日～5 月 13 日，亲民党主席宋楚瑜率团访问大陆。这是中国共产党与亲民党之间首次进行两党交流对话。

2005 年 7 月 6 日～13 日，新党主席郁慕明率团访问大陆。胡锦涛 7 月 12 日会见了新党大陆访问团，并就发展两岸关系提出四点看法。

2008 年 11 月 4 日，海协会与海基会在台北签署《海峡两岸空运协议》、《海峡两岸海运协议》、《海峡两岸邮政协议》。根据协议，两岸将开通空中双向直达航路，使客运包机常态化并开通货运包机，相互开放主要港口进行海运直航，并实现直接通邮。

2008 年 12 月 15 日，两岸海运直航、空运直航、直接通邮全面启动，两岸“三通”时代来临。

2008 年 12月 31 日，胡锦涛总书记在纪念《告台湾同胞书》发表 30 周年座谈会上，发表了重要讲话，提出了关于两岸关系和平发展的六点意见。

2009 年 5 月 26 日，胡锦涛主席会见中国国民党主席吴伯雄，就新的起点上进一步推动两岸关系发展发表了六点意见。

小知识

“泛绿阵营”、“泛蓝阵营”、“泛紫联盟”

“泛绿阵营”

在党纲中明确主张追求“台湾独立”、拒绝一个中国原则的民进党、台联党以及其他“独派”政治团体，因其代表党派——民进党的党旗为绿色，因此被外界统称为“泛绿军”，也称“泛绿联盟”、“泛绿阵营”。

民进党 民进党曾经是台湾的执政党，主张台湾本土化及台湾独立，是倾向“台独”的泛绿联盟的主要政党。

民进党于1986年9月28日在台北成立，是由原“编联会”、“公政会”等党外组织为基础而建立的以国民党为对手的在野“反对党”。党内主要派别有美丽岛系、新潮流系、前进系等。在2000年3月台湾大选中，由于国民党内部分裂，民进党候选人陈水扁以39.3%的选票当选台湾“总统”，从而使民进党由在野党变成了“执政党”。

台联党　2001年8月12日，以李登辉为“精神领袖”，以延续“两国论”分裂路线为宗旨的“台湾团结联盟”(简称“台联党”)正式成立，并在2001年底“立委”选举中获得13个席次，成为“立法院”第四个政党。进入“立法院”后，为抢攻岛内“急独”票源、主导台湾政局走向、阻挠两岸关系的发展，“台联党”一再抛出各种“激进台独”主张，逐渐成为岛内“激进台独”势力的总代表。

建国党　1996年10月6日，岛内“激进台独”分子因不满民进党淡化“台独”色彩进行政党转型，而组建了所谓的“建国党”(英文名称为Taiwan Independence Party，简称TAIP)。实现所谓“台独建国”是“建国党”的核心理念，该党成立以来，便大肆宣扬“台独”思想、鼓吹“台独”谬论。

“泛蓝阵营”

国民党以及从国民党分裂出去的新党、亲民党等泛国民党势力被外界统称为“泛蓝军”，也称“泛蓝联盟”、“泛蓝阵营”。

1994年赵少康、郁慕明等为首的新国民党联机次团脱离国民党成立新党；2000年国民党“总统”选举失败以后，宋楚瑜脱离国民党成立亲民党。由于亲民党、新党皆源自中国国民党，而所源出的国民党党旗颜色为蓝色，故此三党共同组成的政党联盟称之为“泛蓝”。

国民党　国民党由孙中山先生创立，其前身为中国同盟会。1912年，同盟会联合4个小党派改组为国民党。1919年正式称为中国国民党。

中国国民党于1928年以国民革命军北伐，建立全国统一的政权，统治大陆至1949年。1949年12月11日，国民党中央党部由大陆迁往台北。蒋介石连任总裁至1975年4月5日去世。蒋介石去世后，废除“总裁”制，改称中央委员会主席，由蒋经国连任至1988年1月13日去世。其后则由李登辉继任至2000年3月，国民党在台湾大选中失败，李登辉被迫下台，由连战继任。现任国民党主席为2007年4月7日当选的吴伯雄。

亲民党　2000年3月18日，台湾地区领导人选举结果揭晓，独立参选人宋楚瑜获466万票，仅以30万票的些微差距落选。在宋的支持者的强烈要求下,同时也是为了凝聚这股力量,打开台湾政治舞台的另一片空间,宋楚瑜3月31日正式宣布成立亲民党。之所以命名为"亲民党",是因为宋楚瑜推崇蒋经国的"亲民、爱民"理念,该党英文名称为"the People First Party",意为"人民第一"党。

新党 1993年8月10日,新党由新国民党连线成员组建成立,8月22日举行了成立大会并讨论通过了党章。党章明确规定,新党是以"让人民有更好的日子过"为宗旨;在组织运作上,则以"议会"为中心、民意为依归、选举为方法,并以民选公职人员为组织运作的核心;党的负责人由党的"全国组织立院委员会"、"国大委员会"及"全国竞选与发展委员会"的召集人担任。现任党主席为郁慕明。

新党在组党宣言中宣布了五点宣言和八项主张,核心包括"政治改革、党内民主、反金权、反台独"。新党成立后,生气勃勃,第一次参加"立委"竞选就取得了21个席位,成为台湾政坛的第三势力。但后来由于内讧不断,其发展受到了很大影响。

"泛紫联盟"

又名公平正义联盟。2003年8月10日成立于台湾,由台湾九大社福、社运团体共同发起,召集人为前民进党立委简锡堦。联盟称以象征弱势的紫色做代表颜色,意在为弱势者和众多随时可能沦为弱势的受雇者发声,同时也与蓝绿阵营的代表颜色区隔。该联盟当前宗旨为:共同建立社会安全网,要求朝野一起致力追求建构可长久的社会福利制度的诉求,并借由社会福利与社会运动团体的力量,翻转台湾的选举文化与价值观。舆论称之为台湾政坛第三支队伍。

第三节 台湾问题——中美关系最大的症结

至2009年1月1日,中美正式建立外交关系30周年。这30年中美关系走过了不平坦的道路,但是大致上是向前发展的。中美两国关系发展深受世界总体形势、各自国内政治文化因素以及台湾、人权、经贸等问题的牵制和影响。台湾问题始终是中美关系中最重要、最敏感的核心问题,妥善处理这一问题是推进中美建设性合作关系的关键。只要在台湾问题上出现麻烦,中美关系就难以向前发展,甚至会出现倒退。台湾问题事关中国国家主权和领土完整,攸关中国国家安全。台湾问题是中国的内政,应由两岸的中国人自己解决。

美国政府对台湾问题的态度

美国历届总统对台湾的基本政策并没有太大变化，两岸三边关系始终在“三个公报”与“一个法案”之间游走，奉行平衡政策，试图维持两岸不统、不独、不战、不和的局面，明里鼓励两岸对话，反对台独，暗里高度警惕中国对台动用非和平手段，暗中展开美台军事安全合作，鼓动和压迫台湾当局购买巨额军火，赚取巨额军售利润。

早在中美建交以前，台湾问题就是建交的关键问题，从1972年的《上海公报》到1978年的《建交公报》，双方始终环绕着台湾问题较量，当时美国要拉中国制衡苏联，中国要搞现代化建设，双方对台湾问题作了暂时性的妥协；但1979年美国国会通过《与台湾关系法》，强调美国对台湾安全承担法律及道德责任，对台湾加以安抚，1982年美国复与大陆签订《八一七公报》，对美中关系中的美国向台售武问题加以规范，又来抚慰大陆不安情绪。

克林顿时期，美国提出了三不支持：不支持台湾独立，不支持一中一台两个中国，不支持台湾加入像联合国一类主权国家才能加入的国际组织。海峡危机之后，美又提出“假如台湾不宣布独立，台湾能不能不动武”问题，在这两个前提之下，不妨促成两岸之间的一个“中期协议”。美的政策就是“促谈不促统，维和(平)不逼合(并)”。美不甘心中国的崛起，但是它又无法阻止中国的强大；不甘心中国实现统一，但是又不甘心将自己拴在台独的战车上，考虑的一直是自己的最高利益。

小布什政府上台初期，“新保派”一时占了上风，不惜突破“三个公报”，向台湾出售大量武器，让台湾有自卫与反制力量，并协助台湾获得更多外交空间，吓阻大陆不以武力实现统一，为此不惜制造两岸紧张，以台湾牵制大陆发展，起到一箭双雕作用。但是更应该看到，维护本国利益是美国制定对华政策的出发点，必须理性地处理美中关系，所以其对华政策不可能偏离太远，不会也不敢脱离中美之间达成的三个联合公报的基本框架。

在2006年5月10日题为“崛起的中国：是负责任的利益攸关方还是强大的对手?”的听证会上，美国副国务卿佐利克就中美关系进行作证。在台湾问题上，他公开表示，美国必须慎重处理有关问题，美国不能助长“台独”倾向，因为“台湾独立就意味着战争”。随后，5月11日，美国在台协会台北办事处处长杨苏棣也公开表示“我们的政策一直都是反对台湾独立”。与“不支持”相比较而言，这是美国官方罕见地以“反对”的字眼来表达自己对“台独”的立场。可见，小布什政府的对台政策就是：维持台湾海峡地区的现状，避免台海地区的武力冲突。

中美关系始终处于这种既合作又对抗状态之中。

总之，尽管中美关系取得多层次和宽领域的良好进展，中美继续在人权、贸易等领域不断面临纠纷，但这些都无法改变和动摇台湾问题在中美关系中的核心地位。中美关系在台湾问题上经历了20年对抗和之后30多年的外交纷争。即使在中美战略合作基础最牢固的时期，美国仍不时拿台湾问题对中国进行牵制。美国立下"特殊情况"下保卫台湾的法律，国内存在大量亲台议员，美国希望两岸继续维持现状。从2004年台湾"3·20"和"5·20"两次重大事件看，美国的言行客观上起到了姑息作用。美日安全合作目标涵盖台湾地区也严重干涉了中国内政。2005年3月，中国全国人大正式通过《反分裂国家法》后，美国表示了不同看法，坚持对台军售，指责中国军队现代化进程。2008年10月3日，美国政府不顾中国政府多次严正交涉，作出向台湾出售潜射鱼叉导弹、爱国者飞弹、E2早期预警机升级、阿帕奇攻击直升机等6项先进武器系统，总价值高达64.63亿美元的决定。这是美国近年来最大笔的对台军售案。

附:《反分裂国家法》全文

《反分裂国家法》由中华人民共和国第十届全国人民代表大会第三次会议于2005年3月14日通过，其主要内容如下：

第一条 为了反对和遏制"台独"分裂势力分裂国家，促进祖国和平统一，维护台湾海峡地区和平稳定，维护国家主权和领土完整，维护中华民族的根本利益，根据宪法，制定本法。

第二条 世界上只有一个中国，大陆和台湾同属一个中国，中国的主权和领土完整不容分割。维护国家主权和领土完整是包括台湾同胞在内的全中国人民的共同义务。

台湾是中国的一部分。国家绝不允许"台独"分裂势力以任何名义、任何方式把台湾从中国分裂出去。

第三条 台湾问题是中国内战的遗留问题。

解决台湾问题，实现祖国统一，是中国的内部事务，不受任何外国势力的干涉。

第四条 完成统一祖国的大业是包括台湾同胞在内的全中国人民的神圣职责。

第五条 坚持一个中国原则，是实现祖国和平统一的基础。

以和平方式实现祖国统一，最符合台湾海峡两岸同胞的根本利益。国家以最大的诚意，尽最大的努力，实现和平统一。

国家和平统一后，台湾可以实行不同于大陆的制度，高度自治。

第六条 国家采取下列措施，维护台湾海峡地区和平稳定，发展两岸关系：

（一）鼓励和推动两岸人员往来，增进了解，增强互信；

（二）鼓励和推动两岸经济交流与合作，直接通邮通航通商，密切两岸经济关系，互利互惠；

（三）鼓励和推动两岸教育、科技、文化、卫生、体育交流，共同弘扬中华文化的优秀传统；

（四）鼓励和推动两岸共同打击犯罪；

（五）鼓励和推动有利于维护台湾海峡地区和平稳定、发展两岸关系的其他活动。

国家依法保护台湾同胞的权利和利益。

第七条 国家主张通过台湾海峡两岸平等的协商和谈判，实现和平统一。协商和谈判可以有步骤、分阶段进行，方式可以灵活多样。

台湾海峡两岸可以就下列事项进行协商和谈判：

（一）正式结束两岸敌对状态；

（二）发展两岸关系的规划；

（三）和平统一的步骤和安排；

（四）台湾当局的政治地位；

（五）台湾地区在国际上与其地位相适应的活动空间；

（六）与实现和平统一有关的其他任何问题。

第八条 “台独”分裂势力以任何名义、任何方式造成台湾从中国分裂出去的事实，或者发生将会导致台湾从中国分裂出去的重大事变，或者和平统一的可能性完全丧失，国家得采取非和平方式及其他必要措施，捍卫国家主权和领土完整。

依照前款规定采取非和平方式及其他必要措施，由国务院、中央军事委员会决定和组织实施，并及时向全国人民代表大会常务委员会报告。

第九条 依照本法规定采取非和平方式及其他必要措施并组织实施时，国家尽最大可能保护台湾平民和在台湾的外国人的生命财产安全和其他正当权益，减少损失；同时，国家依法保护台湾同胞在中国其他地区的权利和利益。

第十条 本法自公布之日起施行。

中美外交基石——三个联合公报

中美两国自1979年1月1日建立大使级外交关系以来，台湾问题始终是中美两国发展稳定、健康和正常国家关系的最关键和最敏感的问题。中美两国经过共同努力，在和平共处五项原则的基础上，签署了指导两国关系发展的三个联合公报。

(1)1972年2月28日，中华人民共和国和美利坚合众国政府正式发表谋求两国关系正常化的联合公报。

联合公报是美国总统理查德·尼克松1972年2月21日至28日访问中国期间，同中国领导人多次会谈后，于27日在上海达成协议后形成的文件，故又称《上海公报》。公报中，双方回顾了经历着重大变化和巨大动荡的国际形势，阐明了各自的立场和态度，并确定了共同的基本原则。它对指导两国关系的发展迄今仍具有重大的意义。

(2)1978年12月16日中美双方发表两国决定自1979年1月1日起互相承认并建立外交关系的联合公报。

在公报中，美国承认“中华人民共和国是中国的唯一合法政府”，“只有一个中国，台湾是中国的一部分”，“在此范围内，美国人民将同台湾人民保持文化、商务和其他非官方关系”。重申《上海公报》中双方一致同意的各项原则，并决定于1979年3月1日互派大使并建立大使馆。

(3)中华人民共和国和美利坚合众国联合公报。

1982年8月17日，中美两国政府就分步骤直到最后彻底解决美国向台湾出售武器问题发表了联合公报。双方重申了《上海公报》和中美建交公报所确立的指导中美关系的根本原则，又称《中美八一七公报》。1982年8月17日在两国同时发表。

公报共9条，主要内容是：双方确认中美《上海公报》和建交公报所确立的根本原则仍是指导双方关系所有方面的原则；中国重申台湾问题是中国内政；美国重申它无意侵犯中国的主权、领土完整和干涉中国内政，也无意执行“两个中国”或“一中一台”的政策；美国声明它不寻求执行一项长期向台湾出售武器的政策，它向台湾出售的武器在性能和数量上将不超过中美建交以来近几年的水平，并逐步减少，以期经过一段时间最后解决。

中美三个联合公报成为中美关系的基石，即使这些年来两国之间的关系有冷有热，但始终都是在联合公报的框架内运作。同时，在台湾问题的处理上，中美双方也以公报为基础，虽然美方对台湾的暗中支持不断提升，但一直没有超出公报确立的“底线”。近年来台湾民进党等“台独”分子一直叫嚣着谋求"台湾独立"，美国在其中的纵容和支持难逃其咎。我方在坚持三个联合公报的基础上，还应该为和平统一祖国与美国作坚决的斗争。

第四节　中美关系30年

1949年新中国成立到20世纪70年代初，中美总体处于对抗状态，但从1955年到1972年为实现中美关系正常化，两国一直保持着秘密谈判。基于对抗苏联霸权主义的共同需要，1972年2月，尼克松总统访华，中美关系实现正常化。但台湾问题始终阻碍两国建交进程，中国提出美国必须遵循"断交"、"撤军"和"废约"等三原则。20世纪70年代后半期苏联对美国攻势继续增强，美国权衡利弊而最终接受中国立场，中美于1979年1月1日起正式建交，这是中美关系的第一个30年时期，经历了从对抗到缓和。

中美建交30年以来经历了大致三个阶段。第一个十年双边关系迅速发展，基于当时各自的利益动机，双方持有比较正面的定位：美国视中国为"友好的非盟国"，中国则视美国为实现现代化的重要伙伴。第二个十年，中美关系经历重要转折，冷战结束后，失去了中美建交之初的战略支撑点，双方相互定位复杂化：政治上的对手，经济上的伙伴，战略上的非敌非友，美国政府在克林顿第一任期内确定了接触加遏制的对华政策，中美关系起伏较大。第三个十年，中美关系得到重新战略定位并获得新的发展。事实上直到最近十年特别是"9·11"以后，美国愈加从全球战略的角度来看待中美关系。

中美之间变化的战略定位

与历史上所有通过大规模战争实现国际体系变更不同，冷战结束以来的国际体系主要是通过非战争方式渐进地进行的。在国际体系转型的关键时期，中美这两个世界主要国家正在从国际体系的力量基础、组织机构、规则规范、价值观共识、主要议题等方面进行磨合和互动。这是考察过去30年和预期未来中美关系的大背景，因而回顾中美之间变化的战略定位也必须置于这一背景之中。由于中美关系已远远超越了双边的范畴而涉及国内、多边、地区、跨地区和全球等领域，因此，中美两国需从战略的高度和长远的角度来看待双方在国际体系问题上的互动。战略地位的确立对于中美关系这样"最重要的双边关系之一"具有至关重要的意义。

1997年和1998年中美元首实现互访，两国元首发表的《联合声明》确认双方面向21世纪的"建设性的战略伙伴关系"，体现了克林顿政府全面接触的对华政策，实现了双边关系重新正常化。世纪之交，小布什执政之初，将中国定位为“战略竞争对手”，试图以战略上的遏制和经济上的交往来应对“中国威胁”。“9·11”事件等迫使小布什政府在对华政策上实行策略性的调整，将中美关系重新定位为“坦诚的、建设性的合作关系”(3C)，但这表明小布什第一任期内对华新战略思维仍未成型。2005年，这一定位又增加了一个C，即“复杂的”。由于中国的发展势头超过了美国的心理预期，美国政界和学界开始思考重新对华定位及相应的对华新战略。时任美国副国务卿佐利克在美中关系全国委员会以《中国向何处去》为题发表讲话，提出要使中国成为国际体系中“负责任的利益攸关方”，引起各界的高度关注。佐利克的这篇讲话不但是小布什政府对华政策的一次全面阐述，也标志着美中关系的一个转折点，标志着小布什政府对华政策上具有战略价值新思路的出现。在一定意义上，这是向克林顿政府第二任期内对华思维的回归。此举表明美国在国际体系方面既要把中国纳入美国主导的轨迹，但也需要中国的合作。随着中国经济的迅猛发展，中美经济纽带加强，相互依存显著上升，两国关系发展的动力越来越强，也越来越多元。可以说，在小布什政府结束任期之际中美关系呈现出一些新的特点，即经济相互依存的深化和对称性的增强、中美关系的国际化、安全关系的复杂化和中美互动的强化与机制化。

经过2008年大选，美国国内政治经历了新一轮的调整。目前已有不少对于奥巴马政府外交政策的延续性和变革性的讨论。人们普遍认为，在小布什政府的外交遗产中，亚洲政策被认为是一个重要的闪光点。从目前看来，奥巴马政府继承了这一遗产，以比较务实的态度来开展双边关系。希拉里·克林顿国务卿上任后首访即到亚洲，并提出希望与中国发展“积极合作关系”。胡锦涛主席与奥巴马总统在2009年4月伦敦金融峰会上的会谈提出了“积极、全面、合作的中美关系”这样一个全新定位。这一定位标志着美国政府对华政策的基点已经跳出了双边关系的框架，采取务实的态度，从全球角度来定位中美关系。在短短几个月之内，中美之间已经实现了高层的互访，并正式确立战略定位，大大缩短了以往新政府的磨合期，为今后的中美关系开了个好局。中美元首对两国关系的新定位进一步确定了双边关系的性质和未来努力的方向，主调是明确而积极的，层次上也有了提升，反映出中国在发展中美关系中的主动性在增强。但同时，我们也应看到，中美双方仍然缺乏战略互信，奥巴马很难从根本上改变前几届政府所实行的对中国既接触又遏制的两面下注政策，战略定位与实际政策和落实到具体领域中仍会存在差距，这是需要注意的现实。奥巴马政府的重要任务是“重建美国的世界领导地位”，因而中美关系能否继续保持稳定，在金融危机合作之后是否还能保持良好态势还有待双方的努力。

过去 30 年，中美两国不断确认共同利益，有发展也有摩擦，现在两国的共同利益不断扩大，更加坚定发展关系才符合共同利益。金融危机和其他全球性问题层出不穷，国际形势总体上需要中美两国加强合作与协调，这有利于双边关系的发展。中国在处理对美关系上拥有越来越多的可资利用的资源，两国关系的不对称性下降。美国政府越来越趋向于从全球战略的高度来看待中美关系，在更大的范围和更长远的意义上尝试接受一个趋势，即中国和平地兴起为世界主要强国之一。而且美国政界的务实派也认识到与中国合作对美国是有利的。这对中美关系的稳定和发展是有积极作用的。可以说，中美之间的战略定位出现这样的变化，既是国际体系转型也是中美关系变化和发展的必然要求。

在国际力量对比此消彼长的历史进程中，国际社会特别关注作为守成大国的美国和迅速发展的中国之间调整相互关系的理念、战略、政策、机制和方式。中美关系的航向来自于两国关系清晰的定位。中国作为一个后来的新兴大国，同国际体系的主导国（美国）的磨合必然是长期的和复杂的。美国从维护其世界领导（主导）地位出发，其朝野在思想深处将继续反复踌躇和徘徊，总的来说其对华政策具有明显的两重性，既要借重中国的力量和影响，又要防范中国的可能挑战。中国则坚持渐进地改革与完善国际体系，推动其朝着更加公正和合理的方向发展。因此中美关系的新特点反映了当前国际环境的根本性变化和两国关系的全面深入发展。

新世纪的中美关系

第一，中美关系已经远远超出了双边关系。中美关系是 21 世纪世界上最重要的双边关系之一。现在中美关系中有越来越多的地区和全球的经济以及安全内容，这是 20 世纪 90 年代、80 年代都没有的事情，比如应对自然灾害、应对气候变化、应对能源安全、流行性疾病、反恐、防止大规模杀伤性武器扩散、金融危机等。所有这些问题都需要中美两国的合作，这一点是有利于中美关系长期稳定的因素。

第二，中美关系越来越机制化。在布什总统任期之内，中美两国领导人互相会晤 20 次，互通电话 20 次，互致书信 40 次，这种频率是以前所没有的，两国领导在不同的场合会晤时，他们可以就各种地区、全球和双边关系的问题坦率地交换意见。2008 年 8 月，布什到中国来参加奥运会开幕式前，在华盛顿接受中国记者的采访，他说他觉得和胡主席在一起的感觉非常融洽，是一种很好的工作关系。

第三,中美两国经济上的高度相互依赖。从2001年,中国加入世贸组织后,中国对外贸易发展很迅猛,年均增长28.5%,这是事先没有一个中国或者外国经济学家预料得到的事情,中国对美国的贸易也是以不小的数字在增长。所以现在中美经济上的相互依赖是具有战略意义的,而且这种依赖还在不断加深,呈现你中有我,我中有你,谁也离不开谁的局面,这是中美两国之间非常强劲的有力纽带。

第四,美国对台政策有所变化。2003年12月,温家宝总理访问美国,布什总统在白宫和温总理有一次联合记者招待会。在招待会上,布什总统讲了美国对台湾的政策,美国反对任何单方面改变台湾海峡的现状,而且他说台湾领导人的言行表明他有可能单方面改变现状,对此美国是反对的,这是布什总统当着中国总理的面,除了点陈水扁三个字以外,非常直率地批评了台湾当局要单方面改变现状。

第五,中美两国民间交流不断扩展。中美建交以后,两国民间的外交继续发展,可以说中国和美国民间各个层面、各个方面的交往,商务、贸易、经济、文化、教育、体育、人员、旅游等等大大地多于中国与任何别的国家的交往。这样一种民间的交往甚至在中美政治关系最困难的时候也没有中断,而且它实际上帮助两国政府走出了困难的局面。中美的民间交往实际上是中美关系变成了中美两个社会之间的关系。两国之间、两个社会之间的纽带变得越来越牢固。

当然,也并不是说中美两国一切都好,晴空万里,中美关系还是存在着一些分歧,而且有些分歧短期之内还解决不了。有三方面:一是中美两国是社会制度和意识形态不同的国家,在人权问题、西藏问题、宗教信仰等问题上美国还是时不时地对中国有些批评。二是台湾问题。因为现在美国对台湾还有《与台湾关系法》,还向台湾出售武器,从眼前来说影响了当前的中美关系,尤其是中美两军的关系,从长远来说,美国所表示的政策还只是说“台湾问题要和平解决”,而我们的说法是“和平统一台湾”。“和平解决”和“和平统一”中“和平”这一点一样,但中国是要统一,而美国是要解决,解决到底怎么解决,美国人不说了,但是美国确实还是有很多人在那里有各种各样的表示,所以在中国我们也有一个怀疑,美国人还可能要以台制华,在和中国的关系中还是要打台湾这张牌。三是中国是迅速发展的大国,美国是唯一的超级大国,所以美国总是担心中国的发展会影响它在亚太地区和全球的地位,所以美国人说要对中国进行防范,要对中国进行牵制。

“中美国”既不现实也逆潮流

哈佛大学教授尼尔·弗格森和剑桥大学访问学者斯丘拉日克教授共同提出的“中美国概念。以 China 和 America 这两个词构成 Chimerica，这正是现在人们热议的 G2，或叫“中美共治”。美国著名政治理论家。美国新总统奥巴马选前的外交顾问布热津斯基，在美国媒体多次放言说：“美国和中国应该组成新世界格局的‘两国集团’(G2)”。“中美国” 现实吗？符合时代的发展潮流吗？

一些专家认为：所谓的“中美共治”构想，并不代表美国正以平视的目光看待中国，是急于提出用一种新的框架，来把中国给制约住。所谓的“中美共治”构想，实质上违背了当今世界发展的大势，因而没有任何可行性。‘中美国’是一个最大消费国美国和最大的储蓄国中国组成一种所谓的家庭关系，这个实际上是把过去的国际经济的一种垂直分工体系给强化了，没有看到中国的发展，也没有看到世界应该向何处发展，这还是一种基于传统的垂直分工体系的大国心态在作怪”。欧洲、日本在科技上与社会经济模式上和美国高度重合，和美国形成垂直产业体系的互补型模式的有利因素已经消失，不稳定因素依然彰显。其实美国不断推行北约东扩，何尝也不是为了寻求这种垂直模式在北约体系内得到延续。

何况，美国军事力量全球第一，中国显然没有实力在全球和美国抗衡，G2 模式将增大中国军事力量的分散。形不成拳头力量，势必单薄，在不可能对美国霸权形成挑战。

总之，“中美共治”既不现实也不符合时代发展潮流，温家宝总理非常精辟地指出：“中国坚持独立自主的和平外交政策，奉行互利共赢的开放战略，愿意同所有国家发展友好合作关系，绝不谋求霸权。一两个国家或大国集团不可能解决全球的问题，多极化和多边主义是大势所趋，人心所向。有人说，世界将形成中美共治的格局，这是毫无根据的，也是错误的。”

附：中美政治关系大事记

1971 年 4 月 10 日至 17 日，美国乒乓球代表团访华。这是新中国成立后第一个应邀访华的美国团体。代表团的访华打开了隔绝 22 年之久的中美交往的大门，被称为“小球转动了大球”的“乒乓外交”。

1972 年 2 月 21 日至 28 日，美国总统尼克松正式访问中国。访问期间，中美双方于 1972 年 2 月 28 日在上海发表了《中美联合公报》，即上海公报。

1973 年 5 月 1 日，中美两国在对方首都设立的联络处开始工作。

1975 年 12 月 1 日至 5 日，美国总统福特访华。

1978 年 12 月 16 日，中美两国发表了《中华人民共和国和美利坚合众国关于建立外交关系的联合公报》，即中美建交公报。

1979 年 1 月 1 日，中美正式建立大使级外交关系。美国宣布断绝同台湾的所谓“外交关系”，并于年内撤走驻台美军，终止美台《共同防御条约》，即“断交、废约、撤军”。

1979 年 1 月 28 日至 2 月 5 日，中国国务院副总理邓小平对美国进行正式访问。这是中华人民共和国领导人第一次访问美国，揭开了中美关系史的新篇章。1 月 31 日，中美双方签订科技合作协定和文化协定。

1982 年 8 月 17 日，中美两国政府发表中美“八·一七公报”，美方承诺逐步减少并最终停止售台武器。中美三个联合公报（即上海公报、中美建交公报和“八·一七公报”），成为中美关系发展的指导性文件。

1984 年 4 月 26 日至 5 月 1 日，美国总统里根对中国进行国事访问。

1985 年 7 月 22 日至 31 日，中国国家主席李先念对美国进行国事访问，这是中国国家元首首次访美。

1989 年 2 月 25 日至 26 日，美国总统乔治·布什对中国进行工作访问。

1992 年 1 月 31 日，中国国务院总理李鹏在纽约出席联合国安理会首脑会议期间与美国总统乔治·布什会晤。

1993 年 11 月 19 日，中国国家主席江泽民出席在美国西雅图举行的亚太经合组织领导人非正式会议期间，与美国总统克林顿会晤。此后，中美两国领导人在亚太经合组织领导人非正式会议期间多次举行会晤。

1995 年 5 月 22 日，美国政府宣布允许李登辉以“私人”名义于当年 6 月访美，中美关系陷入低谷。同年 10 月 24 日，江泽民主席在纽约出席联合国成立 50 周年特别纪念会议期间，与克林顿总统举行正式会晤。克林顿总统表示，美方重申对中美三个联合公报各项原则的承诺，重申承认只有一个中国，中华人民共和国政府是中国唯一合法政府，也承认台湾是中国的一部分，同时强调反对“两个中国”和“一中一台”、反对台湾独立、反对台湾加入联合国的主张。

1997 年 10 月 26 日至 11 月 3 日，中国国家主席江泽民对美国进行国事访问。10 月 29 日，双方发表《中美联合声明》，确立了发展面向 21 世纪中美关系的目标、原则和指导方针。美方重申坚持一个中国政策，遵守中美三个联合公报的原则。

1998 年 1 月 17 日至 20 日，美国国防部长科恩访华。访问期间，中美签署了《中美两国国防部关于建立加强海上军事安全磋商机制的协定》。

1998年3月14日，美国宣布将不再支持在日内瓦联合国人权会议上提出针对中国人权状况的议案。

1998年4月29日至5月1日，美国国务卿奥尔布赖特访华，双方签署中美建立直通保密电话通信线路协定。

1998年6月25日至7月3日，美国总统克林顿对中国进行国事访问。双方就南亚问题、生物武器公约议定书和杀伤人员地雷问题发表了三个联合声明。克林顿总统重申美国坚持一个中国政策、恪守中美三个联合公报的原则，并公开表示不支持台湾独立，不支持"一中一台"或"两个中国"，不支持台湾加入任何必须由主权国家才能参加的国际组织。

1999年4月6日至14日，中国国务院总理朱镕基对美国进行正式访问。访问期间，朱镕基总理和克林顿总统就中国加入世贸组织问题发表联合声明。

1999年5月8日凌晨（贝尔格莱德时间5月7日晚），以美国为首的北约悍然轰炸中国驻南斯拉夫联盟共和国大使馆，造成3名中国记者遇难、多人重伤和使馆馆舍严重毁坏。中国政府对此提出最强烈抗议，指出以美国为首的北约必须对此承担全部责任。此后，美国总统克林顿公开道歉，美方对给中国造成的损失予以赔偿。

2001年4月1日，美国一架军用侦察机在中国海南岛东南海域上空对中国进行侦察时，撞毁对其进行跟踪监视的中方歼八飞机一架，致使飞行员王伟罹难。随后，美方飞机未经中方允许，进入中国领空，并降落在海南陵水机场。在美方于当月11日作出道歉后，中方于次日同意美方人员离境。

2002年2月21日至22日，美国总统乔治·W.布什对中国进行工作访问。

2002年4月27日至5月3日，中国国家副主席胡锦涛对美国进行正式访问。

2002年10月22日至25日，中国国家主席江泽民对美国进行工作访问。双方认为，中美作为拥有广泛而重要共同利益的两个大国，应扩大各领域的交流与合作，加强在重大国际和地区问题上的对话与协调，推动中美建设性合作关系不断向前发展。双方还同意加强高层战略对话和交往。

2003年12月7日至10日，中国国务院总理温家宝对美国进行正式访问。访问期间，温家宝总理提出了确保中美经贸关系持续健康发展的五条原则，布什总统表示赞同。双方还商定提高中美商贸联委会的级别。

2005年8月1日，中国外交部副部长戴秉国与美国常务副国务卿佐利克在北京举行首次中美战略对话。此后，作为定期对话机制，中美战略对话定期在中美间轮流举行。

2005年11月19日至21日，美国总统乔治·W.布什访华。双方就中美关系和共同关心的国际与地区问题深入交换了意见。美方再次重申坚持一个中国政策，反对“台独”，反对单方面改变台海现状。

2006年4月18日至21日，中国国家主席胡锦涛对美国进行国事访问。中美双方一致认为，中美拥有广泛而重要的共同战略利益，不仅是利益攸关方，而且应该是建设性合作者，良好的中美关系对维护和促进亚太地区和世界的和平、稳定、繁荣具有战略意义。

2008年8月10日，胡锦涛主席在中南海瀛台会见了前来出席北京奥运会开幕式及相关活动的美国总统布什。

2009年4月1日，胡锦涛主席同奥巴马总统在G20伦敦峰会期间举行首次会晤，就中美关系、国际金融危机及其他两国关心的国际和地区问题交换了意见。

2009年11月15日—18日，美国总统奥巴马应胡锦涛主席的邀请将对中国进行国事访问。这是全球金融危机爆发后美国最高领导人首次访华，同时也是奥巴马总统的第一次中国之旅。预计中美政府将就全球金融危机、中美贸易与投资、气候变化、朝核问题等举行会谈。

思考题：

1. 20世纪90年代以来，中美关系经历了哪些变化？
2. 谈谈你对“中美共治”的认识。

第二十六章　中国国家安全面临挑战

第一节　西藏问题及达赖喇嘛

2009 年 3 月 2 日，中国国务院新闻办公室发表了《西藏民主改革 50 年》白皮书，系统详实地介绍了 50 年前西藏发生民主改革的历史背景、改革经过、民主改革以后西藏发生的变化以及民主改革取得的成就。白皮书通过回顾西藏实行民主改革的历史进程，揭示了西藏社会发展的规律，用事实揭穿了达赖集团在"西藏问题"上散布的各种谎言和达赖喇嘛的本来面目，有助于澄清历史是非，让世人了解一个真实、发展、变化的西藏。

藏传佛教起源

藏传佛教是中国佛教三大系统(南传佛教、汉传佛教、藏传佛教)之一，自称"佛教"或"内道"，清代以来汉文文献中又称之为"喇嘛教"。

藏传佛教有两层含义：一是指在藏族地区形成和经藏族地区传播并影响其他地区(如蒙古、锡金、不丹等地)的佛教；二是指用藏文、藏语传播的佛教，如蒙古、纳西、裕固、土族等民族即使有自己的语言或文字，但讲授、辩理、念诵和写作仍用藏语和藏文，故又称"藏语系佛教"。

藏语系佛教始于 7 世纪中叶，当时的藏王松赞干布迎娶尼泊尔尺尊公主和唐朝文成公主时，两位公主分别带去了释迦牟尼 8 岁等身像和释迦牟尼 12 岁等身像，以及大量佛经。松赞干布在两位公主影响下皈依佛教，建大昭寺和小昭寺。

到 8 世纪中叶，佛教又直接从印度传入西藏地区。10 世纪后半期藏传佛教正式形成。到 13 世纪中开始流传于蒙古地区。此后的 300 多年间，形成了各具特色的教派，普遍信奉佛法中的密宗。随着佛教在西藏的发展，上层喇嘛逐步掌握地方政权，最后形成了独特的、政教合一的藏传佛教。

藏传佛教中间又有很多教派，目前主要有四大派别分为：宁玛派、萨迦派、噶举派、格鲁派。

1959 年西藏武装判乱是怎样发生的

和平解放前，西藏实行的是上层僧侣和贵族专政的封建农奴制，西藏的广大农奴迫切要求挣脱农奴制的枷锁。和平解放后，许多上中层的开明人士也认识到，如不改革旧制度，西藏民族断无繁荣昌盛的可能。中央人民政府考虑到西藏历史和现实的特殊情况，对西藏社会制度的改革采取了十分慎重的态度。“十七条协议”规定，这种改革中央不加强迫，由西藏地方政府自动进行。1957 年 1 月，国务院总理周恩来访问印度期间又向达赖、班禅及随行的西藏地方政府主要官员转交了毛泽东主席的信，传达了中央的决定，在第二个五年计划期间(1958—1962 年)不搞改革，过六年之后是否改革，仍然由西藏根据那时的情况和条件决定。

但是，西藏上层统治集团中的一些人根本反对改革，试图永远保持农奴制，以维护既得利益。他们蓄意违背和破坏“十七条协议”，变本加厉地进行分裂祖国的活动。1952 年 3、4 月间，西藏地方政府的司曹鲁康娃和洛桑扎西暗中支持非法组织“人民会议”在拉萨骚乱闹事，反对“十七条协议”，提出人民解放军“撤出西藏”。1955 年，西藏地方政府噶伦索康・旺清格勒等在当时的西康省藏区秘密策划煽动武装叛乱。1956 年，该区叛乱开始，叛乱分子围攻地方政权机构，残杀工作人员和群众数百人。1957 年 5 月在西藏地方政府噶伦柳霞・土登塔巴、先喀・居美多吉的支持下，成立了“四水六岗”叛乱组织，稍后又成立号称“卫教军”的叛乱武装，提出“西藏独立”及反对改革的口号，叛乱活动愈演愈烈。武装叛乱分子窜扰昌都、丁青、黑河、山南等地区，杀戮干部，破坏交通，袭击中央派驻当地的机关、部队，并到处抢掠财物，残害人民，奸淫妇女。乃东宗一个名叫东达八扎的商人，因不肯参加叛乱，叛乱分子把他和妻子抓起来，吊打过后，将东达八扎杀死，将他妻子强奸。当时的旧西藏地方政府也承认，很多群从因遭叛乱分子残害向他们告状，仅 1958 年 8 月，就有 70 多起。

中央人民政府本着民族团结的精神，一再责成西藏地方政府负责惩办叛乱分子，维护社会治安，并对西藏地方政府的噶伦表示，“中央不改变西藏地区推迟改革的决定，并且在将来实行改革时仍要采取和平改革的方针”。但是西藏上层反动集团把中央这种仁至义尽的态度看作软弱可欺。他们宣称：“九年来，汉人动也不敢动我们最美妙最神圣的制度；我们打他们，他们只有招架之功，并无还手之力；只要我们从外地调一大批武装到拉萨，一打汉人准跑；如果不跑，我们就把达赖佛爷逼往山南，聚集力量，举行反功，夺回拉萨；最后不行，就跑印度”。

西藏的武装叛乱，从开始就得到国外反华势力的支持。美国人诺曼·C·霍尔著《美国、西藏和中国》披露，1957 年，美国中央情报局从旅居国外的藏人中挑选六名青年，送美国的关岛，接受识图、收发报、射击和跳伞训练。此后，美国又在科罗拉多州海尔营地分批训练“康巴游击队员”达 170 人，经训练的“康巴游击队员”被分批空投或潜回西藏，“建立有效的抵抗运动”，“反对中国人的占领”。1975 年 9 月 5 日香港出版的《远东经济评论》所载《美国中央情报局对西藏的阴谋》一文记述：1958 年 5 月，首批受美训练的两名特务携带电台到叛乱头目恩珠仓·公布扎西设在山南的总部与美国中央情报局联系。不久，美国即在哲古地区空一批武器弹药给叛乱分子，计轻机枪 20 挺，迫击炮 2 门，步枪 100 支，手榴弹 600 枚，炮弹 600 发，子弹近 4 万发。这一时期，美国还从陆路偷运大批武器弹药供给盘踞山南的叛乱分子。

在西藏顽固坚持农奴制度的农奴主和国外反华势力相互勾结下，叛乱活动迅速蔓延。1959 年 3 月 10 日在拉萨发生的全面武装叛乱，就是经精心策划而挑起的。

2 月 7 日，达赖喇嘛主动向西藏军区副司令员邓少东等提出：“听说西藏军区文工团在内地学习回来后演出的节目很好，我想看一次，请你们给安排一下。”邓少东等当即表示欢迎，并请达赖确定演出时间、地点，同时将达赖的这一愿望告诉了西藏地方政府的索康等噶伦和达赖的副官长帕拉·土登为登等人。3 月 8 日，达赖确定 3 月 10 日下午 3 时到西藏军区礼堂看演出。西藏军区方面为此作了认真周到的接待准备工作。3 月 9 日晚，拉萨墨本(市长)却煽动市民说：达赖喇嘛明天要去军区赴宴、看戏，汉人准备了飞机，要把达赖喇嘛劫往北京；每家都要派人到达赖喇嘛驻地罗布林卡请愿，请求他不要去军区看戏。次日晨，叛乱分子胁迫 2000 多人去罗布林卡，又散布“军区要毒死达赖喇嘛”的谣言，呼喊“西藏独立”、“赶走汉人”的口号。叛乱分子当场打伤西藏地方政府卸任噶伦、时任西藏军区副司令员的桑颇·才旺仁增，用石头将爱国进步人士、自治区筹委会委员堪穷帕巴拉·索朗降措活活打死，并拴在马尾上拖尸到市中心示众。随后，叛乱头目连续召开所谓“人民代表会议”、“西藏独立国人民会议”，加紧组织和扩大叛乱武装。他们公开撕毁“十七条协议”，宣布“西藏独立”，全面发动了背叛祖国的武装叛乱。

虽然罗布林卡受到叛乱分子控制，同达赖喇嘛的联系十分困难，中央代理代表谭冠三仍设法通过爱国人士先后于 3 月 10 日、11 日和 15 日给达赖喇嘛三封信。谭冠三在信中表示体谅达赖喇嘛的处境，关心他的安全，并指出叛乱分子猖獗地进行军事挑衅，要求西藏地方政府立即予以制止。达赖喇嘛亦于3月11日、12日和16日先后给谭冠三复信三封。信中说："反动的坏分子们正借口保护我的安全而进行危害我的活动，对此我正设法平息。""反动集团的违法行为，使我无限忧伤……以保护我的安全为名而制造的严重离间中央与地方关系的事件，我正尽一切可能设法处理。"在16日的信中，他还表示，已对地方政府官员等进行了"教育"和"严厉地指责"，并表示几天后还可能到军区去。达赖喇嘛这三封亲笔信的原件曾由新华社记者摄成照片公开发表，现仍保存完好。

但是，3月17日夜，噶伦索康、柳霞、夏苏等叛乱头目挟持达赖喇嘛逃离拉萨，前往叛乱武装的"根据地"山南。叛乱失败后，又逃往印度。

达赖喇嘛离开拉萨后，叛乱分子调集约7000人，于3月20日凌晨向党政军机关发动全面进攻。人民解放军在忍无可忍，让无可让的情况下，于当日上午10日奉命进行反击。在藏族爱国僧俗人民的支持下，仅用两天时间，就彻底平息了拉萨市区的叛乱。以后又平息了叛乱分子长期盘踞的山南地区的叛乱。流窜于其他地区的叛乱武装也相继瓦解。

人民解放军在平叛过程中军纪严明，得到广大僧俗人士的衷心拥护。他们主动配合人民解放军平息叛乱，各地群众纷纷组织自卫队、联防队、保畜队等自卫性组织，为平叛大军修路、运输、送信、引路、烧茶送水、站岗放哨、救治伤员，使叛乱分子陷于孤立。

达赖集团是怎样进行分裂活动的

达赖喇嘛逃亡国外后，中央政府从维护祖国统一和民族团结的大局出发，对他采取了耐心等待的态度。他的全国人大常委会副委员长职务，一直保留到1964年。但是达赖喇嘛在国外反华势力和西藏分裂主义分子的包围下，完全背弃了自己曾经表示过的爱国立场，从事了大量分裂祖国的活动。

——公开鼓吹"西藏是独立国家"。1959年6月，达赖在印度穆索里发表声明，称"西藏实际上曾经一向是独立的"。1991年3月，达赖访问英国时向报界宣称，西藏"是当今世界上被占领的一个最大的国家"。他多次妄称"实现西藏独立的任务落到我们西藏境内外全体西藏人民的身上。"

——成立"流亡政府"。六十年代初期，达赖集团在印度达兰萨拉召开"西藏人民代表大会"，成立了所谓"西藏流亡政府"，颁布所谓"宪法"，规定"由达赖任国家首脑"，"大臣由达赖任命"，"政府的一切工作均应由达赖同意方被认可"。1991年达赖集团修改后的所谓"宪法"中，仍规定达赖是"国家首脑”。达赖及其所谓“流亡政府”向国外藏胞长期征收“独立税”，在一些国家设立“办事机构”，出版发行宣扬“西藏独立”的刊物和书籍，从事“西藏独立”的政治活动。

——重新组建叛乱武装。1960年9月，达赖集团在尼泊尔木斯塘重新组建了“四水六岗卫教军”，在中国边境进行了长达十年之久的军事袭扰活动，其首任总指挥恩珠仓·公布扎西在其回忆录《四水六岗》中写道，“组织了一系列向中国哨所的进攻”，“有时，一二百人的西藏游击队的活动深入中国占领区达一百英里”。达赖撰文对公布扎西大肆赞扬。

——造谣诽谤，策动骚乱。达赖在出国后的三十多年里，不顾事实，编造了大量诸如“‘十七条协议’是武力逼迫下强加给西藏的”；“汉人屠杀了120万藏人”；“由于汉人移民，藏族在西藏成了少数”；“共产党在西藏强行对妇女实行计划生育、堕胎”；政府反对宗教自由，迫害宗教人士；藏族传统文化艺术遭到灭绝危险；西藏自然资源受到严重破坏；西藏环境受到污染等等谎言，蓄意挑拨民族关系，煽动西藏群众反对中央政府。1987年9月至1989年3月拉萨发生的多起骚乱事件，就是在达赖集团的煽动和派遣回藏的叛乱分子策划下挑起的，这些骚乱给西藏人民的生命财产造成严重损失。

达赖的言行表明，他并不象他自己所声称的那样，仅仅是一个宗教领袖，而已成为在国外长期从事分裂祖国活动的政治头目。

“西藏独立”不容讨论

中央政府对达赖喇嘛的政策是一贯的，希望他放弃分裂，回到爱国统一的立场上来。

1978年12月28日，中国领导人邓小平在会见美联社记者时说：“达赖可以回来，但他要作为中国公民”，“我们的要求就一个——爱国，而且我们提出爱国不分先后”，表明了中央政府欢迎达赖喇嘛回归祖国的态度。

1979年2月28日达赖喇嘛派代表回国与中央政府进行接触。3月12日，邓小平在会见达赖喇嘛的代表时明确表示：“欢迎达赖喇嘛回来，回来以后还可以出去”。对于中央政府同达赖喇嘛方面谈叛的问题，邓小平明确指出：“现在是以西藏作为一个国家与中央对话，还是西藏是中国的一部分来讨论处理一些问题？这是个现实问题。”“根本问题是，西藏是中国的一部分，对与不对，要用这个标准来判断。”

为了通过谈判，促成达赖喇嘛及其追随者放弃分裂主张，回归祖国，中央政府进行了种种努力。自1980年以来，中央领导人多次接见了达赖喇嘛派回的代表，多次重申中央对于达赖喇嘛的政策。

为了满足国内外藏族群众之间探亲和交往的要求，中央政府制定和实行了来去自由的政策，并表明了爱国一家，爱国不分先后，既往不咎的态度。从1979年8月到1980年9月，中央政府有关部门接待了达赖喇嘛先后派出的三批参观团和两批亲属回国参观。达赖喇嘛在国外的大部分亲属曾回国参观、探亲，自1979年以来，西藏和其他藏区已经接待了回国探亲、参观旅游的国外藏胞8000余人，安置了回国定居的藏胞近2000人。

令人遗憾的是，达赖不仅没有接受中央的好意，反而变本加厉地进行分裂活动。1987年9月，达赖在美国国会人权小组委员会发表了所谓西藏地位问题的"五点计划"，继续鼓吹"西藏独立"，煽动和策划了拉萨的多次严重骚乱事件。1988年6月，达赖提出了所谓解决西藏问题的"斯特拉斯堡建议"，这个建议以所谓西藏历来是独立国家为前提，将一国内部的民族区域自治问题变成所谓的宗主国与附庸国、保护国与被保护国的关系，否认中国对西藏的主权，变相搞西藏独立。这原是帝国主义为了瓜分中国玩弄过的阴谋，当然受到中央政府的拒绝。中央明确表示："中国对西藏的主权不容否定，西藏独立不行，半独立不行，变相独立也不行。"

尽管如此，中央政府仍然希望达赖悬崖勒马，回心转意。1989年初，班禅大师圆寂，考虑到历世达赖、班禅互为师徒的历史宗教关系，经中央政府同意，中国佛教协会邀请达赖喇嘛回国参加班禅大师的追悼活动。中国佛教协会会长赵朴初亲自将邀请信交到达赖喇嘛的私人代表手中。这给达赖喇嘛提供了一个在流亡三十年之后，同国内佛教界人士见面的良机。然而，达赖喇嘛拒绝了这次邀请。

1989年，在新的国际反华风浪中，挪威诺贝尔和平奖委员会怀着明显的政治目的，把1989年诺贝尔和平奖授予达赖喇嘛。达赖和西藏分裂主义分子得到了极大的支持。此后，达赖周游世界，到处鼓吹分裂。

与此同时，达赖喇嘛进一步加紧煽动和策划西藏地区的骚乱活动。1990年1月19日，他通过英国的广播说：如果北京政府一年之内不开始会谈他的西藏自治计划，他将不得不改变对中国妥协的立场，很多年轻的西藏人主张使用武力。1991年4月4日，达赖通过"美国之音"藏语广播说："要进一步加强西藏独立的所有事情"1991年10月10日，达赖又通过"美国之音"藏语节目进行煽动说："当前大批汉人涌入西藏，使很多藏族青年找不到工作，这对西藏社会造成更加不安定的因素，因此再次爆发动乱的可能性很大。"

正是由于达赖喇嘛一直不肯放弃"西藏独立"的主张，继续在国内外进行分裂祖国的活动，使中央政府和达赖喇嘛代表的接触没有取得成果。

1991年5月19日，中华人民共和国国务院总理李鹏在西藏和平解放四十周年前夕答新华社记者问中指出："中央政府对达赖喇嘛的政策是一贯的，现在也没有变化。我们的根本原则只有一条，即西藏是中国不可分割的一部分。在这个根本问题上没有任何讨价还价的余地。中央政府一贯表示愿意同达赖喇嘛进行接触，但是达赖喇嘛必须停止从事分裂祖国的活动，改变'西藏独立'的立场，除了'西藏独立'不能谈，其他问题都可以谈。"

中央政府愿意与达赖喇嘛接触谈判的大门始终是敞开的。中央政府对达赖喇嘛的政策也是十分明确的。为了对历史负责，对中华民族负责，对包括西藏人民在内的十三亿中国人民负责，中央政府在维护祖国统一这个基本问题上决不会有丝毫让步。企图依靠外国势力达到"西藏独立"、分裂祖国的活动是背叛祖国、背叛包括藏族在内的整个中华民族的可耻行径，中央政府坚决加以谴责，决不允许其得逞。中央政府将继续执行建设西藏、发展西藏的一系列特殊政策和优惠措施，以增强民族团结，繁荣经济文化，改善人民生活。任何破坏西藏安定团结的活动，任何制造骚乱、策动闹事的违法行为，都是违背西藏人民根本利益的，必将受到严厉的打击。

只要达赖喇嘛放弃分裂主张，承认西藏是中国不可分割的一部分，中央政府随时愿意与达赖喇嘛进行谈判，热诚欢迎达赖喇嘛早日回归祖国，为维护祖国统一和民族团结，为西藏人民的富裕、幸福做些有益的事情。

相关链接

拉萨3·14打砸抢烧事件

2008年3月14日，一群不法分子在西藏自治区首府拉萨市区的主要路段实施打砸抢烧，焚烧过往车辆，追打过路群众，冲击商场、电信营业网点和政府机关，给当地人民群众生命财产造成重大损失，使当地的社会秩序受到了严重破坏。事后查明，这天，不法分子纵火300余处，拉萨908户商铺、7所学校、120间民房、5座医院受损，砸毁金融网点10个，至少20处建筑物被烧成废墟，84辆汽车被毁。有18名无辜群众被烧死或砍死，受伤群众达382人，其中重伤58人。拉萨市直接财产损失达24468.789万元。

这是一场反对分裂，维护祖国统一和民族团结的斗争。为了尽快恢复正常的社会秩序，西藏自治区党委、政府组织公安、武警，对在拉萨街头十分猖狂地进行打砸抢烧的不法分子依法打击，迅速平息了事态，维护了社会稳定，维护了国家法制，维护了西藏各族群众的根本利益。

根据目前掌握的情况，这起严重的暴力犯罪事件是由达赖集团有组织、有预谋、精心策划煽动的，是由境内外“藏独”分裂势力相互勾结制造的。

第二节 “东突厥斯坦国”的由来和东突分离主义

“东突厥斯坦”问题的由来

在中世纪阿拉伯地理学著作中，曾出现过“突厥斯坦”一词，意为“突厥人的地域”，是指中亚锡尔河以北及毗连的东部地区。随着历史的演进，中亚近代各民族相继确立，到18世纪，“突厥斯坦”的地理概念已相当模糊，在当时史籍中也已基本无人使用。19世纪初，随着帝国主义列强在中亚地区殖民扩张的深入，地理名词“突厥斯坦”重新被提出。1805年，俄国人季姆科夫斯基在使团出使报告中又使用了“突厥斯坦”的名称，用以从地理上表述中亚及中国新疆南部塔里木盆地。鉴于两地历史、语言、习俗的差异和政治归属的不同，他将位于“突厥斯坦”东部的中国新疆塔里木盆地称为“东突厥斯坦”，或称为“中国突厥斯坦”。19世纪中期，俄国先后吞并了中亚希瓦、布哈拉、浩罕三汗国，在中亚河中地区设立了“突厥斯坦总督区”，于是西方一些人称中亚河中地区为“西突厥斯坦”，或“俄属突厥斯坦”，把中国新疆地区称为“东突厥斯坦”。

20世纪初以后，极少数新疆分裂分子和宗教极端分子，受国际上宗教极端主义和民族沙文主义思潮的影响，根据老殖民主义者炮制的说法，将不规范的地理名词“东突厥斯坦”政治化，编造了一套所谓的“东突厥斯坦独立”的“思想理论体系”。鼓吹“东突厥斯坦”自古以来就是一个独立的国家，其民族有近万年历史，“是人类历史上最优秀的民族”；鼓噪所有操突厥语和信奉伊斯兰教的民族联合起来，组成一个“政教合一”的国家；否认中国各民族共同缔造伟大祖国的历史；叫嚣“要反对突厥民族以外的一切民族”，消灭“异教徒”，中国是“东突厥斯坦民族3000年的敌国”，等等。所谓的“东突”理论形成后，形形色色的分裂分子都打着“东突”的旗号进行活动，企图实现其建立“东突厥斯坦国”的妄想。

从20世纪初至40年代末，“东突”势力在外国敌对势力的怂恿、支持下，多次制造动乱。1933年11月，沙比提大毛拉等在喀什建立了所谓“东突厥斯坦伊斯兰共和国”，但在新疆各族人民的反对下，不到三个月便垮台了。1944年，爆发了反对国民党统治的、作为中国人民民主革命运动一部分的“三区革命”（“三区”是指当时新疆的伊犁、塔城和阿勒泰三个地区），分裂分子艾力汗·吐烈(原苏联乌兹别克人)窃取了“三区革命”初期的领导权，在伊宁成立了所谓“东突厥斯坦共和国”，自任“主席”。1946 年 6 月，“三区革命”领导人阿合买提江、阿巴索夫等撤消了艾力汗·吐烈的职务，将“东突厥斯坦共和国”改组为伊犁专区参议会，分裂势力受到了致命的打击。

新疆和平解放后，“东突”势力并不甘心失败。极少数逃到国外的新疆分裂分子和在境内的分裂分子里应外合，在国际反华势力的支持下伺机从事分裂破坏活动。尤其是进入二十世纪九十年代，在宗教极端主义、分裂主义和国际恐怖主义的影响下，境内外部分“东突”势力转向以恐怖暴力为主要手段的分裂破坏活动。一些“东突”组织公开宣扬要通过恐怖暴力手段达到分裂目的。在中国新疆和有关国家，“东突”势力策划、组织了一系列爆炸、暗杀、纵火、投毒、袭击等血腥恐怖暴力事件，严重危害了中国各族人民群众的生命财产安全和社会稳定，并对有关国家和地区的安全与稳定构成了威胁。据不完全统计，自 1990 年至 2001 年，境内外“东突”恐怖势力在中国新疆境内制造了至少 200 余起恐怖暴力事件，造成各民族群众、基层干部、宗教人士等 162 人丧生、440 多人受伤。

“9·11”事件发生后，国际反恐怖斗争与合作的呼声日趋强烈，“东突”势力为了摆脱尴尬的处境，又一次打着所谓维护“人权”、“宗教自由”和“少数民族利益”的旗号，编造所谓“中国政府借机打击少数民族”的谎言，混淆视听，欺骗国际舆论，试图逃脱国际反恐怖主义的打击。

世界维吾尔代表大会

简称世维大会，发起于 2004 年 4 月 16 日至 19 日于德国慕尼黑市召开的维吾尔族相关团体代表大会。是由东土耳其斯坦民族大会与世界维吾尔青年代表大会共同召集各相关之东土耳其斯坦组织而筹建的统一领导机构。在此之前是两个组织。一个叫做“世界维吾尔青年代表大会”，一个是“东突民族代表大会”，两个分裂的组织牵头，然后成立了这样一个新的组织。2003 年的 12 月份，它的前身，世界维吾尔青年代表大会，是被公安部认定的一个东突的恐怖组织。那么，在这个时候呢，它就自行的分裂，然后加入了现在的世界维吾尔代表大会。

在成立宣言中，它们刻意去回避了一个词，那就是独立。甚至在成立的宣言当中，没有独立这样一个词。当时专家就分析，这是因为中国日益强大，以及维护领土主权完整的这种坚强的决心，让他们认识到，在一定的时期内取得独立是不可能实现的一个梦想。所以这个组织就给自己行动的纲领，分成了一个短期的目标和一个长期的目标。2005 年的 7 月份，这个组织举行了第二次会议，公然宣布东突独立是其终极目标。

1996年11月，在德国慕尼黑市召开的第一届"世界维吾尔青年代表大会"标志着该组织的正式成立，第一届主席为吾买尔·卡那提。其下属组织"东突厥斯坦青年联盟"的纲领明确主张"要形成建立强大的地下力量"，人员构成以中国境内外的少数维吾尔族青年人为主。之后，被整合到"世界维吾尔代表大会"这一组织下。世界维吾尔代表大会起于"2004年4月16日至19日在德国慕尼黑市由东土耳其斯坦（维吾尔斯坦）民族大会与世界维吾尔青年代表大会共同召集各东土耳其斯坦组织筹建的领导机构"，而其采用的维吾尔语类型为拉丁维文（ULY、Uyghur Latin Yéziqi）。此组织被中华人民共和国政府视为进行国家分裂运动的组织。"世界维吾尔青年代表大会"主要领导成员、下属组织积极从事暴力恐怖活动。"世界维吾尔青年代表大会"前主席多里坤·艾沙曾在新疆组建犯罪团伙，制造盗窃、抢劫、爆炸等事件多起，并积极从事恐怖犯罪活动。目前，多里坤·艾沙还担任"东突解放组织"副主席，协同买买提明·艾孜来提，与境外其他暴力恐怖组织相勾结，从事暴力恐怖活动，并负责"东突解放组织"德国分部的工作。

世界维吾尔青年代表大会"与其他恐怖组织有密切联系。"世界维吾尔青年代表大会"下属组织"东突厥斯坦青年联盟"与西亚暴力组织联系密切，多次要求这些暴力组织协助其采购武器及爆炸物等。"世界维吾尔青年代表大会"与其他"东突"恐怖组织合作，第三届"世界维吾尔青年代表大会"的召开就得到了"东突解放组织"的支持，多里坤·艾沙始终得到买买提明·艾孜来提的大力支持。

"世界维吾尔青年代表大会"还"大力救助""东突"恐怖分子。2002年，多里坤·艾沙与买合买提·托乎提相勾结，派人到哈萨克斯坦阿拉木图市将一名叫穆罕默德·吾甫尔的暴力恐怖分子送往阿富汗与乌兹别克斯坦的交界处的训练营地，后又将其带到德国，提出"避难要求"。"世界维吾尔青年代表大会"与"东突解放组织"、"东突伊斯兰运动"等暴力恐怖组织相互支持，他们之间具有共生关系。"世界维吾尔青年代表大会"第一次会议的法律部部长阿不都沙拉木就是恐怖组织"东伊运"的副主席助理。"世界维吾尔青年代表大会"骨干都在"东突解放组织"担任要职。"9·11"事件后，艾山·买合苏木也向多里坤·艾沙领导的"世界维吾尔青年代表大会"靠拢，依靠它为其洗刷"恐怖组织"的恶名。"世界维吾尔青年代表大会"还与其他国际恐怖组织积极进行勾连。

2008年以热比娅为首的"世维会"进一步调整策略，提出了五十年分三步走的所谓“独立计划”，他们一方面拼命加入西方敌对势力的反华大合唱，在国际社会大肆对我进行诬蔑和攻击，竭力为“新疆问题”国际化造势；另一方面加大了对境内的“文煽”力度，通过各种方式和途径，在区内四处兜售其分裂主张，大肆造谣惑众、拨弄是非，煽动分裂、挑起动乱，直接为新疆暴力恐怖活动推波助澜。2009 年 7 月 5 日，以热比娅为首的“世维会”悍然在新疆乌鲁木齐制造了打砸抢烧严重暴力事件，造成了重大伤亡，严重影响了新疆的和谐与稳定。

新中国成立后的新疆

新疆自古以来就是一个多民族聚居和多种宗教并存的地区，从西汉（公元前 206 年一公元 24 年）开始成为中国统一的多民族国家不可分割的组成部分。中华人民共和国成立五十多年来，新疆各民族人民团结协作，努力开拓，共同书写了开发、建设、保卫边疆的辉煌篇章，新疆的社会面貌发生了翻天覆地的变化。任何将新疆分裂出祖国的企图都是不会得逞的。

中华人民共和国成立前的新疆，国民经济是以农牧业为主体的自然经济，工业十分落后，没有一寸铁路，没有像样的工厂和矿山，一些地方粮荒不断，人民生活贫困不堪。1949 年 9 月 25 日，新疆和平解放，1955 年 10 月 1 日，新疆维吾尔自治区成立，掀开了新疆历史发展的新篇章。五十年来，新疆经济和社会各项事业得到了迅速发展。

国民经济快速增长。2001 年，新疆国内生产总值达 1485.48 亿元，按可比价格计算，比 1952 年增长 41.9 倍，年均递增 8.0%。人均国内生产总值由 1952 年的 166 元提高到 2001 年的 7913 元。2001 年财政收入已达 178.07 亿元，比 1955 年新疆维吾尔自治区成立时的 1.73 亿元增长了 101.9 倍。产业结构得到不断调整和优化，2001 年，一、二、三产业占国内生产总值的比重分别为 19.4%、42.4%和 38.2%，与 1955 年相比，第一产业比重下降 35 个百分点，第二产业比重上升 16.3 个百分点，第三产业比重上升 18.7 个百分点。

农业综合生产能力显著提高。经过五十多年特别是改革开放以来的开发建设，新疆的农田灌溉网络初步形成，现代化装备水平提高。到 2001 年，农业机械总动力 880.85 万千瓦，农用化肥施用量（折纯）83.29 万吨，农村用电量 25.45 亿千瓦时；全疆总播种面积达到 3404.12 千公顷，比 1955 年扩大 1 倍；粮食、棉花、甜菜总产量分别达到 796 万吨、157 万吨和 455 万吨，比 1955 年分别增长 4.4 倍、61.5 倍和 4550.2 倍。久负盛名的吐鲁番葡萄、库尔勒香梨、哈密瓜等远销国内外市场，特色园艺业、种植业近年来迅速发展。

农牧结合、依靠科技的现代畜牧业不断发展，2001年，牲畜年末存栏4603.78万头，比1955年增长1.8倍。新疆已成为全国最大商品棉、啤酒花和番茄酱生产基地，全国重要的畜牧业和甜菜糖生产基地。

工业实力迅速增强。新中国成立初，新疆仅有工业企业363个，年产值0.98亿元。2001年，全区已有乡及乡以上工业企业6287个，工业增加值为450亿元；主要工业产品产量成数倍增长，原油1946.95万吨，原煤2819.61万吨，棉纱30.27万吨，发电量197.62亿千瓦小时，分别比1955年增长590.78倍、42.68倍、80.8倍和358.3倍；机制糖41.98万吨、钢131.83万吨、水泥981.29万吨、化肥72.9万吨。工业实力大大增强，技术水平明显提高，形成以农副产品深加工为主导力量，包括石油、石油化工、钢铁、煤炭、电力、纺织、建材、化工、医药、轻工、食品等资源工业为主体的门类基本齐全，具有一定规模的现代工业体系。

水利建设成就显著。根据"绿洲生态，灌溉农业"的特点，新疆展开了大规模的农田水利建设，全面启动塔里木河综合治理工程，先后四次从博斯腾湖向下游调水10.5亿立方米。以克孜尔水库、和田乌鲁瓦提水利枢纽等为代表的一批现代大型水利工程和大批干支渠及其防渗工程的建成，使全区的引水量、水库库容和有效灌溉面积迅速增加。到2000年已建成水库485座，总库容达到67.16多亿立方米，分别是1949年的162倍和200倍，总灌溉面积338.8万公顷；建成防洪堤坝5129公里，是1949年289公里的17.7倍。

交通运输业突飞猛进。新中国成立前的新疆，人们远行、运物主要借助畜力，现代交通基本空白。新中国成立后五十多年来，新疆的交通运输业发生了翻天覆地的变化。1962年底兰新铁路铺轨到乌鲁木齐，结束了新疆没有铁路的历史；1984年全长476公里的南疆铁路吐鲁番至库尔勒西段建成通车，1990年全长460公里从乌鲁木齐至阿拉山口的兰新铁路西线顺利建成通车，贯通第二亚欧大陆桥；1994年兰新铁路复线建成通车，1999年全长975公里的南疆铁路库尔勒西至喀什段建成通车；到2001年，正线营运里程已达3010.4公里。1949年新疆只有几条简易公路，通车里程仅3361公里，到2001年底，全区公路通车里程已达8.09万公里，其中高速公路428公里，一级公路230公里，二级公路5558公里；穿越塔克拉玛干大沙漠的沙漠公路，是世界上首次在流动性大沙漠上修筑的长距离等级公路；目前已形成了以乌鲁木齐为中心，以7条国道为主骨架，东联甘肃、青海，西出中亚、西亚各国，南通西藏，并与境内68条省道相连接，境内地市相通，县乡相连的公路交通运输网。新疆民航现已新建扩建了乌鲁木齐等11座机场，开通了乌鲁木齐至阿拉木图、塔什干、莫斯科、伊斯兰堡的国际航线，至香港的包机航线和跨省(区)航线及自治区区内航线92条，形成了以乌鲁木齐为中心，连接国内外65个大中城市和区内12个地、州、市的空运网，通航里程已达16.18万公里。

通信设施与全国发展水平同步。新疆目前已先后建成了乌鲁木齐经奎屯、博乐至伊犁，奎屯经克拉玛依到阿勒泰，吐鲁番经库尔勒、阿克苏、喀什至和田的数字微波干线电路；南北疆数字微波工程，西安经兰州、乌鲁木齐、伊宁到霍尔果斯口岸的四条群干线光缆；乌鲁木齐经吐鲁番、库尔勒、若羌从茫崖出疆的第二出疆光缆，亚欧光缆；乌鲁木齐至南北疆及各主要地州市光缆。全疆所有县市均已实现全国电话长途直拨，全疆电话数达262.6万户。数据通信网、多媒体通信网发展迅速，相继建成了覆盖各地州市的ATM宽带网，并开展了IP宽带网城域网的建设。移动通信网络能力大幅提高，建成了覆盖全疆的移动网，全区移动通信交换机容量已达292.4万户。

对外贸易快速发展。现汇贸易、边境小额贸易、来料加工、补偿贸易、旅游购物贸易等一系列灵活多样的贸易方式，使新疆对外贸易蓬勃发展。到2001年，新疆与119个国家和地区建立了贸易往来关系，产品达到22类上千个品种，其中出口在1000万美元以上的商品10种，全区外贸进出口总额已达17.7亿美元。出口产品的结构不断改善，由附加值较低的初级大宗产品扩展到附加值较高的机电设备、精密仪器等产品，目前工业制成品出口占出口的比重已上升到67%。作为国家实施沿边开放战略的重点省区，新疆已经逐步形成了沿边、沿桥(亚欧大陆桥)和沿交通干线向国际、国内拓展的全方位、多层次、宽领域的对外开放格局，成为中国向西开放的前沿。

旅游业蓬勃兴起。依托神奇独特的自然景观和绚丽多彩的风俗民情，新疆旅游业的发展令人瞩目。2001年，新疆接待国际旅游人数27.3万人次，旅游外汇收入9856万美元；国内旅游人数达到839.3万人次，旅游收入71.8亿元。旅游接待能力迅速扩大。2001年，全区已拥有涉外饭店250个，其中星级饭店(酒店)173个。旅游业已成为新疆国民经济发展新的经济增长点。

民族团结是新疆各族人民的生命线，是新疆加快经济社会发展的基本前提和政治基础，是各族干部群众同舟共济、克难攻艰的思想保证，更是建设和谐新疆的重要体现。新疆作为我国西北的战略屏障和21世纪的能源战略替代基地，搞好新疆的民族团结具有重要的现实意义和深远的战略意义。

思考题：

1. 西藏问题的由来及对中国国家安全有哪些挑战？

2. 东突恐怖分子产生的历史原因及国际因素何在？

第七编

国家·国际组织·国关理论

第二十七章　日本欲圆"政治大国"之梦

第一节　日本的"政治大国"战略

目前，日本正处于从战后"和平国家"体制向"普通国家"发展的社会转型期。特别是1999年以来作为第二大经济强国的日本为推行其政治大国战略，改变"跛足国家"的形象，在政治、军事、外交等领域里都有新的突破，呈现新的特征。

一、日本受到德国在科索沃事件中所起作用的鼓舞，要以修改宪法为重点，突破战败国的法律制约

日、德同属战败国，近几年都采取种种手段企图打破对自己的重重限制，以恢复大国地位，但德在海外派兵问题上已走在日本的前头。1993年，德联邦宪法法院突破了《基本法》关于向海外派兵的"禁区"，裁定德国可以和其他国家一样参加联合国维和行动。1994年7月，德国宪法法院又裁定以联邦议会事前承认为条件，在联合国或北约的框架内，可以向北约以外的地区派遣军队。1999年科索沃事件中，德国派战机参加了对南联盟的轰炸，是战后德国首次参与对一个主权国家的战争行为，表明德已经实现了在军事领域里的重大突破。这为日本今后进一步摆脱战败国的阴影，在军事方面成为"普通国家"奠定了基础，创造了先例。

首先，日本国会成立"宪法调查会"，将修宪问题正式提上日程。日本认为束缚自己手脚的主要障碍是战后初期制订的《宪法》，特别是其中的第九条否决了交战权。于是，科索沃事件之后，日本明显加快了修改和平宪法的进程。1999年8月，执政的自由党党首公布了其《日本宪法改正案试案》，对第九条增加"不妨碍日本对第三国的武力攻击先例自卫权及其为此保持战斗能力"的内容。同年9月，最大的在野党民主党的代理干事长鸠山由纪夫主张在第九条中明确写入"保持陆海空军和其他战斗力量"，承认自卫队是

“军队”。同年10月,高举“护宪”旗帜活动了45年的民间组织“拥护宪法、和平、人权论坛”宣布解散。根据由自民党、自由党等5党派300多名评论员组成的“推进设立宪法调查委员会议员联盟”提议在国会设立了“宪法调查会”,讨论修改宪法问题。2000年1月16日,自民党的元老中曾根康弘就修宪日程问题,建议“最好是国会的宪法调查会用3年时间进行讨论,从第4年起各党提出宪法修正案,第5年开始着手修改”。1月20日,在国会开幕的同时,众参两院的“宪法调查会”分别召开了第一次会议。这表明在日本自上而下地形成了讨论修宪的风潮。

其次,强化日美同盟体制,企图修改《联合国维和行动合作法案》(PKO),扩大自卫队功能。1999年四五月间,日本参众两院相继通过了新《日美防卫合作指针》的相关法案,标志着新的日美安全保障体制基本完善。在递交、商讨相关法案的时候,发生了科索沃事件。日本也乘势提出了和北约新战略中“区域外武力干预”相类似的“周边事态”提法。在日本公布的“周边事态”的6种界定中,有“某个国家发生内乱或内战,情况已扩大到国际范围而不再是单纯的国内问题”,“因某个国家政治体制的混乱而出现大量难民,难民涌入我国的可能性很大”,“某个国家的行为被联合国安理会裁定是对和平的威胁或侵略行为,这个国家因此成为经济制裁对象”,不难看出上述条款中有科索沃事件的影子。表明日本今后要像英、法、德那样成为美国在亚太地区的战略帮手,自卫队也将追随美军参与干涉本地区事务。日本自1952年PKO法案成立以来,参与了多起联合国维和行动。在印尼出现东帝汶独立骚乱,多国部队进占之后,日本出资1亿美元作为多国部队的经费,对联合国东帝汶临时统治机构(UNTAET)提供6000万美元,难民援助3000万美元,复兴经费1000万美元。除此之外,1999年11月11日,日本政府又通过联合国向东帝汶提供2亿美元的资金援助,向东帝汶派遣了3架运输机和150名自卫队士兵参加维和行动。只是由于PKO五原则,特别是其中的第5条“使用武器限制在为了保卫自己及其他队员的生命安全所需的最小限度之内”条款,日本自卫队一直未参加维和部队的一线任务。东帝汶问题出现之后,日本国会对全面参加维和行动的呼声增大。日本自卫队全面参加维和行动只是时间问题。

第三,1999年8月,日本国会通过了“国旗、国歌法案”,将战后一直存在争议的“日之丸”、“君之代”法制化。日本的国旗、国歌因为带有军国主义色彩,为日本相当多数的国民所厌恶,所以战后日本对国旗、国歌一直采取模糊办法。日本这一次重新确认“日之丸”、“君之代”的法律地位,是企图引导国民对国家主体的认同，为实现政治大国目标营造氛围。

二、日本继续稳步推进军事实力并出现独立研发军备的迹象

1999 年，日本正式参与美国战区导弹防御系统的研制。2000 年的防卫预算达 49995 亿日元（约 490 亿美元），比上年增长 1.6%，其增长幅度是近几年所少见的。日防卫厅决定在 2001—2005 年的新中期防卫力量整备计划中，着重提高海空军的战斗能力。海军方面，提出海上自卫队的主力舰艇大型化的方针。目前，是要把 4 个护卫舰队的舰从 5000 吨提高到 1 万吨，在 2000 年的预算中将列入 13500 吨大型补给舰的经费。日还要再增加 2 艘宙斯盾导弹驱逐舰，从而拥有 6 艘世界上最先进的导弹驱逐舰。防卫厅长官瓦力访美时又提出准备引进现代高技术装备的指挥舰。空军方面，日本将装备爱国者 3 型导弹。日本在引进空中加油机的同时，就决定在 2000 年正式配备的最新型的战斗轰炸机 F2 上加装空中加油口。另外，过去日本武器大多从美国引进，对美依赖性很强。但是，1999 年日决定独立开发 4 颗侦察卫星，自行研制生产新一代海上巡逻机以及航程达 5000～7000 公里的大型运输机。这不仅引起周边国家的警惕，也引起美的警觉，最后迫于美的压力，日本不得不妥协，同意卫星的核心部分采用美国技术。

日本海上自卫队和海上保安厅针对 1999 年 3 月可疑船只问题，在 1999 年 11 月 30 日举行联合军事演习。针对恐怖活动和游击战，日本海上自卫队成立了"特别警备队"，陆上自卫队也将组建一支特殊部队。2000 年 2 月 16 日至 24 日，日美联合进行了司令部计算机模拟指挥演习。参加演习的指挥、参谋人员日本有 5000 人、美国有 1350 人。这是继"周边事态法案"出台以来，日美进行的第一次以朝鲜半岛"有事"为假想的军事演习。日本将在新竣工的防卫厅办公大楼内设立"日美联合协调所"，实际是联合司令部，将负责部队的部署和情报收集，制订并传达有关后方支援的联合行动方案。

三、日本的外交重点是抓住一点（八国集团）、稳住一片（东亚）、参与热点、扩大影响，以此为早日实现其政治大国目标创造条件

（1）日本从联合国至上主义转变为看重八国集团。成为安理会常任理事国一直是日本的梦想，被日视为政治大国的主要标志。科索沃事件之后，联合国的作用受到严重削弱，地位下降。可日本知道在目前情况下美欧想用"民主国家俱乐部"取代联合国的图谋短时间内尚不能得逞，联合国仍然是世界上最重要的组织，安理会仍具权威。所以，日本到处宣传联合国改革问题，和德协商要携手成为安理会常任理事国。但是，日本为加速其政治大国进程，已把工作重点放在八国集团上，以提高自己的国际地位。日本认为

八国集团在处理科索沃问题上已超过联合国，占据主导地位。日本外务省官员认为科索沃冲突“清楚地显示出，有些危机只靠等待联合国决议是不能得到解决的”。日本紧紧抓住科隆八国首脑会议讨论世界政治经济安全问题的机会，拓展自己的活动空间。会上，日不仅协助美欧援助科索沃复兴，而且主张西方应支持中国加入 WTO，强调为了世界的和平和稳定，“确保中国建设性的参与”是十分重要的，并催促 IMF 向俄提供巨额资金援助。这样日本既附和了美欧，又抚慰了中俄，外交上到处得分。日本还利用 2000 年的八国集团首脑会议在日本冲绳召开之机，提高身价，彰显地位。日本首相在东盟 10 加 3 会议上，就以亚洲地区代言人的身份赴会。小渊在日与东盟 10 国首脑会谈时，说：“为了反击亚洲的声音，要邀请本地区的各有识之士在明年上半年成立《亚洲之声》的千年论坛，倾听他们的意见。”小泉当政期间多次访问东南亚三国，强调要从“亚洲”的角度考虑冲绳会议的议题。可见，日本在继续争取加入联合国安理会常任理事国的同时，明显加大了在八国集团的活动力度，另辟一条走向政治大国的蹊径。

(2)日本对东亚国家继续实施援助外交，强调全方位经营。1999 年 8 月，日派出了以日经联会长奥田硕为团长的亚洲经济复兴代表团访问了东亚 7 国，商讨经济援助事宜。日本经济援助的重点一直是东亚国家，政府开发援助(ODA)的大部分也用于该地区。小渊在 10 加 3 会议上，推出支援东南亚国家人才培养的新举措，即帮助培养高级专门人才、强化人才交流、扩大派遣留学生及输送金融专家和技术人员去所在国帮助工作。1999 年 11 月 27 日，日本向菲律宾提供 395 亿日元，用于基础设施整备。同时，再次提出自由贸易区的构想(已经在日韩之间进行讨论)、亚洲货币基金(AMF)和日元国际化问题。2000 年 2 月 12 日，联合国贸发会议在泰国的曼谷召开，日本又借机举行了和东盟国家的首脑会谈，就日本支援东盟问题、国际金融体系改革、经济全球化问题进行了讨论。在朝鲜半岛事务中，日本紧随美国，以期在日韩关系方面有所进展，加大对半岛事务的影响力。在 1999 年 9 月美朝达成协议后，日本也解除了日朝包机运输的冻结。12 月初，村山富市率领的超党派评论员团访问了朝鲜，约定重开两国关系正常化谈判。12 月 7 日，日本宣布全面解除对朝的制裁。日朝两国还就双边关系问题在北京进行了局长级谈判。2000 年 1 月底，日朝商定 4 月份在平壤举行正式谈判，为此日本将通过联合国粮食计划署向朝鲜提供 10 万吨大米援助。与此同时，日韩关系更趋紧密。1999 年 10 月，日韩第二次阁僚恳谈会在韩国的济州岛举行，会上决定 2002 年为日韩国民交流年。日本在强化与亚洲国家关系的同时,还紧紧盯住日俄关系,希冀有所突破。日本要求俄罗斯能继续实施叶利钦与桥本龙太郎达成的意向,争取早日缔结日俄和平条约。

日本入常之路

成为联合国安理会常任理事国可谓日本外交的最大夙愿。日本于上世纪60年代末期崛起为西方第二经济大国后,便流露出欲争当常任理事国的意愿。1990年8月海湾战争爆发后,日本向多国部队捐出130亿美元的巨款,但因不是安理会成员而未能参与战争的决策过程。备感失落之余,日本拟定了一个争当常任理事国的时间表。

1991年12月19日,日本驻联合国大使波多野敬雄向《朝日新闻》记者透露,日本争取在5年内,即联合国成立50周年的1995年成为常任理事国。日本为成为常任理事国做了不少努力。其联合国会费和其他捐款越来越多,其主办的联合国相关会议日益频繁。1992年起,日本开始派遣自卫队参加联合国维和行动。更重要的是,日本以经济援助等为手段,对世界各国积极开展了"拉选票"的外交活动。

日本争当常任理事国的主要理由是,强调其大国实力和资金贡献。1988年,日本缴纳的会费达到联合国会费总额的10.84%,2000年达到20.57%。其后,日本已要求联合国把其会费比例降到了15.4%,并把削减捐款作为要挟联合国的一个手段。

2004年起,日本向"常任梦"发起了新一轮攻势,并把"圆梦"的时间锁定在联合国成立60周年的2005年。2004年9月21日,小泉首相在第59届联大上作了题为《联合国的新时代》的发言,吹响了冲向"常任梦"目标的号角。

2005年3月21日,联合国秘书长安南发表了联合国改革报告,在安理会改革问题上基本沿袭了名人小组的建议。日本政府认为该报告对其十分有利。日本除继续争取美国的支持以外,正以金钱铺路对非洲、拉美等票数众多的地区发起拉选票攻势。对中、韩等邻国,日本干脆采取了绕道而行的策略。其如意算盘是:如能造成大多数国家支持日本的局面,邻国也奈何不得,中国也不至于行使否决权。

但是日本在周边得到的支持依然薄弱。日本前首相小泉连年参拜靖国神社,激起了东亚邻国的反感,中日关系陷于"政冷"僵局,韩国和朝鲜对日本的历史翻案和扩军动向十分警惕。而日本在领土和海域划界的问题上又进一步恶化了与中、俄、韩等国的关系。此外日本在伊拉克、朝鲜、伊朗问题以及东亚合作等重大问题上惟美国马首是瞻,缺乏一个常任理事国候选国所应有的外交主见。再次，日本国内舆论在日本进入安理会后应采取何种理念和方针等问题上分歧依然很大。因此，2005 年的入常对于日本终究还是一个圆不了的梦。

2005 年日本与德国、印度、巴西(G4)向联大会议提交议案，建议将安理会理事国由目前的 15 个增至 25 个(11 个常任理事国和 14 个非常任理事国)，但因遭到中美等国的反对而成为废案。2006 年日本又单独提出一项方案，建议把理事国增至 21 个，后因未得到广泛支持而遭遇挫折。

此后，设立"准常任理事国"、G4 再度合作等方案也先后化为泡影。非洲国家反对为"入常"设置严格条件，美国也依旧对扩大安理会持消极态度。

为达成"入常"夙愿，日本要找出一个满足所有条件的方案并非易事。

第二节　日本的军事状况

二战后初期，美国占领日本实行"非军事化"政策，但不久朝鲜战争的爆发使美国迅速改变了政策。为了有效地保障朝鲜战场美军后勤需要，美国开始重建日本的军事工业。正如当时报道所说，"朝鲜战争又重新催生了日本军事工业"。然而，由于受"和平宪法"的制约，日本并不能堂而皇之地发展军事工业，于是采取暗度陈仓之法，走"寓军于民"的发展道路。正是这支潜藏于民的军事工业，成为二战后日本军事力量高速发展的强力助推器。其高、精、尖的军工技术水平使日本的主要武器装备跻身于世界领先行列。就连骄傲的美国人也不得不承认，海湾战争可以没有日本军人参加，但是不能没有日本的技术。如今，日本军事工业可以独立研制飞机、坦克、火炮、导弹、舰艇及军用电子设备等主要武器系统。日本防卫力量也成为世界上屈指可数的强大军事力量之一。

日本军事实力分析

1950 年朝鲜战争爆发时，日本政府开始组建准军事武装警察预备队。1952 年成立海上警备队。日本自卫队是第二次世界大战之后的日本国家军事武装力量。它正式组建于 1954 年 7 月 1 日，根据日本《和平宪法》第九条及相关国际条约的明文规定：日本的军事实力只能维持在自卫所需的水平，总兵力不得超过 10 万，军舰数量不得超过 30 艘，总排水量不得超过 10 万吨，不能拥有航母及核动力潜艇，作战飞机数量不得超过 500 架，不得拥有远程轰炸机，不得发展弹道导弹技术。1954 年 7 月 1 日，日本政府成立防卫厅及日本自卫队。

日本自卫队是由首相领导，而管理则由防卫厅负责。防卫厅下设陆上自卫队、海上自卫队、航空自卫队，以及一个类似参谋长联席会议的统合幕僚会议。其他机关则有自卫队医院、防卫大学、防卫研究所等。日本自卫队现存总兵力已经突破《和平宪法》规定的两倍多，大约为28.6万人。而且，日本自卫队军费相当庞大，超过俄罗斯，目前与中国、英国、法国相当，居于世界前五位。

冷战时期，日本自卫队主要根据日美安全保障条约辅助美军行动。1990年代之后，日本自卫队逐渐开始增加独立军事行动，并开始向海外派兵参与任务。2005年11月22日，日本最大的执政党自由民主党（简称自民党）在东京举行建党50周年纪念大会，并正式公布了其提出的宪法修改草案。草案的核心内容是抛弃了现行宪法中日本不得拥有陆海空三军等武装力量的规定，要求将日本自卫队升格为"自卫军"，并规定"自卫军"可以为"确保国际和平而展开国际合作活动"。虽然日本议会几乎肯定会通过这一修正案，但其正式生效还需经过全民公决，需要达到2/3以上赞同票才可获得通过。2006年3月27日，日本自卫队成立统合幕僚监部，开始执行新的作战体制。此前，陆海空三个自卫队分别由各自的幕僚长（相当于参谋长）进行指挥，同时辅助防卫厅长官工作。在新的体制下，各自卫队的幕僚长将辅佐统合幕僚长指挥部队。

进入21世纪以来，日本自卫队对于海外军事任务的参与更加积极。除了曾参与2002年阿富汗战争后的维和任务外，并自2004年1月19日开始驻扎于伊拉克的萨玛沃，协助美伊战争后的重建与安全维护。此一类似向海外派兵的行动，遭到国内外部分组织、人群的疑虑、批评和抗议；但也有人认为这是日本朝向"正常国家"发展，增加国际形势影响力的重要步骤。

陆上自卫队：逐步换装新型主战坦克、短程防空导弹系统，并大量装备武装直升机。74式和90式坦克是日本陆上自卫队的主战坦克。目前，日本已经着手对74式主战坦克进行改良，如加装电脑化的火控系统和热成像仪等。90式主战坦克是日本独立设计和制造的新一代主战坦克，其总体性能超出美国的MIAI和德国的"豹"II，采用了自动装弹机、先进的射控系统和热成像瞄准系统、激光测距仪等。90式主战坦克技术上虽属一流，但价格昂贵，近期内不可能大量服役。91式肩射防空导弹1992年装备陆上自卫队，是师级的主要短程防空武器。91式防空导弹最大有效射程在3000米到5000米之间。93式短程防空导弹系统在设计和结构上与美国的"复仇者"基本相同，于1996年装备陆上自卫队。日本陆上自卫队装备有各型直升机约550架，其中AHIS直升机约100架，运输直升机约200架，后勤直升机约230架。

海上自卫队：主要战舰吨位居世界第四。日本海上自卫队有潜艇190多艘，驱逐舰队在亚洲地区规模最大，扫雷能力居世界首位，反潜能力仅次于美国，主要水面作战潜艇吨位居世界第四。“金刚”级导弹驱逐舰艇是日本海上自卫队最先进的驱逐舰，目前已有4艘服役，标准排水量7250吨。“村雨”级驱逐舰艇是“金刚”级缩小型艇，目前已有4艘服役，标准排水量4400吨，舰上的MK41和MK48垂直导弹发射系统，可迅速发射16枚ASROC反潜火箭和16枚“海麻雀防空导弹”。“朝雾”级驱逐舰是日本目前的主力舰艇，共有12艘服役，标准排水量3500吨。特别值得关注的是，1998年3月，日本海上自卫队装备了标准排水量高达8900吨的多用途登陆舰“大碍”号，该登陆舰一次可装载全副武装人员1000人和所需车辆。2000年伊始，日本开始建造标准排水量为13500吨的大型补给舰。此外，日本计划于2015年前建造2艘轻型航母，以提高“周边有事”时向美军提供海上补给的能力。

航空自卫队：攻守兼备的空中力量。航空自卫队共配备有各型式飞机899架，包括362架战斗机、26架RF 4E/EJ侦察机、90架各型运输机（含2架E767和13架E2C预警机）、346架各型教练机和75架各型救援机。F2是日美联合研制的新一代战斗机。它首次采用一体成形的技术，主机翼为一体化结构，没有结合缝隙，使飞机气动性能显著改善。E767是1998年最新服役的预警机，目前有4架部署在滨松基地，与三泽基地的13架E2C共同组成航空自卫队的警戒航空队。E767还配有美军制式的link 16资料链和日本自制的语音保密器，可有效与海、空军联合作战。今日的日本航空自卫队已经成为一支攻守兼备，并正向远程进攻发展的实力雄厚的空中力量。经过多年的苦心经营，日本的军事实力得到迅速提升，目前已成为仅次于美国的世界军事“亚军”，已经完全具备进行战争的强大潜力。

小知识

日欲建弹道导弹防御系统

为了对付可能出现的弹道导弹威胁，日本政府于2003年6月21日决定，在2008年3月底之前，建立起一套耗资2000亿日元（约合16.6亿美元）的弹道导弹防御系统。这套系统将由爱国者3型导弹系统（PAC－3）和标准3型导弹系统（SM－3）两部分组成。

据日本媒体2003年6月22日报道，日本政府计划首先建立起爱国者3

型导弹系统。该系统可在弹道导弹开始下落阶段对其实施拦截并将其击毁。目前，日本自卫队已经装备了爱国者2型导弹防御系统。但由于这种系统主要适用于对付飞机等航空器，因此日本防卫厅计划在这一系统的基础上进行改造，将其改良成可以拦截弹道导弹的爱国者3型导弹系统。

此外，日本政府还决定引进美国独自开发成功的标准3型弹道导弹防御系统。这种系统采用海基发射方式，可在大气层外将来袭的弹道导弹击毁。日本防卫厅计划将标准3型导弹装备在经过改造的宙斯盾驱逐舰上。日本目前已经拥有4艘宙斯盾驱逐舰，并将再从美国购进2艘。

日本军事战略分析

二战结束以来，日本的安全战略始终由两根支柱支撑：一为日美安全保障体制，二为重建自身武器力量。1951年，日美签署了《旧金山和约》和《日美安全条约》结成军事同盟，依靠日美同盟和发展自身实力始终是日军军事安全战略的根本支柱。

20世纪50年代到70年代中期：全力靠美，有限武装。“专守防卫”是这一时期战略思想的特点，“禁止向海外派兵法”、“无核三原则”、“武器出口三原则”则是具体表现。

战后初期，美国对日本实施全面占领改造政策，目的之一是实现日本的非军事化。在美国的推动下，1947年日本颁布实行了《日本帝国法》。宪法第九条规定：“永远放弃以国权发动的战争、武力威胁或武力行使作为解决国际争端的手段。”1951年9月，日美缔结了《日美安全条约》，规定美军可驻扎在日本本土及其周边，“作为日本防御的临时办法”。1960年，双方在华盛顿签署《日美共同合作和安全保障条约》，即新《日美安全条约》。1957年颁布了《国防基本方针》，开始有步骤地重整军备。从1958年到1976年日本先后实施了四届《防卫力量发展计划》，建立了完整的防卫体系。

这一时期，依靠美国来维护日本安全，在美国的促进和经济条件逐步改善的情况下，日本自身的防卫力建设初具规模。但在战略指导思想上，日本政府坚持了“专守防卫”的政策，例如1954年制定禁止向海外派兵法案及1967年的“无核三原则”和“武器出口三原则”等。

20世纪70年代中期到80年代末：日本建设基础防卫力量，推动日美军事合作纵深发展。“综合安全保障战略”虽不乏新的内容，但日美军事同盟始终是重中之重。

在四个防卫计划的基础上，依据变化了的国际形势，1976年10月，日本政府颁布了《防卫计划大纲》，提出了"基础防卫力量构想"，即建设适当规模的军备，以对付有限的、小规模的侵略，若遇到较大规模的武装入侵、核威胁则依靠美军的援助。为此，1987 年日美签订《日美防卫合作指针》，对日美军事合作的具体领域作了规定。这一时期，日本提出了综合安全保障战略，强调在重视军事安全的同时，要从政治、经济、外交、文化等方面进行综合考虑。其出台的背景是中曾根政府的"国际国家化"，即把日本建设成一个在国际上发挥重大作用的国家。尽管这一战略的思想颇为新颖，但究其实质，仍然未脱离依靠日美同盟和日本自主防卫相结合这一轨道。

20 世纪 90 年代中期以来：巩固、深化日美同盟，全面加速建设自身防卫力量。借"反恐"在安保政策方面实现三个重大突破。中国成为假想敌。

20 世纪 90 年代以来，日本安全战略出现了一些引人注目的变化，虽然它仍未脱离依靠日美体制并联合自卫队力量的框架，但其自主防御的意志和能力都出现了转折性的变化。

放弃"专守防卫"政策，出兵海外。2000 年 11 月 30 日，日本国会通过《船舶检查活动法》，确定在发生所谓"周边事态"时，日本自卫队有权在日本领海、周边公海对其他国家船舶上的货物等进行登船检查，询问其目的地，必要时还可要求被检查的船舶改变航线。"9・11"事件发生后，日本又先后出台了《恐怖对策特别措施法案》、《自卫队法修正案》和《海上保安厅法修改案》三个法案。其中《恐怖对策特别措施法案》是日本战后第一个容许在战时向别国领土派兵的法律。这三个法案从三个方面实现了日本安保政府的重大突破：一是海外派兵的地域无限扩大；二是放宽对自卫队海外活动中使用武器的限制；三是政府的海外派兵行动无须得到国会批准，只要在事后 20 天内由国会追认即可。

提出"自主防御"才是最终的依靠力量，全面、高速建设自卫队。

视中国为首要的威胁。日本 2000 年和 2001 年颁布国防白皮书都明确把中国列为首要关注的对象。在兵力部署上，日本计划到 2010 年完成由北向西、向南的转移(原来防御的重点是苏联/俄罗斯)。日本还与美国一起研究发展战区导弹防御系统(TMD)，其理由是中国的弹道导弹对日本的安全构成了威胁。2003 年 6 月 28 日，日本国会首次不顾本国的和平宪法，通过了三项充满争议的法律，使日本拥有了采取军事行动的权力。从 2003 年 11 月 7 日开始，日本海上自卫队在日本海以及太平洋和东海的日本近海地区举行近 50 年来最大规模的海上军事演习。11 月 8 日，日本海上自卫队还开始与美国驻日海军进行代号为"年度演习 12G"的联合军事演习。日本的军演引起了周边国家的广泛关注。

日本为何热衷于海外派兵

近年来，日本屡屡突破了宪法对海外派兵的限制，日本政府在加紧谋求“做有军事实力作后盾的政治大国”。

2004年，日本派往伊拉克的陆海空自卫队执行两方面的任务，一是支援伊拉克重建并保护本国援助人员的安全，二是向在伊的美英军队提供后勤服务。为此，日本先是于8月中旬向伊派遣约30名自卫队员的专门调查团；8月底，防卫厅长官石破茂又赴伊视察。

反对政府向伊拉克派兵的广大日本朝野人士认为，关于美英打击伊拉克的口实——伊拥有大规模杀伤性武器至今找不到证据，日本政府如此追随美国没有道理。他们认为，在伊的军事冲突仍在继续，政府分明是拿自卫队员的生命去取悦美国，而自卫队实际上也发挥不了多少作用。朝日新闻社发表的一项全国性民意调查显示，55％的日本人反对向伊派兵，而表示赞成的仅占33％。坚持日本走和平发展道路的许多日本人士指出，政府应该按照本国的实情对伊拉克进行支援，而不应该选择向伊派兵。

尽管日本国内反对向海外派兵的声浪不断高涨，但日本执政党还是依仗其在国会所占的多数席位，费尽心机使这项向伊派兵计划接连在国会两院闯关并最终获得通过。

日本政府为何如此热衷于向海外派兵？分析人士指出，这个问题的要害是日本政府企图甩掉因二战中的侵略行径而背负在身的历史包袱，进而以军事实力为后盾，寻求“政治大国”的地位。

日本政府于几年前加强了日美军事同盟，制订了《周边事态法》，并于2003年确立了其多年追求的战时法制相关法律，规定自卫队可以对“根据要对日本发动攻击”的国家予以先发制人的打击，从而不断将自卫队的活动扩展到更广的范围。日本防卫厅还决定，它将在2003年下半年修改《防卫计划大纲》时，把“日本自卫队要为维持世界秩序作贡献”的内容写入其中，为此将起草使政府向海外派兵“持久化”的方案。

在具体的行动上，日本也不断加紧向海外派兵和提供军援。上个世纪90年代海湾战争期间，日本就向美国提供了130亿美元的军援。海湾战争结束后，感到有机可乘的日本政府更是曲解法律规定，向海湾地区派出海上自卫队扫雷艇，实现了让自卫队首先跨出国门的战略目标。此后，日本政府在协助联合国维护和平的旗号下，多次修改有关法律，动辄把自卫队派至海外。如今日本自卫队员已经踏上过柬埔寨、东帝汶、卢旺达、洪都拉斯和土耳其等许多国家的土地。与此同时,日本政府还努力使这支武装力量朝着能够参战的方向演变。鉴于其过去和目前对历史问题的认识以及对美国亦步亦趋的一边倒姿态,日本向海外派兵的走向不能不令人担忧。

第三节 参拜靖国神社问题

靖国神社的历史

靖国神社前身是"东京招魂社",1869 年为追悼明治维新前死于内战的将士而建,1879 年改称"靖国神社"。明治天皇发布文告,把战死的军人美化为"军神",并决定在靖国神社安置神位,定期进行祭祀和参拜。日本神道认为,"山川草木皆为神",建立了种种神社祭祀各路神灵。但靖国神社与一般神社不同,它专门祭祀死在战场上的军人。"靖国"即"安国"的意思。

靖国神社最初的教义是:通过祭祀来安抚冤魂,以免给人们带来灾难。在近代历史上,靖国神社的名字是与战刀和征伐相联系的,折射着日本向封建军事帝国主义发展,走对外侵略的道路,最后失败的轨迹。靖国神社一直由陆军省和海军省负责管辖(其他神社均由内务省管辖)。在 20 世纪三四十年代,出于对外侵略扩张的需要,军国主义者们编织出种种神话,用"靖国思想"驱使士兵在战场上冲杀。"靖国思想"要士兵们相信,效命沙场如樱花飘落,其魂可在靖国神社内找到归宿,作为"靖国祭神"万世不灭,受人景仰。在此谎言的煽动下,无数士兵暴尸于异国荒野。

二战结束后,日本军国主义的遗老遗少们一直在寻找让甲级战犯亡灵"魂归靖国"的时机。1978 年 10 月,这帮人终于利用秋祭的机会,把东条英机、板垣征四郎等 14 名被远东军事法庭判处极刑的甲级战犯的亡灵,以"昭和殉难者"的名义偷偷塞进靖国神社,另 1000 多名被处决的乙级和丙级战犯也被合祀其中。至今,靖国神社供奉着 246 万多个灵位,其中 210 万个是二战亡灵。

靖国神社里有些什么

靖国神社里充斥着美化日本战犯、宣扬军国主义的气氛。

靖国神社位于东京都中心地带,占地近 10 万平方米,成条形。神社有围墙与外界相隔,中间被一条横穿的小路阻断为前后两部分。院前立一"开"字形巨大牌坊,后院有拜殿、正殿等主建筑。

在靖国神社后院门外参拜人下车之处,有一对面向神社殿堂的 13 米高的花岗岩大石灯,是日本政府 20 世纪 30 年代扩军征兵时修建的。石灯底座上分别嵌有 8 块高 0.97 米、宽 1.36 米的青铜浮雕，“歌颂”了日军从中日“甲午战争”至“九一八事变”侵华战争的主要战争场面。

靖国神社后院一侧有个占地近万米的“游就馆”，展示着日本历代战争的遗物，如火炮、军服、遗书等。展馆内供奉着一些臭名昭著的军人的遗物。偷袭珍珠港、掀开日美太平洋战争序幕的山本五十六的塑像在展示橱里一身披挂，耀武扬威。“游就馆”外，陈列着日本军队在对外侵略战争中使用的各种大炮、高过人头的炮弹等，还有军马、军犬、军鸽的塑像。

日本首相参拜靖国神社

首相正式参拜靖国神社是违犯日本宪法的，但长期以来，日本右翼势力处心积虑要冲破这一禁区。战后的日本宪法规定，任何宗教团体都无权接受国家特权，国家及其机关不得参与宗教活动。

为了踢开宪法障碍，20 世纪 50 年代以后，日本右翼势力不断施压，要求国家重新保护和主持靖国神社。日本遗族会等团体打出了“非宗教论”，说靖国神社只是形式上的宗教，实际上不是宗教，首相参拜为国战死的军人不算宗教活动，不违宪法。从 20 世纪 60 年代起，自民党先后多次向国会提出《靖国神社法案》，企图实现靖国神社的“国家护持”，但因遭到社会舆论和在野党的强烈反对而没有得逞。

1981 年，执政的自民党成立“大家都来参拜靖国神社国会议员会”，要求实现政府公职人员正式参拜靖国神社。1997 年，自民党内甚至出现了让外国来访元首参拜靖国神社的动议。1998 年，自民党将实现国家公职人员正式参拜靖国神社作为该党的年度活动方针。近来，自民党为使首相能“名正言顺”地参拜靖国神社，挖空心思地提出了两条议案：一是淡化靖国神社的宗教色彩，把它从“宗教法人”中“解脱出来”，摇身变为“特殊法人”；二是把二战中甲级战犯的亡灵移至别处，为靖国神社恢复“名誉”，也使得“别人无法指责”。

日本首相参拜靖国神社早有先例。1975 年 8 月 15 日，在日本战败投降 30 周年之际，日本首相三木武夫原想以自民党总裁身份前往参拜，后权衡再三，决定以私人身份前往。1978 年 8 月 15 日，日本首相福田赳夫以内阁总理大臣的身份参拜了靖国神社。1985 年 8 月 15 日，中曾根康弘首相在出席政府举行的“全国战殁者追悼会”后，率内阁成员进行“正式参拜”。1996 年，刚刚上台的桥本龙太郎在自己生日那天(7 月 29 日)前去参拜。日本前首相小泉纯一郎自 2001 年 8 月 13 日至 2006 年 8 月 15 日曾先后六次参拜靖国神社。

参拜的背后原因

日本首相之所以执意要参拜靖国神社，其直接动因是出于大选的需要。日本经济多年萧条，政府又苦无对策，导致日本国民人心涣散。参拜靖国神社，拉拢日本极端民族主义者，成了首相“振奋人心”的强心剂。

国际舆论指出，不论过去还是现在，许多日本政坛要人（包括一些首相）的参拜都没有收敛，其中原因值得探究。

其一，8 月 15 日是日本侵略战争失败的日子，但日本向来只提“终战”二字，即那只是一场战争结束而已。对远东国际军事法庭认定的太平洋战争，靖国神社内所有相关的说法都称是“大东亚战争”，日本新历史教科书更是颠倒黑白，妄称“大东亚战争”是日本军队将亚洲国家从白人的统治下解放出来的所谓的所谓的“圣战”。

其二，日本有些人至今还在美化侵略，这和当年美国对日占领时的纵容政策以及日本社会的右倾化有关。冷战时期，美国把日本看成是对抗社会主义国家的“防波堤”和桥头堡。在这种背景下，日本军国主义从未受到过认真清算，不少战犯逍遥法外，有的甚至重返政坛，执掌大权。再就是冷战后，日本政局动荡，经济低迷，极端右翼势力抬头，偏执的民族主义思潮上升，日本社会对右翼势力的制约减弱。

其三，这更与日本自身的政治判断有关。进入 21 世纪，日本试图在国际上扮演更重要的角色，为此，它必须对历史有个了结。美化甚至否定侵略战争，在某些日本人看来是摆脱历史包袱的“最简单”的办法。

参拜神社对日本寻求政治大国地位的影响

参拜靖国神社，是日本政客一贯不负政治责任的举动，如果这种情况得不到更正，将会极大地损害日本谋求政治大国地位的前景。日本政府高级官员参拜神社中供奉的历次日本侵略战争中的战犯是极不负历史责任的行为，实质上反映出日本不甘面对侵略亚洲历史的虚伪一面，这极大地影响亚洲和世界各国对日本的信任，给日本谋求政治大国地位的前景带来不确定因素。人们常常把战后的日本和德、意两国相比较，如果日本想同德国一样在政治上“恢复元气”，参考一下德国在战后的举措，将是一个很好的建议。

第四节　日本政治发展战略展望

参考日本在过去的政治图谋发展轨迹，我们可以对日本的近期政治战略作一预测，大致可以从以下几个方面来看：

（一）在宪法问题上，估计日本至少要经过5年时间的酝酿、讨论，逐步进入修宪的法律程序，最终修改第9条，彻底解除对战败国的制约，真正实现所谓的"普通国家"目标。在此之前，日本最有可能的做法是对第9条进行牵强附会的解释，以便修改PKO法案，进一步完善有关法规，达到军队合法化、海外派兵正常化、行使武力正当化的目的。

（二）今后一个时期，日本的军事实力会进一步增强。武器装备将向高技术、远程化方向发展。指挥通讯和后勤保障能力将进一步提高，整体协同作战水平及战斗能力会迈上新的台阶。总体上讲，日本军事能力在某些方面已超过英、法，但由于目前还没有迹象表明日本准备发展攻击性航母、远程战备轰炸机和洲际导弹，所以日本军事发展模式是在防御基础上的"遏制"，要成为世界级军事大国还较遥远。

（三）日本核武装的可能性不大。日本拥有较强的技术能力和储存着大量的核原料。20世纪60年代末，当时的佐藤内阁曾对此进行了研究，认为：从技术方面看，日本有能力开发核武器，但是将引起三种不利后果，即外交上陷于孤立、得不到舆论支持和巨额财政负担。鉴于此，日政府提出了无核三原则。目前看来日本发展核武器仍受某些因素制约：首先，上述三种不利后果中的前两种依然存在；其次，日本国土狭小，缺乏战略纵深，难以承受核打击和不具备核报复的条件；第三，日本一直以"唯一遭受过核灾难的国家"自居，而且以核裁军作为政治大国的进身之路，因此短时间内不会丢掉这块招牌；第四，日本处于中、美、俄三大核大国的中间地带，缺乏核战略空间。所以，核武装恐怕在很长时间内不是日本军事发展的首先目标。

（四）今后日本在联合国的活动会更加积极，日本争取在不久的将来实现成为安理会常任理事国的梦想。目前，由于日本处心积虑地活动，大国中，美、英、法、俄都公开表示支持日本成为常任理事国，不少受过日本"恩惠"的中小国家也持赞成态度。现在日本成为安理会常任理事国的主要障碍在于巴西、印度、意大利等国家的竞争。因此，随着联合国改革的深化，如果在安理会扩大成员国的数量和新的常任理事国是否享受否决权问题上，各方能达成妥协，那么日本最有可能会和德国等其他国家一道成为新的不拥有否决权的常任理事国。

（五）日本今后虽仍把日美军事同盟作为其军事安全框架的"基石"，把日美关系作为其外交政策的"基轴"，但是为实现政治大国的战略目标，日本外交策略会更强调积极灵活，呈现全方位特征。目前全球力量对比中，美国的"一超"地位无可匹敌，西方占尽优势，而日本作为西方集团的正式成员，无论在意识形态、价值观念，还是在经济、安全利益上，和美及西方其他成员的根本立场是一致的。再加上，历史上形成的日对美的“依附性”，日本又以借重美国、依靠西方，作为自己实现政治大国目标的捷径。所以，日本的立足点在西方。但是，日本与欧美相比，缺少稳固的后方和可资利用的势力范围，缺少实现政治大国目标的战略依托。因此，今后日本为弥补这一缺陷会进一步以经济援助为手段，加大“回归亚洲”的图谋，争取把亚洲作为其战略大本营，在此基础上扩展在非洲的影响，落实“欧亚大陆外交构想”，横向促进日欧关系，以便在国际上发出自己的“声音”，成为举足轻重的政治大国。

思考题：

1. 日本政治发展的定位与战略选择是什么？
2. 日本为何热衷于向海外派兵？

名词解释：

靖国神社　　日本自卫队

第二十八章　联合国的改革与发展

第一节　联合国发展道路

联合国从酝酿到成立经历了数年的时间。1942 年 1 月 1 日，正在对德、日、意法西斯作战的中、美、英、苏等 26 国代表在华盛顿发表了《联合国宣言》，强调在打败共同敌人后建立一个拥有广泛普遍安全制度的世界秩序，并第一次采用“联合国”一词。1943 年 10 月 30 日，中、美、英、苏 4 国在莫斯科发表《普遍安全宣言》，提出尽快建立一个普遍性的国际组织。1944 年 8 月至 10 月，苏、英、美 3 国和中、英、美 3 国先后在华盛顿橡树园举行会谈，讨论并拟订了战后建立国际组织的建议案。1945 年 2 月，苏、美、英在雅尔塔举行会议，就安全理事会的五大国一致原则达成协议，决定召开联合国宪章制宪会议。

1945 年 4 月 25 日，“联合国国际组织会议”在美国旧金山开幕，包括中国在内的 50 个国家的 280 多名代表出席大会。6 月 25 日，与会代表一致通过了《联合国宪章》，并于 26 日举行了宪章的签字仪式。同年 10 月 24 日，《联合国宪章》在得到多数签字国批准后开始生效，联合国 (United Nations) 宣布正式成立，51 个签字国(波兰后补签)成为联合国创始会员国。1947 年 10 月 31 日，联合国大会通过决议，确定每年的 10 月 24 日为联合国日。

联合国宪章共分 19 章 111 条，充分表达了使人类不再遭受战祸的决心，规定了联合国的宗旨、原则、权利、义务及主要机构职权范围等。宪章规定，联合国的宗旨是“维护国际和平及安全”、“制止侵略行为”、“发展国际间以尊重各国人民平等权利自决原则为基础的友好关系”和“促成国际合作”等；它还规定联合国及其成员国应遵循各国主权平等、各国以和平方式解决国际争端、在国际关系中不使用武力或武力威胁以及联合国不得干涉各国内政等原则。

中国在1945年派代表团出席了旧金山会议，中国共产党的代表董必武参加了代表团，并在《联合国宪章》上签了字。1971年10月25日，联合国大会通过2758(XXVI)号决议，决定"恢复中华人民共和国的一切权利，承认它的政府代表为中国在联合国组织的唯一合法代表，并立即把蒋介石的代表从它在联合国组织及其所属一切机构中所非法占据的席位上驱逐出去"。

几十年来，联合国历经国际风云变幻，在曲折的道路上成长壮大，为人类的和平与繁荣作出了重要贡献。联合国在实现全球非殖民化、维护世界和平与安全、促进社会和经济发展等方面取得了令人瞩目的成就。宪章确立的宗旨和原则一直有效，申请加入联合国的国家都必须声明接受并愿意履行宪章所载明的义务。截至2005年4月，联合国的会员国已由创建时的51个增加到191个 。联合国已成为当代由主权国家组成的最具普遍性和权威性的政府间国际组织。

第二节　瑞士加入联合国

2002年9月10日，正在纽约举行的联合国大会正式宣布瑞士加入联合国，成为第190个联合国成员。作为一个历史悠久的"中立国"，瑞士在今天这个世界政治的"多事之秋"选择加入联合国，背后有着深刻的含义。

艰难的取舍

瑞士人以其国家100多年来在国际上保持"中立"而感到骄傲和幸运，对于这个传统观念进行任何的改动都将是非常困难的。同时，瑞士是个联邦制国家，其政体特点除保持政治权力的平衡外，一个显著特征是直接民主制，即凡涉及修宪、加入重要国际组织和签订期限15年以上国际条约的政府决定，都要经公民表决和由各州通过，在符合"双多数"赞成的条件下方可生效。加入联合国这一重大事件必须要经过全民公决后方可定议，这更增加了操作的难度。

可以说，瑞士加入联合国的抉择是艰难的，是经过长久的酝酿的。尽管从20世纪80年代初，他们就开始思考和争论是否应该加入联合国。在这个问题上，瑞士政界表现得更为积极。早在1981年政府就提出有关建议，并于次年提交议会审议。1984年，该建议先后在议会两院经过激烈辩论后获得通过。但政治家们的热情并未感染和打动民众。

1986年3月，瑞士就加入联合国问题举行了首次全民公决，竟遭到3/4选民和所有州的反对。持反对立场的人在心理上有一种难以化解的疑惑和担心，认为一旦加入联合国，就得对国际事务表态，这将损害瑞士传统的中立立场，不可避免地把它卷入国际纷争，扰乱他们早已习以为常的平和以及富裕、恬静的生活。

历史上，瑞士曾长期处于神圣罗马帝国的统治下，1684 年才宣布独立和开始奉行中立。一个多世纪后它被拿破仑吞并，直到 1815 年拿破仑战败后的维也纳会议正式确认它为永久中立国。对“战争”的恐惧深深植根于每个瑞士人的内心。中立地位确定以后，瑞士再未卷入战争烟火。

瑞士是个欧洲内陆小国，国土面积不到 4.2 万平方公里，人口也不过 720 多万。但正因为其所具有的中立国地位，众多国际会议和重要的国际组织都设在它的国土上。虽然瑞士没有参加联合国，但不少同联合国有关的机构都在瑞士办公，例如世界贸易组织、世界卫生组织、国际劳工组织、联合国贸易与发展会议，等等。100 多年来，这种中立国的地位保护了瑞士，不仅使之在 20 世纪的两次世界大战中免遭战乱，而且能在战后的冷战时期超然于种种国际冲突之外，为一些重大国际谈判提供场所和对国际纠纷进行斡旋，在东西方的经济交往中发挥着独特的桥梁作用。因此，瑞士人始终非常珍爱他们的中立，并为拥有这份中立而由衷地感到庆幸和骄傲。

瑞士加入联合国的原因

事隔 16 年，当再度让瑞士人作出选择时，舆论倾向却发生了重大变化。众多原因促使瑞士人在加入联合国问题上发生了巨大转变。

首先，世界局势发生了深刻的变化。

这种变化体现在：一是经济全球化对世界的重大影响。经济全球化必然带来国际事务的全球化。而且，伴随着这一进程的不断发展，各国的安全与发展同外部世界的联系日益密切，国与国之间相互依赖的程度大大加深，一个国家很难再独善其身，置身于国际社会之外。而加入联合国则可以更好地维护自身的利益，在经济、政治上也可以与其他国家增强交往，提高瑞士的国际地位。二是冷战结束后联合国的作用越来越大。在新的形势下，瑞士长期以来所固守的传统的中立政策渐显僵化，使它在国际舞台上斡旋的空间缩小。在联合国里，以观察员身份出现的瑞士既无投票权也无决策权，在许多重大国际问题上几乎听不到它的声音，如继续下去，难免会被“边缘化”和在世界上陷入孤立的境地。

其次，瑞士政府的不懈努力也是促成这次公决结果的原因之一。本届政府从上任伊始就将推动瑞士加入联合国作为任内外交政策的重点，下大力气在公众中做了很多解释工作，“9·11”事件又从另一个方面为政府争取到一部分选民。与此同时，瑞士经济界在资金上也帮了很大的忙，不惜耗费几百万瑞士法郎，用于公决前的宣传造势。另外，瑞士银行替储户保密的问题已引起不少经合组织和欧盟国家的埋怨，如果再度投票反对加入联合国，将不能不给瑞士的形象带来更大的损害。

其实，瑞士在1953年就开始参与联合国的一些军事行动，当时主要是提供给养和帮助运送军事人员。从1989年起，它又进一步介入联合国的维和行动，派遣医护人员、军事观察员和选举监督员等。冷战结束后，从自身安全和政治、经济利益考虑，瑞士本着“灵活、务实、渐进”的方针，着手调整其中立政策。在中立原则不变的前提下，积极、谨慎地谋求以国际合作求安全，在世界上树立开放的良好形象。近年来，它不仅参与制定了有关和平、安全和人权等方面的国际政策，还认真执行安理会的集体安全决议，相继加入一些国际范围内的经济制裁行动。它于1996年同北约签署了和平伙伴关系框架性文件，后又与欧盟签订了七项双边协定，为它在不久的将来加入欧洲一体化进程奠定了基础。

瑞士联邦主席维利热指出，加入联合国对瑞士的经济发展只能起到积极的促进作用，有助于提升它在国际经济合作中的地位，诸如有组织犯罪、非法移民、核扩散等全球性问题都需要世界各国坐在一起共同解决。据他介绍，瑞士得到的回报将是显而易见的：目前，联合国每年的开销是40亿美元左右，其中瑞士可获利2.4亿美元，而它加入联合国后应交纳的会费仅为7000万美元。他还许诺，加入联合国后瑞士的中立国地位将保持不变。国防部长施密德也保证说，联合国将不会强迫瑞士参加军事行动。在这方面，芬兰和瑞典的经验就可资借鉴。

在完全加入国际社会方面，瑞士已切切实实迈出了决定性的一步，下一个目标将是何时加入欧盟的问题。尽管时下瑞士国内的反对声音仍不可小视，但是我们相信国际局势的发展将会继续推动瑞士在这个方向上的变化。

小知识

秘鲁前总统藤森引渡风波

2000年11月，因涉嫌蒙特西诺斯的贪污丑闻，藤森在面临来自国内极大压力的情况下，借出国开会的机会滞留日本至今不归，并宣布辞去秘鲁总统之职。秘鲁政府指控藤森在担任总统期间玩忽职守，秘鲁司法部还声称藤森在1990年至2000年担任总统期间，应对1991年和1992年在首都利马发生的两起屠杀事件负责，因而他应以杀人、严重袭击和强迫人员“失踪”的罪名受到审判。此后,秘鲁政府一直要求藤森回国接受审判。在此背景下,秘鲁国内先行对前总统藤森展开了一系列法律诉讼。

由于藤森的父母是日本人,他们在1930年移民至秘鲁之前,将藤森登记在户籍上,因此尽管藤森是在秘鲁出生,根据日本法律,除了秘鲁国籍外,他同时还拥有日本的国籍,因此可以留在日本。日本政府证实,秘鲁前总统藤森拥有日本国籍。

日本一名高级官员表示,日本将坚持自己的一贯立场,除非有特别原因,否则日本绝不同意将日本国民引渡到其他国家。“我们坚持按照日本本国的法律处理藤森一案的立场没有改变。”藤森曾表示希望在日本长期逗留,他本人认为,如果他回国,自己的安全将受到威胁,因此拒绝近期内返回秘鲁。由于他拥有日本国籍,所以法律上没有问题。

秘鲁国会在通过决议后,以擅离职守和不履行公职等罪名,正式对2000年11月在访问日本时提出辞职并滞留的藤森提出起诉。国会通过上述决议后,藤森一案将交由国家检察院立案处理。该决议不但剥夺了藤森5年的刑事豁免权,而且规定藤森在今后10年内不得在政府部门担任任何公职。

对于秘鲁政府强烈要求日本“归还”藤森的表态,日本官方首席发言人暗示,即使秘鲁政府要求引渡秘鲁前总统藤森回国,他们也不会这样去做的。日本官房长官福田康夫说,尽管秘鲁现在还没有通过外交途径要求日本政府将他们的前总统引渡回国,但是从原则上来说,“日本政府是不会将他们的国民引渡出境的”。

由于日本通常不把本国国民引渡到其他国家,而且日本与秘鲁之间也没有引渡协议。2002年11月19日,滕森通过其私人网站宣布:他决定在本月返回秘鲁,主要是为了参加2006年的总统竞选,以便能继续“为秘鲁人民效劳”,共同寻找“洞口外的亮光”。

不管藤森后来有没有回国竞选总统,这一政治事件风波却已经凸显出了当代国际间国与国关系的不确定性,现代国际关系中仍然存在着许多未明确的权力空间,如何完善和弥补国际关系中的种种弊端和漏洞,将是现代国际关系发展的一个重要方向。

第三节　联合国面临的制度挑战

在新的世纪里,联合国面临着严峻的挑战。这一挑战的实质可归结为两点。第一,联合国是成为所有成员国的联合国,还是成为超级大国和西方国家发挥主导作用和重要影响的联合国；第二，联合国是朝着建立公正合理的国际新秩序方向前进，还是沿着超级大国主导的“世界新秩序”下滑转向。

联合国维护世界和平的维和机制如今面临着严重挑战。当前，联合国维和至少存在以下问题：维和活动的内涵和形式不断被扩大，已经同联合国宪章的宗旨和原则拉开了距离。超级大国根据其战略需要，在人权问题和维和问题上实行双重标准，使维和行动大受其害。西方某些国家及其国家集团绕开联合国安理会，对他国进行军事干预，使联合国安理会声望严重受损，科索沃战争即是一例。维和行动与“人权高于主权”的新干涉主义论调交织在一起，使维和更趋复杂化。维和行动的开支日趋庞大，削弱了联合国对发展中国家的经济援助。

挑战之二是，相当一个时期以来，以美国为首的西方国家，鼓吹“人权高于主权”的新干涉主义，在联合国成员国中造成了混乱，而且将在新世纪为建立国际新秩序带来不可低估的负面影响。

从西方国家根据其战略利益组建的“多国部队”和“人道主义干预部队”的行动便不难看出某些国家的用意。迄今，多国部队行动已达到 20 次，派出部队达 84 万多人，派出国多数系发达国家，其司令之职基本上也是由发达国家的人选担当。美国等西方盟国筹建“人道主义干预部队”，始于 1991 年 1 月的伊拉克北部安全区的多国“安抚行动”。迄今共组建了 6 次，总人数达 7 万多人，包括南斯拉夫的北约“人道主义干预”部队和南斯拉夫科索沃的“多国实施部队”。这些部队尽管也有少数发展中国家参与，但主要由美、英、法等发达国家组成。在 6 次行动中，有 4 次未经安理会授权和当事国的认可，如北约 13 国以“人道主义干预”为名对南斯拉夫联盟进行狂轰滥炸等。美国等西方国家筹建“人道主义干预部队”意在一箭双雕：联合国安理会不能为其战略利益服务时则使之边缘化，并试图为北约等组织取代安理会埋下伏笔。

挑战之三是，全球化给许多国家带来了经济繁荣，也使一些国家更加脆弱，贫富差距进一步拉大。

以美国为例，据《纽约时报》2008 年 10 月 5 日报道，在过去 30 年中，美国收入和工资分配是所有高收入国家中最不平等的。最富有的 20%美国人年均收入达 16.8 万美元，几乎是收入最低的 20%人口的 15 倍，后者的年均收入仅为 1.1 万美元。联合国 2008 年 10 月 22 日的报告表明，纽约、华盛顿、亚特兰大和新奥尔良等美国大城市的贫富差距之悬殊堪比非洲城市。贫困、饥饿和无家可归者增多，据美国人口普查局 2008 年 8 月公布的统计数字,2007年,美国的贫困率为12.5%,贫困人口3730万人,比2006年的3650万人多出80万人,其中生活在贫困线以下的18岁以下儿童达到18%,高于2006年的17.4%,陷入贫困的家庭占9.8%,达760万户。美国住房和城市发展部2008年7月29日公布,2007年,露宿街头或住在收容所的长期无家可归者达12.3万人。

新世纪的联合国如何定位、能否在建立公正合理的国际新秩序方面做出重大贡献已为国际社会高度关注。

进入新世纪后,在经济上,广大发展中国家希望联合国能做出6个方面的努力并取得成就:西方大国主导的不合理、不公正的国际金融和贸易体制严重制约发展中国家发展的状况有所改变;工业品和原料价格的"剪刀差"问题有所解决;援助和减少发展中国家债务不再同"人权"、"民主"条件挂钩;南北对话经常化并有进展;科技转让状况不断改善;联合国援助发展中国家的固定基金中西方认捐部分有所增加。

广大发展中国家还希望,新世纪的联合国继续恪守联合国宪章的宗旨和原则。具体说,坚持大小国家一视同仁的平等原则,关注世界发展的积极原则,履行维和行动的公理原则,遵循改革联合国的公正原则,反对超级大国强权政治的一贯原则,恪守解决国际争端的和平原则以及主张联合国秘书处从最高行政首长直至普通工作人员的中立原则。如此,一个以和平和发展为己任并致力于建立公正合理的国际新秩序的联合国,将会对世界作出莫大的贡献,并因此被载入光辉的史册。

第四节　联合国改革任重而道远

当前,联合国改革问题主要涉及以下几点:

一、安理会改革

安理会的改革是全体会员国最为关注的敏感问题,它主要涉及两个方面,即安理会的构成问题和否决权的存废或限用问题。

第一,安理会的构成问题即扩大安理会规模问题。目前15个安理会成员国只占会员国总数的7.9%,必须扩大,这是没有争议的,关键在于如何增加与分配席位,尤其是常任理事国的增加,不是简单的数量变化,而是一种权力结构的变化,实质上是一种权力再分配。有意成为安理会新增常任理事国的主要有两类国家,一类是原来的战败国日本和德国,另一类是发展中国家的一些地区性大国,如巴西、印度、埃及等。从1992年开始,联合国正式酝酿安理会改革，几年来，争论的焦点集中在安理会扩大的原则和担任常任理事国的条件。

广大发展中国家主张安理会的扩大必须遵循两项原则：一是国家不分大小、强弱，一律平等，反对只接纳一两个经济发达的大国作为常任理事国，而把发展中国家排除在外，指出决不能把安理会变成“富国俱乐部”；二是接纳新成员要按地域均衡分配。另一个问题是挑选常任理事国的条件和标准。虽然大家都认为宪章第 23 条第 1 款中的有关规定仍然有效，但实际上分歧很大。发达国家强调能否对维护国际和平、安全做出贡献，地理分配并非是要考虑的唯一标准；而发展中国家则认为不应过分强调经济和军事实力。

第二，安理会否决权的存废或限用问题。五大常任理事国拥有安理会否决权这一特殊权力，可以说反映了二战结束时的国际力量对比。随着越来越多的国家进入联合国，它们认为否决权是联合国缺乏民主的体现，是与《联合国宪章》所规定的“所有会员国主权平等”这一原则相违背的。有些国家坚持认为，无论 50 年前否决权的产生有何理由，50 年后必须改革。但常任理事国也坚持它们的权力和地位，认为否决权不能改变。一些国家据此提出，即使不取消否决权，也要对否决权的使用范围进行限制。在安理会改革的问题上，如何确定安理会扩大的原则和担任常任理事国的条件和标准，是最具争议、难以在短时期内解决的问题。

二、经社理事会和托管理事会的改革问题

与联合国安理会的改革主要在于扩大其规模或代表性相比较，有关经社理事会的改革却是另外一种情况。经社理事会最初有 18 个成员国，经过两次扩大，现已增至 54 个。一些国家认为经社理事会规模过于庞大，可操作性差，要求减少理事国的数目。随着经济全球化进程的加速推进，全球性问题和经济社会领域的各种危机也在强化，因此迫切需要建立一个像处理政治和安全事务的安理会那样的高效运转的经济安全理事会。

关于托管理事会改革，主要在于这一机构是否还存在下去。根据《联合国宪章》规定的托管理事会的使命已宣告结束，1994 年，时任联合国秘书长的加利曾提出建议，修改《联合国宪章》第 13 章，撤销托管理事会这个机构。而另一任秘书长安南的方案，则是将托管理事会改为托管全球环境、海洋、大气层和外层空间的机构。

三、行政改革问题

与前两者不同的是，这基本是纯粹的行政职能改革问题，主要涉及的是秘书处的内部改革，或在秘书长职权范围内能直接作出决定或采取措施的问题。它包括以下几方面内容：突出秘书长作为联合国最高行政长官的地位，扩大秘书长及秘书处的权限和作用；全面调整联合国的现有组织结构，减少管理层面；削减联合国经费预算和行政开支，消除联合国长期以来存在的严重财政危机；简化议程，缩短会期，提高工作效率等等。

中国在联合国改革问题上的立场

中国在联合国改革问题上一直持比较积极的态度，主张联合国改革应当在协商一致和广泛共识的基础上循序渐进地推进。中国政府主张安理会改革应有利于提高安理会权威和效率；有利于优先增加发展中国家代表性；有利于中小国家有更多机会参与安理会决策；有利于坚持地区平衡原则，并兼顾不同文化的文明代表性。此外，中国政府还多次强调，联合国改革应遵循以下原则：

1. 改革应有利于推动多边主义，提高联合国的权威和效率，以及应对新威胁和挑战的能力。

2. 改革应维护《联合国宪章》的宗旨和原则，特别是主权平等、不干涉内政、和平解决争端、加强国际合作等。

3. 改革是全方位、多领域的，在安全和发展两方面均应有所建树，特别是扭转联合国工作“重安全、轻发展”的趋势，加大在发展领域的投入，推动落实千年发展目标。

4. 改革应最大限度地满足所有会员国、尤其是广大发展中国家的要求和关切。应发扬民主，充分协商，努力寻求最广泛一致。

5. 改革应先易后难、循序渐进，有助于维护和增进联合国会员国的团结。对达成一致的建议，可尽快作出决定，付诸实施；对尚存分歧的重大问题，要采取谨慎态度，继续磋商，争取广泛一致，不人为设定时限或强行推动作出决定。

小知识

联合国维和部队

联合国维持和平部队是根据有关联合国决议建立的一支跨国界的特种部队，成立于1956年苏伊士危机之际。它受联合国大会或安全理事会的委派，活跃于国际上有冲突的地区。维和部队士兵头戴天蓝色钢盔或蓝色贝雷帽，上有联合国英文缩写“UN”，臂章缀有“地球与橄榄枝”图案。凡参加联合国维持和平部队的人员，必须被送到设于北欧4国的训练中心接受特种训练，以熟悉维和部队的职能、宗旨、任务和进行特种军事训练。联合国维和部队执行任务时跟各国特种部队不同，它必须公开自己的存在，必须行进在最引人注目的公路、广场、热闹地段等公开场合。

联合国维和部队是联合国维和行动的一种形式，其另两种形式是军事观察团和多国部队。

一、联合国维持和平部队的作用是阻止局部冲突扩大化，或防止冲突再起，并帮助在战争中受害的平民百姓，为最终政治解决冲突创造条件。

联合国维持和平部队有两个显著的特征：

第一，非强制性。

它的进驻与活动，需由安理会或大会决定，并征得有关各方同意(其中15个联合国成员国中，最少有9个国家赞成，而且中国、美国、英国、俄罗斯、法国5个常任理事国没有投反对票)，然后授权联合国秘书长组织；进驻后，一旦该国政府提出撤军要求，必须立即撤出。

第二，具有鲜明的中立性，其成员必须来自与冲突双方无直接利害关系的国家。

它不同于一支真正的军队，它没有战场，没有敌人，是一支政治外交部队。联合国维持和平部队在执行任务时，除进行自卫外，不得擅自使用武力。必须严守中立，不得卷入冲突任何一方，更不能干涉所在国内政。

联合国维持和平部队的总司令是联合国秘书长。

部队的人员由联合国成员国自愿提供。维持和平部队是由武装部队的分遣队组成，士兵可以配备轻型防御性武器。联合国规定在执行国际维和任务时各国的军队着本国军队的制服，佩带本国的军衔标志，左臂佩戴本国的国旗，右臂佩戴联合国旗。为了方便识别维和部队，各国部队均头戴蓝色的头盔，头盔上有联合国标志和英文的UN。久而久之大家都习惯性地称维和部队为“蓝盔部队”。

二、派遣军事观察团是联合国维持和平行动的另一种形式。

联合国向冲突地区派遣军事观察团，需由安理会或大会决定，并征得有关各方同意，授权联合国秘书长组织。观察团的人员由联合国成员国提供，由非武装的军官组成。它的使命是维持和平行动。在执行任务时，观察员不能携带武器，必须严守中立，不得卷入冲突的任何一方，更不能干涉所在国的内政。

它的具体职责视情况和需要有所不同，一般包括：

监督停战或停火、撤军；观察、报告冲突地区的局势；执行脱离接触协议;防止非法越界或渗透;以及联合国决议赋予的其他使命。派遣军事观察组是联合国维持和平行动的临时措施,均有一定的期限,视情况需要由安理会决定可延期。

三、冷战后,随着地区冲突的增加,联合国维和行动次数增多,规模扩大,维和行动的性质和作用也往往超出传统的职责范围,造成联合国经费严重不足。

为此,除维持和平部队以外,联合国也借助成员国自愿组成的多国部队参与维和行动。多国部队的费用一般由参加国支付。参与联合国维和行动的多国部队士兵身着自己国家的军装,主要标记是联合国的旗帜以及联合国徽章。

维和行动主要分为两类:

由秘书长直接领导的联合国维和行动(有军事观察团和维和部队两种形式)和由安理会批准、秘书长授权、由地区组织或大国参与指挥的维和行动(有多国部队和"人道主义干预部队"两种形式)。

联合国维和行动大体可分为 4 个阶段:

①早期阶段(1948—1955 年)。联合国先后派出两个军事观察团;

②发展阶段(1956—1978 年)。联合国曾先后进行 11 次维和行动;

③停滞阶段(1978—1987 年)。因美苏全面冷战,联合国没有出台新的维和行动;

④振兴阶段(1988—1994 年)。因冷战的结束和东西方关系的缓和,联合国先后启动了 21 次维和行动。

维和部队对维护世界和平作出了重大贡献,并因此于 1988 年获诺贝尔和平奖。

1988 年 11 月 2 日,中国正式加入联合国维持和平行动特别委员会。

思考题:

1. 瑞士为什么要加入联合国?
2. 联合国改革主要面临哪些挑战?

第二十九章　非政府组织的作用日益加强

第一节　非政府组织的兴起与发展

非政府组织是英文 Non-Governmental Organization 的意译，英文缩写 NGO。一般认为，非政府组织一词最初是在 1945 年 6 月签订的联合国宪章第 71 款正式使用的。1952 年联合国经社理事会在其决议中将非政府组织定义为“凡不是根据政府间协议建立的国际组织都可被看作非政府组织”。在当时，这主要是指国际性的民间组织。

在这之后的十多年里，非政府组织本身的活动以及它们同联合国的关系都处在较低的水平，没有多少实质性的发展。一直到 1968 年，在联合国经社理事会通过的 1296 号决议中，规定了联合国同非政府组织关系的法律框架。该决议肯定了非政府组织的范畴，同时允许非政府组织在联合国经社理事会以及联合国体系的其他机构中获得咨询地位。自此以后，非政府组织的活动被有意识地、越来越广泛地引入了联合国体系的运作。

在联合国经社理事会中，专门设有一个非政府组织委员会，负责审核批准接纳非政府组织，认可它们在联合国的咨询地位和观察员身份。非政府组织委员会有权要求在经社理事会注册的非政府组织提交书面陈述。获得经社理事会中咨询地位的非政府组织，有权以咨询者和观察者的身份出席经社理事会会议并参加联合国的各种会议，并有权在会上作口头发言和书面发言，它们还可以应经社理事会的请求提供各种形式的咨询。

联合国 1296 号决议规定，非政府组织如要在经社理事会中得到咨询地位，首先应致力于联合国经社理事会及其附属机构所关注的问题，如国际经济、社会、环境、文化、教育、卫生保健、科学、技术、人道主义和人权，以及其他一些相关的问题。这些非政府组织的宗旨与使命，不得同联合国宪章的精神、宗旨以及原则相抵触。它们应支持联合国的工作，传播有关联合国所遵行原则的知识。在经社理事会享有咨询地位的非政府组织,必须要有一定的代表性和国际性,应具有代表其成员发言的权威。这个决议还规定,非政府组织如要在联合国注册,其组织成员必须以民主的方式参与组织活动,应有民主决策机制,应具有责任机制的安排和决策过程的透明度。这些非政府组织必须向联合国提交其预算和资金来源的资料,资金来源应公开,任何来自政府的资助都必须向经社理事会非政府组织委员会报告。该决议还鼓励各国同性质的组织组成国际性联盟,以便能更好地在联合国与非政府组织之间发挥一种纽带传送作用。除经社理事会外,联合国的公共信息部也制定了一套与非政府组织保持关系的规定,允许非政府组织在公共信息部享有咨询地位,侧重于发挥非政府组织在传播信息方面的作用。

1996 年,联合国经社理事会通过的 1996/31 号决议对联合国同非政府组织之间的咨询关系再次作了规定。1968 年决议只承认国际性非政府组织,而 1996 年决议则进一步承认了在各国和各地区活动的非政府组织。允许各国和各地区的非政府组织以自己的名义独立地在经社理事会发表意见,而不必像以往那样必须通过在经社理事会里有咨询地位的国际非政府组织去间接地表达自己的主张。该决议要求非政府组织支持联合国的工作,加强了经社理事会非政府组织委员会的作用,并为非政府组织参加联合国组织的正式国际会议及会议准备阶段制定了规则。经社理事会在其 1996 年的 297 号决议中,决定提请联合国大会审议非政府组织全面参与联合国工作的问题。

世界银行则把任何民间组织,只要它的目的是援贫济困,维护穷人利益,保护环境,提供基本社会服务或促进社区发展,都称为非政府组织。

非政府组织围绕着联合国体系的各次国际会议所建立起来的联系机制,是从 20 世纪 70 年代初开始形成的。在联合国召开国际会议的同一时间和同一地点,举行同样议题的非政府组织国际论坛,是非政府组织参与和影响联合国决策的一种重要方式。与联合国的国际会议平行的非政府组织国际论坛,第一次是在 1972 年斯德哥尔摩人类环境大会期间召开的,以后成为惯例。如 1992 年里约热内卢的环境与发展大会,1994 年开罗的人口与发展会议,1995 年的哥本哈根社会发展会议,1995 年北京的世界妇女大会,1996 年伊斯坦布尔的联合国第二次人类住区大会等。

自 20 世纪 80 年代以来,联合国体系内的各政府间国际组织也在进行组织和职能方面的调整,努力发展同非政府组织的联系和合作机制。在联合国体系内,有 20 多个政府间国际组织致力于各类发展事业,如世界银行、联合国开发计划署、国际开发协会、粮农组织、世界粮食署、联合国环境规划署、农业和发展国际基金、世界卫生组织、联合国儿童基金组织、联合国难民事务高级专员,另外还有一些较小的组织。这些组织的成员是各国政府,其活动受官方决策的支配。联合国体系内的这些组织,有的设有专门的部门处理与非政府组织有关的事务,如联合国教科文组织下设有非政府组织会议,世界银行设有非政府组织—银行委员会。还有一些联合国机构与特定的非政府组织有着经常性的密切联系。如在联合国难民事务高级专员与志愿机构国际委员会之间,在联合国人类居住中心与住区国际联盟之间,联合国环境规划署与环境联盟中心之间。世界卫生组织和联合国开发计划署也通过各种方式同非政府组织合作,联合国志愿者署在亚非拉的许多国家积极支持非政府组织和社区组织的组织建设。

可见,近二三十年来,非政府组织一词在国际活动的各领域里得到日益广泛的使用。但是,在很多情况下,人们对非政府组织一词的理解还是不太一致,在这里作一些必要的澄清。

首先,非政府组织的本意只是指不是政府的组织,其实质意思在中文里面与之最相应的是民间组织。非政府组织不仅是指联合国体系所认定和接纳的民间组织,还包括其他各种民间组织,特别是在国际场所活动以及有较多国际联系的民间组织。目前,有2000多个非政府组织在联合国经社理事会享有正式的咨询地位,有1500多个非政府组织同联合国的公共信息部建立了正式的工作联系。2002年联合国在南非召开的世界可持续发展全球会议上,有3500多个非政府组织获得了与会的资格。除此之外,在各个国家、各个地区以及国际领域,还有数目众多的各种形式的非政府组织。单是国际性的非政府组织,目前就有约40000余个。但是,这些被纳入统计的非政府组织,一般都是具有合法地位的、有公开的组织章程以及透明的财务管理的民间组织。诸如非法的恐怖主义组织或者地下的黑社会组织等都不属于非政府组织。宗教组织和政党通常也不被看作是非政府组织。

其次,非政府组织虽然可以在一定程度上表示民意,但它们在民意代表方面有很多局限性。非政府组织是民间社会的组织,其公开宣称的使命和价值观,可以是公益性的,或者是服务于特定的人群。但在现实生活中,非政府组织能否真正代表民意,以及在多大程度上能成为民意的代表,是很不确定的。如果一个非政府组织是由其成员实行民主管理的,那么充其量,该组织只具有代表其组织成员的利益和愿望的授权。由于很多非政府组织并没有健全的民主管理,个别领导人往往能对其起支配作用,况且政府、资本等各种力量是一些非政府组织建立和维持的主要推动力，所以，尽管非政府组织的确可以反映某种来自民间的呼声，但对其是否反映某种真实的民意以及在多大程度和范围反映民意，却是要作具体分析和判断的。

第二节　非政府组织在国际事务中的作用与影响

自20世纪70年代以来，非政府组织日益广泛地参与国际事务，它们在联合国体系内外的作用和影响不断增大，在各个领域里也得到了不同程度的承认。1997年9月初，联合国秘书长安南在向第52届联合国大会提交的工作报告中，列举和阐述了影响当前全球发展的八大因素，其中的第五大因素即是：跨国性的民间社会组织的迅速发展，非政府组织的作用越来越大。在其之前的四大因素依次是：冷战结束后全球政治经济格局的重组；世界经济的全球化；信息技术革命；生态环境的保护。非政府组织在国际事务中所发挥的作用和影响主要有：

1. 从事咨询和信息活动，提供和宣传非政府组织的观点与思想。联合国吸收非政府组织参与其活动并建立起制度性的联系机制时，首先考虑的是发挥非政府组织在咨询和信息处理方面的作用。像经社理事会和公共信息部对非政府组织参与所作的安排，也是着眼于既能发挥非政府组织的咨询与信息处理的作用，又能限制它们在其他方面的影响。在联合国的会议场所、特别是会议的准备过程中，各国政府可以从非政府组织那里，得到有关特定专业领域的、技术的、法律的以及政治等方面的专门知识。

2. 对政府和政府间国际组织的行为进行监督。非政府组织可以对政府间国际组织的条约、承诺、计划和项目的落实进行监督，还可以对各政府间国际组织所通过的决议和条约的实施情况进行监督，促使各国政府遵守其在国际上作出的承诺。

3. 参与执行国际组织的项目，协助政府间国际组织提供特定的产品与服务。近十多年来，联合国各机构一直在鼓励非政府组织参与各发展项目的实施。联合国体系通过分包合同等方式，将操作性的责任转移到非政府组织身上，非政府组织通过缔结协议和签订合同的方式承担提供特定产品和服务的工作。

4. 影响政府间国际组织的决策过程。第二次世界大战以后至今，在全球发展决策过程中起决定性作用的，一直是政府间国际组织，特别是联合国体系内的各组织。以往非政府组织在联合国体系中的主要作用是促进决议和条约的实施，而近十多年来，非政府组织不再仅满足于在联合国体系中提供信息和服务，而是试图对决策过程施加影响。它们积极争取参与决策的制定，对国际决策过程发挥着越来越大的影响。进入 20 世纪 90 年代后，联合国体系在确立议程、制定政策以及执行政策等方面越来越多地吸收非政府组织参与。

5. 在不同的利益冲突角色之间促成协调和妥协。在许多国际事务中，当事各国政府往往会由于经济的、政治的、文化的以及意识形态等方面的原因而争执不下，互不相让，有时甚至兵戎相见。在这种场合，非政府组织可以利用其民间的身份，在当事国政府之间进行斡旋，缓和紧张气氛，促进相互沟通与理解，打破僵局，推动问题的解决。

总体来说，联合国体系与非政府组织两方面相互吸引、相互支持，目前已形成了较密切的合作关系。从联合国方面看，它试图通过与非政府组织的合作去实现其在各个领域里的目标。非政府组织则通过联合国体系争取有较多的发言权，力求对国际上的重大决策有较大的影响力，同时谋求从联合国体系中获得尽可能多的资助。但是，非政府组织同政府间国际组织有时也会出现甚至很严重的冲突，有些政府间国际组织并不总是欢迎和支持非政府组织的活动的。例如，1999 年，非政府组织在其中起了很大作用的民间抗议活动导致西雅图世界贸易组织会议的失败。2001 年在意大利热那亚召开的“八国首脑会议”所遭遇到的大规模街头示威，非政府组织也是重要参与者。非政府组织已成为全球治理体制演变进程中不容忽视的重要因素。不过，尽管非政府组织已进入了现存的全球治理体制，已经能够对一些重大的决策过程施加影响，但是总体而言，非政府组织仍处于现存国际体制的边缘，对决策的影响是有限的。

在可以预见的将来，政府仍然是全球治理体制的主要角色。尽管如此，非政府组织的兴起打破了长期以来一直由政府独占国际治理领域的局面。为了使全球发展和全球治理体制的变革能够朝着健康的方向演变，有必要重视对非政府组织及其在全球治理体制中所引发的各种关系的研究。

进入 20 世纪 90 年代以来，发展中国家从事管理与发展的非政府组织相当活跃，据估计，发展中国家的非政府组织所服务的人数，在 20 世纪 80 年代初约有 1 亿人，其中 6000 万在亚洲，2500 万在拉丁美洲，1200 万在非洲。而据联合国开发计划署在 1993 年《人文发展报告》中估计，20 世纪 90 年代初发展中国家非政府机构服务的对象达到 2.5 亿人。

第三节　中国非政府组织的活动及其作用

随着我国改革开放的深入和社会主义市场经济的建立与发展，整个社会越来越趋向多元化。特别是在一些社会问题比较突出、尖锐的领域里，非政府组织的活动尤为活跃和集中，它们往往发挥着政府和企业所没有或难以充分发挥的作用，推动了社会进步。

(一)环境保护领域的非政府组织活动

在中国的环境保护领域里，活跃着一大批形形色色的非政府组织。其中较为著名的包括：自然之友、北京地球村、绿色家园志愿者、中国小动物保护协会、中华环保基金会、北京环保基金会、中国野生动物保护协会、北京野生动物保护协会、中国绿化基金会、中国环保产业学会、北京环保产业协会、中国植物学会、中国自然资源学会、中国环境科学学会、大学生绿色营和绿色大学生论坛、清华大学绿色协会、北京大学绿色生命协会、北京林业大学山诺会、上海市青少年环境爱好者协会、污染受害者法律帮助中心等等。

由这些组织开展的环境保护活动，为改革开放以来的中国社会提供了政府和企业所难以提供的许多公共物品，推动了中国环境保护运动的发展。归纳起来包括以下八个方面：

1. 环境意识的普及、教育、宣传活动。许多非政府组织都在积极地开展这方面的活动，其内容包括开展各种形式的环保倡议活动和实践活动，举办包括电视讲座在内的各种讲座、培训、演讲等环境意识教育活动，举办各种形式的研讨会、经验交流会、座谈会等。

2. 推动和促进环境保护领域的公众参与活动。在全国的许多城市，特别是北京，公众参与环境保护作为政府和非政府组织合作的一个重要机制正在得到积极的培育。北京市环保局宣教中心在这方面起到了先驱者的作用，他们早在 1997 年就开始着手研究并积极推动环境保护领域的公众参与机制的建立。

3. 对环境保护的资助活动。主要由一批热心自然资源和环境保护的国际或海外的 NGO 和资助机构，以及中国有关环境保护的基金会等非政府组织参与这方面的活动，包括为有关自然资源和环境保护的活动提供资金、设备、技术等方面的资助或援助。

4. 有关自然资源和环境保护的项目活动。很多非政府组织都在开展各种形式的项目，包括野生动物等生物多样性保护，自然生态的维持和保护，植树绿化，水质净化，大气污染的控制和处理，沙漠化防治，黄河上游水土流失问题的治理，社区环境保护，垃圾分类，资源再利用等等。

5. 有关环境保护科学和技术的研究、开发及其普及活动。主要是由一批与环境保护有关的学会、研究会等非政府组织在开展这方面的活动。它们集中了一大批国内相关学术领域的权威和精英，通过开展相关学科和技术的研究及其开发、应用，积极推动中国环境保护科学和技术的发展。

6. 有关环境保护产品的生产和推广以及业界联合等活动。主要是由一批活跃在环境保护领域的商会、行业组织等经济团体开展这方面的活动，包括促进环保产品的研制、生产、流通、消费等活动。

7. 有关对环境污染受害者的援助活动。随着环境污染问题的发展，污染受害者开始作为一个特殊的弱势群体受到社会的关注。有关的非政府组织通过开展法律咨询等活动向污染受害者提供各种形式的援助。

8. 环境保护的国际交流活动。绝大多数环境保护非政府组织都在以各种形式开展国际交流活动，一方面积极争取从国际社会获得有关的信息、资金、设备、技术等支持，另一方面通过召开或参加有关国际会议或座谈会、派出人员参与有关培训、接待来访和互访等活动，加强环境保护方面的国际交流。

(二)扶贫开发领域的非政府组织活动

和环境保护领域一样，在中国的扶贫开发领域里，也活跃着一批非政府组织。其中较为著名的包括：中国扶贫基金会、中国国际非政府组织合作促进会、中国人口福利基金会、中国计划生育协会、中国青少年发展基金会、中华慈善总会、农家女实用技能培训学校、爱德基金会、香港乐施会、救助儿童会、四川农村发展组织等等。

由这些非政府组织所开展的活动，为改革开放以来经济迅猛发展的中国社会提供了一种特殊的公共物品——扶贫。其中包括生存扶贫、技术扶贫、教育扶贫、救助贫困母亲、合作扶贫、文化扶贫、实物扶贫等。通过提供这类公共物品，中国非政府组织在广大内陆地区开展了一系列卓有成效的活动，为从根本上消除贫困作出了积极的贡献。这些作用概括起来主要表现在八个方面：

1. 通过直接提供包括资金、物资等经济资源，以强制投入的方式打破贫困所固有的恶性循环，从量和质两个方面改变贫困人口的生活状态。

2. 通过开展项目，特别是伴随项目开展的各种形式的培训，将大量有用的信息和技术技能传授给受益人，使他们通过参加学习和直接应用，努力掌握这些技术技能，从手段和方式上改变贫困人口的生活状态。

3.通过开展项目，特别是小额信贷等扶贫项目，在投入资源的同时，启动受益人的责任心和积极性，并引导当地建立起有约束功能的信用链及其关系制度，主要从社会资本和生产制度上改变贫困人口的生活状态。

4.在长期开展项目的过程中，非政府组织的工作人员逐步积累经验和知识、技能，成为各个扶贫领域的专家，他们比各级政府的工作人员更熟悉业务，同时也更深入基层，能够更直接和有效地针对不同地区、不同人群、不同贫困层的不同问题开展具体的、有针对性的扶贫活动。

5.协助并监督各级政府贯彻执行有关扶贫开发的方针政策，一方面作为政府实施扶贫工程的具体执行人，发挥其专业性和深入基层的优势，更好地落实扶贫政策；另一方面作为中央政府和地方各级政府之间的中介，协调有关政策并监督其实施，确保扶贫政策的落实。

6.作为企业和发达地区对贫困地区救助、支援的中介机构和专业机构，一方面更多地动员社会资金用于消除贫困的活动，特别是动员企业开展社会慈善活动；另一方面通过实际操作各种项目确保各项慈善款项和慈善资金能够落实到消除贫困的各项活动中去，并切实起到扶贫开发的作用。

7.作为国际社会各种力量救助、支援中国贫困地区的中介机构和当地“草根”组织，一方面积极吸收更多的国际社会和海外资源用于中国的扶贫开发事业，另一方面协助国际非政府组织和海外非政府组织在华开展各种扶贫开发项目，同时也作为国际社会救助中国贫困地区的中介组织发挥作用，执行监督或落实有关项目。

8.通过在扶贫开发领域开展的活动，一方面不断进行自身的能力建设，提高适应市场经济的应变能力和专业水平，另一方面逐步扩大非政府组织的影响及其力量，促进中国非营利部门的形成和发展。

从国际的角度看，需要回答的问题是中国是否应积极介入国际领域里的非政府组织活动。我们已经看到，非政府组织现已成为全球治理体制中的一个重要性日益增强的新兴角色，在联合国体系各机构的活动中，非政府组织已经有了正式的法定地位，能够在不同程度上参与和影响一些重大的国际决策。在其他许多国际活动中，非政府组织也以积极的姿态参与其中。除了政府与企业之外，非政府组织也是一国综合国力的重要代表。一般来说，发达国家非政府组织的组织健全，实力雄厚，规模大，活动能力强。非政府组织全球体系中的决策过程、权力安排、资金和信息的流向、参与国际活动的机会等，目前基本上都是由发达国家非政府组织控制的。中国作为一个综合国力日益增强、国际地位不断上升的国家，势必应考虑中国非政府组织的国际参与问题。非政府组织的国际活动，为中华民族的意愿表现和利益实现可能也提供了一个具有潜在重大影响力的场所。

思考题：

1. 上世纪 70 年代末以来，中国对非政府组织的态度有了哪些转变？
2. 如何认识国家与非政府组织之间的关系？

第三十章　国际关系理论——理解国际关系的钥匙

第一节　现实主义

现实主义作为国际关系理论中最古老、影响最大的一个范式，长期以来，因其以最简约、明确的表述抓住了国际政治的本质而备受政治家和外交决策者的青睐。现实主义不是单一的理论，而是一个理论“家族”。在摩根索人性现实主义和沃尔兹的结构现实主义之后，又先后出现过防御现实主义、进攻现实主义和新古典现实主义等分支。这些先后出现的分支，其侧重点和对国际关系现实的解释是有差异的。

哲学来源：修昔底德认为，人是自私的，人始终生活在“不是你死就是我活”(killed or to be killed)的状态中。

代表人物：汉斯·摩根索、肯尼思·沃尔兹、米尔斯海默。

古典现实主义或人性现实主义

人性现实主义又称古典现实主义，主要代表人物有爱德华·H. 卡尔(E. H. Carr)、莱茵霍尔德·尼布尔(Reinhold Niebuhr)、汉斯·摩根索(Hans Morgenthau)、乔治·凯南(George Kennan)和亨利·基辛格(Henry Kissinger)等。其中摩根索是最主要的代表人物，可以说现实主义发展为一门成熟的学说是从摩根索系统、经典的论述开始的。从 20 世纪 40 年代末摩根索的《国家间政治》一书发表直到 70 年代早期，人性现实主义一直主导着国际关系的研究。

人性现实主义有两个基本命题：第一，人性恶。由于人生来具有权力欲望，因此国家受人性支配，必然“对权力贪得无厌”。这一点决定国际政治同一切政治一样，是为权力而斗争。第二，国际无政府状态。由于国家之上不存在统治权威，因此国家只能以“自助”的方式维护自己的安全，而出发点则是权力与利益。在人性现实主义看来，国际政治的主要驱动力是体系中每一国家的内在权力意志，所有国家都"充满敌意"，因而这一理论认为不存在维持现状的国家。这也正是人性现实主义的局限性所在，因为它无法解释国家间已有的和可能的合作。国际关系的现实是，国家间不但有冲突与对抗，亦有各种不同形式的合作。这些弱点为新现实主义留下了修正的空间。代表著作：爱德华·H.卡尔《二十年危机》、汉斯·摩根索《国际纵横侧论》。哲学代表人物：马基雅维里（斯巴达与雅典的相互恐惧与防范）、霍布斯（君主可采用欺诈等手段）等。

新现实主义(1979—1991)

在二次世界大战后，欧盟以及跨国公司的发展使得一些学者认识到，国家之间的安全和利益可以通过合作获得，但是冷战的爆发以及美苏之间的冲突使得古典现实主义在反思的基础上将现实主义进行了发展，称之为新现实主义或结构现实主义。在20世纪70年代后期，一些学者认为战后以来的权力结构已经发生了重大变化，于是开始反思现实主义对国际政治现实的阐释力。1979年沃尔兹《国际政治理论》一书的出版标志着新现实主义理论的产生。新现实主义继承了古典现实主义的"无政府状态"前提，但在引起国家行为的原因上则摒弃了"人性"假说，认为国家的目标是生存，而追求安全是国家最优先的考虑。与摩根索强调人性是安全竞争的深层原因不同，在沃尔兹的理论中，体系的无政府状态才是真正的诱因。与古典现实主义把权力看作是目的本身不同，新现实主义把权力看作是一种有可能使用的手段。另外，与古典现实主义相比，新现实主义对国家安全竞争的看法要相对乐观一些，认为国际体系并不鼓励国家毫无节制地进行安全竞争，相反，无政府状态促使国家采取防范措施，使它们维持而不是打破均势。从这点上说，新现实主义的世界相对平静，国家不追求权力最大化，因为潜在的受害国常常会通过建立均势的方式制衡侵略国，阻止后者猎取权力的贪欲。

1990年代的发展：新古典现实主义(防御现实主义、进攻现实主义)

现实主义就本质而言由以下3S进行概括：

国家(State)是主要行为体，其他一切国际组织都受国家控制。

什么是国家？马克斯·韦伯认为，在特定领域内对暴力的合法使用，国家是使用暴力的最高决策者，国家的监狱、法院、军队为国民提供安全。但是，在国际无政府结构中，国家始终是不安全的，国与国之间的关系始终处于零和游戏中，军事安全在国家安全中占有至高无上的地位，因此，只有国家不断增强军事实力，才能保证国家的安全和人民的福祉。

生存(Survival)是国家追求的主要目的。防御现实主义者认为，只有提高自己的实力，才能达到防御的目的，从而保证国家的安全；进攻现实主义，如米尔斯海默认为，国家发展的目标就是追求霸权，因此潜在的挑战国时刻都在发展自己，只要实力达到一定的层次，就要寻求改变既有的国际秩序，因此国家要不断提高实力，要威慑或遏制修正主义国家的兴起。

国家始终处于"自助"(Self-help)状态中，国际体系总的说来是无政府的，安全困境是国际政治的现实。

总之，现实主义认为，战争是不可避免的，均势(balance of power)或帝国(empire)是实现国际和平的手段。

相关链接

现实主义六原则

摩根索的扛鼎之作《国家间政治》是他自1943年起在芝加哥大学讲授国际关系的基础上写成的，于1948年正式出版，到1973年出版了第五版，1978年第五版修订本问世，这是摩根索留下的最后一个版本，有极高的学术价值。1984年，摩根索当年的学生、著名国际关系理论教授肯尼思·汤姆逊根据老师的遗愿，修改出版了该书第六版。该书如今已成为当代国际关系学最重要的经典著作之一，其最核心的内容是摩根索提出的现实主义六原则。这六项原则已被国际学术界公认为最完整、最根本的国际关系原则。

第一，政治现实主义认为，正如一般社会一样，政治受到根植于人性的客观法则所支配。现实主义相信政治法则的客观性。为了使社会不断完善，首先需要了解和掌握社会赖以生存的法则。

第二，以权力界定利益的概念是政治现实主义研究国际政治的主要标志性特征，它使国际政治成为一个独立的研究领域，而区别于经济学(以财富界定权力)、伦理学、美学和宗教学。没有这一概念，政治理论，无论是国际理论还是国内理论，都将成为不可能。

第三，以权力界定利益的核心概念是普遍适用的，客观存在的，但它不是永远一成不变的。权力意指人支配人的力量，它涵盖所有社会关系。权力是政治的目的，利益是政治的实质。利益则是判断和主导政治行动的永恒标准。任何政治均受以权力界定利益的概念的支配，这是现实主义区别于其他流派的根本点。

第四，政治现实主义意识到政治行动的道德意义，个人和国家都必须依据普遍的道德原则(如自由原则)来判断任何政治行动。但如果不考虑似乎看上去是道德行动带来的政治后果，就不可能有政治道德。事实上，采取成功的行动的政治行动本身就是基于国家生存的道德原则。

第五,政治现实主义强调,普遍的道德法则与某一特定国家的道德要求不可混为一谈,后者与各国国家利益的差异有关。

第六,政治现实主义强调权力政治范畴的独立性,坚持以权力界定利益,因此政治现实主义与其他学派的区别是真实的,是深刻的。

第二节　自由主义

自由主义的观点可概括为以下几点:

1. 正如人的道德在不断完善一样,国家从内容到形式都在朝进步的方向发展,因为人性是可以改造的,通过教育可以得到完善、提高。

2. 国家是理性的,道德、规范、正义是人类发展的旗帜,人类在不断创造机制:从混乱到法制,从先占到自决,从自由贸易、区域贸易到世界贸易。

3. 国家不是唯一的行为体,个人、利益集团、国际组织也对国家的决策产生影响,因此,存在着复合相互依存(国内与国际、社会联系性普遍增大)。

4. 民主和平是人类追求的目标,因此民主国家之间不打仗。

5. 世界政府和集体安全可以治愈无政府造成的安全困境:欧洲协调、国际联盟、联合国、将来。

6. 全球化趋势。区域共同体:欧盟、美洲共同市场、东盟、非洲共同市场。

理论渊源:边沁、康德、格劳修斯、威尔逊等思想。

代表人物:约瑟夫·奈、罗伯特·吉尔平。

自由主义的核心概念:

1. 集体安全:在一个制度或体系中,国家的安全是同约的,国家为了对付威胁可集体行动。如朝鲜战争、海湾战争(1990—1991)。

2. 普世政府:国家功能在全球意义的体现。

3. 民主和平:民主国家之间不打仗;但与非民主国家是不和谐的。如:福山、尼克松。

4. 新干涉主义:如主权国家违背国际公德、人权,国际组织有权干涉。如:西方在卢旺达问题、达尔富尔问题上所持的态度或观点。

5. 相互依存:国家受到国际社会事件和其他国家政策和决策影响的状况。如:美国与东南亚危机,中国、美国经济发展与世界经济的关系。

6. 跨国公司:跨国公司是一种从事跨国界生产、销售和其他活动的国际性企业，其目的是为了在全球范围内实现利益最大化。

7. 世界政府：和平永远不可能在主权国家机制下实现，战争的消除、普遍和平建立的唯一途径是消除主权国家，建立世界政府。

新现实主义和新自由主义理论对比

最早以新现实主义和新自由主义的理论对峙来概述第三次论战的是约瑟夫·奈在《世界政治》上发表的文章《新现实主义和新自由主义》。奈的这篇文章是关于罗伯特·基欧汉《新现实主义及其批评者》和理查德·罗斯克兰斯《贸易国的兴起》的书评。重商自由主义（强调自由贸易的重要性）——民主自由主义（强调共和政治的重要性）——调节性自由主义（强调国家之间关系之规则和机构的重要性）——社会自由主义（强调跨国利益和联系在国际社会中的重要性）。罗斯克兰斯在这个基础上提出新的自由主义概念，认为它不同于新现实主义，它所强调的是国际关系中的非权力因素、沟通与合作的能力变化以及全球系统相互依赖过程（而不是结构）的分析。奈在这篇颇有影响的书评里提出，新现实主义和新自由主义在理论观点和方法上的区别，首先表现在国际关系的角色问题上。新现实主义强调以国家为中心，国家是最重要的国际关系的角色；而新自由主义在承认国家角色的重要性的同时，更重视其他角色（跨国公司、国际组织等）在国际关系中的作用。其次，在军事安全问题上，新现实主义认为，对国家来说，权力、安全和生存是第一位的，因此，军事实力是国际关系中最重要的因素；而新自由主义则认为，由于国际关系趋于缓和，军事威胁可能降至次要地位，军事实力的作用相对减弱，国际合作领域明显扩大。再次，双方都重视经济因素，但新现实主义强调国家必须依靠自身的实力，以维持在国际体系中的地位，为此目的甚至可以付出较高的经济代价；新自由主义则视经济利益与国家安全为同样重要，不能忽视，更不能随意放弃或牺牲，并对新现实主义的“自助”主张提出质疑。最后，在研究方法或层次方面，两者也不一致。新现实主义是一种体系结构（structure）层次上的分析方法，重点在体系角色之间的权力分配上；而新自由主义是一种体系过程（process）层次上的分析方洪，强调研究体系角色相互作用的权力模式。

奈于 1988 年撰写的这篇文章再次显示：“当代国际关系理论最有影响的两大学派是新现实主义和新自由主义，它们之间的论战在过去的十年里支配着大部分的国际关系理论研究领域。”

1989 年基欧汉也指出：“在过去的几年内，新现实主义与新自由主义之间的论战是广泛的和激烈的。”双方的理论观点和研究方法被视为“国际体系两模式”，列表如下：

表 30.1　国际体系两模式

	新现实主义	新自由主义
主要问题	战争根源、和平条件	社会、经济、环境等问题
当前国际体系概念	结构无政府状态	全球社会、复合相互依存
主要角色	单位(民族国家等)	国家以及非国家角色(国际组织、非政治国际组织、个人)
主要动机	国家利益、安全的权力	人类的需求
体制变革的可能性	低	高
理论、观点、证实的来源和手段	政治学、历史学、经济学	广义社会科学、自然科学、技术科学

第三节　建构主义

在过去的 20 年里，新现实主义在西方国际关系理论中一直占据支配地位。然而，近 10 年来，西方越来越多的研究者认为，新现实主义没有能够充分解释和说明冷战的结束以及冷战后国际生活中的复杂现象，他们谋求在对现存占主流的国际关系理论进行深刻反省的基础上，重建冷战后西方国际关系理论。

20 世纪 90 年代西方国际关系理论领域活跃着一种称为“建构主义”的新型研究取向。建构主义批评新现实主义的理性原则，主张应用社会学视角看待世界政治，注重国际关系中所存在的社会规范结构而不是经济物质结构，强调机构、规则和认同在国家行为及利益形成过程中所具有的重要作用，指出行为体与体系结构之间存在着互动依赖关系。建构主义避免囿于当前西方后现代思潮所热衷的对国际关系“超理论”的讨论，而是谋求通过对世界政治进行经验分析来阐述自身的观点和思想。近年来，建构主义者不断将这些观点和思想梳理成一些日趋成熟的理论命题，在冷战后西方国际关系理论界产生了不可忽视的影响。从某种意义上讲，当前西方国际关系理论“争论”的一个主要支轴是围绕新现实主义和建构主义展开的。

事实上，建构主义不仅吸取了 20 世纪 80 年代批判理论的成果，而且接受了占主流的新现实主义理论的主要假设，但同时又与它们有所分歧，形成了一种介于早期国际关系批判理论和新现实主义理论之间的世界政治研究取向。

建构主义和早期国际关系批判理论之间的分歧之一表现在认识论方面。世界是被演绎的而不是被实证的。这是批判理论与理性主义的一个核心区别。批判理论认为，不存在一种可以与现实本身完全相符合的最终知识，“世界永远是一个被演绎过的东西”。人们凭借语言、符号、意象、画面及其他社会工具再现他们所理解和观察到的世界，而且，人们的观察和理解不断受到自身及外界不同的社会文化背景、历史经历、信仰、意识形态乃至偏见等因素的影响，因此，“没有共同的观察或测验过的数据可以为我们所借用，去谋求获得一种中立而客观的世界知识”。建构主义完全赞成批判理论的这一观点，认为世界是一种建构，对世界的认识始终是一种过程，不承认在认识世界方面存在永恒的真理，也不谋求去探索和发现这种真理。不过，建构主义认为，通过对世界政治进行适当的经验分析，人们有可能在一定程度上获得所具体研究对象方面的知识。由于认为不存在一种最终知识，早期国际关系批判理论也不认为可以对国际政治的性质作出法则般的归纳或总结，而是提倡理论叙述多元化，注重社会历史的偶然性和诸文化的特殊性。建构主义遵循批判理论的这一认识，不承认存在（也不谋求提出）能够解释所有世界政治现象的一般规律。但是，建构主义并不回避谋求对世界政治的诸方面提供较为专门性的理论。譬如，通过对历史过程、文化实践、主体之间含义的规范形式等进行经验上的探索，建构主义认为，事实上，对世界政治的研究和理解需要有一种专门理论作为指导，问题不在于是否具有法则般的普遍理论，而在于要意识到对国际政治一般规律进行抽象概括能够达到何种程度。

建构主义并不排斥包括新现实主义在内的理性主义理论的合理成分。它赞成新现实主义对国际政治所作出的下述基本论断：国家所追求的对象是权力、安全和财富；国际政治处于无政府状态；国家利益和行为动机总是自私的；国家之间不能完全确保了解对方的真实意图；国家是理性的行为体；武力是解决国家之间冲突和危机的最后手段；等等。建构主义也赞成把国家作为国际关系研究的主要分析单位，也强调从体系层面对世界政治进行理论探讨的必要性，也接受并采纳经验上的分析方法。然则，建构主义指出新现实主义理论没有能够充分解释国际政治的复杂现象。可以说，新现实主义所忽视的东西以及不足之处，正是建构主义所要强调的内容。建构主义的最主要代表人物为美国俄亥俄州立大学(Ohio State University)的亚历山大.温特(Alexander. Wendt),其代表作为《国际政治的社会理论》。

建构主义的主要观点可概括为以下几点:

1.世界是无政府的,但无政府是国家造就的:国家对无政府文化的建构呈递进态势,由霍布斯文化、洛克文化到康德文化。

2.结构是由施动者造就的。尽管其他行为体比如非政府组织、跨国公司对国家的政策有影响,但是在实质问题上,国家仍然是主要行为体。

3.理念决定身份,身份决定利益。实力的意义不仅仅在于征服国家,更重要的是它可以建构身份和利益。

4.人类社会是不可还原的,历史不可能绝对地被复制。社会事实,比如社会规范、主权是人类社会建构的结果。

表 30.2 "新的三方争论"的主要异同点

争论的范式	新现实主义	新自由主义	建构主义
主要理论观点	国家追求自身利益,为权力和安全而进行无休止的竞争	关注与经济和政治因素有关的权力,追求发展富裕,促进自由价值	国家行为由思想信念、集体规范和社会认同决定
主要分析单位	国家	国家	个人(尤其是精英集团)
主要研究手段	经济实力,特别是军事实力	价值取向(国际制度、经济交流、扩展民主)	思想和对话
对冷战后的预测	再次出现公开的大国竞争	随着自由价值、自由市场和国际制度的发展,合作会得到加强	不可知论,因为难以确定思想信念的变化
主要局限	未能说明国际变化	过于忽视权力的作用	描述过去比预测未来更强

相关链接

女 性 主 义

女性主义研究关注和探讨一个长期被忽视的问题,即妇女与世界政治。

传统的研究不太重视妇女在世界政治中的作用。然而，女性主义研究认为，通过对外交官、政治家等决策者的研究发现，妇女在世界政治中的各个方面都在发挥作用。

传统上，西方外交、军事事务和国际政治研究一直由男性占支配地位。国际政治似乎是男人的世界，是一个充满权力和冲突的世界。在这个世界里，战争成为不受制约的活动。女性几乎被排斥在职业的外交或军事活动之外，只有相对少数的妇女从事国际政治的学术研究，即使这样，她们的研究范围也大都局限于国际经济、南北关系、国际正义和道德等问题，很少涉及政治、安全及军事等领域。有人认为，尽管妇女进入公共政策领域，但是，她们更适合于从事与国内事务如社会福利、人口及哺育等问题有关的实践和研究。实际参与国家对外政策制定活动的妇女就更少了。然而，事实上，广大妇女积极参加争取和平运动，对战争与和平的问题给予关注，只是她们被排斥在国际政治及国家安全政策决策之外罢了。

国际关系女性观的修正原则是：(1)摩根索现实主义的客观法则带来明显的男权思想。人性应包括男性和女性两个方面，缺一不可。主张动态的客观法则，以全面地反映人性的完整性。(2)国家利益不能仅仅由权力来规定，应是多方面的和多层次的。当今全球问题(核军备控制、经济发展和生态保护等)的解决途径应是合作型的，而不是权力争夺的“零和博弈”。(3)权力原则并不是普遍适用的，现实主义的权力论过分强调男性的支配和控制，而忽视女性的重要作用。(4)女性观反对把道义要求与政治行为分离开来，认为所有政治行为都有道德意义，不能以秩序为名而贬低人类的公正平等和基本需要。(5)女性观同意某一特定国家的道义愿望不能与普遍的道义法则混为一谈，但仍努力寻求共同的道义准则，以期化解国际冲突。(6)女性观对权力政治独立领域的合法性表示质疑，主张打破男性权力政治的一统天下，这样才能与其他领域建立包容男性和女性的全面的学术研究关系。

第四节　几种流行的概念和理论

国际政治格局

国际政治格局是一种政治力量对比的结构状态。政治力量与人权是完全不同的。区分格局的不同类型，主要应当依据格局的内部结构和外在形态。所谓内部结构，是指构成一定格局的政治力量的特征以及各种力量之间相互作用的内容与结构。所谓外在形态，是指政治力量之间相互作用的组合形式与规模特征。据此，我们把国际政治格局分为四种基本类型：

(1)一元格局，或称单极格局。即一个主要的大国或政治力量在国际政治中占据主导地位，在该国周围虽存在着一系列其他主权国家，但不能够成为与之抗衡的政治力量，一国独霸世界。这在历史上曾经出现过。如自由资本主义初期的大英帝国和所谓的“大不列颠统治下的和平(Pax Britanica)”。从历史上看，这实际上是一种不完全的、过渡性的格局状态，是资本主义刚刚形成时期的特定产物。这个时期，由于资本主义刚刚在局部地区出现，现代意义上的国际社会尚未形成，国际政治格局从无到有，才出现了资本主义发展最早的国家的独占地位，而且这种独霸，也只是在局部地域的独霸，而不是世界霸权的建立。

第二次世界大战后，美国曾经获得了与历史上的英国相同甚至超过英国的世界霸主地位，即所谓“美利坚统治下的和平(Pax Americana)”。但是，国际政治格局并没有形成美国独霸的一元格局。美国在世界上的独一无二地位，只能是“资本主义世界的霸主”。冷战结束后，一些人在谈论所谓美国的“单极世界格局”，这在实际上也是不存在的。

无论是从理论上讲，还是从实践中看，世界政治经济格局中的单极格局实际上是不可能出现的。所谓“极”是一个相对甚至相斥的概念，例如：南极—北极、阴极—阳极、正极—负极。从物理学的角度看，无相对或相斥对象的极，就无所谓极。在国际关系的实践中，由于国际政治经济相互依赖的出现和发展，任何一个国家都不可能脱离他国存在和发展，也不可能完全凌驾于国际社会所有其他国家之上。

(2)两极格局。即两个大国或两大集团之间的相互对立和相互制约，对整个国际事务起着决定性的影响。这种类型的格局在历史上曾多次出现过。例如，18世纪末19世纪初的法国与反法同盟，第一次世界大战期间的同盟国和协约国，第二次世界大战期间的法西斯轴心国和反法西斯同盟国，二战后初期的社会主义和帝国主义两大阵营，20世纪60年代以后的美苏两极对抗，等等。

从历史上的两极格局来看，所谓两极，主要是两大对立的国家集团，而不完全是两个国家之间或某个国家单独与另一个国家集团之间的对立。面对欧洲的反法同盟，法国一方也有自己的盟国或附庸国，如19世纪初期由拿破仑帝国所控制的荷兰王国、那不勒斯王国、意大利王国、威斯特伐利亚王国以及西班牙等国。所谓美苏两极，也不单是美苏两个超级大国之间的相互作用，在美国一方有其西方盟国和北约集团，在苏联一方有其东欧盟国和华约、经互会。此外，两极格局从未形成为卡普兰所说的"紧密的两极"，即整个世界一分为二。在两极之外总有不从属于两大集团的其他国家存在。第一次世界大战的两个集团之外有强大的美国和日本，第二次世界大战期间也存在一些没有卷入战争的国家，战后初期则存在着广大的"中间地带"。不过，这些集团以外的国家由于各种原因所致，并未构成国际政治力量，从而使两极之间的相互作用成为一定时期国际格局的主要特征。

(3)多极格局。即多种政治力量相互制约，各种政治力量在国际事务中各自独立、基本平等，相互之间不存在联盟与被领导的关系。在多极格局中，作为格局构成要素的国际政治力量，可以是单个的国家，也可以是国家间的联盟，国家联盟可以是集团型的，也可以是一般联合或协调型的。这种格局类型与西方学者所说的"均势"模式、"分散的集团"模式、多极模式基本是相同的。在历史上它曾经出现过，如19世纪上半期的欧洲均势格局，第一次世界大战后的凡尔赛—华盛顿体制。20世纪70年代以后，国际格局出现了向多极方向发展的趋势，即中、美、苏、日、西欧和第三世界这六大力量的竞相发展。当然，新的多极格局尚未最终形成。

从历史上的多极类型来看，它们是一种不完全的多极格局。19世纪欧洲的多极均势，只是一种地区格局的状态。虽然五大国家事务的影响是决定性的，是当时国际社会的主要政治力量，但它对欧洲以外的美国和日本的影响是有限的。两次世界大战之间的大国分立，是在世界大战后的特定历史时期形成的，具有极不稳定的特点，并且很快被集团对立所取代，这实际上是一种过渡性的格局形成。战后，国际社会的发展、国家间相互作用的扩展以及全球性国际关系体系的形成，逐步为建立全球性的多极化格局创造了条件，正在形成中的多极格局将具有全局性和稳定性的特征。

(4)两极多元格局。这是一种由两极向多极、或由多极向两极的过渡性格局形态。在这种格局状态下，一方面存在着两大集团或阵营之间的对立，这种对立对整个国际相互作用具有决定性的影响，同时存在着独立于两极之外的其他政治力量，这些政治力量不受两极之间关系的直接影响，能够在国际事务中发挥自身的独特作用，构成国际格局中潜在的一极。在历史上，第二次世界大战前夕和初期，美国和苏联可视为这种力量，并在参战以后成为同盟国一极中的主体力量。20世纪70年代以后的格局特点，表现为两极——美苏和多元——中国、日本、西欧和第三世界。当然，真正的完全独立于两极之外的政治力量只有中国。西欧和日本与美国还是盟国，在政治上受制于美国；第三世界作为一个整体，具有重要的政治作用，但是过于松散。因此也有人将当时的世界称之为中、美、苏“三极世界”。

“霸权稳定论”

该理论最早由美国经济学家金德尔伯格于20世纪70年代提出。它是“现实主义学派的一个分支”，“与现实主义的理论主张完全一致，但具有讽刺意味的是，却由自由主义学派的经济学家金德尔伯格首先创立”。基欧汉为该理论奠定了基础，随后，克拉斯纳予以补充，强调霸权国家在确保国家秩序的同时也有助于实现自身的利益。从20世纪70年代后期起，莫德尔斯基、吉尔平将该理论扩展到军事、安全等领域，强调霸权国的存在有利于国际体系的稳定。在这些学者中，吉尔平对霸权国实力和稳定的国际秩序之间的关系作了最系统的理论分析和阐述。然而，“霸权稳定”的历史范例早就存在了，我们暂且不说中国春秋战国及古希腊城邦时期的称霸历史，最早而且最有影响的“霸权稳定”当属“罗马统治下的和平(Pax Romana)”，从公元5世纪开始一直延续了200多年之久。横跨欧亚非三大洲的古罗马帝国在它强大的军事和经济实力的支持下，维持了一段时期相对稳定的局面。到近代以来，在工业革命的推动下，所谓的“不列颠统治下的和平(Pax Britannica)”出现，英国以其绝对的经济优势和强大的海军力量建立起一个日不落帝国，在这100多年来，英国维护了相对稳定的国际秩序。第二次世界大战后，美国充当了世界霸主，形成所谓的“美国统治下的和平(Pax Americana)”。

“霸权稳定论”的主要内容是首先承认国际关系具有激烈竞争的性质，现代民族国家是一部战争机器，国家安全和政治利益是第一位的。如果没有霸权国提供有利的政治和经济环境就很难有一个安定的国际秩序，所以霸权的存在就意味着稳定的国际政治与经济秩序的存在；无霸权存在的国际社会处于无规则的混乱状态，在这种状态中，大规模的战争很容易爆发，国际经济体系将会解体，造成全球政治混乱、经济倒退。当然，霸权国在国际体系中并不是随心所欲地实现自己的愿望，它既然要求他国遵守有关国际规则，它自己就应更有自我约束性。

霸权国的地位只有在国际规则的基础上既制约别人又制约自己的情况下才能得以维持。金德尔伯格与吉尔平都认为，历史上曾出现两次既有利于霸权国领导，又有利于世界自由经济兴起的国际霸权体系。第一次是从拿破仑战争结束到第一次世界大战爆发，这一时期是所谓的“英国统治下的和平”。第二次是所谓的“美国统治下的和平”。二战后，美国与其同盟国建立起自由经济秩序，如“关税及贸易总协定”和“国际货币基金组织”。在帮助西欧（特别是德国）以及日本的经济恢复方面，美国起了决定性的作用。

在霸权体系中，除靠霸权国的威慑力来维持秩序外，更主要的是依靠国际规则来管理世界事务。霸权国以及其他大国既是规则的制定者又是规则的维持和执行者。“国际规则就是各国政府在会议上达成的统一协定……是指导国家以及其他重要角色行为的常规、规则以及过程步骤。”根据基欧汉的理论，霸权的实力主要来源于两种资源：其一是有形资源，如国内生产总值，石油进口依赖性的大小，国际货币的储存以及世界贸易所占份额的大小；其二是无形的资源，如一国对于自己国力和货币的自信程度以及相对于其他国家所享有的政治地位等。

成功维持了世界政治及经济体系稳定的国家当属19世纪的英国和20世纪的美国，这两个国家在不同时期都拥有霸权和效率这两个因素，也就是说，都具有强大的经济、政治与军事实力。霸权国是以其压倒一切的实力维持霸权体系的，霸权的实力就是政治、军事、经济力量，而经济力量是霸权实力的最基本源泉。

“霸权稳定论”没有把非霸权国的动机和力量考虑进去。如果一个非霸权国的实力与霸权国相差无几，并且表现出很强维系现在开放体系的意愿时，国际冲突的可能性则小；但当这个非霸权国认为维持现状不能满足自己的利益需求时，它就会反对霸权国及其政策。

“霸权稳定论”实质上是一种强权说，也就是列宁所指出的帝国主义政策。“公益”和“搭便车”说掩盖了大国剥削弱国和小国的实质。

“相互依存论”

相互依存被视为“现代国际体系的根本特征”；相互依存理论则被推崇为国际关系的重要原则。

基欧汉和奈把相互依存定义为“彼此之间的依赖”，并认为相互依存意指“敏感性”（sensitivity）和“脆弱性”（vulnerability）。

相互依存论的基本内容可归纳为10个方面：(1)强调国家之间的相互易摧性和敏感性。虽然美苏是世界上最强的国家，但是在军事上它们却是最脆弱的，在核时代条件下互为“人质”。(2)国家所面临的许多问题趋于全球化，即类似能源、人口、环境、粮食、裁军、发展等问题已成为“全球性问题”，单靠个别国家的努力已无法解决。(3)“高级政治”（指国家利益、国家安全、军事战略等）逐步向“低级政治”（指经济发展、人口与粮食问题、社会福利等）过渡。(4)各国再也不能闭关锁国，越来越多的国家实行对外开放政策，缓和与开放占据国际关系的主导地位。(5)随着缓和形势的发展,国际合作的趋势逐步超过国际冲突的趋势。(6)武力在解决国际争端上的作用日益减弱。(7)谈判逐步取代冷战,均势逐步取代遏制。(8)研究对象从第一世界和第二世界国家转向第一世界和第三世界国家以及跨国组织。(9)主张在国际体系中以平等关系取代等级制。(10)相互依存的趋势将对国家主权和民族利益起溶解作用,推动全人类利益的形成,最终将成为通向未来没有国界的世界国家的"中途站"。

与早先强调国际冲突和军事安全的现实主义权力政治理论相比,相互依存论在研究的主要问题、研究对象、国家关系、行为法则与形式、武力与权力的作用以及前景等方面都与之有着很大的区别,如下表所示:

表 30.3 权力政治与相互依存理论的区别

	权力政治	相互依存理论
问题	高级政治:安全、均势、势力范围	初级政治:自然资源、能源、粮食和人口、环境
行为者	国家(主要是第一世界和第二世界)	国家(主要是第一世界和第三世界)、跨国公司
国家关系	冲突的"国家利益"	相互依存、共同利益和国际合作
法则	冲突:"你得到的,就是我失去的"(均势)	合作:"一荣俱荣,一损俱损"(建立共同体)
管理	双边	多边
权力的作用	强制	报偿
武力的作用	高	低
组织方式	等级制(两极或多极)	更接近于平等主义
前景	基本不变	根本变化

"民主和平论"

近几年,一种被称做"民主和平论"的学说正在西方流行。简单说,它的基本假设是:从历史上观察,尤其是从当代国际关系的现实看,实行"民主"制度的国家论者以欧美地区实行的经济、社会和政治制度为例。当民主国家之间产生矛盾和摩擦时,它们很少(或者不易)威胁使用武力,而是采用和平的方式、"文明的"方式加以解决或调和;即便有一定程度的冲突,也多半被有效地抑制在战争的临界点以下。

其所以"民主国家之间不打仗",按照某些理论家的说法,原因大致有两方面:一是自由民主制度的约束;二是相关的规范和文化造成的自律(或戒律)。

"制度的约束"主要是指政治制度的制衡性。它不仅包含行政、立法和司法的"三权分立",而且特别具有政府官员的民众选举、政治领域的广泛竞争和外交决策过程的多元特征。由于政府由民选产生,官员不得不对公众及舆论高度负责。谁都明白,战争将使公民们(选民和纳税人)付出流血和财产的代价,如果政府一意孤行地发动战争,最终可能使它自己在下一次选举时遭到失败。制度约束的关键之处在于,民主政治的结构令包括外交在内的各种事务相当透明,譬如说国会和舆论等机制对决定战争发动权的政府起着强有力的制约和监督作用。在这一点上,美国常被用来作为典型的事例。

"民主的规范和文化"包括所谓"规范性因素" 和"文化因素"两方面。前者指长期信奉的民主、自由与和平的价值观,如避免专制统治的自由,对自由的保护与推动,民主的参与,等等;虽然有时民主国家也同非民主国家交战,但那是为了捍卫和扩大民主的价值观。根据自由民主价值观念,个人是道义价值赖以存在的基础,代表自主的个人的政治也承认这种价值(包括承认本国的这种价值和认同这种价值的其他国家的人们的观念),既然代议制政府必须反映民意,原则上它也就不会干预其他类似国家的政治。正因为针对其他自由国家的战争不合法,民主国家之间自然形成了不交战的风气:它们用"和平的竞争、说服和妥协"处理彼此间的争端。后者则指建立在这种"和平盟约"之上的一种潜移默化、深入人心的共同的历史和文化传统。

从国际政治学的角度看,"民主和平论"所说的和平仿佛是一种理想主义的状态,就是说,它追求的和平是一种稳定的、长久的、有制度化的保障的安宁,一种真正的和睦与和谐。但这不是国际关系意义上的和平,不是有实力和利益差别的国家(民族)相处的自然状态或常态。国际政治学家是从国家间关系的现实出发的,他们强调,所谓和平,就是没有战争,或者,没有大规模的、有组织的暴力冲突;只要主权国家的不同利益追求存在,只要世界上的民族仍然依照国家划分和生存,矛盾、冲突、摩擦甚至暴力对抗(其最高形式是战争)就一定是可能的,就不能视为不正常的局面。我们不妨称之为"消极和平",但它是日常生活中能够感受到的东西。在国际关系中,战争与和平是一个互为依存的“对子”。如果不同的主权国家之间只存在和睦与和谐而没有摩擦与冲突，那就不会有我们所说的国际关系，不会有外交斗争的必要。本质上，国家间战争之所以可能，是由于国际社会乃由私利的民族国家组成的集合体，其基本特征是所谓“无政府状态”，它缺乏国家内部那种公认的权威、法律和中央政府，缺乏推行这种权威性所需的强力手段。无论某些霸权国家多么强大，它们不能从根本上改变这种非一统的世界秩序。

逻辑上，真正的民主国家当然比非民主国家更爱好和平，因为在前一种国家里，对和平及正义的追求比较容易转化成一种有效的政治力量和目标。然而，在多数情况下，这种理想主义的和平是难以奏效的。事实上，当实际的利益受到严重威胁时，有时甚至当霸主的地位受到挑战时，西方发达国家会毫不犹豫地使用武力和发动战争。

至于“民主和平论”者所说的在决定战争与和平问题上民意和公众的作用，更是没有把握的事。政治家从来不会轻易附和民众的呼声，如果这种呼声与他所认为的“国家利益”或“长远利益”不完全一致的话；投票行为也不会简单地左右政府和政治家的对外政策，如果投票者的意志和偏好能用“政治的”、策略的方式加以冲销或“引导”的话。且不论政客经常会有的狭隘私利，即便是好的政府官员，也必然会经常与公众的要求发生矛盾，尤其在涉及对外政策这种需要专门知识与判断能力的领域，公众偏好与国家真正的长远的需求并不一定是吻合的。

反过来，即使民意恰当、正当，而政府判断失策，对外政策也只能取决于决策者的而非民间的意愿。没有哪个政府的外交政策是由老百姓决定的，哪怕在权力制衡最有效、新闻媒介最发达的西方国家，公众和舆论对政府政策的影响充其量停留在决策前的抉择阶段。官僚机构永远有办法使自己的决策看上去符合民意，哪怕实际上并非如此。

战争与和平相辅相成。有多少种和平的可能，就有多少种战争的机会。在国际事务中，备战过程经常是“无战状态”的另一面。非民主国家可能不打仗，民主国家也可能发动战争，决定它们战与非战的因素往往不是“民主和平论”者所说的国内体制，而是某种权衡左右利益的形势（或多种形势的组合）。

在国际关系的经典意义上，战争（或和平）不是民主（或非民主）的政治体制或意识形态的产物，而是动荡起伏、变幻莫测的国际形势的体现。

思考题：

1. 新现实主义同新自由主义的主要观点是什么？

2. 结合现实谈谈你对建构主义的认识。

缩写词(Abbreviations)

ABM	Anti Ballistic Missile
APEC	Asia Pacific Economic Cooperation
ASEAN	Association of Southeast Asian Nations
CIS	Country in Transition
EC	European Commission
FDI	Foreign Direct Investment
FTA	Free Trade Agreement Area of the Americans
GDP	Gross Domestic Product
GNP	Gross National Product
GPS	Global Positioning System
HDI	Human Development Index
ICJ	International Court of Justice
IGO	Intergovernmental Organization
IMF	International Monetary Fund
IPE	International Political Economy
IR	International Relations
LDC	Less Developed Country
LDC	Least Developed Country
MN	CMultinational Corporation
MTCR	Missile Technology Control Regime
NAFTA	North American Free Trade Agreement
NATO	North Atlantic Treaty Organization
NGO	Nongovernmental Organization
NIC	Newly Industrializing Country
NIEO	New International Economic Order

NPT	Non Proliferation Treaty
NSC	National Security Council
NTB	Nontariff Barrier
OAS	Organization of American States
OECD	Organization for Economic Cooperation and Development
SALT	Strategic Arms Limitation Talks
SDI	Strategic Defense Initiativew
SDR	Special Drawing Right
START	Strategic Arms Reduction Talks
UN	United Nations
UNDHR	Universal Declaration of Human Rights
UNESCO	United Nations Educational Scientific, and Cultural Organization
VAT	Value Added Tax
WHO	World Health Organization
WTO	World Trade Organization

参考书目

[1] 世界知识(国际政治经济半月刊)(2001—2009).
[2] 世界经济与政治(季刊).中国社会科学院世界经济与政治研究所(2002—2009).
[3] 拉丁美洲研究(季刊).中国社会科学院拉丁美洲研究所.
[4] 人民日报(2003—2008).
[5] 参考消息(2003—2008).
[6] 环球时报(2005—2008).
[7] 吴静哲主编.当代世界知识200题.北京:中国青年出版社,1998.
[8] 国际知识问答.北京:中国少年儿童出版社,1985.
[9] 中国现代国际关系研究所主编.国际战略与安全形势评估(年鉴).北京:时事出版社,2003.
[10] 国务院新闻办公室.《西藏的主权归属与人权状况》白皮书.1992.
[11] 国务院新闻办公室.《新疆的历史与发展》白皮书.2003.
[12] 中国现代国际关系研究所恐怖研究中心主编.恐怖主义与反恐怖斗争理论探索.北京:时事出版社,2003.
[13] 王辑思主编.文明与国际政治.上海:上海人民出版社,1995.
[14] 王逸舟主编.恐怖主义溯源.北京:中国社会科学出版社,2002.
[15] 周琪著.人权与外交.上海:上海人民出版社,2001.
[16] 阎学通著.美国霸权与中国安全.天津:天津人民出版社,2000.
[17] 倪世雄等著.当代西方国际关系理论.上海:复旦大学出版社,2001.
[18] 胡鞍钢等主编.中国大战略.杭州:浙江人民出版社,2003.
[19] 黄磊,郑建华等编著.网络经济及其发展安全.北京:经济管理出版社,2000.
[20] 中国现代国际关系研究所主编.信息革命与国际关系.北京:时事出版社,2002.

[21] 吴文武著.跨国公司新论.北京:北京大学出版社,2000.
[22] 王志乐主编.2001年跨国公司在中国的投资报告.北京:中国经济出版社,2001.
[23] 叶京生,周斌,黄健主编.新编国际经济合作教程.上海:立信会计出版社,2001.
[24] 涂秋生,刘积高等著.构建和平外交新格局.成都:四川人民出版社,2002.
[25] 刘江,周树春主编.直击伊拉克战争.北京:新华出版社,2003.
[26] 张家栋.恐怖主义的概念分析.世界经济与政治,2003(3):37-42.
[27] 门洪华著.和平的纬度:联合国机制安全的研究.上海:上海人民出版社,2002.
[28] 田贵明著.跨国公司对外直接投资与东道国激励政策竞争.北京:中国经济出版社,2003.
[29] 徐以骅主编.宗教与美国社会——宗教与国家关系(上、下).北京:时事出版社,2007.
[30] 任晓,沈丁立主编.保守主义理念与美国外交政策.上海:上海三联书店,2003.
[31] 张蕴岭主编.构建和谐世界:理论与实践.北京:社会科学文献出版社,2008.
[32] 王逸舟著.中国国际关系研究(1995—2005).北京:北京大学出版社,2006.
[33] 王逸舟著.中国外交新高地.北京:中国社会科学出版社,2009.
[34] 黄小燕著.西方文化地图(上下).西安:长安出版社,2004.
[35] 唐晋主编.大国崛起.北京:人民出版社,2007.
[36] 肖佳灵.国家主权论.北京:时事出版社,2003.
[37] [美]保罗·肯尼迪.大国的兴衰.北京:国际文化出版公司,2006.
[38] [美]托马斯·弗里曼.全球化的视角:世界是平的.北京:东方出版社,2006.
[39] [美]罗伯特·吉尔平.世界政治中的战争与变革.上海:上海人民出版社,2007.
[40] 朱锋,(美)罗斯主编.中国崛起——理论与政策的视角.上海:上海世纪出版集团,2008.
[41] [美]塞缪尔·亨廷顿著,周琪等译.文明的冲突与世界秩序的重建.北

京:新华出版社,2002.

[42] 亚历山大·温特著,秦亚青译.国际政治的社会理论.上海:上海人民出版社,2001.

[43] [美]基欧汉(Keohane)编,郭树勇译.新现实主义及其批判.北京:北京大学出版社,2002.

[44] [美]汉斯·摩根索著,卢明华,时殷弘译.国际纵横策论——争强权,求和平.上海:上海译文出版社,1995.

[45] 金鑫,辛伟主编.世界热点问题报告.杭州:浙江人民出版社. 2004.

[46] 陈坤著.公共卫生安全.杭州:浙江大学出版社. 2007.

[47] 余潇枫著.非传统安全与公共危机管理.杭州:浙江大学出版社. 2007.

[48] 潘一禾著.文化安全.杭州:浙江大学出版社. 2007.

[49] 王逸舟.探寻全球主义国际关系.北京:北京大学出版社.2005.

[50] 杨洁勉主编.国际体系转型和多边组织发展.北京:时事出版社.2007.

[51] 王义桅著.超越国际关系:国际关系理论的文化解读.北京:世界知识出版社.2008.

[52] 约瑟夫·奈著.理解国际冲突与合作.北京:北京大学出版社.2005.

[53] 马宽,苏杭编著.当代世界经济与政治.北京:中国人民大学出版社.2008.

[54] 杨发喜著.从"协和万邦"到建设和谐世界.北京:人民出版社.2008.

[55] [美]斯塔夫里阿诺斯著.董书慧,王,徐正源译.全球通史.北京:北京大学出版社

[56] [英]克里夫·吉福德著.袁淑娟,李金凤等译,最新不列颠世界地理百科全书.济南:明天出版社.2005.

[57] 上海社科院世界经济与政治研究院.全球金融危机下的国际秩序.北京:时事出版社.2007.

[58] 李英桃,胡传荣编.女性主义国际关系学.杭州:浙江人民出版社.2006.

[59] 托马斯·弗里德曼著.世界又热又平又挤.长沙:湖南科学技术出版社.2009.

[60] Johan T. Rourke. International Politics on the World Stage(Seventh Edition),1996, Dushkin/Mcgraw Hill, Library of Congress Catalog Card Number: 95－83216.

[61] Jeremy Isaacs & Taylor Downing. Cold War, Transworld Publications LTD(London).

[62] John Baylis and Steve Smith. The globalization of world politics: An introduction to international relations. New York: Oxford University Press, 1997.

[63] Martin Slann. Introduction to Politics: Government & Nations in the Post Cold War Era, Mac Graw Hill.

[64] NATO Office of Information and Press: NATO: Handbook _ 50th Aniversary of Edition

[65] FIAS : Foreign Direct Investment, Washington D. C. .

[66] A Times Mirror Company: International Conflict and Cooperation: An Introduction to World Politics, Library of Congress Catalog Card Number: 94.

后 记

《当代全球热点问题》终于与读者见面了，本书是据由本人在2004年主编的《当代世界政治经济热点问题》一书改编、修订而成，由于出外访学、撰写博士论文等，这项工作持续了近三年。本着帮助读者从全球的视角来观察、认识和分析热点问题的宗旨，这次修改对原书的结构、内容以及分析理念都进行了较大幅度的修改。作为这个编著团队的负责人，除了声明对本书错误、瑕疵负责外，可能最需要表达的是我对每一个为本书做出贡献的专家、学者、机构以及所使用的各种文献、网络资源的撰稿人发自内心的感谢。

首先感谢广大读者对原书稿提出众多的宝贵建议，感谢几位从事政务、教育工作的挚友从高考、公务员应试的角度对本书提出的修改意见，特别是澳门特区政府梁华峰和叶桂平两位先生在书稿系统化、通俗化方面提出了很好的建议；诚挚感谢几位知名的专家和学者：他们是中国社会科学院世界经济与政治研究所王逸舟教授、《世界经济与政治》杂志高级编辑谭秀英女士、日本研究所冯昭奎研究员、北京大学朱峰教授、上海外国语大学国际关系与外交事务研究院的胡礼忠教授、浙江大学非传统安全与和平发展研究中心余潇枫教授、伦敦经济学院前亚洲研究中心主任胡克礼(Chirstopher Hughes)教授。以上几位专家对本书的批评和建议使我们能从战略、中国与世界互动的视角来分析热点问题。真诚感谢复旦大学国际关系博士生周云亨、上海浦东美国经济研究中心张霖先生、上海归国华侨联合会的韩益女士在封面、插图、订正和个别章节编写上所做的细致工作。最后感谢我们的家人、孩子、友人的关爱与支持，正是他们在幕后默默无闻的贡献保证了我们精益求精的编写工作。

张全义

2009年10月31日于美国乔治·华盛顿大学